PAIDÓS EMPRESA

El Santo Grial de la inversión

El Santo Grial de la inversión

Los mejores inversores del mundo revelan sus estrategias secretas

TONY ROBBINS
CHRISTOPHER ZOOK

Traducción de Alexandre Casanovas

PAIDÓS EMPRESA

Obra editada en colaboración con Editorial Planeta - España

Título original: *The Holy Grail of Investing*

© Tony Robbins, 2024
Todos los derechos reservados.
Publicado por acuerdo con la editorial original, Simon & Schuster, LLC
Derechos de autor de la traducción al español ©2024 por Deusto

© de la traducción, Alexandre Casanovas, 2024

Diseño de la colección: Sylvia Sans Bassat
Composición: Realización Planeta
Adaptación de portada: © Genoveva Saavedra / aciditadiseño

© 2024, Centro de Libros PAPF, SLU. – Barcelona, España

Derechos reservados

© 2025, Ediciones Culturales Paidós, S.A. de C.V.
Bajo el sello editorial PAIDÓS M.R.
Avenida Presidente Masarik núm. 111,
Piso 2, Polanco V Sección, Miguel Hidalgo
C.P. 11560, Ciudad de México
www.planetadelibros.us

Primera edición impresa en esta presentación: enero de 2025
ISBN: 978-607-569-892-2

Impreso en los talleres de Corporación en Servicios
Integrales de Asesoría Profesional, S.A. de C.V.,
Calle E # 6, Parque Industrial
Puebla 2000, C.P. 72225, Puebla, Pue.
Impreso y hecho en México – *Printed and made in Mexico*

Declaración de transparencia

Este libro tiene la finalidad de ofrecer una información que el/los autor/es y el/los entrevistado/s consideran correcta sobre la materia que aborda, pero se publica con el acuerdo de que ni el/los autor/es ni el/los entrevistado/s ni el editor están proporcionando consejos diseñados para una cartera específica o las necesidades particulares de una persona individual, ni tampoco una estrategia de inversión u otros servicios profesionales como una asesoría legal o contable. Esta obra menciona datos de rentabilidad recogidos a lo largo de muchos períodos. Los resultados pasados no garantizan la rentabilidad futura. Asimismo, con el tiempo los datos de rentabilidad, así como las leyes y las normativas, cambian, lo cual podría alterar la validez de la información que se incluye en el libro. Esta obra solo ofrece datos históricos para exponer e ilustrar los principios subyacentes. Además, este libro no está pensado para ser utilizado como base teórica de decisiones financieras, como la recomendación de un asesor de inversiones concreto o como una propuesta para comprar o vender cualquier tipo de valor. En una propuesta de venta o compra de títulos y valores, solo debe utilizarse un folleto resumido o un memorando de oferta o colocación privada o un acuerdo de asociación limitada, y antes de invertir o gastar dinero, la documentación legal debe leerse y estudiarse cuidadosamente. No se ofrece ninguna garantía con respecto a la precisión o la completitud de la información aquí contenida, y tanto el/los autor/es, el/los entrevistado/s como el editor niegan tener ninguna responsabilidad en cualquier obligación, pérdida o riesgo, personal o de cualquier otro tipo, que pudiera producirse como consecuencia, directa o indirecta, del uso y la aplicación de alguno de los contenidos de este libro.

Declaración legal: Tony Robbins es accionista minoritario pasivo de CAZ Investments y asesor de inversiones registrado en la SEC (Comisión de Bolsa y Valores de Estados Unidos). El señor Robbins no tiene una función activa en la empresa. Sin embargo, como accionistas, el señor Robbins y el señor Zook sí tienen un incentivo financiero para recomendar y promocionar las actividades de CAZ Investments.

Sumario

Primera parte

1

La búsqueda del Santo Grial

En los últimos diez años he tenido el privilegio de escribir dos libros sobre finanzas personales que han encabezado las listas de los títulos más vendidos de *The New York Times* (*Dinero: domina el juego* e *Imbatible*). No han tenido tanto éxito porque yo sea un experto en la materia, sino porque poseo algo muy importante... ¡acceso!

Cuatro décadas de actividad como estratega personal y empresarial me han granjeado la confianza de muchas de las mentes financieras más brillantes del mundo, con el añadido de que muchas de ellas eran además grandes admiradoras de mi trabajo. Desde Alan Greenspan a Ray Dalio, desde el desaparecido Jack Bogle a Paul Tudor Jones y muchos otros. He tenido el placer de sentarme con los grandes titanes de la inversión y adquirir las herramientas, las tácticas y la mentalidad que cualquier persona, en cualquier etapa de la vida, puede —y debe— aplicar en su búsqueda de la libertad financiera. La generosidad que han demostrado para compartir conmigo su tiempo y sus ideas me ha permitido dar forma a una trilogía de «manuales prácticos» de finanzas. Así que, si no lo has hecho ya, te animo a que leas los dos títulos anteriores.

Empecé a profundizar en la gestión del dinero después de la crisis financiera de 2008, cuando la economía mundial estuvo al borde del colapso por culpa de la conducta temeraria y la avaricia de unos pocos. Nadie escapó de aquel dolor económico, yo incluido. Recuerdo que mientras trataba de ayudar a muchos amigos y familiares que habían perdido el trabajo, la vivienda y unos planes de pensiones que de repente habían desaparecido, mi teléfono no dejaba de sonar. Aunque con distintos grados de devastación, ya fueras barbero o multimillonario, la tormenta afectó a las vidas de todo el mundo.

Como nunca he estado dispuesto a ser víctima de las circunstancias, decidí tomar medidas inmediatas para convertirme en parte de la solución. Con una sana dosis de cinismo, me propuse responder a la pregunta más importante a la que se enfrentaba una sociedad analfabeta en cuestiones financieras... ¿Todavía era posible ganar en este juego? En el mundo posterior a la crisis financiera, ¿un inversor aún podía ganar en el juego de las finanzas? ¿Una persona normal y corriente podía alcanzar la libertad financiera incluso si nunca vendía una empresa, heredaba un buen colchón o rascaba un billete de lotería con un gran premio en metálico? Después de entrevistar a más de cincuenta personas que poseen las mentes financieras más brillantes del mundo, y de cribar cientos de horas de entrevistas grabadas, ¡la respuesta a la pregunta era un rotundo sí! Pese a que los titanes a los que entrevisté compartían visiones muy distintas, todos coincidían en una serie de leyes y principios inmutables que un inversor debe aplicar (y también evitar) para poder ganar la partida.

Aunque plantearon muchos temas diferentes, los cuatro principios más comentados que compartieron aquellos gigantes fueron los siguientes:

1. Primero, no perder. Como decía Warren Buffett en un alarde de concisión: «La regla número 1, no perder dinero. La regla número 2, ver la regla número1». Si pierdes el 50 por ciento en una mala inversión, necesitas obtener una rentabilidad del cien por cien solo para volver al punto de partida. Una de las ideas que comparten todos los inversores de éxito es que son conscientes de que alguna vez también van a perder (sí, hasta Buffett). Pero para controlar los daños, nunca se precipitan antes de estar seguros ni arriesgan demasiado en una inversión, lo que nos lleva a...

2. Segundo, el principio esencial de la asignación de activos; o sea, repartir tus recursos en distintos tipos de inversiones con diferentes ratios riesgo-beneficio. Cuando me reuní con el desaparecido David Swensen —el hombre que cogió las riendas del centenario fondo de dotación de Yale y lo hizo crecer de 1.000 millones de dólares a 31.000 millones— ¡me explicó que la asignación de ac-

tivos representa el 90 por ciento de la rentabilidad de las inversiones! Como verás, los inversores institucionales más importantes y los que obtienen unas altísimas rentabilidades netas abordan la asignación de activos de una forma completamente distinta a la del típico inversor individual.

3. Tercero, siempre que sea posible, busca oportunidades con una relación riesgo-beneficio «asimétrica». En pocas palabras, estos inversores buscan operaciones en las que el potencial beneficio supere con creces a los potenciales riesgos. Mi buen amigo, y legendario *trader*, Paul Tudor Jones solo abre operaciones en las que cree que la ratio riesgo-beneficio es de 5 a 1. Arriesga 1 dólar para conseguir 5 dólares. De este modo, puede cometer más errores que aciertos, y aun así tener beneficios.

4. El cuarto y último principio es la diversificación. Hay que tener en cartera una amplia variedad de inversiones (acciones, bonos, bienes inmuebles, capital privado, crédito privado, etcétera), repartidas en distintas clases de activos, ubicaciones geográficas, períodos...[1]

Supongo que si estás leyendo este libro no eres el inversor típico. Es probable que tú (o tus clientes) hayáis adquirido los conocimientos financieros necesarios para superar estos dogmas esenciales y hayáis echado un poco más de leña al fuego de la inversión. Como verás en las páginas siguientes, los activos alternativos han generado unos enormes beneficios para los inversores más astutos del mundo. Por ejemplo, entre 1986 y 2022, el sector del capital privado ha superado cada año al S&P 500 por más de cinco puntos porcentuales (9,2 por ciento en comparación con el 14,28 por ciento). Estamos hablando de un 50 por ciento más de rentabilidad. El crédito privado, una alternativa a los bonos, ha multiplicado entre dos y tres veces los ingresos/rendimiento.[2]

---

1. Aunque en español suele traducirse el término *private equity* como 'capital riesgo', esta convención puede dar lugar a equívocos. Para ser estrictos, no toda la inversión en *private equity* puede clasificarse como «capital riesgo», ya que no siempre está destinada a empresas que se encuentran en sus primeras etapas, que presentan un importante grado de incertidumbre y que operan normalmente en el sector tecnológico. Con el fin de evitar posibles malentendidos, a lo largo del libro se utiliza la traducción 'capital privado' para referirse al *private equity*, y el término 'capital riesgo' se reserva para aludir al *venture capital*. En general, el término *privado* se utiliza en estas páginas para describir aquellos activos que no se negocian en los mercados cotizados. (*N. del t.*)

2. Costa, Moriah, «Private or Public: Investing in Private Credit vs Bonds», *MoneyMade*, 18 de octubre de 2022, <https://moneymade.io/learn/article/private-credit-vs-bonds>.

Resulta innegable que el dinero inteligente recurre a las inversiones alternativas de alta calidad, que actúan como un motor de la diversificación y del crecimiento acelerado. Eso es lo que hacen los grandes titanes de las finanzas con su capital personal. Y lo sé porque me lo han contado. Durante varias décadas, he cultivado las relaciones que ya mantenía con esos «maestros del universo financiero». Para escribir este libro, he entrevistado a una docena larga de ellos; en concreto, a trece de los mejores gestores de inversiones alternativas, que en el transcurso de los años han generado unas rentabilidades extraordinarias, y que el público general casi nunca es capaz de ver. Gente como...

- **Robert F. Smith**: fundador de Vista Equity Partners, Smith está considerado uno los inversores en software empresarial de mayor éxito de todos los tiempos. Gestiona más de 100.000 millones de dólares y obtiene unos beneficios excepcionales en comparación con otras empresas homólogas (y desde hace veintitantos años). La cartera de Vista abarca más de ochenta empresas, con unos noventa mil empleados. A marzo de 2023, ¡las empresas en la cartera de Vista generan más de 25.000 millones de ingresos anuales!
- **Bill Ford**: un pionero en el mundo del capital privado, Ford ha hecho crecer los activos de General Atlantic desde los 12.000 millones de dólares a los 80.000 millones, y ha ampliado la presencia global de la empresa. A lo largo de su historia, General Atlantic ha invertido más de 55.000 millones de dólares en más de quinientas empresas dedicadas a la tecnología, la medicina, la biología y los servicios financieros.
- **Vinod Khosla**: fundador de Khosla Ventures, Vinod es una leyenda en el mundo del capital riesgo. Sus inversiones en la fase inicial de algunas empresas que estaban desarrollando tecnologías disruptivas le han permitido pasar de ser un inmigrante con pocos recursos a un multimillonario hecho a sí mismo. Es célebre por haber convertido una inversión de 4 millones de dólares en Juniper Networks en una lluvia de 7.000 millones para sus asociados.
- **Michael B. Kim**: el «padrino del capital privado en Asia», Kim ha creado la empresa independiente de capital privado más grande del continente, cuyas operaciones se centran en China, Japón y Corea del Sur. El impresionante éxito de sus inversiones también lo ha convertido en el hombre más rico de Corea del Sur.

- **David Sacks**: fundador de Craft Ventures, copresentador del pódcast *All In* y uno de los miembros originales de la mafia de PayPal junto con Elon Musk y Peter Thiel. Sacks ha invertido en más de veinte unicornios, como Affirm, Airbnb, Eventbrite, Facebook, Houzz, Lyft, Palantir, Postmates, Slack, SpaceX, Twitter y Uber.

¡Y muchos más!

Todos estos tipos compiten al más alto nivel en el juego del dinero. Sin embargo, disponen de una gran ventaja. ¡La ventaja del acceso! Su posición y contactos profesionales les proporcionan un acceso extraordinario a unas inversiones muy singulares a las que, con franqueza, el 99,99 por ciento de los mortales no pueden acceder en condiciones normales. Y lo que quizás resulte aún más fascinante: suelen obtener una buena rentabilidad tanto en los buenos como en los malos tiempos. Aunque tampoco son inmunes a los altibajos de la economía, estos inversores han demostrado una y otra vez que saben prosperar —y no solo sobrevivir— en los inviernos económicos. En vez de conformarse con capear el temporal, salen de compras cuando los precios están bajos. Para ellos, el temporal es una oportunidad. Una cosa es ganar dinero cuando los mercados van al alza, porque la subida de la marea beneficia a todos los barcos; pero ¿generar beneficios cuando los mercados están revueltos? Eso es lo que diferencia a los buenos de los mejores.

Mi amigo Ray Dalio es uno de los jugadores que se han ganado un puesto en el «salón de la fama» del dinero inteligente. Ray Dalio es el Tom Brady de los gestores de fondos «macro» de inversión libre. El mejor de todos los tiempos. Para quienes no lo conozcan, diré que Ray es el fundador de Bridgewater, el fondo de inversión libre más grande del mundo (196.000 millones de dólares), con un impresionante historial de operaciones, tanto en los buenos como en los malos tiempos.[3] Fue uno de los primeros que vaticinó la Gran Recesión, y se aprovechó de la situación. Desde su creación en 1991, su fondo Pure Alpha ha obtenido un rendimiento medio anual del 11 por ciento (en comparación con el 7 por ciento del S&P 500).[4] No hace falta mencionar que cuando vences una y otra vez al mercado por un amplio margen durante más de treinta años, te conviertes en uno de los gestores de fondos más buscados

3. Bridgewater Associated, LP, Berkshire Hathaway Inc., 30 de junio de 2023, <https:/whalewisdom.com/filer/bridgewater-associates-inc>.

4. Mandl, Carolina, «Bridgewater's flagship fund posts gains of 32% through June», Reuters, 5 de julio de 2022, <https://www.reuters.com/business/finance/bridgewaters-flagship-fund-posts-gains-32-through-june-2022-07-05/>.

por los ricos del planeta. Desde los fondos soberanos de los países más prósperos del mundo a los multimillonarios más influyentes, Ray tiene línea directa con muchas de las personas más poderosas del planeta.

En una de nuestras primeras conversaciones, que tuvo lugar hace ya casi diez años, me enseñó lo que, en su opinión, es el principio más importante de una inversión de éxito: el principio de la diversificación para maximizar el beneficio y minimizar el riesgo. Un principio que ha guiado mi estrategia de inversión personal y que, muy en especial, me ha proporcionado la inspiración para escoger el título y el contenido de este tercer y último libro de mi trilogía financiera: un principio que Ray llama «el Santo Grial» de la inversión. Una estrategia simple pero profunda, que pocas veces se pone en práctica. Te explicaré cómo funciona.

En primer lugar, es importante entender que las carteras más tradicionales buscan reducir el riesgo y maximizar las ganancias mediante el principio básico de la diversificación: no pongas todos los huevos en la misma cesta. Pero, por desgracia, la diversificación no siempre funciona como estaba previsto. La razón es que en la actualidad muchas de las inversiones tradicionales están «correlacionadas»; lo que quiere decir que se mueven hacia arriba y hacia abajo al mismo tiempo.

La correlación mide hasta qué punto una serie de inversiones evolucionan en la misma dirección; una correlación positiva implica que se mueven al unísono, mientras que una negativa significa lo contrario. A continuación, existen distintos grados de correlación, lo que significa que las inversiones se mueven en grupo, pero no en fila india. Por ejemplo, en términos generales, los bonos y las acciones no están correlacionados. Cuando las acciones bajan, va muy bien que los bonos suban para obtener cierta protección. Sin embargo, las correlaciones siempre evolucionan, y a menudo lanzan algunas bolas con efecto.

En 2022, las acciones y los bonos cayeron a la vez. Si bien es un fenómeno bastante raro, en un futuro quizás no sea una absoluta anomalía. AQR, uno de los fondos algorítmicos de inversión libre de mayor éxito, cree que «los cambios macroeconómicos —como la incertidumbre por el aumento de la inflación— podrían conducir a la reaparición de la correlación positiva entre los bonos y las acciones de los años setenta, ochenta y noventa del siglo pasado». En agosto de 2023, la pantalla de mi ordenador mostraba un titular de Bloomberg que decía: «A medida que la correlación se dispara, los bonos son una cobertura inútil para las pérdidas derivadas de las acciones».[5] ¡El artículo desta-

5. Ye Xie, «Bonds Are Useless Hedge for Stock Losses as Correlation Jumps»,

caba que la correlación positiva entre los bonos del Tesoro de Estados Unidos y las acciones estaba a su nivel máximo desde 1996!

En estos tiempos, las acciones y los bonos no son los únicos valores que han demostrado una correlación positiva. A pesar de pertenecer a una clase de activos muy diferente, las sociedades cotizadas de inversión en el mercado inmobiliario (socimi en español; REIT en inglés), unas empresas que poseen y gestionan carteras basadas en bienes inmuebles, suelen mostrar un alto grado de correlación con las acciones. Entre 2010 y 2020, las REIT han tenido una correlación del 80 por ciento con el S&P 500.[6] Añadir activos inmobiliarios a una cartera puede parecer una estrategia de diversificación inteligente, pero, en realidad, lo más probable es que las acciones y las REIT se muevan al unísono. Para ser justos, en el período 2010-2020, las REIT rindieron bastante bien. Pero el dato importante es el siguiente: cuando las acciones empezaron a caer en 2022, las REIT también se llevaron un buen revolcón. Demasiado movimiento para mantener a salvo una parte importante de la cesta.

De modo similar, en los últimos años, las criptomonedas, cuyos defensores suelen vender como un «oro digital» que ofrece una buena cobertura contra la volatilidad del mercado, se han movido al mismo ritmo que las acciones. En 2022, el bitcoin se comió una caída del 65 por ciento, desde los 47.000 dólares a casi 16.000. Aquel mismo año, las acciones entraron en un mercado bajista y la inflación ganó terreno. Un estudio de la Universidad Georgetown reveló que «los activos en criptomonedas siguieron los pasos del mercado, y de una forma aún más correlacionada durante los períodos de alta volatilidad, como la pandemia por la COVID-19 y la invasión rusa de Ucrania».[7] Nadie sabe cómo se comportarán en el futuro, pero no cabe ninguna duda de que en los últimos tiempos han fallado como medida de protección.

El problema es que en la actualidad, ¡las estrategias de diversificación más tradicionales suelen incluir la incorporación de inversiones

Bloomberg, 2 de agosto de 2023, <https://www.bloomberg.com/news/articles/2023-08-02/bonds-are-useless-hedge-for-stock-losses-as-correlation-jumps>.

6. Wohlner, Roger, «REITs: Still a Viable Investment?», Investopedia, 22 de septiembre de 2021, <https://www.investopedia.com/articles/financial-advisors/030116/reits-still-viable-investment.asp#:~:text=REITs%20Offer%20Diversification%20Pluses, through%20the%20end%20of%202020>.

7. Hannah Zhang, «Crypto Is Becoming More Correlated to Stocks-And It's Your Fault», *Institutional Investor*, 9 de febrero de 2023, <https://www.institutionalinvestor.com/article/b8xcj9wtd1gjb5/Crypto-Is-Becoming-More-Correlated-to-Stocks-And-It-s-Your-Fault#:~:text=They%20found%20that%20the%20correlation,January%202016%20and%20January%202021>.

con una correlación positiva! De manera consciente o inconsciente, algunos inversores parecen haber renunciado a encontrar activos no correlacionados para encajar mejor los golpes. Hace poco vi en las noticias un titular bastante terrorífico: los estadounidenses de más edad, los que están jubilados o se acercan, están renunciando a los bonos para protegerse y apuestan (casi) todo su futuro a las acciones. Es una apuesta arriesgada. *The Wall Street Journal* informaba de que entre los clientes de Vanguard: «Una quinta parte de los inversores de ochenta y cinco años o más tienen casi todo su dinero en acciones, cuando en 2012 el porcentaje era del 16 por ciento. Lo mismo ocurre con casi una cuarta parte (el 25 por ciento) de los que tienen entre setenta y cinco y ochenta y cuatro años».[8] Abandonar así la diversificación es como tirar los dados apostando mucho dinero, pero, por desgracia, muchos estadounidenses perciben que no tienen otra opción cuando sus carteras «diversificadas» no cumplen según lo previsto.

Entonces, ¿cuál es el «Santo Grial» de la inversión?

Según Ray Dalio, el Santo Grial es una cartera compuesta por entre ocho y doce inversiones no correlacionadas que, en conjunto, reduzcan claramente los riesgos sin sacrificar los beneficios. Dalio ha demostrado que una cartera diseñada de este modo puede reducir los riesgos en un 80 por ciento, mientras mantiene los mismos —o muy similares— beneficios potenciales. Lo expresa con estas palabras:

> Por mis primeros fracasos, sabía que no importa la confianza que puedas tener en una apuesta en concreto, porque aun así puedo estar equivocado; y que la clave para reducir los riesgos sin reducir la rentabilidad era una diversificación adecuada. Si podía crear [una cartera repleta de flujos de ingresos de alta calidad que estuviera] adecuadamente diversificada (con activos que zigzaguearan de un modo que unos compensen a los otros), podía ofrecer a los clientes una rentabilidad general por su cartera mucho más constante y fiable de lo que podrían encontrar en otra parte.

Parece bastante sencillo, ¿verdad? Pero representa un importante desafío: ¿cómo podemos acceder a esas inversiones de alta calidad que no están correlacionadas?

---

8. Anne Tergesen, «America's Retirees Are Investing More Like 30-Year-Olds», *The Wall Street Journal*, 4 de julio de 2023, <https://www.wsj.com/articles/it-isnt-just-boo mers-lots-of-older-americans-are-stock-obsessed-ca069e1a>.

El manual del multimillonario

Desde que adopté la filosofía del Santo Grial, he creado una cartera en la que las acciones cotizadas se combinan con una buena dosis de inversiones alternativas. Por ejemplo, soy un gran partidario de los activos inmobiliarios privados, ya que ofrecen ingresos constantes además de beneficios fiscales (por la depreciación, por ejemplo). Soy un gran partidario del capital privado, ya que casi cualquier empresa no cotizada necesita capital para crecer, y la rentabilidad de esta clase de inversiones ha superado una y otra vez al rendimiento de las acciones. Cuando se gestiona de forma correcta, el crédito privado ha demostrado ser una gran alternativa a los bonos, sobre todo en un momento en que los tipos están subiendo. También añado unas gotas de capital riesgo; tiene más peligros, pero siempre sirve para ampliar los límites de la innovación y la disrupción, lo que conecta con el emprendedor que llevo dentro.

Como quizás ya sepas, al llegar a un cierto nivel de ingresos, la SEC (Comisión de Bolsa y Valores de Estados Unidos) te invita a un club especial. Cuando alcanzas unos ingresos anuales de 200.000 dólares, o un patrimonio neto de 1 millón de dólares (sin incluir tu vivienda), te considera un inversor acreditado. Este título te permite acceder a algunas, aunque tampoco demasiadas, inversiones alternativas. La buena noticia: mientras escribo estas líneas, se espera la próxima aprobación de una ley que permita a cualquier persona que pase un examen entrar en la categoría de los «acreditados» sin tener en cuenta su patrimonio neto (unas páginas más adelante volveré a esta cuestión).

Cuando tienes un total de 5 millones de dólares en inversiones, la SEC te concede el estatus de «comprador cualificado». Ahora se abre un universo de inversiones alternativas. Pero aquí está la trampa..., cumplir con los requisitos exigidos no siempre significa que tengas las puertas abiertas. De hecho, muchas de las mejores inversiones alternativas están cerradas a nuevos suscriptores o, como un nuevo coche exótico de edición limitada, se agotan antes incluso de llegar al mercado.

En las primeras etapas de mi carrera como inversor, experimenté esa sensación de frustración en numerosas ocasiones. La verdad es que, simplemente, parece existir un exceso de demanda; hay demasiado dinero buscando un hogar en el mundo de las inversiones alternativas. ¿Y quién parece estar en los primeros puestos de la cola? Las grandes instituciones dispensadoras de cheques que hay por el mundo. Los fondos soberanos, los fondos de dotación de las grandes universidades y los *family offices* que gestionan enormes fortunas familiares sacan pecho y echan a codazos al inversor individual.

Christopher Zook, coautor de este libro, compartía una divertida anécdota de los primeros tiempos de su carrera...

> Llevaba toda la mañana esperando aquel fax. Sí, aquello ocurrió hace más de veinticinco años, en los tiempos de las viejas máquinas de telefax. El día anterior había recibido una llamada en la que me dieron buenas noticias: mis clientes y yo podríamos invertir en uno de los fondos de inversión privados más importantes. Llevábamos años tratando de acceder (sin ningún éxito) a este gestor concreto, ya que todos los fondos tenían un «exceso de suscripciones».
>
> Por fin había llegado el momento de descubrir cuánto nos permitirían aportar. Por fin íbamos a entrar en el club de aquella gente tan atractiva. Mis clientes y yo habíamos reunido unos 5 millones de dólares de nuestro propio dinero para invertir. La máquina de fax empezó a hacer aquel inconfundible ruido y escupió al suelo un fino rollo de papel. Se me rompió el corazón al ver que nuestra asignación total (o sea, lo que nos dejaban invertir) eran unos increíbles 250.000 dólares. Era como conseguir mesa en la mejor pizzería de Nueva York para que solo te sirvieran una única porción para compartir en una mesa llena de amigos.

Un apetito insaciable

En los espacios del capital privado, los activos inmobiliarios privados y el crédito privado, el hambre por las inversiones alternativas parece insaciable. Según la agencia de análisis Preqin, en el año 2006, los gestores de fondos de capital privado manejaron cerca de 1 billón de dólares. En la actualidad, hay más de 6 billones de dólares invertidos en el sector del capital privado, mientras que algunas proyecciones indican que en 2025, el mercado crecerá hasta los 14 billones. Esta «gran migración» hacia las inversiones alternativas parece imparable, ya que resulta evidente que el dinero inteligente está en pleno proceso de reasignación. Menos acciones cotizadas en los mercados, más inversión en capital privado. Menos crédito público (bonos), más crédito privado. Menos REIT cotizadas, más inversión en activos inmobiliarios privados.

Mis sospechas se vieron confirmadas por las palabras de mi querido amigo y asesor Ajay Gupta. Ajay ha sido el representante de mi familia durante más de quince años. Para resumir su currículum, diré que Ajay es el antiguo director de estrategia (ya retirado) de una de las grandes asesorías de inversión independientes de Estados Unidos, que gestionaba cerca de 200.000 millones de dólares en activos. Vendió la agencia a una de las empresas de capital privado más importantes, y ahora dirige Robbins Gupta Holdings, nuestro *family office* conjunto.

Un día, Ajay me pasó un informe de KKR, una de las empresas de capital privado más grandes del mundo. Se trataba de una encuesta que permitía echar un vistazo a la sala de máquinas de los fondos de dotación, los fondos de pensiones y los *family offices* de los más ricos del mundo. Me sorprendió la predisposición de los participantes en la encuesta a revelar su asignación de activos en el presente. Vale la pena repetir que para un inversor, la asignación de activos, o sea, cuánto decidimos invertir y en qué clase de producto, es el principal motor del éxito. Este principio es una verdad incuestionable para todos los inversores a los que he entrevistado en las últimas dos décadas.

Gráfico 1.1. Inversiones alternativas como porcentaje de la asignación total de activos.

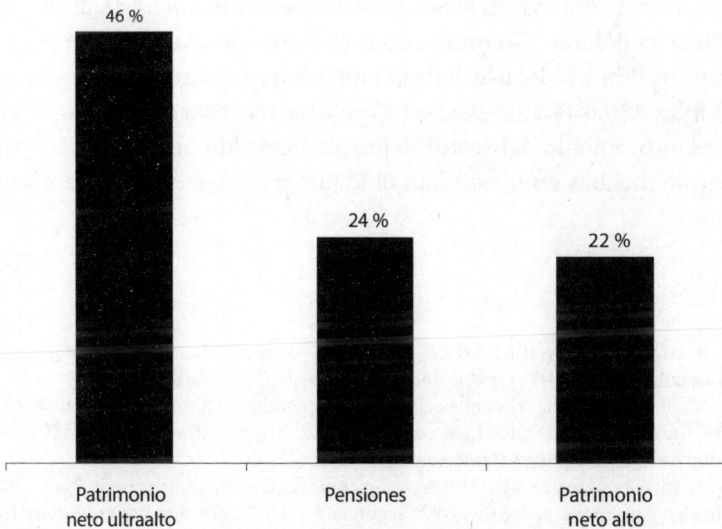

Datos de marzo de 2017

Las familias con patrimonios ultraaltos (superiores a los 30 millones de dólares) tienen el 46 por ciento de sus activos en inversiones alternativas, y solo el 29 por ciento en acciones cotizadas (véase el gráfico en la página anterior).[9] Hace poco, las inversiones alternativas no eran más que un simple aperitivo en una cartera; en cambio, hoy son algo más parecido a un bistec con patatas. Y escucha esto..., de todo el dinero que estos grupos habían destinado a los productos alternativos, más de la mitad (el 52 por ciento) estaba invertido en capital privado, mientras que el resto se dividía de una forma bastante equilibrada entre activos inmobiliarios (25 por ciento) y fondos de inversión libre (23 por ciento).

¿Por qué este cambio tan profundo hacia las inversiones alternativas? Bueno, no hace falta investigar mucho para descifrar las pistas...

A escala global, ¡en cada ejercicio de los últimos treinta y cinco años (entre 1986 y 2020)!, el capital privado ha obtenido mejores resultados que los mercados cotizados.[10]

Como puede verse en el gráfico siguiente, durante un período de treinta y seis años que concluye en 2022, el capital privado —como clase de activos— ha generado una rentabilidad anual del 14,28 por ciento.[11] El S&P 500 generó un 9,24 por ciento. Estamos hablando de una diferencia en la rentabilidad anual superior a cinco puntos porcentuales, que se traduce en un crecimiento compuesto desenfrenado. Para poner estas cifras en perspectiva, entre 1986 y 2022, una inversión hipotética de 1 millón de dólares en el S&P 500 hubiera crecido hasta alcanzar los 26.310.105 dólares. No está nada mal. Pero con el capital privado, ese mismo millón de dólares habría crecido hasta convertirse... ¡en unos increíbles 139.604.229 dólares! Conviene recordar que esta rentabilidad es el promedio del sector del capital privado en todo su conjunto, pero que muchas empresas han obtenido unos beneficios aún más elevados.

9. McVey, Henry H., *KKR Blog*, 10 de mayo de 2017, <https://media.kkr.com/news-details/?news_id=16f1e43e-d3cf-4ff1-a4fb-c6a018276a8e>.

10. Slotsky, Caryn, «Global ex US PE/VC Benchmark Commentary: Calendar Year 2021», Cambridge Associates LLC, agosto de 2022. Global PE vs. MPME MSCI, Índice mundial de todos los países-Cambridge and Associates.

11. Slotsky, Caryn, «US PE/VC Benchmark Commentary: First Half 2021», Cambridge Associates, enero de 2022. Según cifras del Cambridge Private Equity Index, <https:/www.cambridgeassociates.com/insight/us-pe-vc-benchmark-commentary-first-half-2021/>.

Gráfico 1.2. Simulación de la rentabilidad entre el capital privado y las acciones cotizadas

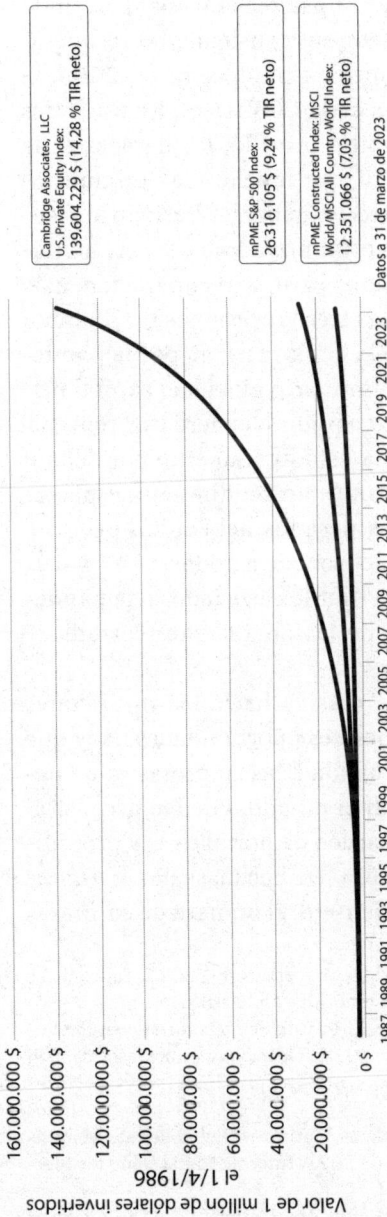

Valor de 1 millón de dólares invertidos el 1/4/1986

Cambridge Associates, LLC
U.S. Private Equity Index:
139.604.229 $ (14,28 % TIR neto)

mPME S&P 500 Index:
26.310.105 $ (9,24 % TIR neto)

mPME Constructed Index: MSCI
World/MSCI All Country World Index:
12.351.066 $ (7,03 % TIR neto)

Datos a 31 de marzo de 2023

El índice es un cálculo del horizonte temporal sobre los datos recopilados en 1.506 fondos, entre los que se incluyen sociedades ya completamente liquidadas, creados entre 1986 y 2022.

Los índices privados son cálculos agrupados de la tasa interna de retorno (TIR) en el horizonte temporal, libres de comisiones, gastos e intereses devengados. El CA Modified Public Market Equivalent (mPME) replica el rendimiento de la inversión privada en las condiciones de los mercados cotizados. Las acciones de los índices cotizados se compran y se venden según el calendario de los flujos de caja del fondo privado, cuya distribución se ha calculado en la misma proporción que la del fondo privado, y mPME NAV es una función del flujo de caja del mPME y de la rentabilidad del índice cotizado. El «valor añadido» muestra (en puntos básicos) la diferencia entre la rentabilidad real de la inversión privada y la rentabilidad calculada del mPME. Índice construido: MSCI World/MSCI All Country World Index: datos del 1/1/1986 al 31/12/1987 representados por la rentabilidad total bruta del índice MSCI. Datos desde el 1/1/1988 hasta la actualidad representados por la rentabilidad total bruta del MSCI ACWI. La fecha y la magnitud de los flujos de caja de los fondos son una parte integrante del cálculo de la TIR. Los índices cotizados son cálculos de rentabilidad media anual compuesta (AACR, en inglés), que son mediciones porderadas en el tiempo sobre el horizonte especificado, que únicamente se incluyen como referencia e indicadores de la trayectoria. Debido a las diferencias fundamentales existentes entre ambos cálculos, no se recomienda comparar de manera directa las TIR con las AACR.

Fuentes: Cambridge Associates LLC, MSCI, Standard & Poor's.

EL RENDIMIENTO PASADO NO GARANTIZA LOS RESULTADOS PRESENTES O FUTUROS. Los ejemplos históricos incluidos no constituyen, ni pretenden constituir, una promesa de resultados similares en el futuro. La información y los datos históricos aquí incluidos se han extraído de fuentes que se consideran fidedignas, y no se han verificado de manera independiente por CAZ Investments. Los ejemplos históricos solo se incluyen con fines informativos, y no pretenden representar una inversión concreta.

Como puede verse, el capital privado obtiene una excelente rentabilidad en los buenos tiempos, pero también ha sido capaz de capear más de un temporal. Si observamos la historia reciente, hemos tenido tres grandes recesiones en el mercado (con sus consiguientes recuperaciones). En 2001, el pinchazo de la burbuja puntocom; en 2008, la Gran Recesión, y en 2020, la pandemia de la COVID-19. En estos tres casos, en comparación con los del capital privado, los descensos de «máximos a mínimos» del S&P 500 fueron mucho más pronunciados.[12] Un estudio del gigante de Wall Street Neuberger Berman lo resumía muy bien: «Históricamente, el capital privado ha experimentado unos descensos menos pronunciados, y una recuperación más rápida, que las acciones cotizadas en las tres [recesiones]». Un buen ejemplo fue 2021, ya que en medio de la crisis causada por la pandemia y los problemas en la cadena de suministro global, el capital privado tuvo uno de sus mejores años, y en conjunto generó una rentabilidad del 27 por ciento.[13] Esta cifra solo está ligeramente por debajo del 33 por ciento obtenido en el año 2020, un rendimiento espectacular.[14] Bain Capital, uno de los pesos pesados del capital privado, escribía: «En 2021, el capital privado venció a todos sus rivales, puesto que los billones de dólares en estímulos asociados a la pandemia generaron un aumento histórico de las operaciones cerradas y las salidas».[15]

Todo esto explicaría la migración masiva hacia las inversiones privadas. En pocas palabras, ofrecen mejores oportunidades. Hay que pescar donde están los peces. En la actualidad, las empresas ya no necesitan cotizar en bolsa como hacían en el pasado. Pueden acceder al capital sin tener que lidiar con el bombardeo de normativas y procedimientos que implica la cotización en bolsa. De hecho, según el *Financial Times*, desde su máximo histórico de 1996, el número de empresas

12. «Current benchmark statistics», Cambridge Associates, 1T, 2023. Tal como se recoge en el Índice US Private Equity Buyout de Cambridge and Associates.

13. «McKinsey Global Private Markets Review: Private markets turn down the Volume», McKinsey & Company, 21 de marzo de 2023, <https://www.mckinsey.com/in dustries/private-equity-and-principal-investors/our-insights/mckinseys-private-markets-annual-review>.

14. «A year of disruption in the private markets: McKinsey Global Private Markets Review 2021», McKinsey & Company, 5 de abril de 2021. Informe Anual sobre los Mercados Privados de McKinsey 2021.

15. Hugh MacArthur, *et al.*, «The Private Equity Market in 2021: The Allure of Growth», Global Private Equity Report, Bain & Company, 7 de marzo de 2022, <https:/www.bain.com/insights/private-equity-market-in-2021-global-private-equity-report-2022/>.

cotizadas en Estados Unidos ha caído casi a la mitad, a unas cuatro mil cuatrocientas.[16] Es decir, los inversores solo pueden estudiar unas cuatro mil cuatrocientas empresas; y si hablamos de rentabilidad, crecimiento y perspectivas de futuro, todos sabemos que muchas de ellas son mediocres —en el mejor de los casos—. De hecho, en 2009, el 81 por ciento de las empresas cotizadas eran rentables (tras la OPV); pero, en 2021, solo el 28 por ciento siguen ofreciendo beneficios (tras la OPV).[17]

En cambio, hay decenas de miles de empresas no cotizadas que crecen, innovan y crean disrupciones. Cerca del 80 por ciento de las empresas que obtienen unos ingresos anuales superiores a 100 millones de dólares no cotizan en bolsa. Al observar la capitalización de las empresas cotizadas en todo el mundo, resulta sorprendente descubrir que el valor total de las sociedades que están en manos de los fondos de capital privado empequeñece a las acciones cotizadas por casi 4 a 1.[18]

A ver, esto no quiere decir que las acciones cotizadas no puedan desempeñar un papel en nuestras carteras. Por supuesto que tienen su función, y en muchas carteras «Santo Grial» (la mía incluida) son un ingrediente importante. Las acciones permiten que cualquier persona se convierta en propietaria de la economía, no solo en una consumidora. Puedes ser propietario de Apple, no solo del iPhone. Y las acciones permiten acceder a miles de empresas en todo el mundo, hacer negocios en numerosos países, y con la posibilidad de comprar/vender las acciones con solo un clic del ratón. Las acciones cotizadas no compiten contra el capital privado. ¡Son complementarias!

Muchos estudios han demostrado que incorporar el capital privado a la típica cartera de bonos y acciones no solo reduce la volatilidad, sino que además aumenta los beneficios.[19] De eso se trata: reducir el riesgo (la volatilidad) mientras se incrementan los beneficios.

16. Wigglesworth, Robin, «US has fewer listed public companies than China», *Financial Times*, 6 de octubre de 2019, <https://www.ft.com/content/73aa5bce-e433-11e9-9743-db5a370481bc>.

17. «Share of companies that were profitable after their IPO in the United States from 2008 to 2021», Statista, 30 de junio de 2022, <https://www.statista.com/statistics/914724/profitable-companies-after-ipo-usa/>.

18. «2021 Preqin Global Private Equity & Venture Capital Report», Preqin Ltd., 4 de febrero de 2021. Prequin: Federación Mundial de Bolsas y Mercados.

19. Tutrone, Anthony, «Private Equity and Your Portfolio», Neuberger Berman Global Insights, enero de 2019, <https://www.nb.com/en/global/insights/investment-quarterly-asset-matters-private-equity-and-your-portfolio>.

Democratización

Además de los muchos billones de dólares que ya fluyen hacia los mercados privados (no cotizados), en estos momentos la legislación se está relajando.[20] Con un poco de suerte, pronto el inversor medio tendrá la posibilidad de poner su dinero en los mercados privados a través de los planes de pensiones de empresa. Esta medida podría echar más combustible a un sector que ya va al alza. Y ahora viene la mejor noticia de todas...

Como he mencionado antes, siempre me ha parecido muy injusto que solo las personas con un considerable patrimonio neto puedan participar en las inversiones alternativas de alta calidad. Qué diablos, muchos millonarios se han hecho ricos vendiendo una sola empresa; y en ningún caso eso significa que sean inversores sofisticados. Por otra parte, hay muchas personas con una billetera más modesta que tienen la inteligencia y el deseo de jugar la partida en los mercados privados. En mi humilde opinión, si una persona tiene la inteligencia necesaria y comprende los riesgos, también debería poder subirse al carro. Por suerte, el Congreso está de acuerdo. Cuando escribo estas líneas, la Cámara de Representantes ha aprobado una propuesta presentada por ambos partidos que permitirá a cualquier persona, incluso si no cumple con los requisitos patrimoniales exigidos, convertirse en un inversor acreditado si supera un examen. Confío en que cuando leas esto, la propuesta se haya convertido en ley, y todo el mundo pueda acceder a las grandes oportunidades.

Mientras en mi mente empezaba a cobrar forma el brillante futuro de las inversiones alternativas, el instinto me dictaba una pregunta: ¿cómo podemos participar en esta tendencia más general en la que hay billones de dólares en búsqueda de inversiones alternativas? ¿Cómo subirse a esta ola, a este tsunami, en vez de conformarnos con poder acceder solamente a un puñado de oportunidades?

Resulta que muchos de los mejores y más brillantes magos de las finanzas ya han encontrado la forma; y te aseguro que la mayoría de la gente nunca ha oído hablar de ella.

---

20. Ramsey, Austin, «Private Equity Firms Are Winning the Fight for Your 401(k)», *Bloomberg Law*, 31 de enero de 2022, <https://news.bloomberglaw.com/daily-labor-report/private-equity-firms-are-winning-the-fight-for-your-401k>.

Mi gran descubrimiento

Como muchos ya sabéis, durante más de dos décadas he sido el *coach* de mi querido amigo Paul Tudor Jones. Además de ser un filántropo increíble, su Fundación Robin Hood ha donado más de 3.000 millones de dólares para combatir la pobreza en la ciudad de Nueva York, Paul está considerado uno de los diez mejores gestores de fondos de inversión libre de la historia.

Hace casi una década, estaba hablando de inversiones alternativas con uno de los antiguos socios de Paul (que desde entonces ha lanzado con éxito su propio fondo). Me compadecía por el habitual problema de no poder acceder a muchas de estas grandes oportunidades de inversión. Para una persona rica, conseguir una «asignación» en uno de los fondos de capital privado más solicitados es el equivalente a cruzar el cordón de terciopelo en el club nocturno de moda. Pero con demasiada frecuencia, la gente se queda en la calle, con el dinero en la mano.

En confianza, decidió revelarme lo que hacía con una parte muy importante de su propio dinero. Al instante, abrí las orejas. Estaba delante de uno de los gestores de fondos más reputados, y estaba a punto de contarme lo que hacía con su tesoro. Era como si Tiger Woods te contara dónde se compra los palos de golf. ¡Mejor estar atento! Me explicó que recurría a una empresa de Houston (Texas) que estaba aplicando un método un poco diferente. ¿Texas? Yo pensaba que un tipo de Greenwich (Connecticut) recurriría a una elitista empresa de Wall Street, Londres o Singapur. Pero igual que la mayoría de los genios financieros encuentran la inspiración en lugares poco habituales, él había decidido recorrer un camino muy poco transitado.

Dedicó la hora siguiente a explicarme un método en concreto que parecía la respuesta exacta a mi pregunta.

¿Cómo se puede participar en este movimiento sísmico hacia las inversiones alternativas?

Mientras tomaba notas tan rápido como podía, me explicó que en vez de romperse los cuernos para tratar de entrar en un fondo como socio limitado (SL; LP, en inglés), en ocasiones existía la posibilidad de convertirse en propietario de una entidad que se conoce como «socio general» (SG; GP, en inglés). Ese socio general es en realidad la empresa ejecutora; o sea, la que gestiona los activos y administra los fondos de inversión subyacentes. El socio general suele estar en manos de los fundadores y los directores ejecutivos. «¿De verdad es posible comprar una parte del SG?», pregunté, no sin cierto asombro. Y asintió con la sonrisa dé un gran experto. Aquel momento fue para mí un cambio de paradigma. Al fin y al cabo, muchos de los titanes financieros que he entrevistado se hicieron millonarios cuando se convirtieron en los propietarios de sus propias empresas de gestión de activos (y, por lo tanto, eran el socio general).

No es ningún secreto que la mayor concentración de multimillonarios de la lista Forbes 400 no se encuentra en las nuevas tecnologías, el gas o el petróleo. Son los gigantes del capital privado, las inmobiliarias privadas y el crédito privado. Son esas grandes mentes financieras que tan a menudo generan una riqueza inmensa para sus clientes (los SL) y para ellos mismos (los SG). Son las personas que dominan el juego del dinero y que gestionan decenas o centenares de miles de millones. Son las personas con las que, si me ofrecieran la oportunidad, me gustaría trabajar como socio codo con codo. ¿De verdad era posible convertirse en el propietario de una tajada del negocio de gestionar todo ese dinero, y en un momento en que hay billones de dólares entrando en las inversiones alternativas? Resulta que la respuesta es que sí. Durante la década pasada, este mundo, conocido como «participaciones SG» («GP Stakes», en inglés), ha ido ganando popularidad entre los grandes inversores institucionales, pero solo ahora está empezando a despertar un interés más generalizado. Un artículo en *The Wall Street Journal* resumía esta tendencia con un titular: «Comprar participaciones en las empresas de capital privado, y no solo en sus fondos, sale muy a cuenta».[21]

¿Por qué sale muy a cuenta?

Los clientes de estas empresas, los inversores/socios limitados, pagan como mínimo al SG dos tipos de comisiones. Primero, pagan una comisión de gestión que suele ser de alrededor del 2 por ciento anual de la cantidad invertida. Segundo, si el fondo de inversión obtiene una buena rentabilidad, la empresa suele quedarse con un 20 por ciento de los beneficios. Así que para las empresas más importantes, que cuentan con muchos clientes satisfechos, la propia firma es una máquina de generar riqueza para sus fundadores y propietarios.

Mientras mi cerebro trataba de procesar lo que acababa de descubrir, me lancé al juego de las veinte preguntas. Me resumió muy bien todo el asunto, y me explicó que convertirse en el propietario minorita-

21. Gottfried, Miriam, «Buying Stakes in Private-Equity Firms, Not Just Their Funds, Pays Big», *The Wall Street Journal*, 18 de noviembre de 2018, <https://www.wsj.com/articles/buying-stakes-in-private-equity-firms-not-just-their-pays-big-1542 542401#>.

rio/pasivo de una empresa de gestión de activos (el SG) tiene tres grandes ventajas:

1. El flujo de caja. Tener unos ingresos predecibles es maravilloso. Si diriges una empresa, eres muy consciente de que sería muy poco habitual —aunque también maravilloso— saber de antemano que vas a obtener unos ingresos estables y predecibles durante varios años. Bienvenido a la gestión privada de activos. La típica empresa de gestión de activos (el SG) gestiona numerosos fondos en nombre de los inversores (los SL). En muchos casos, los inversores acceden a «bloquear» sus inversiones durante largos períodos a cambio de poder obtener unos beneficios enormes. Así se crea un horizonte a largo plazo para el gestor, por el que dispone de mucho tiempo para tomar las mejores decisiones. Mientras pone a trabajar el dinero de los inversores, el gestor tiene derecho a recibir una comisión de gestión (por regla general, el 2 por ciento del dinero invertido). Cuando los inversores acceden a «bloquear» el dinero de sus aportaciones (normalmente, entre cinco y diez años), el gestor de activos sabe que durante todo ese período va a generar unos ingresos por comisiones de gestión predecibles y garantizados por contrato. Lo cual se traduce en un flujo de caja fiable para los propietarios de la empresa; en este caso, ¡también somos nosotros! Y, aún mejor, ¡este flujo constante de ingresos también aumentará a medida que la empresa incremente la cantidad de dinero que gestiona!

2. Una parte de los beneficios. Como he mencionado, a cambio de generar dinero para los inversores, el SG recibe un bonito porcentaje de los beneficios derivados del capital que gestiona; por norma, el 20 por ciento. Este porcentaje se conoce como «comisión de resultados o de éxito». Hacer dinero a partir del dinero de otras personas, mientras ellas siguen obteniendo grandes beneficios, es un *win-win* que puede generar unos enormes ingresos para el SG (¡nosotros otra vez!).

3. Diversificación. En las sabias palabras del premio Nobel Harry Markowitz: «La diversificación es el único almuerzo que sale gratis». Poseer una parte de la empresa de gestión de activos te ofrece una diversificación tremenda. ¿Por qué? Porque la clásica empresa del sector gestiona numerosos fondos. Cada uno de esos fondos tiene una fecha de inicio o *vintage* único, lo que sig-

nifica que las inversiones se distribuyen en varios ciclos económicos/de mercado. Además, cada uno de esos fondos posee su propia cartera de empresas/inversiones repartidas en distintos sectores, países y etapas de crecimiento. Estamos hablando de diversificación al más alto nivel.

Hay una cuarta y última ventaja, mucho más general. En ocasiones, una gestora de activos privados puede ser adquirida por una empresa más grande o empezar a cotizar en los mercados. En este caso, los propietarios, con quienes tú y yo estamos hombro con hombro, pueden recibir un bonito múltiplo por el capital que poseen sobre la venta. Hay muchas otras ventajas adicionales que irás descubriendo a medida que sigas leyendo, pero no hace falta comentar que en ese momento de la conversación, ya me costaba continuar sentado en la silla. Todo me parecía muy atractivo (y un poco «demasiado bueno para ser cierto»). Así que no podía evitar preguntarme...

¿Qué sentido tiene que un gestor de activos privados quiera vender una participación en el negocio?

¿La respuesta? Tienes que conocer a Christopher Zook.

Houston, tenemos una oportunidad

Cuando conocí a Christopher me quedé de piedra, porque lo primero que me dijo fue que hace más de treinta años encontró la inspiración para fundar CAZ Investments escuchando la primera serie de mis casetes *Personal Power*. (¡Sí, aquellos viejos casetes!) Corría el año 1991, y en aquel momento él trabajaba en uno de los grandes bancos de Wall Street. Trazó una línea en la arena y le dijo a su esposa que en el plazo de diez años crearía su propia empresa. En 2001, fiel a su promesa, lanzó CAZ Investments..., y como regalo de bienvenida se encontró con el mercado bajista posterior a los atentados del 11-S. Pero, como enseguida verás, Christopher no se desanima con facilidad, y nunca deja de buscar nuevas oportunidades sin que le importen demasiado las condiciones del mercado. Además, es una figura muy respetada en el mundo de la inversión alternativa. En 2019, el gobernador de Texas lo nombró miembro del Consejo Evaluador de las Pensiones del Estado, donde trabaja como presidente del Comité de Inversiones.

CAZ Investments no es la típica firma de inversión. Su ética de trabajo, basada en una sinceridad sorprendente y en la idea de ensuciarse las manos, refleja muy bien sus raíces tejanas. Durante las más de dos décadas de liderazgo de Christopher, la firma ha abierto su propio camino. No ha tenido otro remedio, ya que Christopher sabía que para poder competir con los grandes inversores institucionales tendría que reconsiderar el viejo modelo, ya obsoleto.

Durante más dos décadas, Christopher y su equipo han formado una red de familias con grandes patrimonios que han decidido unirse como un único inversor *insti-vidual*, y así utilizar su poder colectivo de compra para negociar el acceso a unas oportunidades exclusivas. Una vez más: *acceso* es la palabra mágica cuando hablamos de inversiones alternativas. Como el propio Christopher me explicó: «Nuestro papel es levantarnos cada mañana y presentar oportunidades exclusivas a la red de inversores para que puedan tenerlas en consideración (siempre pueden escoger entre invertir o pasar). A cambio, nuestros inversores han decidido combinar sus armas en un frente unificado. Captamos el dinero para cada nueva oportunidad y firmamos un único cheque que conseguirá inclinar la balanza como lo haría cualquier gran institución».

En la actualidad, la sociedad tiene más de tres mil clientes con grandes patrimonios repartidos en todo el mundo, así como numerosas empresas asesoras que participan en las oportunidades seleccionadas. La firma ha crecido hasta convertirse en una de las doscientas mejores gestoras de inversiones en capital privado del mundo, por delante de grandes instituciones como Columbia, Duke y el MIT.[22]

Durante la cena, Christopher me informó de las numerosas oportunidades de inversión que su red ha financiado a lo largo de dos décadas. Tanto por la diversidad temática como por el momento elegido para seleccionarlas, me quedé muy impresionado por el amplio abanico de oportunidades que la firma había presentado a su red de clientes. Desde operar en corto las hipotecas *subprime* durante la crisis inmobiliaria a oportunidades en el sector energético durante la caída de los precios del petróleo, pasando por adquirir pequeñas participaciones en equipos de la NBA, NHL y MLB. Y la lista sigue. Pero es en las «participaciones SG» en las que CAZ se ha convertido en uno de los grandes actores del mercado, con presencia en la titularidad de más de sesenta firmas de capital privado, crédito privado y activos inmobiliarios que se extienden por todo el planeta.

Tras una amplia diligencia debida, me convertí en uno de sus clientes, y el socio de mi *family office*, Ajay Gupta, pasó a formar parte de la

---

22. «April 2022 Global Markets Snapshot», PitchBook News & Analysis, 3 de mayo de 2022. *Fuente*: datos de PitchBook en abril de 2022.

junta de CAZ. Durante aquellos años, cuanto más tiempo pasábamos con Christopher y su equipo, más apreciábamos sus métodos para valorar más de mil quinientas oportunidades al año, con la idea de al final invertir solo en una reducida selección: las mejores y más convenientes. El equipo de CAZ fue fundamental para ayudarme a crear mi propia cartera «Santo Grial». Decidí que quería amplificar la voz y los conocimientos de Christopher en mi propia red y, de este modo, nos concedió la oportunidad de convertirnos, junto con unas cuantas docenas de personas más, en accionistas minoritarios de CAZ. No estoy implicado directamente en la gestión, pero me apasiona disponer de información de primera mano sobre estas tendencias de inversión; saber cómo y dónde se mueve el dinero inteligente, y cómo aprovechar las oportunidades en el momento exacto.

Vamos a difundir la palabra

A mediados de 2022, el mundo vivió un cambio radical cuando la era de los tipos de interés cero llegó a un abrupto final. La inflación persistente, la crisis de la cadena de suministro, la guerra entre Rusia y Ucrania y muchos otros factores adicionales estaban sacudiendo los mercados. Eché mano a mi Rolodex con los contactos de los grandes titanes de las finanzas (muchos de los cuales aparecen entrevistados en este libro), y descubrí que ninguno estaba asustado. De hecho, estaban entusiasmados. Veían las oportunidades. Por ejemplo, mientras los bonos caían en picado, la subida de los tipos estaba ayudando a las firmas de crédito privado a obtener unos beneficios bastante más elevados (en algunas tengo una participación SG), porque los intereses que cobraban se estaban ajustando al alza. Antes de las subidas de tipos, muchas empresas estaban habituadas a pagar un 5-6 por ciento a los prestamistas privados; pero cuando los tipos repuntaron, esas mismas empresas tuvieron que pagar más del 11 por ciento, porque los créditos se habían ajustado a la tasa actual del mercado. El mismo prestatario, el mismo préstamo; pero con un aumento de la rentabilidad para el prestamista.

Recuerdo estar sentado en mi patio trasero, con la mirada perdida en el océano, y sentirme muy agradecido por los principios que Dalio y muchos otros inversores me han enseñado durante mi viaje. Agradecido por las estrategias que estaba aplicando en mi propia cartera «Santo Grial». Agradecido por la plataforma que tengo a mi disposición para compartir todas las ideas que he aprendido gracias al acceso del que dispongo. En aquel momento, supe que Christopher y yo teníamos que escribir este libro. En pocas palabras, sabíamos demasiadas cosas importantes y emancipadoras que queríamos compartir. Demasiadas estrategias interesantes que queríamos revelar y analizar. Demasiadas voces de fogueados veteranos de éxito que debían ser escuchadas. Así que cogí el teléfono y le dije a Christopher que teníamos que escribir este libro por dos motivos...

1. Entre los dos, tenemos un acceso privilegiado a muchas de las mentes más brillantes en el mundo de la inversión alternativa. Tipos como Barry Sternlicht, fundador de Starwood Capital. Sternlicht ha creado un imperio global de inversiones inmobiliarias que abarca treinta países y gestiona más de 115.000 millones de dólares en activos inmobiliarios. Tipos como Wil VanLoh, fundador de Quantum Energy, uno de los mayores inversores privados en el sector energético, con un impresionante historial (a pesar de invertir en una clase de activos que tiene una gran volatilidad). Hablar con él fue sumamente interesante, sobre todo si tenemos en cuenta que el mundo ha puesto el foco en las renovables y las oportunidades que presentan. Aquellas conversaciones tan interesantes fueron el ejemplo perfecto de esa verdad imperecedera según la cual el saber es poder; no solo cuando se adquiere, sino sobre todo cuando se aplica.

2. Incluso en el círculo de las familias con grandes patrimonios y los asesores que las representan, hay una carencia general de conocimientos acerca del amplio abanico de posibilidades que ofrecen las inversiones alternativas. En el pasado yo también vivía en la ignorancia, y sé de muchas personas de éxito en mi círculo más cercano que están en la misma situación. Con demasiada frecuencia, las personas que trabajan con asesores bienintencionados solo ven un conjunto muy limitado de oportunidades, que en muchos casos son preseleccionadas por la empresa para la que trabajan. Queremos que todo el mundo, tanto clientes como asesores, dispongan de las herramientas, los conocimientos y las oportunidades que muchos de los mejores inversores del mundo están utilizando para aplicar el método del Santo Grial.

Siete estrategias únicas

¡Hora de entrar en materia! Este libro se divide en dos partes. En la primera parte, cada capítulo está dedicado a una estrategia (o categoría) concreta de inversión alternativa. Hemos seleccionado siete estrategias únicas que han generado unos beneficios extraordinarios durante largos períodos. Cada una de estas siete estrategias es una oportunidad de inversión no correlacionada con las demás, motivo por el cual hemos decidido seleccionarlas en el universo de potenciales opciones. Primero romperemos el hielo hablando en mayor profundidad de las participaciones SG. Después explicaremos cómo los inversores pueden participar en uno de los pocos monopolios legales de Estados Unidos: el que conforman los propietarios del deporte profesional. Los recientes cambios legislativos han abierto la puerta a que los inversores puedan tener una cartera compuesta de distintos equipos de la Liga Mayor de Béisbol (MLB), la Liga Mayor de Fútbol (MLS), la Asociación Nacional de Baloncesto (NBA) y la Liga Nacional de Hockey (NHL). Estos equipos tienen unos modelos de ingresos increíblemente duraderos, con la ventaja adicional de que ahora disfrutan de unos potentes vientos de cola. Han pasado de ganar dinero con la cerveza y la venta de localidades a convertirse en polifacéticos imperios globales que controlan miles de millones por los derechos de emisión, los patrocinios de las apuestas legales, los ingresos de hoteles y restaurantes, y muchas otras actividades. Todo esto no es más que un pequeño aperitivo de lo que vamos a explicar. ¡Todas y cada una de las estrategias que presentamos son igual de apasionantes!

En la segunda parte, nos sentaremos con una alineación estelar de expertos gestores de activos. En conjunto, ¡gestionan más de medio billón de dólares! Con gran generosidad, han decidido dedicarnos un tiempo para compartir las historias de sus comienzos, así como los instintos, técnicas, principios y estrategias que los han guiado para obtener un éxito inimaginable. Les pedimos que compartieran con nosotros sus reflexiones particulares sobre el Santo Grial de la inversión. Sus respuestas son diversas, sorprendentes y destilan una profunda sabiduría. Ha llegado el momento de pasar la página y empezar con las participaciones SG para descubrir por qué el dinero inteligente, en una proporción de decenas de miles de millones de dólares, está persiguiendo esta estrategia...

Una nota de los autores: Nosotros, Christopher y Tony, hemos escrito el libro en tándem, hemos realizado juntos las entrevistas y hemos colaborado para ofrecerte la mejor información disponible. Pero en lugar de pasarnos el testigo entre los párrafos y capítulos del resto del libro, hemos decidido escribirlo usando una sola voz clara y unificada.

2

Participaciones SG

Una tajada del negocio

¿La ruta más directa a la riqueza? Las finanzas y las inversiones. Más de una cuarta parte de las personas más ricas de Estados Unidos han amasado su fortuna en este sector, que incluye los fondos de inversión libre, el capital privado y la gestión de patrimonios.

FORBES[23]

¿Quieres apostar a un caballo o ser el propietario de una parte del hipódromo?

Desde que hace casi diez años CAZ Investments empezó a invertir en participaciones SG («GP Stakes», en inglés), hemos adquirido posiciones minoritarias en más de sesenta empresas de prestigio dedicadas al capital privado, el crédito privado y los activos inmobiliarios. Con todo, hemos destinado miles de millones del capital de los inversores a las participaciones SG, lo que convierte a nuestra firma en uno de los mayores inversores dedicados a este campo. No lo comento para alardear,

23. Sandler, Rachel, «Nearly Half of America's Richest Billionaires Have Fortunes in These Two Industries», *Forbes*, 26 de octubre de 2021, <https://www.forbes.com/sites/rachelsandler/2021/10/26/nearly-half-of-americas-richest-billionaires-have-fortunes-in-these-two-industries/?sh=79ec65d7445b>.

sino para dejar claro que conozco muy bien las buenas razones por las que una firma quiere vender una participación minoritaria y pasiva a los inversores; sobre todo si esos inversores son estratégicos. En las páginas siguientes profundizaremos en esas buenas razones, pero en primer lugar analizaremos por qué estas empresas dedicadas a la gestión de activos son tan atractivas.

La máquina de ingresos

Al adquirir una participación en cualquier tipo de negocio, tenemos que entender muy bien cómo funciona su máquina de generar ingresos. ¿Cómo gana dinero esa empresa? Dediquemos un minuto a entender el negocio que hay detrás del negocio.

La mayoría de las firmas de gestión de activos privados se estructuran de una misma forma. El/los fondo/s que gestionan se componen del capital que aporta un gran número de inversores. Cuando una firma crea un fondo de inversión en Estados Unidos, suele utilizar una figura legal llamada «sociedad limitada», de modo que todos esos inversores se convierten en socios limitados del fondo. Después, nos encontramos con el gestor de los activos, que tiene la responsabilidad de manejar el dinero. Ése es el socio general (SG; GP, en inglés). El SG es la empresa/entidad de gestión de activos que tiene la responsabilidad de crear, comercializar y dirigir los distintos vehículos del fondo de inversión.

Normalmente, el SG obtiene un mínimo de dos fuentes de ingresos por prestar sus servicios:

1. Comisión de gestión. Un porcentaje anual que puede oscilar entre el 1 y el 3 por ciento del capital total gestionado (cuando escribo estas líneas, el estándar es el 2 por ciento). Esa comisión se percibe independientemente de los resultados que obtenga el fondo.
2. Comisión de éxito. Este importe, que también recibe el nombre de *carry* o comisión por incentivos, representa un porcentaje de los beneficios obtenidos por las inversiones del fondo. La comisión de éxito estandarizada es un 20 por ciento de los beneficios.

Veamos un sencillo ejemplo para entender el atractivo de estas empresas de gestión de activos desde el punto de vista de los ingresos. Imaginemos una firma llamada ABC Private Equity, una hipotética empresa que gestiona un fondo de 1.000 millones de dólares. Por regla general, durante un mínimo de cinco años, la firma recibe un 2 por ciento anual (o 20 millones de dólares) en comisiones de gestión. Todo esto representa un total de 100 millones de dólares de ingresos, tan garantizados como los términos de un contrato. Estos ingresos en comisiones de gestión generan un flujo de efectivo constante para los socios generales (que también te incluyen si posees una participación en el socio general). Una participación SG suele generar un flujo anual de efectivo de entre el 5 y el 10 por ciento, a contar desde el primer día de la inversión. Así que, por ejemplo, si haces una inversión de 1 millón de dólares en una participación SG, cada año obtendrías entre 50.000 y 100.000 dólares por los pagos de las comisiones de gestión. (Para frikis de la inversión como nosotros, esto significa que se elimina eficazmente la curva J.)[24]

A continuación, imaginemos que durante esos mismos cinco años, el fondo hace un buen trabajo y duplica el valor de la cartera: 1.000 millones de dólares se convierten en 2.000 millones. Los inversores (los socios limitados o SL) están contentos, y la empresa recibe el 20 por ciento de ese beneficio de 1.000 millones de dólares. O sea, 200 millones en total. No está mal.

Ahora resumiremos los potenciales beneficios para el SG...

100 millones de dólares en comisiones de gestión

+

200 millones de dólares en comisión de éxito

=

300 millones de dólares de ingresos brutos (por cada 1.000 millones en activos gestionados)

Estos increíbles resultados son muy difíciles de encontrar en cualquier otro sector existente en el mundo; y ésta es la razón por la que nos encanta ser los socios de estas empresas de gestión de activos. Y hay que tener en cuenta que el ejemplo anterior es bastante conservador. Muchos gestores de primer nivel han generado unos beneficios mucho más elevados, lo que ha dado como resultado unos ingresos extraordinarios para el socio general.

24. En la típica inversión en capital privado, la curva J significa que al principio los inversores registran «pérdidas», ya que su capital tiene que ponerse a trabajar para comprar los activos del fondo. Esta primera fase viene seguida de una recuperación cuando los beneficios empiezan a materializarse, lo cual crea en el gráfico una curva en forma de J.

Además de tener un modelo de ingresos tan atractivo, estas empresas también son extremadamente eficientes y rentables si hablamos de economías de escala. Una sociedad de veinte personas que gestiona 1.000 millones de dólares puede doblar el tamaño de los fondos que gestiona sin tener que duplicar siquiera el número de trabajadores. Conozco en primera persona el caso de una empresa que con solo setenta y cinco empleados está gestionando 47.000 millones de dólares. ¿Recuerdas el ejemplo anterior de los 300 millones de dólares en potenciales ingresos por cada 1.000 millones gestionados? Puedes hacer los cálculos muy rápido y comprender por qué estas firmas, que gestionan varios miles de millones, son unas máquinas generadoras de riqueza para el socio general (y para los que tengamos participaciones SG).

Para aprovechar las economías de escala, casi todas las firmas de mayor éxito lanzan un nuevo fondo cada uno, dos o tres años, y con cada uno de ellos añaden un nuevo flujo de ingresos para la empresa. Las firmas que llevan décadas en activo, y que tienen múltiples líneas de negocio, pueden estar gestionando más de veinte fondos a la vez. Aquí es cuando los cálculos se vuelven exponenciales, y empezamos a entender por qué la lista Forbes 400 está dominada por los fundadores de este tipo de sociedades.

Simplificar el trayecto

En el suroeste de Francia, cerca del río Garona, se encuentra una de las bodegas más reputadas del mundo... Château Lafite Rothschild. Produce algunos de los vinos de Burdeos más caros que jamás se hayan elaborado. Como soy un gran amante del burdeos, puedo decirte que ciertas añadas —o *vintages*— son mucho mejores que otras. Lo mismo ocurre con los fondos de inversión privados.

Las firmas suelen crear un nuevo fondo cada pocos años; un nuevo *vintage*. Cada nuevo fondo adquiere un conjunto variado de inversiones. Por ejemplo, un solo fondo de capital privado puede adquirir entre cinco y quince empresas diferentes. Sin saber cuál será el rendimiento de cada uno de estos activos/empresas, o el ciclo/momento económico en que se lanzó el fondo, los resultados de cada *vintage* pueden variar de una forma espectacular.

Pero a diferencia de lo que ocurre con el vino, como inversores, hasta después de haber gastado el dinero resulta imposible saber qué *vintage* obtendrá una gran rentabilidad. Antes de ver los resultados de la «cosecha», primero hay que invertir —y luego esperar—. Ésta es la razón por la que la mayoría de los inversores institucionales ponen su dinero en distintos *vintages*, dirigidos por gestores diferentes. Esta estrategia ofrece una mayor diversificación y asegura la exposición a tantos *vintages* como sea posible. No hace falta decir que esta estrategia representa todo un desafío para el inversor individual. Incluso los inversores individuales más acaudalados no tienen los bolsillos tan llenos de dinero como para poder participar en distintos *vintages* con gestores diferentes, por lo que se ven obligados a asumir un riesgo más concentrado e invertir en un reducido número de fondos.

Por el contrario, cuando es el propietario de un SG y sube por el escalafón hasta llegar a la posición del socio general, el inversor recibe lo que podríamos llamar una «diversificación *vintage*». ¿Por qué comprar un Lafite Rothschild de una única añada cuando puedes adquirir una parte de todo el viñedo? Como la típica firma del sector tiene numerosos fondos y *vintages*, una participación SG en dicha empresa reportará la parte proporcional de los beneficios derivados de toda su colección de fondos (pasados, presentes y futuros). Si un vehículo concreto no obtiene el rendimiento esperado, no causa tantos daños en la participación SG, ya que la firma de inversión tendrá numerosos fondos con distintos *vintages*.

Si queremos ir un poco más lejos, las distintas empresas de gestión de activos se especializan en sectores y países diferentes. Desde la tecnología de consumo al mercado inmobiliario, desde la atención médica al sector aeronáutico, el software para empresas, los alojamientos turísticos y demás. Aunque muchas de estas firmas de inversión están ubicadas en Estados Unidos, algunas están situadas o tienen sucursales en otros países del mundo. Buscan en todas partes para encontrar buenas oportunidades. Mientras algunas economías sufren, otras están prosperando, por lo que es una gran ventaja no estar atados a limitaciones geográficas.

Ahora, imaginemos una cartera que incluye docenas de participaciones SG con algunos de los mejores gestores de activos del mundo, quienes ya han demostrado su fiabilidad y eficacia en distintos sectores del mercado. Éste es el enfoque que adopta nuestra empresa, y que proporciona numerosos beneficios, como por ejemplo:

- Diversificación por los tipos de empresas (capital privado, crédito privado, mercado inmobiliario, etcétera).
- Diversificación por el área de especialización (por ejemplo, sector aeronáutico, salud, software, comercio minorista, *fintech*...) de los fondos en los que el inversor posee una participación SG.

- Diversificación por la zona geográfica (Estados Unidos, Europa, Asia, etcétera) de las empresas en las que el inversor tiene una participación SG.
- Diversificación entre fondos/*vintages* (vehículos pasados, presentes y futuros) gestionados por las empresas en las que se posee una participación SG.
- Diversificación de la cartera de empresas (o activos) en cada fondo/*vintage* concreto gestionado por las empresas en las que el inversor tiene una participación SG.

Por lo tanto, una cartera con numerosas participaciones SG de alta calidad puede ofrecer a los inversores un flujo de caja constante, además de un riesgo/recompensa «asimétrico». Es una manera estupenda de limitar los inconvenientes y multiplicar las ventajas. Para quienes quieran seguir la filosofía del «Santo Grial» de Dalio, este nivel de diversificación no correlacionada es un paraíso financiero. De hecho, muchos de los mejores asesores de inversión del país están empezando a utilizar las participaciones SG en las carteras de sus clientes. Creative Planning (que gestiona más de 200.000 millones de dólares en activos), y que ha ocupado en repetidas ocasiones el primer puesto de la lista de los mejores asesores de inversión del país que confeccionan *Barron's* y la CNBC, es un firme defensor de las inversiones alternativas y las participaciones SG. Peter Mallouk, presidente de Creative Planning, dijo: «Las participaciones SG son un instrumento muy exclusivo, que permite a nuestros clientes acceder al capital privado de primera calidad desde una perspectiva completamente diferente y así experimentar los beneficios de la propiedad».

Valor de la empresa

La última gran ventaja de adquirir una participación SG se deriva del aumento del valor de la propia empresa. A medida que la firma incrementa «los activos que gestiona», con sus correspondientes ingresos, cabe esperar que el valor de la participación SG también aumente. McKinsey, el gigante de la consultoría, informaba de que «a fecha de 30 de junio de 2021, el total de activos gestionados en los mercados privados llegó a un máximo histórico de 9,8 billones de dólares, cuando doce meses antes era de 7,4 billones de dólares». La mayoría de los expertos en el sector coinciden en que esta tendencia tiene muchas probabilidades de continuar.

Cuando las empresas de capital privado, crédito privado o activos inmobiliarios privados obtienen y gestionan más capital, esta actividad se traduce en un aumento del flujo de caja por las comisiones de gestión (por regla general, un 2 por ciento anual), así como en un incremento de las posibilidades de repartir beneficios por las comisiones de éxito. Algunas de las empresas en las que hemos adquirido participaciones durante estos años han crecido bastante bien, mientras que otras lo han hecho de manera exponencial. Una de las firmas de capital privado en las que tenemos una participación gestionaba 13.000 millones de dólares cuando decidimos entrar; en la actualidad, ¡gestiona más de 100.000 millones! Gracias a los ingresos exponenciales procedentes de las comisiones de gestión y de éxito, se ha convertido en una inversión extraordinaria en la que tener una participación.

Pero, entonces, ¿cómo nos enteramos del aumento del valor de una participación SG? Bueno, esta lógica nos lleva a la siguiente pregunta: «¿Qué ocurre si necesito salir? ¿Cómo puedo obtener liquidez en el futuro?». Es verdad que al margen del flujo de ingresos que recibe el inversor, por regla general, las participaciones SG se consideran ilíquidas. Dicho esto, hay diversas maneras de obtener liquidez en el caso de que desees vender tu posición...

1. Ciertos vehículos proporcionan de manera periódica una «oferta de licitación» por tu posición en la propiedad de la empresa. En pocas palabras, esto quiere decir que compran tu posición al actual «valor del activo neto» (NAV, en inglés).
2. Es muy probable que en función de la calidad del activo, puedas vender tus posiciones en una «operación de secundario». Esto significa que puedes vender tu posición a una tercera parte por un precio acordado entre ambos. Se trata de un fenómeno bastante habitual en el ámbito de las inversiones alternativas (y un tema que abordaremos en mayor profundidad en el capítulo 9).
3. Con el tiempo, muchas firmas son adquiridas por otros actores del sector, lo que crea un «tiempo de cosecha» para todos los propietarios de la empresa. En muchos casos, la venta se realiza a un múltiplo bastante significativo de los beneficios de la empresa.
4. Algunas empresas deciden cotizar en los mercados, lo que proporciona a los propietarios de las participaciones SG unas acciones que pueden negociar en bolsa.

Liderar con el ejemplo

Hasta aquí, todo suena muy bien, ¿verdad? Pero si eres como yo, seguro que te estás preguntando por el elefante en la habitación...

¿Por qué diablos una empresa de capital privado, de crédito privado o un gestor de activos privados, que hasta ahora ha tenido mucho éxito, querría vender una parte del negocio?

Para encontrar la respuesta, tenemos que retroceder un poco en el tiempo. Estamos en 2013, y Bain Capital, una de las empresas de capital privado más grandes del mundo, acaba de anunciar que ha captado más de 4.000 millones de dólares para lanzar su nuevo fondo, el primero desde la crisis financiera de 2008. Pero lo que podría haber sido una noticia más sacudió las placas tectónicas del sector de la gestión de activos privados. Con gran audacia, Bain declaró que pondría 800 millones de dólares de su propio capital en el fondo. Era un capital que pertenecía al SG de Bain, un grupo compuesto por los ejecutivos y los socios que llevan las riendas de la gestión diaria. Le decían al mundo que estaban dispuestos a jugarse su dinero en su propia apuesta. Si ellos ganaban, tú también ganabas; si perdían, tú también perdías. Recuerda, el telón de fondo de una declaración tan audaz era un sector financiero que estuvo a punto de implosionar debido al comportamiento temerario de muchas firmas de Wall Street, que llevaron nuestra economía al borde del colapso. En una época de irresponsabilidad, Bain dio un paso al frente y declaró que comprometer una parte de su capital personal era la solución para atraer a unos inversores que tenían miedo de pasar a la acción, y por buenos motivos. Bain estaba dispuesto a liderar con el ejemplo.

En opinión de muchos, Bain Capital inauguró una nueva era. En la actualidad, siguiendo su ejemplo, resulta habitual que las firmas (el SG) inviertan una cantidad significativa de su propio capital personal en todos los fondos que gestionan. Esta cifra puede ascender a decenas o incluso centenares de millones en cada fondo/*vintage*.

Pero en la práctica, este sistema plantea a las firmas una fuerte exigencia de efectivo. Imaginemos que XYZ Private Equity se compromete a invertir un 5 por ciento de su capital SG en cada uno de los fondos que lanza. Es decir, por cada 1.000 millones que obtiene de sus clientes, XYZ debe apoquinar e invertir 50 millones de dólares de su propio dinero. Si lanza un nuevo fondo cada dos o tres años, y cada nuevo vehículo es más grande que el anterior, estas firmas pueden incurrir con facilidad en una crisis de efectivo; sobre todo porque tienen que esperar entre cinco y diez años para liquidar cada fondo y repartir los beneficios a los inversores (entre los que se incluye el SG de la empresa). Por irónico que parezca, se convierten en víctimas de su propio éxito. Cuanto más prospera la empresa —o sea, cuantos más fondos crea—, más capital debe conseguir. Y es entonces cuando entran las participaciones SG.

Cuando una empresa vende una participación minoritaria SG, estamos ante un caso claro de «uso de los fondos» (*use of proceeds*). Es decir, la empresa se compromete a usar los ingresos que ha obtenido al vender la participación SG para hacer algo concreto. Lo más habitual es que esos ingresos se utilicen para financiar los habituales «compromisos SG» de los fondos que gestionan.

Por lo tanto, invertir en participaciones SG nunca genera una de esas situaciones «cojo el dinero y me tumbo en la playa bebiendo una piña colada». Estas inversiones se estructuran con el objetivo de añadir más combustible a un cohete que ya está en órbita. El inversor en participaciones SG sale ganando porque posee una parte de un negocio de primera calidad, y la firma también gana porque obtiene un capital muy necesario que le permitirá acelerar el crecimiento del valor de la propia sociedad.

A pesar de que las firmas de gestión de activos tienen muy buenas razones para vender una parte del negocio, el mundo de las participaciones SG es relativamente pequeño. Al fin y al cabo, el ecosistema compuesto por las gestoras de activos privados de primera calidad es muy reducido, y el porcentaje de empresas del sector dispuestas a vender participaciones SG solo es del 18 por ciento.[25] Un artículo de *Forbes* del año 2022 lo explicaba muy bien:[26]

> Incluso en el ámbito institucional, las oportunidades son escasas. Casi siempre el acceso de los inversores particulares va a ser extremadamente inusual —en el mejor de los casos—, pero como vehículo financiero puede tener un valor incalculable: permite acceder a una rentabilidad que no solo

25. Fogelstrom, Erik; y Gustafsson, Jonatan, «GP Stakes in Private Equity: An Empirical Analysis of Minority Stakes in Private Equity Firms», MSc Tesis en Finanzas, Escuela de Economía de Estocolmo, primavera de 2020, <http:/arc.hhs.se/download.aspx?MediumId=4842>.

26. Summers, Benjamin, «GP Stakes: What You Should Know About Designer Financial Structures», *Forbes*, 18 de noviembre de 2022, <https://www.forbes.com/sites/forbesfinancecouncil/2022/11/18/gp-stakes-what-you-should-know-about-designer-financial-structures/?sh=3957bbbd57a2>.

no está correlacionada, sino que genera un rendimiento ajustado a los riesgos sin parangón. No puede compararse con nada.

El autor del artículo da en el blanco. Sin duda, las participaciones SG son difíciles de encontrar, y siempre aparecen en un número limitado. Además, el acceso a las participaciones SG suele limitarse a los inversores que ya mantienen una relación de larga duración con la firma, ya que a la hora de decidir a quién quieren como socios minoritarios, los equipos directivos demuestran una comprensible cautela. Pero hay algo que está claro: mientras el sector de la gestión de activos privados siga creciendo, parece indudable que habrá más firmas de primera calidad dispuestas a vender una participación minoritaria.

Sin embargo, los particulares que quieran acceder a una cartera de participaciones SG solo tienen a su disposición un puñado de opciones. Si quieres encontrar más información sobre las participaciones SG, siempre puedes contactar con nuestro equipo en la web <www.Why GPStakes.com>.

Aportar más valor que nadie

Tanto en lo personal como en lo profesional, he vivido mi vida según un principio básico: haz más por los demás de lo que cabría esperar. Aporta mucho más valor del que nadie pueda imaginar, y así tendrás devotos seguidores, y no solo clientes satisfechos. Si has asistido a alguno de mis actos, en los que pasamos más de doce horas al día trabajando a fondo, sabes que digo la verdad. Tras entrevistar a los mejores inversores del mundo, he descubierto una importante diferencia entre los *traders* y los profesionales del capital privado. Los *traders* buscan el arbitraje. Su objetivo es crear un «alpha», un beneficio añadido, mediante la compraventa de activos en el momento justo y adecuado.

La gente del capital privado aplica un método distinto, que está más alineado con mi filosofía de vida. Su objetivo es comprar buenas empresas y mejorarlas. Cuando compran una empresa, analizan todas las formas posibles de aportar más valor. Ya sea que eso signifique aprovechar las economías de escala, designar un nuevo equipo directivo, mejorar el acceso a la cadena de suministro, aplicar un manual de buenas prácticas más potente, etcétera. Nadie niega que en los primeros tiempos de la inversión en capital privado hubo adquisiciones de empresas en problemas que fueron absolutamente despiadadas, pero en todas estas décadas el sector ha evolucionado mucho. En la actualidad, los mejores profesionales del mundo quieren ayudar a crear buenas empresas. Esta visión resulta muy evidente en la entrevista con Robert Smith, de Vista Equity Partners, que encontrarás en el capítulo 10. Su firma ha dedicado más de dos décadas a crear un manual de buenas prácticas para las empresas que adquiere. Ese manual está compuesto por un conjunto de sistemas y herramientas de probada eficacia que, sin lugar a dudas, aportan valor a cualquier empresa que tenga la suerte de formar parte del ecosistema de Vista. Por este motivo siento una gran afinidad con las increíbles almas que hemos entrevistado para este libro. Se preocupan de verdad por las empresas y los trabajadores con los que se asocian. Demuestran su excelencia cuando tienen que generar valor añadido, y reciben una buena recompensa por conseguirlo; igual que sus inversores.

Ha llegado el momento de pasar al apasionante mundo de los equipos deportivos profesionales. Durante la pasada década, estos conglomerados han conseguido una rentabilidad más elevada que el S&P 500, y demuestran una increíble resiliencia en los períodos económicos más difíciles. Pero hasta que no han entrado en vigor una serie de recientes cambios normativos, su titularidad estaba reservada en exclusiva a los grandes multimillonarios. Ahora, no obstante, ¡el juego ha cambiado! Pasa la página y descubrirás otra inversión no correlacionada, y el poder de tener en cartera a un equipo deportivo profesional...

3

Equipos deportivos profesionales

Romper las redes

> El deporte tiene el poder de cambiar el mundo. Tiene el poder de inspirar, el poder de unir a la gente de una forma que puede compararse con muy pocas cosas.
>
> NELSON MANDELA

En marzo de 2012, Los Ángeles Dodgers copaban los titulares de la prensa económica después de cerrar la venta del equipo por un precio récord de 2.000 millones de dólares. La única venta reciente con la que se podría comparar fue la de los históricos Chicago Cubs, que «solo» llegó a los 850 millones de dólares. En el nuevo grupo propietario de los Dodgers se encontraban mi querido amigo y socio Peter Guber (copropietario de los Golden State Warriors y el LAFS, el Club de Fútbol de Los Ángeles), Mark Walter (CEO del gigante financiero Guggenheim Partners) y el mítico jugador de la NBA Magic Johnson.

La mayoría de los economistas creían que el precio de venta de los Dodgers rondaría los 1.000 millones de dólares. A primera vista, 2.000 millones de dólares parecía una cifra que estaba lejos de la realidad, y enseguida los expertos expresaron su disconformidad. Andrew Zimbalis, un aplaudido economista experto en deportes y profesor universitario, criticó la venta con estas palabras: «Cabe recordar que además del precio, el nuevo grupo propietario tendrá que invertir una cantidad cercana a los 300 millones de dólares para reformar el Dodger Stadium, y ese precio no incluye los 150 millones para las edificaciones de la zona. Después de todo, parece obligado cuestionarse el acuerdo».

Mark Rosentraub, profesor de gestión deportiva en la Universidad de Míchigan, no se callaba las críticas mordaces y decía: «Es el acuerdo más absurdo de la historia; no tiene ningún sentido. [El precio] está 800 millones por encima de lo que sería un cálculo razonable para un equipo de béisbol. Si ganar dinero no tiene ninguna importancia, entonces es una buena decisión».

Como durante los últimos treinta años he podido ver de cerca la excelencia de Peter cuando hay que hacer negocios, sabía que en aquella historia tenía que haber algo más. Primero, contextualicemos: Peter es el antiguo CEO de Sony Pictures y el fundador de Mandalay Entertainment. Entre sus películas más inolvidables, habría que destacar *El expreso de medianoche*, *Rain Man*, *Batman*, *El color púrpura*, *Gorilas en la niebla*, *Terminator 2*, *Atrapado en el tiempo*, *Cowboys de ciudad*, *Algunos hombres buenos* y muchas más. Además de haberse convertido en clásicos del cine (que acumulan un total de cincuenta nominaciones a los premios Óscar), sus películas han recaudado más de 3.000 millones de dólares en todo el mundo.

Contacté con Peter y le pregunté qué se estaba cociendo. ¿Por qué estaba dispuesto a pagar una cifra tan astronómica? Me respondió: «Tony, no quiero estropear la sorpresa. Solo espera a un anuncio inminente en las noticias, y entonces vuelve a llamarme». No sabía qué podía esperar de aquello; claro..., ¡un legendario productor cinematográfico solo podía dejarme en suspense!

Los economistas expertos en deporte y los tertulianos televisivos recibieron una buena dosis de humildad cuando leyeron una nota de prensa que decía...

Dodgers y Time Warner cierran la venta de los derechos televisivos por más de 7.000 millones de dólares.[27]

Era la mayor venta de derechos televisivos en la historia del deporte; una cifra aún más sorprendente cuando descubrías que solo incluía

27. Perry, Dayn, «Report: Dodgers, Time Warner agree to more than $7 billion TV deal», CBSSports.com, 22 de enero de 2013, <https://www.cbssports.com/mlb/news/report-dodgers-time-warner-agree-to-more-than-7-billion-tv-deal/>.

los derechos para las emisoras locales y la creación de un nuevo canal regional, Dodgers Network. Una adquisición de 2.000 millones de dólares a cambio de 7.000 millones en ingresos previstos menos de un año después de la compra. El mundo del deporte estaba anonadado. En la década siguiente, los Dodgers se convirtieron en un gigante del béisbol, hasta ganar en 2020 el título de las series mundiales, el primero en más de treinta años.

Valor o vanidad

Durante gran parte del último siglo, comprar una franquicia deportiva fue la exhibición de vanidad definitiva. Cualquier multimillonario puede comprarse un avión o un yate, pero solo hay treinta (o treinta dos) equipos deportivos en las grandes ligas (NBA, MLB, NFL, NHL y MLS). Como veremos a continuación, en los últimos años (finales de 2019) ha habido importantes cambios legislativos que han abierto la puerta a que unos fondos de inversión de una clase muy concreta puedan adquirir una participación minoritaria en varios equipos a la vez, y no en uno solo. Tanto si te gustan los deportes como si no, estas empresas globales tienen unas características únicas que las convierten en un ingrediente muy atractivo de una estrategia «Santo Grial».

Dicho esto, un equipo deportivo es mucho más que un activo-trofeo. Tiene un componente mucho más profundo y significativo. Ser propietario de un equipo significa poseer un lugar en nuestra cultura. El deporte trasciende las etnias o las creencias. Trasciende las fronteras. Trasciende el estatus socioeconómico. Nos une con los amigos y la familia. Nos ofrece una tribu a la que animar cuando sale a «batallar» al campo. Los deportes nos ofrecen un alivio temporal de la rutina cotidiana. Una oportunidad de victoria, sin importar lo duro que haya sido el día. Con sus ganadores y perdedores, con sus triunfos y tragedias, nadie puede negar que el deporte forma parte del latir de la humanidad. Y resulta que también es una actividad increíblemente lucrativa.

Durante la mayor parte del siglo xx, los deportes fueron un acontecimiento que casi siempre se vivía en persona, en directo. Los ingresos por la venta de entradas y las concesiones en los estadios eran los principales motores de valor. La primera «venta» de derechos de retransmisión tuvo lugar en 1897. Los equipos de béisbol consiguieron que la Western Union regalara telegramas gratuitos a los jugadores que estaban de viaje a cambio de que la empresa telegrafiara a las tabernas los resultados de los partidos. Con el tiempo, Western Union empezó a pagar a los equipos por los derechos de los telegramas. Los clientes de las tabernas contenían el aliento mientras esperaban que el marcador se actualizara en la mitad de cada entrada. Muchos propietarios de los equipos temían que los telegramas pudieran perjudicar la venta de entradas, pero, en realidad, las comunicaciones ayudaron a alimentar la popularidad del béisbol. El matrimonio inquebrantable entre el deporte y los medios de comunicación se consolidó.

Después de los telegramas, la cobertura de la radio y la prensa se convirtió en una parte integral del deporte y sus aficionados. Personas de toda clase y condición se arremolinaban alrededor de la radio para escuchar el chisporroteante sonido de su equipo favorito en el fragor de la batalla. Y entonces, el 26 de agosto de 1939, se retransmitió por televisión el primer partido de béisbol. El locutor Red Barber comentó un partido entre los Cincinnati Reds y los Brooklyn Dodgers. ¡En una época en que solo había cuatrocientos televisores en toda la zona de Nueva York! En 1946, solo siete años después, los New York Yankees se convirtieron en el primer equipo de la historia que vendía sus derechos televisivos a las cadenas locales por 75.000 dólares, aproximadamente 1,14 millones al valor actual. En aquella época, el número de televisores en los hogares de Estados Unidos era ya de unos ocho mil. En 1960, ¡la cifra había crecido a toda velocidad hasta los 45 millones de hogares!

En 1979 se lanzó el primer canal exclusivamente dedicado a los deportes. Muchos pronosticaron su fracaso, pero enseguida la ESPN empezó a ganar audiencia. La cobertura constante, veinticuatro horas al día, siete días a la semana, llevó al deporte a una nueva dimensión. Si avanzamos hasta el año 2002, descubriremos que por primera vez en la historia, los derechos de retransmisión de los partidos de béisbol superaron el volumen de los «ingresos por entradas».[28]

Las últimas dos décadas han presenciado una explosión tecnológica que ha añadido más leña al fuego del negocio deportivo. El internet de alta velocidad, las redes sociales, los smartphones y los servicios de *streaming* han recortado las distancias y han ofrecido una accesibilidad sin precedentes a todos los partidos, en cualquier lugar del mundo. El deporte ha pasado de ser un negocio basado en la venta de entradas

---

28. Haupert, Michael, «The Economic History of Major League Baseball», EH.net (Economic History Association), 2007, <https:/eh.net/encyclopedia/the-economic-history-of-major-league-baseball/>.

y perritos calientes a una máquina global de producción y distribución de contenidos.

Moneyball

El deporte como «clase de activo» es un concepto relativamente nuevo. Solo desde los primeros años del presente siglo, las ligas y los equipos han crecido hasta convertirse en sofisticadas empresas globales. Antes de echar una ojeada a las entrañas de estos imperios polifacéticos, analizaremos su rentabilidad desde el punto de vista del inversor.

Entre 2012 y 2022, el S&P 500 ofreció una rentabilidad aproximada de un 11 por ciento anual. El Russell 2000 (un índice compuesto por las empresas de pequeña capitalización) ofreció un 8 por ciento anual. En este mismo período, las cuatro grandes ligas combinadas (NBA, MLB, NFL y NHL) generaron una asombrosa rentabilidad compuesta del 18 por ciento (véase el gráfico siguiente). Además, el apalancamiento utilizado fue mínimo (por la propia política de las ligas), así que estos beneficios no se han «exagerado» de ninguna forma.

Gráfico 3.1. Rentabilidad anualizada 2012-2022

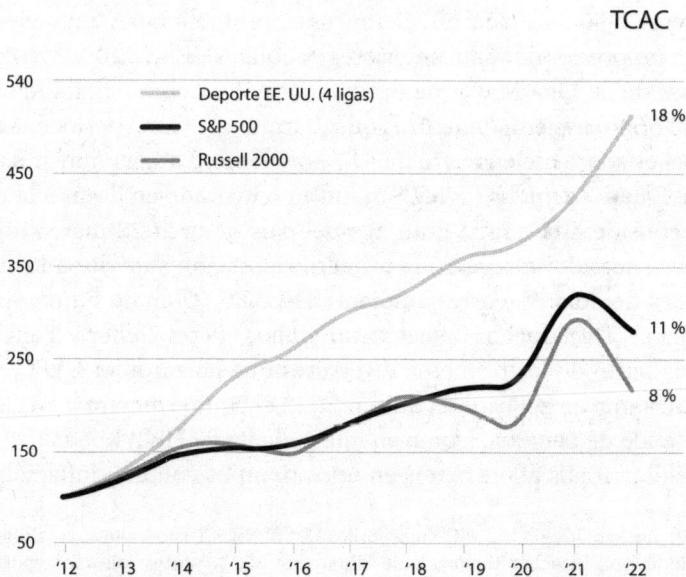

Fuente: *Forbes*, Capital IQ.

Aún resulta más interesante que el rendimiento de las franquicias deportivas parece tener una mínima correlación con los mercados cotizados. (Para los académicos de la inversión, entre 2000 y 2022, la correlación fue del 0,14.) Ese bajo apalancamiento y esa mínima correlación tienen un doble impacto muy atractivo en una cartera «Santo Grial».

Profundizaremos un poco más...

Entre 2002 y 2021, ¡el precio medio de un equipo de la NBA aumentó un 1.057 por ciento! En comparación, durante ese mismo período, el S&P 500 generó un 458 por ciento. Además, 2023 fue un año histórico en la NBA, con transacciones que rompieron todos los récords.

- Los Phoenix Suns fueron vendidos al magnate de las hipotecas, y buen amigo mío, Mat Ishbia por la cifra récord de 4.000 millones de dólares.
- El propietario de los Milwaukee Bucks, Marc Lasry, vendió una participación minoritaria que asignaba al equipo un valor de 3.500 millones de dólares.
- Michael Jordan vendió su participación mayoritaria en los Charlotte Hornets por 3.000 millones (¡sin renunciar a mantener una posición minoritaria!). La cifra multiplicó por más de diez su inversión inicial en 2010, que fue de 275 millones.

Otras ligas también ofrecieron unas rentabilidades muy elevadas (según los precios de venta anteriores y actuales). Entre 2002 y 2021, los equipos de. la Liga Mayor de Béisbol obtuvieron una rentabilidad media del 669 por ciento, mientras que durante el mismo período la NHL de hockey sobre hielo generó un 467 por ciento. La Liga Mayor de Fútbol de Estados Unidos (la MLS), el último invitado en llegar a la mesa, ya se considera la quinta gran liga del país; y en 2023 marcó un hito histórico cuando se registró la primera valoración superior a los 1.000 millones de dólares, correspondiente al LAFC (Club de Fútbol de Los Ángeles).[29] Declaración informativa: ambos (Peter Guber y Tony) formamos parte de los primeros inversores que lanzaron el LAFC, y nos sentimos muy orgullosos de que en 2022 el equipo ganara la MLS Cup en la tanda de penaltis, ¡como en una película de Hollywood!

Mientras nos adentramos en unos tiempos con una inflación más

---

29. Zucker, Joseph, «LAFC Tops Forbes List of MLS Team Values; 1st Billion Dollar Franchise», Bleacher Report, 2 de febrero de 2023, <https:/bleacherreport.com/articles/10063920-lafc-tops-forbes-list-of-mls-team-values-1st-billionbillionbillion -dollar-franchise>.

elevada, la conservación del patrimonio y el poder adquisitivo son el verdadero quid de la cuestión. En este sentido, las franquicias deportivas parecen inversiones muy defensivas. (Sí, en este capítulo usaremos tantas analogías deportivas como sea posible.) Si nos fijamos en la historia, veremos que los deportes han prosperado durante otros períodos inflacionarios, como los años setenta y los primeros ochenta del siglo pasado. Durante el período comprendido entre 1968 y 1982, el S&P 500 generó una rentabilidad anualizada del 7 por ciento, mientras que el valor empresarial de los equipos de las cuatro grandes ligas creció a una tasa anualizada del 16 por ciento. Un buen ejemplo: en agosto de 2022, la venta de los Denver Broncos, por 4.650 millones de dólares, marcó un nuevo récord de las franquicias deportivas norteamericanas, y además tuvo lugar durante el ciclo de subidas de tipos más acusado de la historia de Estados Unidos.

En conclusión, en los últimos cien años, estas ligas han sobrevivido a pandemias, confinamientos, guerras mundiales, huelgas de jugadores, depresiones, recesiones y todo lo que uno pueda imaginarse. Son unos activos increíblemente resistentes. Las ligas y los equipos evolucionan ante nuestros propios ojos, y por fin los inversores como nosotros tenemos la oportunidad de participar.

> No sé qué SAAS (empresa de software de servicios) seguirá con vida dentro de cinco años, pero sí sé que dentro de cincuenta años las series mundiales se celebrarán en el mes de octubre.
>
> Ian Charles, Arctos Sports Partners

Múltiples fuentes de ingresos

Al contemplar la posibilidad de invertir en un equipo deportivo, existen dos grandes fuentes de ingresos: el flujo que proviene de la liga y el que sale del propio equipo. Vamos a desglosarlos y analizar por qué estos equipos tienen una resiliencia económica tan fuerte, y qué los convierte en unos activos estupendos para una cartera «Santo Grial». (Y no te preocupes, dentro de unas páginas explicaré como podemos acceder a su titularidad.)

1. Los equipos reciben una parte de los ingresos de la liga. Las ligas siempre han sido las responsables de negociar los derechos de emisión nacionales (e internacionales) y los patrocinios (o sea,

la voz grave que dice «La Ford F-150 es la camioneta oficial de la NFL»). Los ingresos de la liga se reparten de manera equitativa entre todos los equipos, por lo que todos trabajan conjuntamente para conseguir el precio más alto que sea posible por los derechos de emisión y los patrocinios. Y los recientes cambios en el comportamiento de los consumidores han conferido a las ligas una mayor ventaja. Las televisiones y los anunciantes cada vez están más desesperados, ya que el descenso del número de espectadores que siguen los canales tradicionales está debilitando su capacidad para llegar a su público objetivo a través de los servicios por cable. En otras palabras, el número de personas que ven la televisión por cable está disminuyendo. Pero las retransmisiones deportivas son los únicos programas que pueden darle la vuelta a la tendencia. Sin duda, los deportes son los programas más vistos en todas las cadenas. En consecuencia, los anunciantes desean aparecer en los programas de deportes, porque la televisión en directo es casi el único lugar en que el gran público está dispuesto a tragarse los anuncios. En 2019, noventa y dos de los cien programas de mayor audiencia en televisión fueron acontecimientos deportivos.[30] Y las ligas lo saben. Y se han aprovechado de esta dinámica para obtener unos fabulosos contratos con las cadenas, que reportan grandes ingresos a las ligas. El segundo gran factor para tener en cuenta es la creciente popularidad del deporte norteamericano en el resto del mundo, desde Europa a China. Durante la temporada 2023, la NFL ha organizado por primera vez cinco partidos de la fase regular en territorio europeo. El calendario de la NBA ahora incluye partidos en Ciudad de México, Japón y París. El deporte norteamericano también se ha hecho viral en las redes sociales; la NBA superó hace poco la barrera de los 75 millones de seguidores en Instagram, y el 70 por ciento de esos usuarios viven lejos de las fronteras de Estados Unidos.

La tercera fuerza impulsora que explica el aumento de los ingresos de las ligas es la guerra de las plataformas de *streaming*. Apple, Amazon, Netflix y YouTube están compitiendo entre sí para convertirse en la plataforma que domine el *streaming*, y todas ellas codician los derechos de los deportes en directo. Los

---

30. Karp, Austin; y Ourand, John, «Politics aside, sports still dominated the list of the 100 most-viewed programs of 2020», *Sports Business Journal*, 11 de enero de 2021, <https:/www.sportsbusinessjournal.com/Journal/Issues/2021/01/11/Media/Top-100.aspx>.

deportes no solo atraen espectadores, también exigen unos costes de producción muy bajos en relación con las últimas series que han conseguido enganchar al público. No necesitas actores, no necesitas un caro decorado, solo colocas las cámaras y listo. En 2014, los derechos totales de emisión de las cinco grandes ligas ascendieron a un total de 7.600 millones de dólares. Se calcula que en 2024 esa cifra sea de 16.000 millones. Mientras la guerra del *streaming* continúa, parece indudable que los deportes serán los grandes beneficiados.

2. Los equipos generan sus propios ingresos. Además del importante porcentaje anual que reciben de las ligas, cada equipo tiene numerosas fuentes de ingresos complementarias que van directamente a sus bolsillos. Como verás, las cervezas y las localidades son solo dos porciones de este rentable pastel...

Medios locales: La televisión local tiene un problema de audiencia. Es víctima de una disrupción del mercado que ataca desde todos los frentes (*streaming*, YouTube, redes sociales, etcétera). Pero, en realidad, los deportes son una línea de salvación para estas anticuadas emisoras locales. En comparación con la programación habitual, los deportes tienen entre dos y cuatro veces más audiencia. Y como cada equipo retiene los ingresos por vender los derechos locales de emisión, el negocio puede ser bastante lucrativo. (Recuerda el acuerdo de 7.000 millones de dólares por el canal regional de Los Ángeles Dodgers.) Muchos equipos han seguido el ejemplo de Los Ángeles y han creado sus propias emisoras locales o han cerrado acuerdos de titularidad conjunta con otros canales.

Bienes inmuebles: Muchos equipos deportivos son los propietarios de su propio estadio y recaudan todos los ingresos adicionales por conciertos, actos variados, deportes electrónicos (*e-sports*) y demás. Con gran inteligencia, muchos equipos han comprado también algunos de los inmuebles que rodean el terreno de juego. El barrio que rodea un estadio en el que cada año se celebran cientos de actos de todo tipo es un entorno divertido y lleno de energía para jóvenes profesionales con buenos ingresos. Desde aparcamientos a hoteles, viviendas y locales comerciales, los equipos están aplicando estrategias de integración vertical para recaudar tantos ingresos periféricos como les sea posible.

Licencias y patrocinios: Cuando paseo (habla Christopher) por los alrededores del estadio de los Astros, en Houston, me sorprendo por el increíble número de patrocinadores locales. Los logotipos de las empresas locales están por todas partes, sin olvidar el propio nombre del estadio: Minute Maid Park. Los restaurantes, cervecerías y cafeterías de la ciudad tienen un local dentro de muchos estadios y obtienen un gran prestigio por ser el «lo que sea» oficial del equipo. Esta conexión con el equipo genera una fidelidad muy tangible con la marca.

Entradas y concesiones: La última vez que fui a un partido, vi que la gente pagaba 12 dólares por un perrito caliente. La cola sumaba unas veinte personas y no vi que nadie se quejara de los precios. Estos equipos han perfeccionado la ciencia de las ventas para seducir a un público a quien parece no importarle —o que como mínimo está dispuesto a aceptar— los precios astronómicos. En 2008, el propietario de los New York Yankees y los Dallas Cowboys, Jerry Jones, anunció la creación de una sociedad mixta llamada Legends Hospitality. Se dio cuenta de que los equipos eran tan buenos maximizando las ventas de la comida, la bebida y el *merchandising* que debía ofrecer sus servicios y estrategias a otros estadios/equipos del planeta. Para llevar a los equipos y las instalaciones al siglo XXI, la empresa aprovecha las economías de escala, unas sofisticadas herramientas logísticas y el análisis de datos sobre el comportamiento de los consumidores. El objetivo es que estos equipos operen al máximo nivel en el sector de la venta minorista y aprendan a sacarle todo el partido a esta gallina de los huevos de oro. En la actualidad, la empresa tiene clientes en la NFL, la MLB y la NBA, y también han entrado en la UFC (artes marciales mixtas), Wimbledon y varios estadios de los equipos de la Premier League.

Palcos y localidades vip: Durante varias décadas, los palcos vip han ofrecido a los equipos unos ingresos con un elevado margen de beneficios. Mis amigos Peter Guber y Joe Lacob, y nuestros socios de los Golden State Warriors, han roto todos los moldes con la inauguración de un nuevo estadio de última generación, el Chase Center. Esta obra de arte de 1.400 millones de dólares está situada en medio de Mission Bay e incorpora 4,5 hectáreas de tiendas, restaurantes y bares, así como un paseo marítimo de 2 hectáreas.[31] Este estadio contemporáneo es tan

---

31. Ubicada en San Diego (California), Mission Bay es una laguna artificial abierta al mar. *(N. del t.)*

bonito como cualquier hotel de cinco estrellas y permite vivir una experiencia de nivel superior; me atrevería a decir que incluso de lujo. Con más de doscientos partidos y acontecimientos en directo cada año, han creado una máquina de hacer dinero. Las suites de lujo se alquilan por unos precios que llegan a los 2,5 millones de dólares al año, y se exige al inquilino un contrato mínimo de una década de duración. Las empresas de capital privado y las tecnológicas de Silicon Valley se han peleado con uñas y dientes por hacerse con la limitada oferta de suites, lo cual las ha convertido en el lugar más exclusivo de la ciudad. Desde parkings con aparcacoches a suites provistas de champán y bufets de *sushi*, los equipos están optando por ofrecer unas lujosas experiencias vip que requieren subir los precios de las entradas.

Apuestas: En 2018, el Tribunal Supremo de Estados Unidos levantó la prohibición a la expansión de la industria del juego. Mientras en el pasado las apuestas deportivas estaban confinadas a las casas de Las Vegas, en agosto de 2023 ya eran legales en treinta y cinco estados. En todos los sentidos, estamos ante una moderna fiebre del oro. En 2021, la cantidad dedicada a las apuestas deportivas llegó a duplicarse, hasta alcanzar los 57.000 millones de dólares.[32] Desde anuncios televisivos a promociones y publicidad en las camisetas, el aumento de los ingresos publicitarios vinculados a las casas de apuestas ha representado un importante incremento de los beneficios tanto para las ligas como para los equipos. Aunque a título personal tengo serias reservas sobre las implicaciones sociales de legalizar el juego, el barco ya ha salido del puerto, y las apuestas están destinadas a convertirse en una parte cada vez más inseparable del deporte profesional.

Un asiento en el palco de autoridades

Convertirse en el propietario de un equipo deportivo profesional no es nada fácil. En primer lugar, la liga intentará vetar tu candidatura de todas las formas posibles. ¿Representas un riesgo moral? ¿Un riesgo mediático? ¿Un riesgo financiero? Durante muchos años, las ligas exi-

32. Nota de prensa, «2021 Commercial Gaming Revenue Shatters Industry Record, Reaches $53B», American Gaming Association, 15 de febrero de 2022, <https://www.americangaming.org/new/2021-commercial-gaming-revenue-shatters-industry-record-reaches-53b/>.

gían que los propietarios fueran personas individuales. En el pasado habían permitido la entrada de instituciones y conglomerados mediáticos (por ejemplo, Disney era titular de los Anaheim Mighty Ducks), pero esta clase de empresas demostraron ser poco fiables como propietarias debido a los problemas con sus principales líneas de negocio y la frecuente rotación de sus consejos directivos. Así que durante muchos años, la titularidad estaba reservada a los capitanes megarricos de la industria, como Steve Balmer (Microsoft), Dan Gilbert (Rocket Mortgage), Joe Lacob (Kleiner Perkins), Charles Johnson (Franklin Templeton) y otros semejantes.

Entonces, en 2019, la Liga Mayor de Béisbol cambió su política. Con mucha inteligencia, se dio cuenta de que los equipos, estas plataformas, habían evolucionado hasta convertirse en empresas muy sofisticadas, con valoraciones que superaban con creces las cantidades que incluso el más rico de los ricos estaba dispuesto a pagar. Además, mientras la mayoría de los equipos tenían a un propietario único que controlaba todo el negocio, también contaban con muchos inversores/socios minoritarios que se habían ido subiendo al barco sin tener ni voz ni voto sobre su gestión. Muchas de estas personas, en la mayoría de los casos de edad avanzada, necesitaban encontrar una manera de obtener liquidez, ya fuera por motivos de diversificación o para planificar su herencia.

Así, la MLB aprobó una nueva normativa que permitía a ciertos tipos de fondos de inversión comprar una participación minoritaria en un equipo, siempre que cumplieran con una larga lista de requisitos y, sobre todo, siempre que no tuvieran ningún conflicto de intereses. En un primer momento, muchos pensaron que esta normativa abriría las puertas a las firmas de capital privado, que, por los motivos resumidos en este capítulo, iban a estar entusiasmadas por tener una nueva oportunidad de inversión. Sin embargo, los numerosos requisitos de entrada provocaron que muchas de estas empresas fueran descalificadas. Por ejemplo, estaba prohibido que también fueran las propietarias de otras empresas con las que podía haber conflictos de intereses (por ejemplo, apuestas deportivas o agencias de representación). Además, muchos de los grandes titanes del capital privado ya tenían una participación en algún equipo, lo cual descalificaba de inmediato a sus firmas. Cuando las aguas se calmaron, solo un puñado de empresas de capital privado cumplían todos los requisitos. Desde entonces, esas empresas han reunido y desplegado un capital de miles de millones de dólares para adquirir participaciones minoritarias en todas las grandes ligas (la NFL es la única que aún no ha abierto sus puertas a los fondos inversores).

En la actualidad, los inversores particulares acreditados ya tienen una manera de convertirse en los propietarios de muchos equipos deportivos profesionales. En lugar de entrar en una única franquicia, algunos fondos poseen una participación en varios equipos de las ligas más importantes que aceptan esta clase de inversiones (la MLB, la NBA, la NHL, la MLS y la Premier League). *Bloomberg* informaba de que el Fenway Sports Group (que posee los Boston Red Sox, los Pittsburgh Penguins y el Liverpool), los Sacramento Kings, los Golden State Warriors y los Tampa Bay Lightning (NHL) son solo algunas de las organizaciones que ya han aceptado a los inversores del capital privado.[33] Y según PitchBook, más de una tercera parte de los equipos de las cinco grandes ligas del fútbol europeo cuentan hoy con la financiación del capital privado.[34]

Poseer varios equipos, en distintos países y ligas profesionales, genera una muy importante diversificación no correlacionada. Y, como ventaja adicional, poseer una participación en un equipo puede proporcionar desgravaciones fiscales cuando la depreciación y la amortización fluyen a través de los inversores del fondo. Ahora ya podemos comprender mejor por qué muchas de las personas más ricas del mundo son propietarias de equipos deportivos. No son solo una inversión-trofeo. De hecho, después de muchas décadas en el mundo de las inversiones alternativas, me plantearía muy seriamente la posibilidad de adquirir una participación en el mundo del deporte profesional, una alineación llena de estrellas con un increíble registro estadístico: una inversión no correlacionada y repartida por medio mundo que ha demostrado ser muy resistente durante más de un siglo.

Para saber más sobre cómo acceder a estas oportunidades, puedes visitar la página web <www.WhyProSports.com>.

Líderes en préstamos

Al cambiar de marcha y entrar en el mundo del crédito privado, quizás te sientas como si te hubiera alcanzado un rayo. Para cumplir con el

33. Wittenberg, Alex, *et al.*, «Private Equity Funds Are Pushing Deeper Into Pro Sports», *Bloomberg*, 24 de marzo de 2022, <https:/www.bloomberg.com/news/articles/ 2022-03-24/private-equity-funds-encroach-on-sports-owners-box>.

34. Kemplay, Marie, «US private capital scores big in European soccer», PitchBook, 3 de agosto de 2023, <https:/pitchbook.com/news/articles/european-soccer-us-private-market-capital>.

porcentaje reservado a la renta fija en su cartera, la mayoría de los inversores solo utilizan los bonos tradicionales. Pero ¡tú no formas parte de la mayoría! Como Neo en *Matrix*, ahora estás viendo una realidad alternativa. Ésta es la razón por la que desde hace décadas el dinero inteligente ha recurrido al crédito privado: es un sistema más seguro y menos volátil para generar unas tasas de rentabilidad de dos dígitos.

Vamos a profundizar en el tema y descubrir por qué justo en un momento en que los tipos de interés suben y los bancos están restringiendo su apetito crediticio, el crédito privado está a punto de experimentar un crecimiento espectacular...

4

Crédito privado

Líderes en préstamos

Mientras en estos últimos años hay cada vez menos empresas que empiezan a cotizar en bolsa, el número de las no cotizadas ha ido creciendo en consonancia, lo cual ha provocado que haya un mayor número de sociedades que buscan acceder al capital.

CNBC, *Desmitificar el crédito privado*,
21 de junio de 2023[35]

En 2022, unos cuantos billones de dólares desaparecieron de repente cuando el valor de los bonos cayó en picado. Como decenas de millones de estadounidenses, es probable que tú también sintieras el golpe en tu cartera. Sin embargo, mientras el inversor tradicional perdía el sueño por culpa de los bonos cotizados, el dinero inteligente vivía de nuevo en una realidad alternativa. Con el apartado «renta fija» de su cartera, generaba unos saludables beneficios mientras al mismo tiempo sufría unas pérdidas muy reducidas, o directamente inexistentes. Bienvenidos al mundo del crédito privado.

---

35. Francis, Stacy, «Oped: Demystifying private credit amid a frozen IPO market», CNBC, 21 de junio de 2023, <https://www.cnbc.com/2023/06/21/op-ed-demystifying-private-credit-amid-a-frozen-ipo-market.html>.

Para quienes desconozcan el término, el crédito privado permite que las empresas bien consolidadas puedan pedir dinero prestado sin tener que recurrir a un banco. Para los inversores como nosotros, que van a prestar su capital, este sistema puede duplicar o triplicar la rentabilidad de los bonos tradicionales y actuar como una nueva estrategia no correlacionada en una cartera «Santo Grial». ¿Por qué es tan importante crear un flujo de ingresos estable?

Los superricos son muy conscientes de que el valor de los activos siempre fluctúa. Pero los «activos» no se pueden gastar. Lo que se gasta es el dinero. Cuando los mercados caen, muchas personas tienen un exceso de activos y una falta de dinero en efectivo. No quieren vender sus activos cuando los mercados caen, pero pueden verse obligadas a hacerlo si no tienen suficientes ingresos/liquidez. Por este motivo yo vivo a partir del mantra «los ingresos son lo que cuenta». Crear una masa crítica de activos que ofrezca un bonito flujo de ingresos proporciona la estabilidad fundamental que cualquier persona necesita para sobrevivir a un invierno económico.

En las páginas siguientes analizaremos cómo es posible que el crédito privado haya pasado de gestionar 42.000 millones de dólares en activos durante el año 2000... ¡a más de 1,5 billones en la actualidad![36] Mientras los bancos siguen restringiendo y cerrando las puertas al crédito, se espera que en 2027 este sector crezca hasta alcanzar los 2,3 billones de dólares. Enseguida explicaremos las opciones que los inversores tienen a su disposición para aprovechar el crédito privado; pero, en primer lugar, tenemos que retroceder un poco el tiempo y descubrir por qué se ha convertido en una de las estrategias favoritas del dinero inteligente.

Cambio de aires

> La cartera 60/40 está ofreciendo la peor rentabilidad en todo un siglo.
>
> *The Wall Street Journal*, 14 de octubre 2022

Durante muchas décadas, para la mayoría de los inversores convencionales a largo plazo, la cartera 60/40 (60 por ciento en acciones,

36. Butler, Kelsey, «How Private Credit Soared to Fuel Private Equity Boom», *Bloomberg*, 22 de septiembre de 2019, <https://www.bloomberg.com/news/articles/2019-09-22/how-private-credit-soared-to-fuel-private-equity-boom-quicktake>.

40 por ciento en bonos) fue una estrategia de eficacia contrastada. Además de ofrecer ingresos, o una rentabilidad, los bonos actuaban como una especie de colchón cuando las acciones bajaban. Pero en 2022, los inversores vieron que el colchón desaparecía y que mordían el polvo. Cuando los tipos de interés empezaron a subir y la economía empezó a ralentizarse, los bonos y las acciones cayeron al mismo tiempo. Ver que las acciones y los bonos se movían en la misma dirección, lo que se conoce como «correlación», es precisamente lo que NO quieres ver en un mercado bajista. Y 2022 fue el primer año en toda la historia en que los bonos y las acciones cayeron en la misma proporción (22 por ciento anual a 31 de octubre de 2022).[37] Los siete valores más importantes del S&P 500 cayeron de media un 46 por ciento. Al combinar todos los factores, la estrategia 60/40 obtuvo una de sus peores rentabilidades en casi todo un siglo.[38] Desde aquel momento, las acciones y los bonos están cada vez más correlacionados, y no parece que recuperen su tendencia histórica. *Bloomberg* informaba de que «los bonos son una cobertura inútil para las pérdidas generadas por las acciones mientras la correlación se dispara».[39]

Antes de la COVID-19, los inversores que estaban buscando un mínimo de rentabilidad se vieron obligados a asumir mayores riesgos mientras se adentraban en unas aguas más profundas y peligrosas. Con unos tipos de interés tan bajos, y con una rentabilidad tan reducida por el comportamiento de los bonos tradicionales, muchos inversores sintieron la tentación de adquirir los peligrosos bonos basura, que ofrecían un interés más elevado, después que alguien muy astuto los rebautizara como «bonos de alta rentabilidad». Pero no te dejes engañar por el nombre: en verano de 2021, esa supuesta «alta rentabilidad» solo estaba ofreciendo un 3,97 por ciento. Si la comparamos con la rentabilidad del crédito privado, veremos que ese mismo año este último estaba pagando un 9 por ciento.[40]

37. Datos a 31 de octubre de 2022. Se utiliza el S&P 500 y el Barclays U.S. Aggregate para los bonos. Suponiendo un reajuste anual, la rentabilidad de 2022 corresponde a la rentabilidad anualizada hasta la fecha.

38. Otani, Akane, «The 60/40 Portfolio Is Delivering Its Worst Returns in a Century», *The Wall Street Journal*, 14 de octubre de 2022, <https://www.wsj.com/livecoverage/stock-market-news-today-2022-10-14/card/the-60-40-portfolio-is-delivering-worst-returns-in-a-century-yrOrYOfkthrBQhSbf5By>.

39. Xie, Ye, «Bonds Are Useless Hedge for Stock Losses as Correlation Jumps», *Bloomberg*, 2 de agosto de 2023, <https://www.bloomberg.com/news/articles/2023-08-02/bonds-are-useless-hedge-for-stock-losses-as-correlation-jumps>.

40. Bartel, Jeffrey, «Private Credit Investing: Current Opportunities and Risks»,

L. LIPSCHITZ
ASESOR DE
INVERSIONES

Tienes una cartera de inversión muy equilibrada.
Todo lo que tienes pierde dinero por igual.

Mientras veían que los bonos basura, con una rentabilidad bastante baja, estaban proliferando en las carteras de los inversores convencionales, los inversores más sofisticados se sentían cada vez más incómodos. Como un perro que siente el terremoto minutos antes de los temblores, todos aquellos que estaban atentos sabían que algo no iba bien. En aquel momento, los tipos de interés ya solo podían ir hacia arriba, lo que significaba que el precio de los bonos basura de baja calidad iba a caer en picado. La ratio riesgo-recompensa estaba tan desfasada que muchos ya sabíamos hacia dónde iba a cambiar el viento. Y vaya si cambió.

El 9 de noviembre de 2021, *Bloomberg* escribía:

Los bonos basura de Estados Unidos llegan a un récord de 432.000 millones de dólares.[41]

Y menos de un año después, el 22 de octubre de 2022, el mismo medio publicaba:

Forbes, 30 de marzo de 2023, <https://www.forbes.com/sites/forbesfinancecouncil/2023/03/30/private-credit-investing-current-opportunities-and-risks/>.

41. Seligson, Paula, «U.S. Junk Bonds Set $432 Billion Record in Rush to Beat Rates», *Bloomberg*, 9 de noviembre de 2021, <https://www.bloomberg.com/news/articles/2021-11-09/u-s-junk-bonds-set-432-billion-record-in-rush-to-beat-rates>.

Las ventas globales de bonos basura sufren la peor caída de su historia sin dar señales de recuperación.[42]

Mientras el valor de los bonos se hundía por la subida de los tipos de interés, muchas de las instituciones más importantes del mundo disfrutaban de las ventajas del crédito privado. En lugar de perder, la remuneración derivada del crédito privado subía en conjunción con los tipos de interés.

La realidad alternativa golpea de nuevo

> Un banco es un lugar donde te prestan un paraguas cuando hace buen tiempo y te piden que lo devuelvas cuando empieza a llover.
>
> ROBERT FROST

¿Cómo prefiere invertir en bonos basura de muy alta calidad?

42. Morpurgo, Giulia, *et al.*, «Global Junk-Bond Sales Drop Most Ever With No Signs of Recovery», *Bloomberg*, 24 de octubre de 2022, <https://www.bloomberg.com/news/articles/2022-10-24/global-junk-bond-sales-drop-most-ever-with-no-signs-of-recovery>.

Durante décadas, los grandes capitales del dinero inteligente han invertido unas sumas ingentes en prestamistas «no bancarios» que generan una rentabilidad mucho más elevada que los bonos tradicionales. Ése es el mundo del crédito privado. El capital privado sería a las acciones cotizadas lo que el crédito privado sería a los bonos cotizados.

Mientras las grandes empresas como Amazon, Google y Tesla no tienen ningún problema para obtener crédito de los grandes bancos o vender bonos cotizados con los que reunir capital, hay un grupo enorme de empresas medianas que deben buscar por otros lares. No estamos hablando de la ferretería o de la floristería del barrio que busca un préstamo para pagar las nóminas. Según el Corporate Finance Institute, las empresas medianas de Estados Unidos tienen unos ingresos que oscilan entre los 100 y los 3.000 millones de dólares, con unas plantillas que oscilan entre los 100 y los 2.500 empleados.[43] Aunque la cifra parezca increíble, ¡hay más de doscientas mil empresas en Estados Unidos que entran en esta categoría!

Todos sabemos que cuando llega la hora de prestar dinero, los bancos tienen el puño muy cerrado. Si alguna vez has comprado una vivienda, seguro que ya conoces el tacto rectal financiero al que te someten. Pero el crédito es necesario para que las empresas puedan prosperar, ya que para poder financiar sus operaciones dependen en gran medida de los préstamos. Tienen que pagar todo tipo de facturas por adelantado —alquileres, nóminas, inventario— y esperar un poco para que empiecen a llegar los beneficios. Pero no siempre el crédito bancario está a su disposición; y a veces no es suficiente. Después de la crisis financiera global de 2008, los bancos están mucho más controlados por los reguladores, lo cual reduce su capacidad para conceder préstamos, por lo que muchas empresas se han quedado con una única opción para conseguir que el dinero siga fluyendo: el crédito privado.

El *boom* reciente de la inversión en capital privado ha añadido más leña al fuego del crédito. Cuando una sociedad de capital privado compra una empresa, muchas veces utiliza algún tipo de apalancamiento (como una persona que hipoteca una vivienda). ¿Y de dónde proviene ese apalancamiento? A estas alturas, no te sorprenderá descubrir que un gran porcentaje de todas las fusiones y adquisiciones están financiadas por las firmas de crédito privado.

43. En Europa, y según el Reglamento de la UE 651/2014, una empresa mediana tiene entre 50 y 250 empleados y una facturación anual de entre 10 y 50 millones de euros. (*N. del t.*)

Los tres pilares del crédito privado

Vale la pena recordar que hace veintitrés años, el mundo del crédito privado solo ofrecía préstamos por un valor total de 42.000 millones de dólares. Después de sobrevivir a la burbuja puntocom y a la gran crisis financiera, la evaporación del crédito bancario ha tenido como resultado la explosión del crédito privado. A finales de 2022, el mercado global del crédito privado superaba los 1,5 billones de dólares. La empresa de análisis e investigaciones Preqin calcula que el sector crecerá hasta superar en 2027 los 2,3 billones de dólares, mientras la banca tradicional continúa atrincherada en sus posiciones.

Todo parece indicar que esta tendencia solo se acelerará. A principios de 2023, el Silicon Valley Bank quebró casi de la noche a la mañana. Muchos otros bancos regionales siguieron sus pasos. El rápido incremento de los tipos de interés había creado una catástrofe en sus carteras de bonos. Las firmas de crédito privado no se enfrentan a los mismos riegos (como se explica más adelante). Por esta razón, y en vista de las quiebras bancarias, muchas empresas de crédito privado ven una «edad de oro» en este espacio.[44] Además, los bancos regionales representan casi el 80 por ciento de los préstamos inmobiliarios para locales comerciales, y mientras las oficinas vacías se acumulan, podríamos ser testigos de una verdadera tragedia cuando en los próximos años todo ese crédito llegue a su fecha de vencimiento y los impagos caigan como fichas de dominó. Todo parece conducir a un uso constante de las firmas de crédito privado, que no están limitadas por muchas de las ataduras de los bancos tradicionales.

Algo está claro: entre las empresas medianas con necesidades de capital, el crédito privado está consolidando su posición como fuerza dominante. Las firmas de crédito privado son increíblemente cautelosas, pero están dispuestas a prestar dinero si la ratio riesgo-recompensa tiene sentido. Son rápidas, flexibles y creativas con respecto al cuándo, dónde y cómo prestan el dinero. En muchos casos, el resultado es una ratio riesgo-recompensa mucho más adecuada para inversores como tú y yo, que estamos jugándonos nuestro capital. Vamos a analizar los tres pilares del crédito privado, y por qué ha crecido hasta convertirse en una clase de activo muy buscada desde el punto de vista del inversor:

---

44. Hamlin, Jessica, «Blackstone sees a "golden momento" in private credit after bank failures», PitchBook, 20 de abril de 2023, <https:/pitchbook.com/news/articles/blackstone-first-quarter-earnings-private-credit-pe>.

1. Una mayor tasa de rentabilidad. El crédito privado ofrece una tasa de rentabilidad bastante superior a la de otros instrumentos de deuda y ha demostrado su capacidad para cumplir con lo prometido tanto en entornos de tipos bajos como altos. Desde 2015 a 2021, cuando los tipos de interés se han mantenido en mínimos históricos, ¡el crédito privado fue capaz de ofrecer rentabilidades de dos dígitos! Como puedes ver en el gráfico que aparece a continuación, en 2021-2022, el crédito privado (o sea, los préstamos directos) duplicaron con creces la rentabilidad de los bonos basura, y en muchos casos con una mejor protección.

Gráfico 4.1. Préstamos directos: rentabilidad histórica más elevada

Rentabilidad por clase de activo

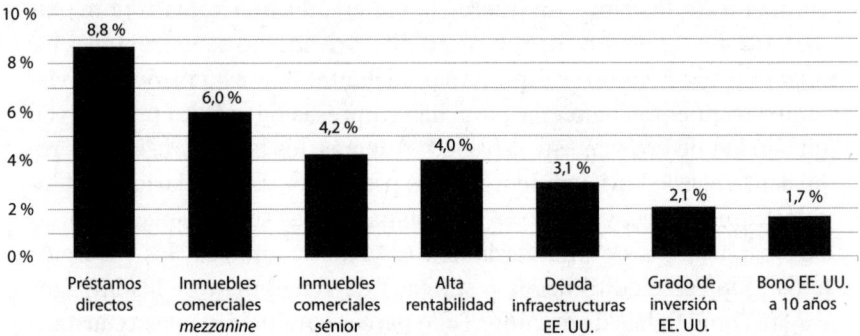

Fuentes: BofA Securities, Bloomberg Finance L.P., Clarkson, Cliffwater, Drewry Maritime Consultants, Federal Reserve, FTSE, MSCI, NCREIF, FactSet, Wells Fargo, J. P. Morgan Asset Management. La rentabilidad de los inmuebles comerciales (CRE, en inglés) es a fecha de 20 de septiembre de 2021. La rentabilidad CRE *mezzanine* se deriva de un estudio de J. P. Morgan y el Tesoro de Estados Unidos de una duración similar. La rentabilidad del CRE sénior se ha obtenido del Gilberto-Levy Performance Aggregate Index (sin apalancar); Alta rentabilidad EE. UU.: Bloomberg US Aggregate Credit-Corporate-High Yield; Deuda infraestructuras EE. UU.: iBoxx USD Infrastructure Index que refleja la emisión de bonos de deuda superior a los 500 millones de dólares; Bono EE. UU. a 10 años: Bloomberg U. S. 10-year Treasury yield; Grado de inversión EE. UU.: Bloomberg U. S. Corporate Investment Grade. Los datos se basan en su disponibilidad a 31 de mayo de 2022.

2. Por regla general, el crédito privado tiene menos riesgo asociado a los tipos de interés. Los préstamos concedidos a empresas privadas suelen tener unos tipos variables que se ajustan a las tasas del mercado. Así, cuando los tipos de interés suben, también suben los pagos que realiza el prestatario. El crédito privado no

pone fácil que los prestatarios puedan aplicar un tipo fijo y bajo durante largos períodos, lo que actúa como una gran protección para los prestamistas/inversores, quienes al mismo tiempo obtienen una recompensa en la forma de una mayor rentabilidad. Este diseño puede ser muy importante en los tiempos en que la inflación se dispara; y es el motivo por el cual cientos de miles de millones se están volcando en el crédito privado a pesar de los fuertes vientos inflacionarios en contra.

3. El crédito privado puede ofrecer estabilidad durante los mercados difíciles y ha registrado unas tasas de incumplimiento bastante bajas. Las carteras de crédito privado han demostrado que pueden capear bastante bien el temporal. En el período de dieciocho años comprendido entre junio de 2004 y junio de 2022, que incluyó la crisis financiera global y la pandemia de la COVID-19, las pérdidas de los préstamos del crédito privado rondaron de media el 1 por ciento anual, una cifra que envidiarían la mayoría de los bancos. Además, un estudio sobre el período 1998-2018 reveló que el peor quinquenio para el crédito privado todavía fue capaz de generar una rentabilidad positiva para los inversores. ¿Por qué? Hay dos grandes razones:

Primero, porque quienes se dedican al crédito privado suelen conservar sus propios préstamos (en oposición a venderlos a terceras partes), por lo que realmente se juegan su dinero. Esta práctica incentiva la realización de una profunda investigación crediticia y la adhesión a unos estándares de suscripción muy estrictos, como así ocurre en realidad. A la hora de decidir a quién ceden su dinero, estos prestamistas pueden llegar a ser muy puntillosos, y muy a menudo solo seleccionan a prestatarios de primera calidad. También pueden ser muy quisquillosos sobre los tipos de empresas a las que prestan su dinero, de modo que solo conceden crédito a negocios en los sectores más resistentes a las recesiones (por ejemplo, bienes de consumo básicos, salud, infraestructuras, etcétera).

El segundo gran atractivo de este tipo de créditos son las protecciones que los prestamistas pueden incorporar. Cuando una firma de crédito privado concede un préstamo a una empresa, por costumbre las transacciones se estructuran como «préstamos garantizados sénior». En pocas palabras, esto significa que si la empresa tiene problemas, el prestamista ocupa el primer puesto de la lista para recuperar su dinero. Las firmas de crédito privado también son extremadamente creativas, y en muchos casos incluyen cláusulas, protecciones y exigencias de avales que les proporcionan un alto grado de seguridad para garantizar que no perderán dinero.

Gráfico 4.2. Rendimiento constante a lo largo de la historia

Rentabilidad anualizada más baja durante 5 años (1995-2022)

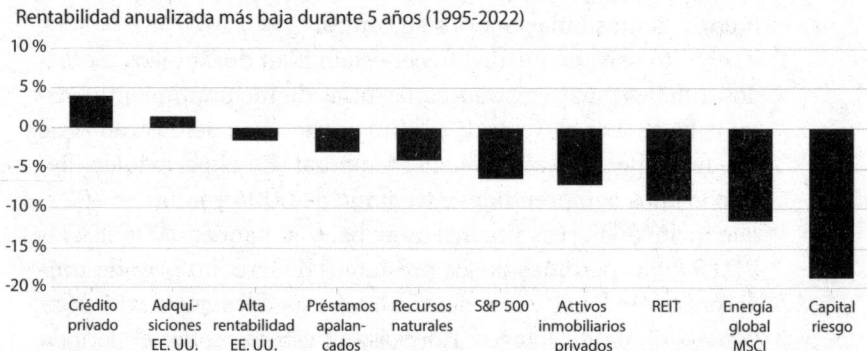

Fuente: Burgiss. Crédito privado = Índice Burgiss US Private Debt Funds. Adquisiciones EE. UU. = Índice Burgiss US Buyout Funds. Alta rentabilidad EE. UU. = Índice ICE BofA US High Yield. Préstamos apalancados = Índice Credit Suisse Leveraged Loan. Recursos naturales = Índice Burgiss US Natural Resouces Funds. S&P 500 = Índice S&P 500 Total Return. Activos inmobiliarios privados = Índice Burgiss US Real Estate Funds. REIT = S&P United States REIT. Energía global MSCI = MSCI World Energy Total Return. Capital Riesgo = Índice Burgiss US Venture Capital Funds. Todos los datos se han extraído de fuentes consideradas fiables, pero no están garantizados. El rendimiento pasado no indica necesariamente cuáles serán los resultados futuros.

¿Recuerdas la regla número uno de Warren Buffett? ¡NO PIERDAS DINERO! En las cifras que aparecen a continuación puedes ver que incluso durante el peor quinquenio, ¡el crédito privado siguió ganando dinero! Resulta bastante impresionante cuando comparas su rendimiento con otras clases de activos.

Del concepto a la ejecución

Nadie ha dominado nunca una habilidad concreta sin una práctica intensiva, persistente e inteligente.

NORMAN VINCENT PEALE

A estas alturas, ya debería haber quedado claro por qué los inversores institucionales más importantes encuentran un gran consuelo en sus posiciones en el espacio del crédito privado. ¡Han entendido que los ingresos son lo que cuenta! Para resumir, éstas son las tres grandes razones por las que el dinero inteligente se ha diversificado en el crédito privado para obtener unos ingresos constantes.

1. Baja correlación con los mercados cotizados (piensa en el Santo Grial).
2. Beneficios atractivos ajustados al riesgo, con una protección basada en los tipos variables cuando las tasas de interés suben.
3. Fuerte protección del acreedor frente a los impagos (por ejemplo, posición sénior para cobrar primero).

Ahora ya conocemos en qué consiste el crédito privado, por lo que ha llegado el momento de preguntarse cuál es la mejor estrategia para un inversor que quiere asignar una parte de su cartera a esta clase de activo. Aunque aquí no existe un único consejo válido para todo el mundo, siempre podemos compartir nuestro punto de vista, ya que llevamos décadas invirtiendo en este espacio.

En primer lugar, resulta fundamental seleccionar a un excelente gestor de crédito privado. ¿Por qué? Porque un gestor debe tener un profundo conocimiento del sector para obtener, suscribir y ejecutar cientos de préstamos y crear así un paquete diversificado para sus inversores subyacentes. El éxito de estos préstamos está muy supeditado a las capacidades de sus suscriptores, que las mejores firmas llevan décadas buscando. En la segunda parte del libro entrevistamos a David Golub, de Golub Capital. David es uno de los mejores gestores de crédito privado del mundo, controla más de 60.000 millones en activos y durante décadas ha registrado de manera constante unos resultados extraordinarios.

Hay numerosas categorías y subcategorías del crédito privado, y no es necesario que profundicemos aquí en todas ellas; sin embargo, la tabla de la página siguiente refleja la impresionante rentabilidad media del sector (la tasa de crecimiento anual compuesta o CAGR por sus siglas en inglés), en función de las diferentes estrategias aplicadas en distintos lugares del mundo.

La filosofía de nuestra empresa consiste en no apostar nunca a un solo caballo en una única carrera. Preferimos establecer colaboraciones con gestores que aplican distintas estrategias de crédito privado y que generan una diversificación inmensa con un gran número de préstamos, distintos perfiles de riesgo, y en sectores y países diferentes. En pocas palabras, no queremos tener problemas si una estrategia concreta tiene un porcentaje de incumplimiento superior al habitual. Contar con distintos socios y diversas estrategias crediticias nos ayuda a amortiguar los baches y crear unos ingresos más predecibles.

DEUDA HISTÓRICA PRIVADA Y RENDIMIENTO PREVISTO		
Rendimiento	CAGR (2015-2021)	CAGR (2018-2021)
Deuda privada	9,37 %	11,44 %
Deuda privada: préstamos directos	6,83 %	7,98 %
Deuda privada: deuda con dificultades	9,18 %	12,64 %
Deuda privada: otros	11,74 %	14,28 %
Norteamérica: deuda privada	8,92 %	12,09 %
Europa: deuda privada	9,88 %	9,62 %
Asia-Pacífico: deuda privada	10,09 %	11,42 %
Resto del mundo: deuda privada	13,44 %	16,26 %
Deuda privada diversificada multirregional	14,29 %	21,30 %

Fuente: PREQIN

¿El crédito privado tiene algún inconveniente? En este caso, hay que sacrificar la liquidez. Aunque recibes unos ingresos cada mes o cada trimestre, normalmente hay que esperar entre tres y cinco años para recoger todos los frutos de la inversión; un período un poco largo en comparación con los bonos, que pueden venderse haciendo clic con el ratón. La razón es que, por regla general, los acreedores privados suelen conservar los préstamos hasta su fecha de vencimiento. Pero esta práctica también es precisamente lo que proporciona la predictibilidad que los inversores tanto aprecian con esta clase de activos.

Para saber más sobre las características concretas del crédito privado, puedes echar un vistazo a nuestra página informativa <www.Why PrivateCredit.com>.

Al pasar la página, nos adentraremos en uno de los aspectos más importantes de la capacidad humana para sobrevivir y prosperar en este planeta..., ¡la energía! Estamos en medio de una revolución energética, y nos dirigimos hacia una combinación de fuentes renovables (eólica, solar, etcétera) y de tecnologías innovadoras que pueden reducir las emisiones de dióxido de carbono por el consumo tradicional de los combustibles fósiles. Las instituciones más importantes y los gobiernos de todo el mundo están apostando fuerte por esta categoría, por lo que los inversores tienen a su disposición unas oportunidades inmensas.

5

Energía

La fuerza de nuestras vidas (primera parte)

La energía es la clave del progreso humano.

JOHN F. KENNEDY

Nota: Cuando menos, el tema de la energía es voluminoso. Así que para abordarlo de la forma adecuada hemos dedicado dos capítulos enteros. En el capítulo 5, presentamos el contexto y ofrecemos un análisis de la situación actual en materia de energía. En el capítulo 6 abordaremos algunas oportunidades de inversión que están apareciendo mientras el mundo se embarca en una revolución energética de muchos billones de dólares.

Prosperidad compartida

La historia del progreso humano es una historia de energía. Antes de desarrollar la capacidad para aprovecharla de manera eficiente, nuestras vidas eran una brutal lucha por la supervivencia. Dedicábamos el tiempo a cazar, recolectar y hacer fuego para entrar en calor y cocinar los alimentos. Durante milenios, ése fue nuestro estilo de vida. Al margen de las élites, la gran mayoría de las personas, además de estar enfermas y malnutridas, eran pobres, analfabetas y carecían de educación. Tanto en el pasado como en el presente, ésas son las plagas que azotan a una población sin acceso a la energía.

Cuando descubrimos el modo de aprovechar la energía, la vida en el planeta inició el camino hacia el progreso. No hacia la perfección, sino hacia el progreso. Cuando encontramos nuevas formas de calentarnos, así como nuevos medios de transporte y alumbrado, la vida se hizo mucho más fácil. Por sí sola, la transición de la leña al carbón desencadenó la Revolución Industrial. La máquina de vapor transformó al mismo tiempo el transporte y el comercio. En la década de 1890, Nikola Tesla ideó la generación de corriente alterna y maravilló al mundo cuando la usó para alimentar cien mil bombillas en la Feria Internacional de Chicago. Menos de cuarenta años después, los hogares de Estados Unidos estaban llenos de electrodomésticos eléctricos, unas herramientas con las que nuestros antepasados solo podían soñar.

En 1990, casi 1.900 millones de personas (el 35 por ciento de la población mundial) vivía en la extrema pobreza; es decir, vivía con menos de 2 dólares al día. En la actualidad, solo unas décadas después, esta cifra se ha reducido a 782 millones de personas (o un 10 por ciento de la población mundial). El presidente del Grupo del Banco Mundial, Jim Yong Kim, dijo: «Durante los últimos veinticinco años, más de mil millones de personas han salido de la extrema pobreza, y la tasa de pobreza mundial es hoy más baja que en cualquier otro período de la historia escrita. Se trata de uno de los grandes logros de la humanidad en nuestros tiempos». Este gran logro nunca habría sido posible sin el acceso a la electricidad. La energía es el medio que permite a las personas salir de la pobreza; y también es un recurso que todos nosotros, en el mundo desarrollado, debemos compartir. Constituye los cimientos del empleo, la educación, la seguridad alimentaria, el agua potable, la atención médica básica, el acceso a internet, el emprendimiento, el comercio mundial y la prosperidad compartida. La energía es el precursor de la industria; porque, del mismo modo que nuestros cuerpos necesitan oxígeno, la industria necesita energía.

En la actualidad, debemos enfrentarnos a dos cuestiones trascendentales:

Primero, estamos viviendo una revolución por la que las fuentes de energía renovables y (más) limpias están conquistando una cuota de mercado que antes correspondía a otras más sucias. Esta tendencia va a continuar, pero según los numerosos expertos que hemos entrevistado, es muy probable que los combustibles fósiles tradicionales nunca desaparezcan del todo. Quizás esta noticia te sorprenda si piensas que la sociedad iba a pulsar un interruptor y deshacerse de los combustibles fósiles. A decir verdad, eso es lo que parece cuando los medios de comunicación hablan de las energías renovables. Sin embargo, como veremos más adelante en este mismo capítulo, el escenario más plausible es que la innovación tecnológica transforme los combustibles fósiles en unas fuentes de energía más limpias y sostenibles. De hecho, ya hay tecnologías que permiten conseguirlo, pero su aplicación a gran escala requerirá tiempo.

Segundo, la creciente población mundial, y los miles de millones de personas que viven en economías emergentes como China y la India, necesitará todas las formas de energía disponibles para satisfacer una demanda al alza. Por ejemplo, en la actualidad, China genera el 63 por ciento de su electricidad a partir del carbón. Esta cifra se ha ido reduciendo, ya que en el año 2000 era del 77 por ciento, pero por ahora en China el carbón no desaparecerá.[45] El Climate Action Tracker (CAT) informa de que en 2022 por segundo año consecutivo la producción de carbón [en China] ha alcanzado niveles de récord. Mientras entre 2017 y 2022, el mundo en su conjunto eliminó 187 gigavatios de centrales de carbón, en los últimos dos años China ha añadido 113 gigavatios con la construcción de nuevas plantas.[46] A pesar de los Acuerdos del Clima de París, China ha permitido recientemente la apertura de 180 nuevas minas de carbón, y en el momento en que escribimos estas líneas, está concediendo permisos para construir dos nuevas centrales cada semana.[47] En febrero de 2023, el Centro para la Investigación sobre la Energía y el Aire Limpio (CREA, por sus siglas en inglés) informaba que «la capacidad generadora de energía a partir del carbón que en la actualidad se está construyendo en China es seis veces superior a la existente en el resto de los países del mundo juntos».

La realidad es que China y la India, con casi tres mil millones de habitantes en total, están viviendo su propia Revolución Industrial, y no tienen ninguna intención de echar el freno. Son muy conscientes de que

45. «China increased electricity generation annually from 2000 to 2020», U.S. Energy Information Administration (EIA), 22 de septiembre de 2022, <https://www.eia.gov/todayinenergy/detail.php?id=53959>.

46. Editorial, «John Kerry Tilts at Chinese Coal Plants», *The Wall Street Journal*, 17 de julio de 2023, <https://www.wsj.com/articles/john-kerry-china-climate-economy-xi-jinping-beijing-e50b9ef4?mod=hp_trending_now_opn_pos1>.

47. «China permits two new coal power plants per week in 2022», Centre for Research on Energy and Clean Air (CREA), febrero de 2023, <https://energyandcleanair.org/publication/china-permits-two-new-coal-power-plants-per-week-in-2022/>.

la energía mueve la industria; y de que la industria sacará a cientos de millones de personas de la pobreza y las llevará a la clase media. El presidente Xi Jinping dice que los objetivos climáticos «no pueden separarse de la realidad», ni tampoco aplicarse a expensas de la energía y la seguridad alimentaria de China.

Gráfico 5.1. Generación de electricidad neta en China por tipo de combustible (2000-2020)

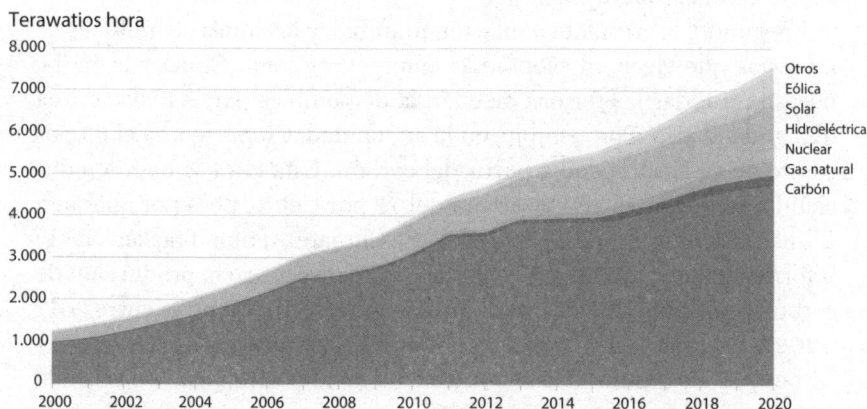

Fuente: Administración de Información de la Energía de Estados Unidos; Datos de Energía Internacional.

Separar la realidad de los deseos

Al escuchar las palabras «transición energética», cualquiera pensaría que estamos acabando con los combustibles fósiles para adoptar las renovables. Pero nada podría estar más lejos de la verdad. El hombre moderno siempre ha vivido en una «transición» hacia otras fuentes de energía, por eso dicho término es una elección poco afortunada. El experto en energía Wil VanLoh, de quien oirás hablar en la segunda parte del libro, cree que el término «adición» energética sería mucho más adecuado. ¿Por qué? VanLoh explica que, si observamos la historia, descubriremos que la adopción de nuevas fuentes de energía requiere mucho tiempo, y que nunca sustituyen del todo a las formas que antes eran las dominantes. Ha recopilado una serie de datos para demostrar que en la actualidad estamos viviendo la quinta transición/adición energética de la historia moderna. Echemos un vistazo...

1. A mediados del siglo XIX iniciamos la transición de la leña al carbón. Tuvieron que pasar cincuenta años para que el carbón alcanzara en el mundo una cuota del mercado energético del 35 por ciento. Aunque en relación con otras fuentes de energía el carbón ha perdido cuota de mercado (como porcentaje), en 2022 usamos más carbón que en cualquier otro momento de la historia. El carbón sigue siendo la principal fuente de energía para producir electricidad, y resulta crucial para la producción de hormigón, acero, papel y muchos otros productos.

   A comienzos del siglo XX, tras la fabricación del primer modelo T de Henry Ford, empezamos la transición del carbón al petróleo. Tuvieron que pasar cincuenta años para que el petróleo conquistara en el mundo una cuota del mercado energético del 25 por ciento. En 2023, todo parece indicar que estamos consumiendo más petróleo que en cualquier otro momento de la historia, y se calcula que en 2024 la cifra será aún mayor.[48]

2. En 1938, Estados Unidos aprobó la «ley del gas natural» para regular la transición del petróleo al gas natural. Tuvieron que pasar cincuenta años para que alcanzara en el mundo una cuota de mercado del 25 por ciento, y como ha ocurrido con el petróleo, 2023 fue un año con una demanda récord, y se espera que en 2024 también siga creciendo.[49]

Los años sesenta del siglo pasado presenciaron la proliferación de la energía nuclear. La nuclear llegó a su momento álgido en 1977, con un 5 por ciento de la cuota del mercado energético en el mundo, aunque hoy parece estar a punto de protagonizar un regreso triunfal. (¡Más sobre este tema en unas páginas!)

Hacia 2010, la sociedad empezó a adoptar la energía eólica, solar y otros tipos de renovables. Hoy, trece años después y tras invertir más de un billón de dólares, las fuentes renovables solo cubren un 3 por ciento de las necesidades energéticas del mundo.

Si nos dejaran elegir, todos querríamos fuentes de energía más limpias, y seguro que podremos encontrarlas si apostamos por la innovación. Pero también debemos comprender que las nuevas fuentes de

48. Lawler, Alex, «OPEC sees 2.2% oil demand growth in 2024 despite headwinds», Reuters, 13 de julio de 2023, <https://www.reuters.com/business/energy/opec-upbeat-over-2024-oil-demand-outlook-despite-headwinds-2023-07-13/>.

49. «2021-2025: Rebound and beyond», Agencia Internacional de la Energía (AIE), 2020, <https://www.iea.org/reports/gas-2020/2021-2025-rebound-and-beyond>.

energía necesitan tiempo para alcanzar una cuota de mercado sustancial. Y esto, querido amigo, presenta unas tremendas oportunidades de inversión.

Demanda exponencial

Cuando tratan de analizar el futuro, los expertos vaticinan dos variables ineludibles que tendrán un gran impacto en la demanda de energía...

1. El crecimiento de la población. La población mundial ha aumentado de 2.500 millones en 1950 a más de 8.000 millones en la actualidad. El Fondo Monetario Internacional (FMI) anticipa que la población mundial continuará aumentando hasta llegar a los 9.700 millones de personas en 2050.[50]
2. El crecimiento de la clase media. A medida que el mundo vaya progresando, una combinación de avances en la atención médica, la tecnología y el acceso a la energía sacarán a miles de millones de personas de la pobreza relativa, y pasarán a formar parte de la clase media. Personas que ganan y gastan más. Y, sin duda, que usan más energía.

Es decir, no hay que lidiar con la utilización de una cantidad estable de energía; tenemos que satisfacer una demanda que no deja de aumentar. En el presente, la población mundial utiliza unos 100 millones de barriles de petróleo al día, y se espera que esta cifra no deje de aumentar. En 2050, la mayoría de los expertos creen que la demanda total de energía en el mundo habrá aumentado un 50 por ciento. Parece un cálculo razonable si tenemos en cuenta que entre 1990 y 2020, la demanda creció un 50 por ciento. Una de las grandes beneficiadas por el aumento de la demanda es la empresa pública saudí Aramco. En 2022 ocupó el segundo puesto en la lista de las 500 empresas más grandes del mundo de la revista *Fortune*, con unos ingresos de 604.000 millones de dólares.[51] Esta cantidad de ingresos empequeñece a Amazon (la cuarta de la lista) y Apple (la octava), y si continúa

50. Ruiz, Neil, *et al.*, «Coming of Age», Fondo Monetario Internacional, marzo de 2020, <https://www.imf.org/en/Publications/fandd/issues/2020/03/infographic-global-population-trends-picture>.

51. Walt, Vivienne, «Saudi Arabia has the most profitable company in the history of the world, and $3.2 trillion to invest by 2030. Who will say no to that tidal wave of cash?»,

creciendo al ritmo actual, en 2024 podría situar a la empresa en el primer puesto (por delante de Walmart).

Como dijo Mark Twain: «La historia no se repite, pero rima». Al echar un vistazo al futuro, la mayoría de los expertos pronostican que las renovables representarán un porcentaje cada vez mayor de la oferta energética mundial. Las renovables ganarán cuota de mercado —como siempre ha ocurrido con las nuevas fuentes de energía en períodos de adición—, pero es probable que nunca lleguen a sustituir a los combustibles fósiles. De hecho, podría ocurrir todo lo contrario. Según la Administración de Información Energética de Estados Unidos (EIA, por sus siglas en inglés), la utilización del gas natural, el carbón, el petróleo, la energía nuclear y las renovables aumentará antes de 2050 para poder satisfacer la demanda. (Véase el gráfico siguiente.)

Gráfico 5.2. Consumo primario de energía en el mundo por fuentes (2010-2050)

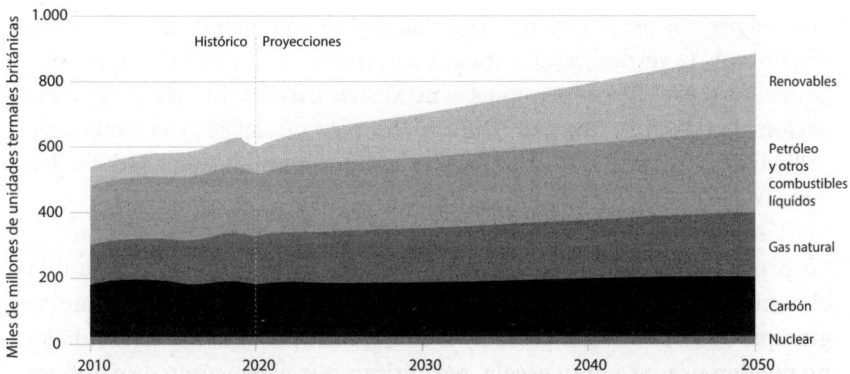

Fuente: Administración de Información Energética de Estados Unidos, Perspectiva Internacional de la Energía, caso de referencia.

Nota: La categoría «Petróleo y otros combustibles líquidos» incluye a los biocombustibles.

Cada año, yo (Tony) organizo una pequeña conferencia para los principales donantes de mi fundación. Nos reunimos para escuchar a un selecto grupo de invitados, entre los que hay expertos en finanzas, expresidentes, representantes políticos y demás. Como en este libro,

Fortune, 1 de agosto de 2023, <https:/fortune.com/2023/08/01/saudi-aramco-profitable-oil-company-trillions/>.

nos sentamos en la mesa de los titanes para descubrir qué puede ocurrir en el futuro y saber cómo aprovecharlo.

Jamie Dimon es el CEO de J. P. Morgan, el banco más grande del planeta, y una de las empresas que se ha comprometido a alcanzar las «cero emisiones netas» antes de 2050. Aceptó amablemente mi invitación para asistir al acto, y gran parte de la conversación giró alrededor del futuro de la energía. Decir que Jamie es un defensor del movimiento que aboga por las energías renovables es quedarse corto. Compartió conmigo que J. P. Morgan ha creado una partida destinada a las energías limpias que antes de 2030 financiará proyectos de esta índole valorados en 1,1 billones de dólares. También está presionando al Congreso de Estados Unidos para que acelere la autorización de nuevas tecnologías para la producción de renovables. Y, aun así, Dimon explicó al público que quizás se había precipitado en su deseo de sustituir las actuales fuentes de energía: «La lección que he aprendido de Ucrania es que necesitamos una energía segura, fiable, barata y garantizada, que en un 80 por ciento proviene del petróleo y el gas. Y ese porcentaje seguirá siendo muy elevado en los próximos diez o veinte años». Empujar al alza los precios del petróleo y el gas natural es una medida punitiva que, a la hora de la verdad, solo empeorará aún más la situación, ya que obligará a los países a recuperar sus centrales de carbón. En una carta a los accionistas de J. P. Morgan, Dimon escribió: «Usar gas (natural) para reducir el consumo de carbón es un método factible para reducir las emisiones de CO_2 de manera expeditiva».

Para aquellos que sientan escalofríos ante la perspectiva de aumentar provisionalmente el consumo de combustibles fósiles, que no cunda el pánico. Se están invirtiendo miles de millones de dólares en tecnologías que absorben (y almacenan) el dióxido de carbono, y si bien todavía no pueden usarse a gran escala, permitirán que el consumo de combustibles fósiles sea mucho más limpio. En el capítulo 6 hablaremos de un par de nuevos descubrimientos muy prometedores.

Vamos a profundizar un poco más...

La energía eólica y solar en los pronósticos

La solar y la eólica son las dos principales tecnologías para la generación de energía renovable, pero, si nos permites el juego de palabras, se enfrentan a unos importantes vientos en contra... En primer lugar, desde un punto de vista geográfico, tenemos a ganadores y perdedores. Si quieres usar la energía eólica, el viento debe soplar con fuerza. Si quieres usar la solar, el sol debe brillar con fuerza. Unos cielos parcialmente nublados con una ligera brisa no sirven para marcar la diferencia. Para ser claros, no estoy hablando de las placas solares domésticas, sino de las instalaciones industriales a gran escala que pueden alimentar toda una red.

En Estados Unidos hay grandes extensiones de tierra donde sopla el viento (el centro del país) y donde el sol brilla con fuerza (el sudoeste). Pero en el resto del mundo no ocurre lo mismo. De hecho, se estima que la mayoría de los países del mundo no son aptos para albergar centrales industriales de energía solar, eólica o de ambas. La mayoría de las ciudades con una población superior al millón de personas no reúnen las condiciones ideales para instalar plantas industriales de generación de energías renovables. Por lo tanto, las centrales solares o eólicas que alimenten su red eléctrica tendrían que situarse a bastante distancia, por lo que también habría que construir un tendido que pueda transportar la electricidad. Esta situación está muy lejos de ser la ideal y, además, al compararla con otras fuentes de energía disponibles, resulta increíblemente cara. No quiero desilusionar a nadie, pero después de tener en cuenta todas las circunstancias, los expertos están de acuerdo en que la energía solar y la eólica tienen unas limitaciones muy reales para poder implantarse a gran escala. Entre otras razones, éste es el motivo por el que China y la India están apostando fuerte por la nuclear.

Energía nuclear

En parte porque los desastres de Three Mile Island, Chernóbil y Fukushima han dejado una huella indeleble en toda una generación, en Estados Unidos solo se han puesto en marcha tres nuevos reactores nucleares en las últimas tres décadas. Aunque los desastres nucleares son inaceptables, también es importante comparar los recuerdos y las lecciones de aquellos desastres con las nuevas tecnologías nucleares, mucho más seguras, y con el impacto medioambiental de las fuentes de energía restantes. Desde la combustión del carbón a la extracción de los minerales imprescindibles para los coches eléctricos, casi todas las fuentes de energía tienen unos sucios inconvenientes. Como dijo en una ocasión el sabio Thomas Sowell: «No hay soluciones, solo términos medios». Sin duda, en este caso la máxima resulta muy adecuada, ya que la nuclear sigue siendo la forma de energía más densa y limpia descubierta por el hombre. Desde una perspectiva tecnológica, muchos de los reactores que hoy están en funcionamiento fueron diseñados hace unas cuantas décadas, y los accidentes que se produjeron son reliquias del pasado. Para ser justos, para poder valorar la energía nuclear deberíamos analizar la tecnología y los estándares de seguridad actuales. En esto intervienen los reactores modulares pequeños (SMR, por sus siglas en inglés).

Tras décadas de innovación, los expertos creen que los SMR son muy prometedores. Con el tamaño de un avión de pasajeros, en comparación con las grandes estructuras que cualquiera imagina al oír las palabras «energía nuclear», estos reactores parecen diminutos. Son mucho más seguros y para evitar una catástrofe tienen numerosos mecanismos de seguridad. A diferencia de los reactores tradicionales, cuya construcción puede requerir unos diez años, los SMR se pueden fabricar y montar muy rápido en una fábrica, para después transportarse por carretera a su destino final. Esta característica permite su instalación en áreas aisladas con un acceso limitado a una fuente de agua. Si este tipo de unidades se adoptaran a gran escala, podríamos ofrecer una energía barata y limpia a grandes segmentos de la población mundial.

En 2022, el organismo regulador aprobó la construcción del primer reactor modular pequeño en Estados Unidos, en Idaho. En la actualidad, ya hay varias empresas que desarrollan SMR muy eficientes capaces de producir tanta electricidad como los reactores antiguos, que eran mucho más grandes; ¡y lo hacen utilizando solo el 1 por ciento de la superficie que requieren otras renovables (eólica, solar, hidroeléctrica) para producir la misma cantidad de energía!

Muchas empresas participan en la carrera para crear tecnologías nucleares de próxima generación (SMR incluidos), lo cual es un factor muy importante porque, como comunidad global, estamos lejos de cumplir con los plazos requeridos. Si somos serios sobre la posibilidad de llegar a una situación de «cero emisiones», la mayoría de los expertos creen que la nuclear tiene que ser una parte importante de la solución. Sin embargo, la energía nuclear sigue siendo una cuestión controvertida debido a las tensiones existentes entre sus potenciales peligros y el hecho de que sea la fuente de energía más limpia que podemos producir. Un ejemplo: durante años, los grupos ecologistas pidieron el cierre del reactor nuclear de Indian Point, que proporcionaba casi el 25 por ciento de la electricidad de la ciudad de Nueva York. Argumentaban que podía sustituirse por otras energías renovables, como la eólica y la solar. En 2021, se clausuró la central, y las consecuencias indeseadas empezaron a acumularse.

El estado informó de que desde su clausura, el 89 por ciento de la electricidad proviene del gas y del petróleo, cuando el año anterior al cierre de los reactores de Indian Point la cifra era del 77 por ciento.[52] Sin duda, no son los resultados que los ecologistas tenían en mente.

Esta postura antinuclear también ha resultado contraproducente en Alemania. En 2022, el país cerró todas sus centrales nucleares. Debido a la guerra de Ucrania y la eliminación del gas natural de Rusia, los alemanes tuvieron que recurrir a la reapertura de sus centrales térmicas de carbón, lo que significó reemplazar la energía nuclear limpia por otra mucho más sucia. Entonces, en otra medida desesperada, ¡Alemania desmanteló una gran central eólica para ampliar las operaciones de una mina de carbón![53]

Muchos defensores de la energía nuclear plantean que Alemania debería haber seguido el ejemplo de sus vecinos franceses, que obtienen el 70 por ciento de su energía de reactores nucleares.

Gráfico 5.3. ¿Quién está construyendo reactores nucleares?

Los diez países que más aumentan su capacidad nuclear

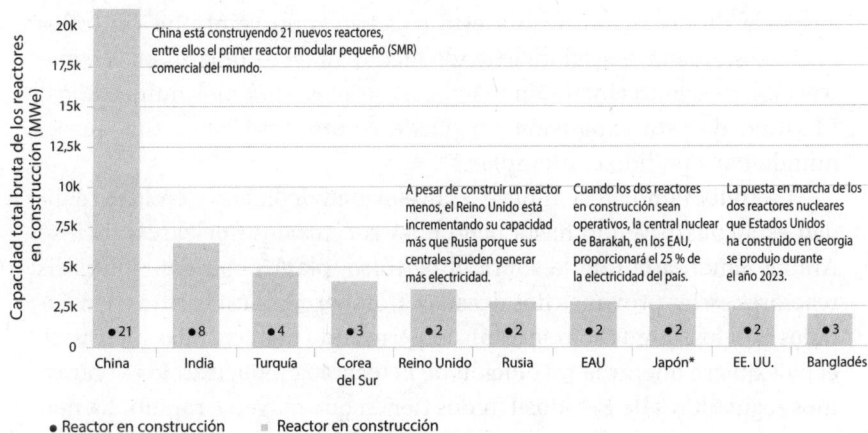

China está construyendo 21 nuevos reactores, entre ellos el primer reactor modular pequeño (SMR) comercial del mundo.

A pesar de construir un reactor menos, el Reino Unido está incrementando su capacidad más que Rusia porque sus centrales pueden generar más electricidad.

Cuando los dos reactores en construcción sean operativos, la central nuclear de Barakah, en los EAU, proporcionará el 25 % de la electricidad del país.

La puesta en marcha de los dos reactores nucleares que Estados Unidos ha construido en Georgia se produjo durante el año 2023.

● Reactor en construcción ■ Reactor en construcción

Fuente: Asociación Nuclear Mundial.

52. Zambito, Thomas, «NY's fossil fuel use soared after Indian Point plant closure; officials sound the alarm», *Journal News* y lohud.com, 22 de julio 2022, <https://eu.lohud.com/story/news/2022/07/22/new-york-fossil-fuels-increase-after-indian-point-nuclear-plant-shutdown/65379172007/>.

53. Oltermann, Philip, «Stop dismantling German windfarm to expand coalmine, say authorities», *The Guardian*, 26 de octubre de 2022, <https://www.theguardian.com/world/2022/oct/26/german-windfarm-coalmine-keyenberg-turbines-climate>.

En lugar de cerrar plantas, Francia pondrá en funcionamiento seis nuevos reactores antes de 2050. Los franceses también son pioneros en la invención de una estrategia increíble para reciclar los residuos nucleares y maximizar su vida útil.

En abril de 2023, Finlandia puso en marcha una nueva central nuclear. La planta fue tan eficaz que creó una abundancia de energía limpia y asequible, ¡hasta el punto de que durante un breve período los precios cayeron por debajo de cero! Ahora el país puede utilizar tanta energía como le apetezca, y a sabiendas de que es «verde» casi al cien por cien. China y la India también han comprendido que la energía nuclear es una parte fundamental de su propio futuro verde. Aparte de la creciente demanda de energía, ambos países reconocen que se enfrentan a graves problemas relacionados con la contaminación y la mala calidad del aire. Mientras el mundo avanza en los compromisos ESG (siglas en inglés de «medioambiente, sociedad y gobernanza»), China y la India han dejado muy claro que necesitan equilibrar las inquietudes medioambientales con el crecimiento de la economía. Han señalado que lo conseguirán recurriendo a la energía nuclear, y China está ganando la carrera. Reforzada por el enorme gasto público y la ausencia de oposición, China está construyendo veintiuna centrales nucleares. Además, ¡está invirtiendo medio billón de dólares en la construcción de ciento cincuenta reactores para los próximos quince años! El ritmo de esta expansión no puede compararse con nada que el mundo haya podido contemplar.[54]

La India también se mueve a la velocidad de la luz, y en la actualidad está construyendo hasta ocho nuevas centrales nucleares. Incluso Arabia Saudí, a la que le sobra el petróleo, planea construir dieciséis reactores en las próximas dos décadas. Comparemos estas cifras con Estados Unidos, donde solo se están construyendo dos centrales nuevas. Si el país quiere liderar la revolución de la tecnología nuclear, los organismos reguladores de Estados Unidos tienen que moverse rápido. La mayoría de los expertos creen que los ecologistas y los políticos deberían ver esta tecnología desde una perspectiva mucho más moderna. No juzgamos la seguridad de los coches a partir de los modelos fabricados en los años cincuenta del siglo pasado. ¡Habría que hacer lo mismo con la energía nuclear!

54. Murtaugh, Dan; y Chia, Krystal, «China's Climate Goals Hinge on a $440 Billion Nuclear Buildout», *Bloomberg*, 2 de noviembre de 2021, <https://www.bloomberg.com/news/features/2021-11-02/china-climate-goals-hinge-on-440-billion-nuclear-power-plan-to-rival-u-s>.

Las máquinas verdes y la carrera por los minerales

Los vehículos eléctricos (VE) están viviendo su momento de gloria. Con Tesla marcando el paso, todos los fabricantes de coches se han apuntado a la revolución VE. Si bien en el asfalto los coches eléctricos son más sostenibles, resulta innegable que su producción tiene unos costes muy elevados para el medioambiente. Lo mismo puede decirse de las turbinas eólicas y los paneles solares. La realidad es que las «máquinas verdes» deben fabricarse utilizando las fuentes tradicionales de energía. El petróleo, el gas natural y el carbón son imprescindibles para producir el hormigón, el acero y los plásticos que se utilizan. Por ejemplo, hay que utilizar la energía equivalente a cien barriles de petróleo para fabricar la batería de un único VE, que después solo será capaz de almacenar la energía de un solo barril. Acto seguido, se necesita una cantidad gigantesca de minerales para fabricar las baterías, los paneles solares, los transformadores, los generadores y otros mecanismos internos de las máquinas verdes. Y el proceso de encontrar, extraer, refinar y transportar estos minerales quizás no sea tan verde... Tengamos en cuenta estos datos:

- Hay que extraer y procesar unas 250 toneladas de tierra para crear una única batería de 450 kilos para un vehículo eléctrico. Estas operaciones mineras suelen llevarse a cabo con maquinaria pesada que consume gasoil diésel.
- Una batería normal para un VE contiene 11 kilos de litio, 13 de cobalto, 27 de níquel, 50 de grafito y 40 de cobre.
- Una batería VE contiene el mismo cobalto que se necesita para fabricar mil smartphones.
- En 2030, más de 10 millones de toneladas de baterías se convertirán en basura cada año.

Para ser claros, sin ninguna duda, los vehículos eléctricos, los parques eólicos y los paneles solares son una parte muy importante de las renovables. Pero si queremos ser intelectualmente honestos, también hay que descarbonizar toda la cadena de suministro. China tiene el mayor número de VE del mundo, pero la mayoría se cargan utilizando la electricidad que generan las centrales de carbón. ¿Podemos considerar que un coche alimentado con carbón es «verde»?

La idea central que quiero plantear es que debemos separar la realidad de la ficción, el marketing de los hechos contrastados. Todos quere-

Por supuesto, hay ciertas contrapartidas
por su excepcional ahorro de combustible.

mos energías limpias y cuidar del planeta. Sin embargo, tenemos que asumir algunas verdades difíciles de digerir. Y una de esas verdades es que algunos minerales necesarios para producir las tecnologías verdes están controlados por países rivales.

Control total(itario)

A comienzos del siglo XXI, China vio las señales. Fue capaz de detectar que el mundo estaba apostando por las tecnologías sostenibles y sabía que todas esas máquinas verdes necesitarían unos minerales críticos. Sin grandes yacimientos en su propio país, el gobierno chino gastó cientos de miles de millones para asegurarse el control de numerosas explotaciones mineras en todo el mundo. En concreto, llevó a cabo una verdadera exhibición de fuerza (y de billetera) con los gobiernos —a veces corruptos— de África, un continente rico en recursos naturales. El Congo fue la principal conquista de China.

El cobalto es necesario para fabricar casi todos los smartphones, tabletas, ordenadores portátiles y vehículos eléctricos, ya que proporciona estabilidad a las baterías y evita que se sobrecalienten. La República Democrática del Congo tiene más yacimientos de cobalto que el resto del mundo junto. De hecho, casi el 70 por ciento de las reservas conocidas del planeta están enterradas bajo la fina capa de tierra roja del Congo, donde puede obtenerse con facilidad. (Teniendo en cuenta que según el Banco Mundial, solo el 19 por ciento de la población del Congo tiene acceso a la electricidad, resulta bastante irónico.)[55]

Según algunos informes, quince de las diecinueve grandes minas del Congo están controladas, de forma directa o indirecta, por China. ¡Y algunas de ellas tienen el tamaño de una ciudad europea! Pero son aún más alarmantes los abusos de los derechos humanos que allí se producen. El Congo tiene una triste historia de explotación y esclavitud que se remonta a finales del siglo XIX. Hacia 1890 se produjo una «fiebre de la bicicleta», cuando millones de personas en todo el mundo empezaron a usar este vehículo. Aunque parezca increíble, las primeras bicicletas tenían ruedas de madera o acero; así que cuando en 1888 el inventor John Dunlop patentó una nueva rueda de caucho, hubo una gran conmoción. Y cuando los automóviles entraron en escena, aquel invento se convirtió en un fenómeno masivo. La demanda se multiplicó, pero el Congo tenía árboles de caucho hasta donde alcanzaba la vista. Bajo la opresión colonial del rey belga Leopoldo II, un número indeterminado de congoleses fueron obligados a trabajar bajo un régimen de esclavitud mientras la deforestación arrasaba sus tierras. El Congo se convirtió en el primer exportador mundial de caucho, pero su población seguía viviendo en la absoluta pobreza. Publicada en 1899, la célebre novela de Joseph Conrad *El corazón de las tinieblas* documentó la horrible tragedia de una población despojada de su libertad y de una tierra devastada con un fin comercial.

En la actualidad, el Congo sufre una gran devastación; pero no por el caucho, sino por el cobalto. En el mundo, los grandes mayoristas del cobalto garantizan a las empresas tecnológicas que la cadena de suministro está limpia. Pero en lo que respecta a la mayoría de las explotaciones mineras, esta afirmación no podría estar más lejos de la realidad. Gracias al valiente trabajo de periodistas de investigación como Siddharth Kara (autor de *Cobalto rojo: El Congo se desangra para que tú te conectes*, Capitán Swing, 2024), hoy sabemos cuál es el verdadero rostro del tramo inicial de la cadena de suministro. Muchas de las minas se sostienen por el trabajo de esclavos modernos. Bajo la vigilancia de mi-

55. «Democratic Republic of the Congo-Country Commercial Guide», Administración del Comercio Internacional, 14 de diciembre de 2022, <https://www.trade.gov/country-commercial-guides/democratic-republic-congo-energy#:~:text=Despite%20millions%20of%20dollars%20of,one%20percent%20in%20rural%20areas>.

licias armadas, hombres, mujeres y niños excavan sin cesar en búsqueda del cobalto. Mientras se exponen a tóxicos carcinógenos, escarban con palos, picos, palas y barras de acero. Durante doce horas al día, cientos de miles de congoleses trabajan bajo un calor asfixiante para ganar uno o dos dólares. Lo justo para poder sobrevivir.

Por lo tanto, los defensores de la electrificación absoluta también deberían tener serios problemas morales ante el verdadero significado de las siglas ESG: medioambiente, sociedad y gobernanza (en inglés). ¿Cada una de esas siglas tiene el mismo valor? Si en el Congo (y en todas partes), el medioambiente está siendo destruido y cientos de miles de nativos son esclavizados, ¿alguien puede defender que el fin justifica los medios? Al final, las grandes tecnológicas tendrán que despertar y abordar todos estos problemas a la vez. Su poder de compra puede exigir las reformas necesarias para que los trabajadores reciban un sueldo y un trato justos. También debemos seguir trabajando en el desarrollo de nuevas tecnologías que no necesiten algunos de estos minerales críticos. Por ejemplo, ya se han empezado a usar las primeras baterías de estado sólido —y de otros tipos— que no requieren cobalto. Tesla ya utiliza baterías sin cobalto en el 50 por ciento de sus coches, y ha anunciado que quiere eliminar por completo este mineral de sus productos. Nos quitamos el sombrero ante Elon, pero aún quedan otros problemas por resolver.

El bloque Rusia-China

Rusia, un país salpicado de recursos naturales, incluyendo importantes reservas de minerales críticos, ha decidido unir fuerzas con China en una relación beneficiosa para ambas partes. Por ejemplo, mientras China ha invertido cientos de miles de millones en África, Rusia ha puesto el músculo militar con sus mercenarios. Proporciona los cuerpos de seguridad contratados por los gobiernos para mantener a raya a la población.

Es evidente que el bloque China-Rusia causa serias preocupaciones en los líderes mundiales, que podrían ver cómo los dos países controlan con puño de hierro el suministro de minerales. Mientras tanto, otros regímenes poco amistosos también ejercen cierto grado de control sobre los minerales críticos. Pensemos en China, Rusia, Irán, Kazajstán, Corea del Norte y Venezuela. Estos seis regímenes totalitarios controlan muchos de los minerales (véase el gráfico 5.4.) que necesitamos para fabricar móviles, tabletas, baterías VE, paneles solares, molinos eólicos y demás. Esta situación plantea una serie de preguntas. ¿Cómo garantizamos una cadena de suministro segura y fiable? ¿Cómo conseguimos que los derechos humanos sean una prioridad? ¿Cómo vamos a satisfacer la creciente demanda de minerales críticos si las políticas medioambientales prohíben la explotación de los recursos de nuestro propio país? Todas estas preguntas aún no tienen buenas respuestas, pero no cabe ninguna duda de que merecen ser abordadas.

Gráfico 5.4. Control mundial de los minerales

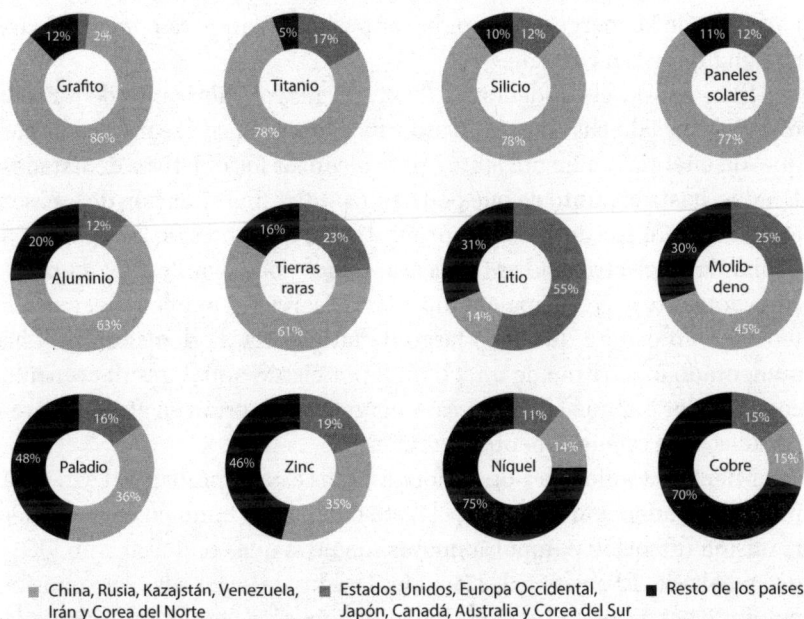

Grafito 12% 2% 86%	Titanio 5% 17% 78%	Silicio 10% 12% 78%	Paneles solares 11% 12% 77%
Aluminio 20% 12% 63%	Tierras raras 16% 23% 61%	Litio 31% 55% 14%	Molibdeno 30% 25% 45%
Paladio 48% 16% 36%	Zinc 46% 19% 35%	Níquel 11% 14% 75%	Cobre 15% 15% 70%

■ China, Rusia, Kazajstán, Venezuela, Irán y Corea del Norte   ■ Estados Unidos, Europa Occidental, Japón, Canadá, Australia y Corea del Sur   ■ Resto de los países

Fuente: USGS, World Nuclear and Statista.

Un mundo electrificado

En 2022, California ordenó que antes de 2035, todos los vehículos nuevos vendidos en el estado tendrían que ser «cero emisiones» (eléctricos, de hidrógeno, etcétera).[56] Irónicamente, poco después del anuncio, Ca-

56. «California moves to accelerate to 100% new zero-emission vehicle sales by 2035», California Air Resources Board, CA.gov, 25 de agosto de 2022, <https://ww2.arb.ca.gov/news/california-moves-accelerate-100-new-zero-emission-vehicle-sales-2035>.

lifornia sufrió una ola de calor y suplicó a la población que no cargara sus VE por miedo a provocar una sobrecarga en la envejecida red eléctrica. Aquella situación plantea una pregunta honesta: ¿la red eléctrica de California puede gestionar una flota de VE que multiplicaría por quince o treinta la actual? Para que fuera posible, se calcula que durante la próxima década el estado tendría que triplicar la generación de electricidad. Para poner las cifras en perspectiva, California está generando casi la misma cantidad de electricidad que hace trece años.[57] Incluso un pequeño incremento de la producción representa un importante desafío, por lo que es probable que éste sea el motivo por el cual la comisión de la energía no ha publicado aún el plan para poner en marcha una tarea tan colosal.

Elon Musk, el fundador de Tesla (el mayor fabricante de VE del mundo), ha sido bastante explícito y ha expresado su preocupación por que «la energía sea insuficiente» para alcanzar los objetivos de Estados Unidos, hasta el punto de que podríamos sufrir una situación de escasez en tan solo un par de años. Ha pronosticado que antes de 2045 nuestra demanda de electricidad se triplicará, y hace poco manifestaba su preocupación ante las principales empresas de servicios públicos del país. Si tenemos en cuenta que, a lo largo de la historia, la demanda solo ha aumentado a un ritmo de un 2 o un 3 por ciento anual, resulta sencillo comprender por qué las empresas energéticas no están en absoluto preparadas para este inminente incremento.

Mientras California y otros doce estados están aprobando leyes para imponer la adopción de los VE, el resto del mundo también parece tener la misma intención e impulsa nuevas medidas que conducen a un idéntico resultado. El objetivo de Naciones Unidas de llegar a las cero emisiones en 2050, lo que se conoce como el «objetivo cero neto», afirma lo siguiente: «El escenario de cero emisiones prevé una flota de coches eléctricos de más de 300 millones en 2030 y que las ventas de coches eléctricos representen el 60 por ciento de las nuevas ventas de automóviles». Todos los fabricantes se han apresurado a crear versiones eléctricas de los modelos ya existentes, desde la camioneta Ford F-150 Lightning al próximo Corvette eléctrico.

En la actualidad, unos 2,5 millones de vehículos eléctricos e híbridos circulan por las carreteras de Estados Unidos, cuando hay en total

57. «2021 Total System Electric Generation», California Energy Commission, acceso el 16 de enero de 2024, <https://www.energy.ca.gov/data-reports/energy-almanac/california-electricity-data/2021-total-system-electric-generation>.

290 millones de coches (o sea, representan menos del 1 por ciento). La cantidad total de vehículos eléctricos en el mundo es de 16,8 millones, de un total de 1.440 millones de coches (alrededor del 1 por ciento también). Por lo tanto, si el objetivo es tener trescientos millones de coches de cero emisiones en 2030, estamos hablando de que la demanda de los minerales críticos necesarios alcanzará unos niveles sin precedentes en la historia. ¿Es factible? Sin duda, el desafío que plantea tan noble objetivo es muy real.

Gráfico 5.5. Objetivos de producción de nuevos coches VE

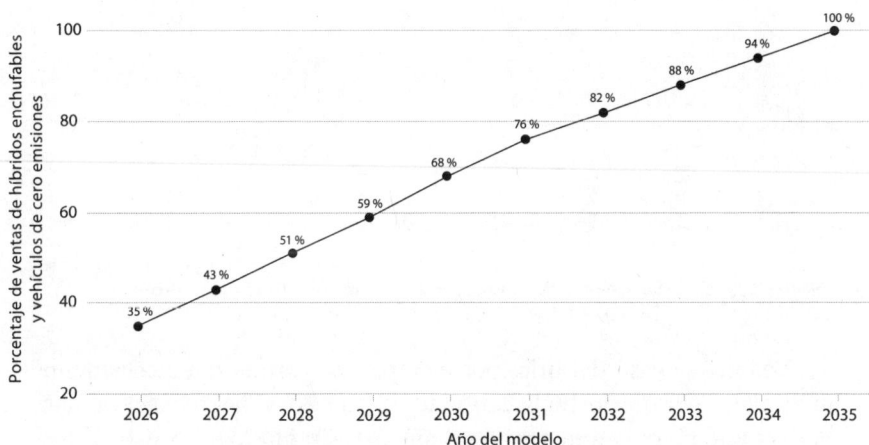

Empecemos echando un vistazo a la historia. Ninguna industria extractiva (petróleo, gas, oro, hierro, etcétera) ha sido capaz de incrementar un cien por cien la producción y la oferta global en el transcurso de una sola década. La minería es cara, laboriosa, requiere tiempo y las normativas son una pesadilla, sobre todo en los países desarrollados, en los que los derechos humanos y el impacto medioambiental son una prioridad. Tras el descubrimiento de un nuevo yacimiento, pueden pasar varios años hasta que empieza a ser explotado y a producir las materias primas necesarias.

Además de los billones de dólares que requiere semejante inversión, los expertos en medioambiente creen que la extracción de los minerales críticos requeridos para producir 300 millones de coches de cero emisiones puede representar una carga extraordinaria para el planeta. Cuando añades además los mega parques eólicos, las baterías de almacenamiento industrial y los miles de hectáreas de paneles solares, la cantidad de minerales necesaria para alcanzar el objetivo «cero neto en 2030» es abrumadora. El siguiente gráfico muestra la demanda exponencial de los distintos minerales.

Gráfico 5.6. Demanda actual y futura por el uso de energías limpias (en toneladas)

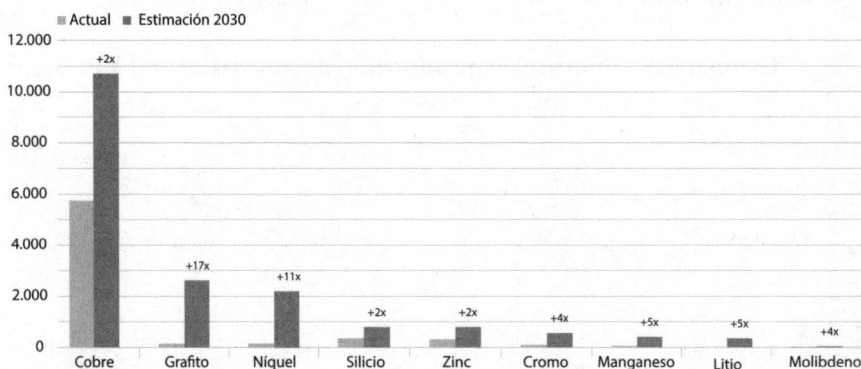

Fuente: Agencia Internacional de la Energía, Panorama de Minerales Críticos.

Veamos el caso del litio, por ejemplo. Se calcula que necesitamos multiplicar por dieciocho la cantidad de litio extraída en la actualidad. Pero el litio no es el único mineral que necesitamos para construir tecnologías sostenibles. Respecto a lo que producimos en la actualidad, hay que multiplicar por dos la cantidad de cobre, por diecisiete la de grafito y por once la de níquel.[58]

De nuevo, a lo largo de la historia, la humanidad nunca ha sido capaz de duplicar la oferta de cualquier mineral extractivo en el plazo de una sola década. Y no parece un plan viable «cavar más deprisa».

Cuando hablamos con los expertos en energía del problema «la humanidad nunca ha sido capaz», me plantean de manera prácticamente unánime que se trata de una proeza imposible. ¿Un objetivo noble? Sí. ¿Un gran tema de debate para los políticos? Desde luego. Pero a la hora de la verdad, debemos considerar qué puede ofrecernos la tierra, y cuáles son los costes, tanto humanos como medioambientales, que se generan.

---

58. «Critical minerals market sees unprecedented growth as clean energy demand drives strong increase in investment», Agencia Internacional de la Energía, 11 de julio de 2023. *Fuente*: Agencia Internacional de la Energía, Panorama de Minerales Críticos.

Ahora, en función de tus propias suposiciones, muchos de los datos que he presentado pueden ser difíciles de digerir. Creo que a todos nos encantaría pulsar un botón verde y descarbonizar el planeta. Muchos expertos —y yo mismo incluido— creemos que es posible conseguirlo con otras innovaciones a largo plazo. Pero, por el momento, vamos a tener muchas oportunidades de inversión en una clase de activos en que el aumento de la demanda parece inevitable.

¿Quién se ha bebido la leche?

Cuando mi hijo aún vivía en casa, muchas veces abría la nevera y descubría que el cartón de leche que había en el estante estaba casi vacío. La cantidad de leche que pudiéramos comprar parecía irrelevante, porque los cartones siempre se vaciaban antes de que tuviéramos tiempo de reemplazarlos. Vivir con un adolescente en casa sería una buena analogía de la situación actual de la energía. Ten paciencia conmigo.

La energía, como la leche que contiene un solo cartón, es finita y debe reemplazarse. Piensa ahora en un yacimiento de petróleo o de gas natural. Después de empezar a explotarlo, contiene una cierta cantidad que podemos extraer antes de que se agote. Las empresas energéticas y sus inversores deben gastar cientos de miles de millones, por adelantado, para explorar y empezar a explotar nuevos yacimientos con los que satisfacer el actual apetito de la humanidad.

Pero ¿qué ocurre cuando de repente frenamos en seco el gasto que permite generar más producción? ¿Qué ocurre cuando somos incapaces de reemplazar la oferta para satisfacer la demanda actual, que no deja de crecer? Vamos a descubrirlo antes de lo que parece.

En junio de 2014, el precio del petróleo se disparó a los 107 dólares el barril. Entonces, en un giro drástico de los acontecimientos, solo seis meses después los precios se hundieron hasta los 44 dólares. Las pérdidas por este descenso tan acusado fueron devastadoras, y mientras se lamían las heridas, las empresas energéticas más importantes cerraron el grifo del gasto. Más o menos al mismo tiempo, el movimiento ESG empezó a cobrar impulso. Con un objetivo muy noble, estableció unos plazos que, por desgracia, son absolutamente imposibles. En lugar de buscar nuevas tecnologías que redujeran los efectos negativos del petróleo/gas/carbón, el movimiento se centró en acabar con los combustibles fósiles, un objetivo que consiguió el respaldo del entonces candidato Joe Biden, que prometió: «Os lo garantizo. Acabaremos con los combustibles fósiles».

Las empresas energéticas se encuentran entre la espada y la pared. Los inversores institucionales, que en el pasado habían financiado la búsqueda de nuevos yacimientos para reemplazar los antiguos, recibieron fuertes presiones para abandonar los combustibles fósiles, como si fueran la peste. Los CEO de las grandes empresas energéticas también se encontraban bajo una tremenda presión. Los miembros de los consejos de administración y los grandes accionistas les dijeron, tanto de forma explícita como implícita, que no gastaran tanto dinero en nuevos proyectos energéticos para reemplazar los antiguos. En cambio, los animaron a devolver el dinero sobrante a sus inversores, ya fuera a través de dividendos o de recompras de acciones. De este modo, en los años siguientes, la inversión en el descubrimiento y la extracción de nuevas reservas cayó casi un 50 por ciento. Para poner las cifras en perspectiva, antes de 2014, las grandes empresas petrolíferas invertían cerca de 700.000 millones de dólares anuales para encontrar nuevos yacimientos. Desde 2014, en todo el mundo solo han gastado entre 300.000 y 350.000 millones.

Los críticos defienden que invertir menos en nuevos proyectos «del pasado» es positivo. Algo verde y sostenible. Pero, en realidad, los expertos creen que esta decisión podría estar creando las condiciones para que estalle una devastadora reacción en cadena, formada por un aumento de los costes de la energía, una subida de los precios de los alimentos y menos seguridad interna en los países. Ésa era la premisa que Jamie Dimon planteaba al explicar las consecuencias indeseadas de unas decisiones cortoplacistas que, en realidad, podrían echar por tierra el objetivo de «cero emisiones» a largo plazo.

Siete Arabia Saudí

Como ya he mencionado, cada día el consumo energético mundial se traga unos 100 millones de barriles (o sus equivalentes). Para poner las cifras en perspectiva, un estadio de fútbol podría almacenar unos 2 millones de barriles. El consumo total equivale a cincuenta estadios de fútbol llenos de petróleo cada día. El total son 36.000 millones de barriles al año, solo para mantener en marcha el motor del mundo. El crecimiento económico y el aumento de la población anticipan un incremento de la demanda de entre el 1 y el 2 por ciento anual; es decir, de 365-700 millones de barriles cada año.

Pero, si hablamos de las reservas existentes en el mundo, ¿cuánto se reducen cada año? ¿Cuánto desciende el nivel del cartón de leche? Ésa es la pregunta del billón de dólares...

La «tasa de descenso de la reserva» mundial es de un 7-8 por ciento anual. Esto significa que los yacimientos y depósitos existentes de combustibles fósiles están perdiendo entre el 7 y el 8 por ciento de su capacidad limitada cada año. O sea, cada año hay que reemplazar entre 7 y 8 millones de barriles diarios para poder mantener el ritmo de la demanda existente, sin mencionar qué implicaría satisfacer un futuro incremento del consumo. Wil VanLoh es el fundador de Quantum Energy Partners, uno de los mayores inversores privados en energía del mundo. Describió la situación actual de una manera muy precisa: «Si hablamos de capacidad de producción, sería el equivalente a tener la necesidad de encontrar siete nuevas Arabia Saudí en los próximos veinte años». En pocas palabras, al reducir durante la década pasada el gasto para encontrar nuevas fuentes sustitutivas, ahora tenemos todas las de perder. VanLoh también cree que la falta de inversión en los últimos años para encontrar nuevas reservas ha empezado a reflejarse en los precios.

En resumidas cuentas, agotar unas reservas limitadas sin gastar lo suficiente para reemplazarlas es la receta perfecta para llegar a un escenario caracterizado por una oferta limitada, precios altos de la energía, precios altos de los alimentos y precios altos de los bienes de consumo.

Hora de hacer las apuestas

Ahora, cuando ya hemos separado la realidad de la ficción, podemos ver que en los años que tenemos por delante habrá tremendas oportunidades. De hecho, si hablamos de invertir en energía, muchos de los expertos con los que he hablado creen que podríamos estar entrando en una nueva edad de oro. En cuanto a los combustibles fósiles, la oferta se reducirá al mismo tiempo que la demanda aumenta, lo que es probable que conduzca a una subida de los precios. En cuanto a la eólica, la solar y la nuclear, la adopción de estas fuentes de energía se acelerará, por lo que se invertirán billones en empresas innovadoras. Por último, en cuanto a las tecnologías verdes, ya han aparecido distintas innovaciones que permiten descarbonizar la atmósfera, así que es muy posible que podamos seguir usando los combustibles fósiles de una forma mucho más sostenible.

¡Analicemos estas oportunidades en la segunda parte del capítulo!

6

Energía

La fuerza de nuestras vidas (segunda parte)

La energía no puede crearse ni destruirse, solo puede modificarse de una forma a otra.

ALBERT EINSTEIN

Energía para todos

Nadie debería cuestionar que reducir la contaminación es muy positivo para este bonito planeta que compartimos. Todos deberíamos presionar para encontrar nuevas soluciones sostenibles mediante un fuerte aumento de la inversión en renovables, así como de la innovación en el sector de los combustibles fósiles (por ejemplo, con la captura de dióxido de carbono).

Sin embargo, como hemos expuesto en la primera parte, los expertos coinciden en que vivimos un conflicto entre dos realidades incuestionables...

1. La demanda de todas las fuentes de energía seguirá aumentando, combustibles fósiles incluidos.
2. La combustión del carbón, gas natural y petróleo crea una cantidad de CO_2 muy considerable y que tiene un fuerte impacto en la atmósfera de la Tierra, así que debemos reducirla usando los mejores medios a nuestra disposición.

La parte en que los expertos expresan los mayores desacuerdos es en «los mejores medios a nuestra disposición». En marzo de 2023, el secretario general de Naciones Unidas pidió «terminar con la concesión de licencias y de financiación para nuevas explotaciones de petróleo y gas», así como «detener la expansión de las reservas existentes de petróleo y gas».

Aunque todos querríamos disponer de una energía cien por cien sostenible para el día de ayer, el mundo es como un gigantesco vecindario. Es necesario que todos los países colaboren y trabajen juntos. Pero no todo el mundo baila al ritmo de la misma partitura; es decir, cada país se ha marcado unos plazos muy diferentes para llegar a la neutralidad de carbono. Hay que encontrar un delicado equilibrio entre dejar de estropear el medioambiente y no perjudicar a la población ni a su capacidad para ganarse la vida, cocinar la comida, desplazarse en un medio de transporte seguro y otras actividades que requieren energía.

China, la India y muchos otros países en vías de desarrollo saben que apagar el interruptor de los combustibles fósiles en inviable. Los expertos advierten de que la aplicación de medidas drásticas enviaría al mundo a una depresión global catastrófica en la que cientos de millones de personas morirían de hambre. Jamie Dimon, de J. P. Morgan, repitió en una comparecencia ante el Congreso que «detener la financiación del gas y el petróleo sería para Estados Unidos el camino a la perdición». Recordemos que cada año hacen faltan unos 36.000 millones de barriles de petróleo para mantener en marcha la máquina de la economía global, lo que significa que no podemos tirar del enchufe de repente.

Entonces, ¿estamos ante la decisión binaria definitiva de la especie humana? ¿Ser destruidos por la profecía lanzada por Naciones Unidas sobre «una bomba de relojería causada por el cambio climático» o dejar de usar combustibles fósiles de inmediato y vernos condenados a una vida de pobreza sostenible? La mayoría de los expertos creen que necesitamos un punto de vista más equilibrado. Hay que trabajar para encontrar soluciones innovadoras con las que el mundo pueda mantener el ritmo actual del crecimiento de la población y la erradicación de la pobreza en todos los países. Debemos ofrecer la energía más limpia que sea posible a tantas personas como podamos para impulsar el crecimiento económico y la seguridad alimentaria en el mundo. La innovación siempre ha sido, y siempre será, la respuesta a este tipo de problemas. Como dice la expresión, la Edad de Piedra no llegó a su fin porque se quedase sin piedras.

La primera central de gas natural del mundo que se acerca a las cero emisiones

Rodney Allam es un ingeniero químico que a sus ochenta y dos años prefiere hacer sus cuentas en papel cuadriculado con un lápiz y una calculadora convencional. Como jefe de innovación de 8 Rivers, Allam intenta abordar los problemas de la energía desde una perspectiva bastante diferente. Su singular enfoque le ha valido numerosas patentes, así como el distinguido premio Energía Global en 2012.

Mientras la mayoría de los investigadores tratan de descubrir la forma de capturar y aislar el dióxido de carbono, Allam se preguntó si podíamos aprovecharlo. En 2013 patentó un método revolucionario para capturar el 97 por ciento del dióxido de carbono emitido por la combustión del gas natural. Funciona así...

En el actual método estandarizado, el gas natural se utiliza para generar calor. El calor genera vapor, que mueve una turbina. Una turbina en movimiento equivale a electricidad. Este proceso representa cerca del 40 por ciento de la electricidad que se genera en Estados Unidos. El problema es que el subproducto de quemar gas es un dióxido de carbono que se lanza a la atmósfera. Lo mismo ocurre con el carbón, aunque este combustible es aún mucho más sucio.

Allam se preguntó si en lugar de usar vapor para mover la turbina, podía capturar y comprimir el CO_2 y usarlo para hacerla girar. ¿Qué ocurriría si pudiera crear un circuito cerrado en que la mayoría del CO_2 nunca se emitiera a la atmósfera? Si funcionara, ¡podría crear una central de gas natural que se acercara prácticamente a las cero emisiones! Con el tiempo, perfeccionó los cálculos y patentó su increíble innovación. Entonces llegó el momento de pasar del papel a la realidad. En colaboración con una empresa llamada NetPower, Allan emprendió la realización de una prueba de concepto y construyó la primera central de gas natural que se acerca a las cero emisiones. Empezaron a probar las instalaciones en 2018, y después de unos años de análisis y mejoras, ¡pudieron conectarla con éxito a la red eléctrica de Texas! Ahora están trabajando para construir la primera central a gran escala en el oeste de Texas. (Advertencia: para ser claros, en el momento en que escribimos estas líneas no somos inversores de NetPower.)

Aunque en la actualidad NetPower se sitúa a la cabeza del pelotón, esta clase de innovaciones ya están apareciendo en todo el mundo. Hay cientos de empresas innovadoras que están proponiendo posibles soluciones o sistemas ya probados para capturar (y almacenar) el dióxido de carbono. Desde ventiladores gigantes que absorben el CO_2 para eliminarlo del aire a empresas que bombean el dióxido de carbono sobrante en formaciones de roca subterráneas para poder almacenarlo, tenemos varias soluciones que se encuentran en distintas etapas de desarrollo (y viabilidad), pero la idea general está clara... Según los expertos, parece probable que la innovación nos acerque a las «cero emisiones netas», y no a la eliminación absoluta de los combustibles fósiles. Por el momento, mientras el mundo lucha entre la retórica y la realidad, encontraremos muchas oportunidades de inversión. Profundicemos un poco...

«Petróleo que es oro negro. ¡El té de Texas!»

Si preguntas a cien personas cuál es el primer país productor de energía del mundo, muchos responderán que Arabia Saudí. Pero esos muchos podrían estar equivocados. Estados Unidos es el mayor productor de petróleo y gas del mundo. Producimos alrededor del 22 por ciento de la oferta global, con Rusia (15 por ciento) y Arabia Saudí (9 por ciento) en segunda y tercera posición.[59] Y no solo somos los primeros, sino que también somos los más limpios (de manera relativa). Por ejemplo, el gas natural de Estados Unidos es un 30 por ciento más limpio que el de Rusia.[60] Y lo mismo ocurre con el petróleo. ¿Has visto alguna vez esa llama que siempre arde en la parte superior de los pozos petrolíferos? En el pasado, era una visión muy habitual entre los habitantes de Texas. Esa llama es el resultado de una práctica conocida como «quemado en antorcha», y que sirve para eliminar el exceso de gas metano que se genera al perforar en busca de petróleo. El metano es un gas de efecto invernadero mucho más potente que el CO_2, por lo que la quema en antorcha es bastante sucia. Por este motivo, Estados Unidos ha liderado el movimiento para poner fin a esta práctica y ha reducido un 46 por ciento su utilización, mientras la producción de petróleo no ha dejado de aumentar.[61] Por desgracia, durante la década pasada, los países con una

59. Osaka, Shannon, «The U.S. is the world's largest oil producer. You'll still pay more for gas», *The Washington Post*, 8 de octubre de 2022, <https://www.washingtonpost.com/climate-environment/2022/10/08/us-is-worlds-largest-oil-producer-why-youre-going-pay-more-gas-anyway/#:~:text="We%27re%20the%20world%27s%20largest,100%20million%20barrels%20per%20day>.

60. Mailloux, Matthew, «Where American Gas Goes, Other Clean Energy Can Follow», ClearPath, 16 de junio de 2022, <https://clearpath.org/our-take/where-american-gas-goes-other-clean-energy-can-follow/>.

61. «2022 Global Gas Flaring Tracker Report», Banco Mundial, 2022, <https:/

normativa medioambiental más permisiva han incrementado el quemado en antorcha. Por ejemplo, por este tipo de emisiones Venezuela contamina dieciocho veces más que Estados Unidos. Aquí la cuestión importante es que no toda la energía se ha creado igual. Estados Unidos tiene una normativa y unas leyes medioambientales mucho más restrictivas.

Además de trabajar para crear unas versiones más limpias de los combustibles fósiles, nuestra independencia energética y nuestra posición como primer productor del mundo nos concede una tremenda ventaja en términos de seguridad económica, alimentaria y nacional. Durante las últimas décadas, el mundo se ha vuelto cada vez más interdependiente. A menudo en aras de los beneficios, Occidente ha exportado puestos de trabajo a cambio de productos más baratos. También hemos exportado emisiones de CO_2 al permitir que los países en vías de desarrollo, cuya mano de obra es más barata, contaminen el aire y sus aguas para fabricar los productos que compramos. Tendemos a olvidar que el cambio climático es un problema global, y que exportar la contaminación a otros países no soluciona el problema. Todos vivimos en un *cul-de-sac* global, y la contaminación no tiene fronteras.

Y entonces, llegó la COVID-19. Entre otras cosas, la pandemia puso en evidencia la fragilidad de la máquina económica global. Enseguida descubrimos que en su mayor parte, las cadenas de suministro se encuentran lejos de nuestros países y, por lo tanto, no están bajo control. Desde muebles a medicamentos, no podíamos obtener lo que necesitábamos; cualquiera que haya intentado comprar un coche en los últimos años sabe muy bien de qué estoy hablando. Las estanterías vacías de los supermercados causaban una inquietante sensación. Dábamos por hecho que reponer los productos nunca sería un problema... hasta que de repente lo fue.

Después de este toque de atención, los países ya han empezado a «internalizar» los elementos esenciales de las cadenas de suministro y a recuperar la industria. Desde alimentos a microchips, pasando por la fabricación de herramientas, este proceso de desglobalización requerirá energía producida dentro de nuestras fronteras. Los países con independencia energética estarán mejor posicionados para prosperar. Y los que produzcan más energía de la que necesitan para cubrir sus necesidades se convertirán en fuerzas dominantes con la capacidad de ser «exportadores netos» para sus aliados.

thedocs.worldbank.org/en/doc/1692f2ba2bd6408db82db9eb3894a789-04000720
22/original/2022-Global-Gas-Flaring-Tracker-Report.pdf>.

Aunque en los últimos tiempos el sector energético estadounidense ha sido una *persona non grata* (por todas las razones expuestas en la primera parte del capítulo), en las décadas que tenemos por delante la energía que producimos significará una parte fundamental de la prosperidad del país. Si somos capaces de marcar el camino, disfrutaremos de una ventaja increíble tanto en la implementación de las energías renovables como en el diseño de soluciones innovadoras para obtener unos combustibles fósiles más limpios.

Vamos a analizar unos cuantos temas que según los expertos motivarán la aparición de buenas oportunidades. Por favor, ten en cuenta que es posible acceder a muchas de esas oportunidades tanto desde los mercados cotizados como desde los mercados privados (para aquellos que cumplan con los requisitos). La energía tiene fama de ser volátil, así que actúa con precaución. Como ejemplo, CAZ Investments nunca invierte directamente en energía sin un socio estratégico que trabaje en el terreno, cuente con décadas de experiencia y tenga un largo historial de éxitos.

Oportunidades de inversión en el sector energético del futuro

1. Capital privado. Hace unos diez años, solo el 15 por ciento de los pozos petrolíferos operativos de Estados Unidos estaban financiados por firmas de capital privado, ya que la inmensa mayoría eran propiedad de las grandes empresas cotizadas. En la actualidad, más del 50 por ciento de los pozos tienen detrás al capital privado. Generan unos flujos de caja relativamente predecibles, y en muchos casos las empresas más conservadoras pagan para estar cubiertas frente a una caída de los precios, lo que consigue garantizar los beneficios. Dicho esto, las firmas de capital privado dedicadas a la energía todavía sufren la desconfianza de las instituciones, lo que significa que otros inversores bien posicionados pueden acceder a las oportunidades con mayor facilidad que en tiempos pasados. En un capítulo posterior nos empaparemos de la sabiduría de dos de los mejores inversores en energía del mundo: Bob Zorich, cofundador de EnCap Investments, y Wil VanLoh, de Quantum Energy Partners. Ambas empresas tienen a sus espaldas un largo historial de éxitos.

2. Empresas cotizadas de petróleo y gas infravaloradas. En 2016, las empresas dedicadas a la exploración de hidrocarburos del S&P 1500 se negociaban a trece veces su EBITDA; unas siglas que son un bonito acrónimo de los beneficios: en concreto, beneficios antes de intereses, impuestos, depreciaciones y amortizaciones. En aquel momento, este múltiplo era más elevado que el registrado en los sectores financiero, industrial y sanitario. A pesar del rebote en la rentabilidad financiera del sector petrolífero y gasístico, las empresas han perdido el favor del público por las razones mencionadas antes, y ahora cotizan a 4,7 veces su EBITDA. A partir de los datos ya expuestos en el libro, muchos expertos creen que estamos ante una de las clases de activos más infravaloradas que hoy existen en el mundo.

3. Refinerías. En junio de 2022, recibí un artículo en mi bandeja de entrada. *Bloomberg* entrevistaba a Mike Wirth, el CEO de Chevron, quien soltaba una bomba en mitad de la conversación. Tras señalar que desde los años setenta del siglo pasado no se habían construido nuevas refinerías en Estados Unidos, hizo una pesimista predicción: «Mi punto de vista personal es que nunca volverá a construirse una nueva refinería en Estados Unidos».[62]

En un contexto de creciente demanda y aumento de la población, este hecho podría provocar un verdadero desastre en los precios al consumo, aunque también crearía una buena oportunidad para los inversores. Las refinerías desempeñan un papel fundamental, ya que transforman el crudo en productos como la gasolina, el diésel y el combustible de aviación. Más de 4 millones de camiones diésel permiten mantener el inventario de las tiendas y nos traen los paquetes de Amazon a la puerta de casa. Cada año hay más de 22 millones de vuelos que exigen una cantidad enorme de combustible de aviación. Cuando las aerolíneas pagan más por el combustible, tú pagas más por volar. Cuando los camiones pagan más para llenar el depósito, tú pagas más en la caja registradora.

En abril de 2022, cuando algunas refinerías de California cerraron para realizar su mantenimiento anual, los precios del gas subieron hasta acercarse a su máximo histórico. ¿Qué ocurri-

62. Carl Surran, «No new refineries ever built again in the U.S., Chevron CEO warns», Seeking Alpha, 3 de junio de 2022, <https:/seekingalpha.com/news/3845705-no-new-refineries-likely-ever-built-again-in-the-us-chevron-ceo-warns>.

rá si (o cuando) esos cierres sean permanentes? Según Laura Sanicola, de Reuters: «Desde el inicio de la pandemia global, la capacidad de refinación de Estados Unidos se ha reducido en casi 1 millón de barriles al día, y está previsto que en los próximos años cierren otras instalaciones». En 2022, *The Washington Post* informaba de que «se han cerrado cinco refinerías en los últimos dos años, lo que ha reducido la capacidad de refinación del país en un 5 por ciento». Un 5 por ciento puede parecer muy poco, pero fue suficiente para provocar un seísmo en el sistema, con el epicentro en la oferta. Mientras los precios del gas se disparaban, el desesperado gobierno de Estados Unidos pedía a las refinerías que incrementaran el suministro, aunque ya estaban operando casi al máximo de su capacidad.

Así que toca hacerse una pregunta lógica. ¿Por qué motivo queremos cerrar las refinerías en mitad de un aumento de la demanda?

A lo largo de la historia, las refinerías han sido un negocio muy sujeto a los ciclos de auge y caída. Generan un montón de beneficios cuando los precios suben, y registran unas pérdidas considerables cuando caen. En la actualidad, con una tecnología diseñada hace varias décadas, las refinerías se enfrentan a dos grandes amenazas. Primero, hay que invertir miles de millones para modernizar esas viejas refinerías, y completar la renovación puede requerir varias décadas. Segundo, en el contexto actual, los empresarios del sector tienen serias dificultades para reunir el capital con el que financiar esas renovaciones, por lo que algunos han decidido desmontar las instalaciones y vender los terrenos a promotores inmobiliarios. A medida que vayamos perdiendo capacidad de refinación, si la demanda no deja de aumentar podríamos ver un importante incremento de los precios.

4. Licuefacción. El gas natural, barato, fiable y relativamente limpio, puede ser un poderoso aliado de la descarbonización. Entre 2009 y 2015, Estados Unidos redujo sus emisiones más que los ocho siguientes países de la lista juntos; y todo gracias al gas natural. Pero el transporte del gas natural es complejo. El gas estándar puede transportarse a través de gasoductos, pero su construcción requiere varios años de obras y su distribución está limitada al recorrido de las tuberías. Aquí es donde interviene el gas natural licuado, o GNL. El gas natural puede licuarse cuando se enfría

a -162 grados Celsius. Una vez licuado, puede transportarse en barcos y camiones equipados con un sofisticado sistema de almacenaje criogénico. Entonces, cuando llega a su destino, se recalienta para que recupere el estado gaseoso. Si lo piensas un momento, es una innovación bastante increíble. Pero existe un problema: no hay previsiones de que en un futuro próximo aumente la capacidad de licuefacción. El motivo es simple: no disponemos de suficientes instalaciones que puedan realizar esta compleja tarea y, de este modo, mantener el ritmo de la demanda. A comienzos de 2023, la Comisión Federal Reguladora de la Energía informaba de que «la limitada oferta de GNL ha contribuido al aumento de los precios internacionales, que han alcanzado niveles de récord». ¿Empiezas a detectar un patrón? Cuando la realidad entra en conflicto con unas políticas ilusorias, los precios tienden a subir.

Mientras escribimos estas líneas, Europa está pagando por el gas natural entre seis y diez veces más que el año pasado, ya que el 40 por ciento de su suministro solía provenir de Rusia. En este momento, la válvula está literalmente cerrada por las sanciones a Rusia y los daños causados al gaseoducto Nord Stream. Según Reuters, Estados Unidos se convertirá en el primer productor mundial de GNL, por delante de Australia.[63] Tendremos una ventaja distintiva, pero la capacidad de licuefacción sigue siendo un problema.

5. Crédito privado para el sector energético. Como hemos explicado en un capítulo anterior, el crédito privado interviene para prestar dinero a las empresas cuando los bancos no pueden o no quieren hacerlo. Algunas de esas empresas pertenecen al sector de los hidrocarburos. Muchos bancos han firmado un compromiso «cero emisiones», una declaración autoimpuesta que restringe el crédito a las empresas de combustibles fósiles. Aunque ciertos bancos aún prestan dinero a algunas empresas concretas, la cantidad está muy lejos de poder satisfacer una demanda de capital que asciende a miles de millones. De nuevo, esta situación crea una oportunidad para los inversores más astutos que operan en un sector con grandes necesidades de capital.

63. Disavino, Scott, «U.S. poised to regain crown as world's top LNG exporter», Reuters, 4 de enero de 2023, <https://www.reuters.com/business/energy/us-poised-regain-crown-worlds-top-lng-exporter-2023-01-04/>.

Crear un mundo que se acerca a las «cero emisiones» con hidrocarburos más limpios

Imaginemos el mejor de los mundos... Si pudiéramos convertir las abundantes reservas de petróleo, carbón y gas natural en una energía sostenible con cero emisiones netas, podríamos vivir en un planeta más limpio mientras, al mismo tiempo, ofreceríamos a miles de millones de personas la electricidad que necesitan; y no solo a las que residen en el mundo desarrollado, sino también a todas las que viven en los países emergentes, y que necesitan una energía barata y abundante para alimentar sus economías y salir de la pobreza.

Personalmente (Tony), estoy involucrado en una empresa llamada Omnigen Global. Su increíble tecnología, basada en el hidrógeno, está destinada a cambiar las reglas del juego. Aunque en la actualidad todavía no cotiza en los mercados ni se puede invertir en ella, nos ofrece un primer atisbo de las revolucionarias innovaciones en que trabajan muchas empresas con el fin de guiar a la humanidad hacia una energía limpia y barata.

Si hablamos de energías sostenibles, muchos expertos consideran que el hidrógeno es el «Santo Grial». ¡El único subproducto de la combustión del hidrógeno es el vapor de agua! Sin embargo, generar, almacenar y transportar hidrógeno es bastante caro, ya que su actual coste de mercado ronda los 10.000 dólares por tonelada. Dicho esto, el hidrógeno se genera con fines comerciales desde 1783, y hoy resulta fundamental para fabricar cualquier producto, desde el acero a los semiconductores o el fertilizante.

Hoy se utilizan tres grandes métodos para producir hidrógeno y, como verás, no todos son iguales.

- Reformación del vapor. Con vapor, se provoca una reacción en el gas natural que acaba produciendo hidrógeno. Es el método más barato, pero produce una cantidad importante de gases de efecto invernadero.
- Hidrólisis de agua. El agua se divide en oxígeno e hidrógeno usando electricidad. Sin embargo, la fuente de esa electricidad puede ser sucia y cara al mismo tiempo; en algunos casos, 2,5 veces más cara que el valor del hidrógeno producido.
- Pirólisis. Un combustible fósil (o biomasa) se calienta a altas temperaturas (815-980 grados Celsius) para producir hidrógeno. Las versiones anteriores de esta tecnología eran demasiado caras para

resultar viables desde un punto de vista comercial, y todavía generan una considerable cantidad de residuos de carbono y emisiones de gases de efecto invernadero.

Como puede haber distintos niveles de sostenibilidad, en función de su método de producción se asigna al hidrógeno un color distinto. Por ejemplo, el hidrógeno «azul» y el «gris» se producen con gas natural, por lo que durante su producción aún generan una cantidad considerable de emisiones. El hidrógeno «verde», el más respetuoso con el medioambiente, se produce con fuentes de energía renovable, si bien en realidad tampoco es del todo «verde». Por ejemplo, si se utiliza la energía solar para producir la electricidad necesaria en el proceso, sabemos que la fabricación de los paneles deja una importante huella de carbono. El proceso de fabricación de los paneles solares requiere la extracción y el transporte de minerales críticos (controlados por China), la utilización y eliminación de productos químicos peligrosos, y el uso de sucios hornos industriales. Con el tiempo, los paneles también acabarán fallando y terminarán en un vertedero. *Harvard Business Review* calcula que los paneles solares retirados podrían originar en el año 2050 un total de 78 millones de toneladas de residuos, porque su reciclaje todavía no sale rentable.[64]

Como hemos mencionado, el transporte del hidrógeno es una tarea monumental y bastante cara. Mientras el carbón puede cargarse en un tren o en un barco, el hidrógeno debe enfriarse a -253 grados Celsius —solo 20 grados por encima del cero absoluto, una temperatura en la que toda la materia es inerte—. Acto seguido, debe someterse a altas presiones, de alrededor de 690 bares. Incluso después de este proceso, durante el transporte más del 10 por ciento del hidrógeno suele perderse en fugas. La complejidad y el coste de este proceso, desde el principio hasta el final, presenta un desafío muy real a la adopción generalizada del hidrógeno para cubrir las necesidades energéticas del planeta. Y así era hasta que un par de brillantes científicos de materiales empezaron a hacerse mejores preguntas. Ya sabes, haz mejores preguntas y obtendrás mejores respuestas.

¿Qué ocurriría si pudiéramos usar las centrales eléctricas que ya existen para producir un hidrógeno limpio y abundante? Como la mayoría de las centrales ya están conectadas a la red, no serían necesarios

64. Atasu, Atalay, *et al.*, «The Dark Side of Solar Power», *Harvard Business Review*, 18 de junio de 2021, <https:/hbr.org/2021/06/the-dark-side-of-solar-power>.

los enormes costes del enfriamiento, la presurización y el sofisticado transporte.

Además, ¿y si pudiéramos usar los combustibles fósiles actuales (carbón, petróleo y gas natural) para generar hidrógeno de una forma completamente sostenible —o sea, sin emitir CO_2—, y así proporcionar la abundante energía limpia que el mundo necesita y demanda con tanta urgencia?

¿Y si pudiéramos producir un hidrógeno «verde» de verdad, cuyos inventores denominan «hidrógeno cuántico», al mismo coste que las fuentes de energía que tenemos en la actualidad?

Como todos los grandes pioneros del pasado, estos científicos vieron lo «imposible» desde una óptica diferente. Partieron de la premisa de que debía existir una solución, mientras los «expertos» seguían sin hacer nada, con los brazos cruzados y atrincherados en su escepticismo. A decir verdad, yo también era escéptico hasta que visité una de las grandes plantas de distribución de carbón de Pensilvania, que desde hace unos años trabaja en lo que antes parecía imposible. Allí es donde conocí a Simon Hodson, el fundador de Omnigen Global, que me invitó a ver con mis propios ojos la tecnología en funcionamiento. Como científico de materiales, Simon ha registrado unas ciento cuarenta patentes.[65] Por ejemplo, desarrolló uno de los hormigones más resistentes del mundo y autorizó su uso para construir la Freedom Tower de Nueva York. También desempeñó un papel fundamental en la creación de nuevos avances para la perforación horizontal. La perforación horizontal es el motivo principal por el que Estados Unidos se ha convertido en una potencia dominante en el sector energético global (en lo que se conoce como la Revolución del Esquisto).

Simon también me presentó a su socio, el doctor Nansen Saleri, un brillante científico especializado en el sector energético. Durante una década, el doctor Saleri dirigió la gestión de las reservas de la petrolera saudí Aramco, la empresa más rentable de la historia. Durante el tiempo que pasó en la empresa, el doctor Saleri fue el principal arquitecto de la optimización de la producción en Ghawar, el campo petrolífero más grande del mundo, además de ser uno de los pioneros en la introducción de la inteligencia artificial en el sector. Simon y el doctor Saleri están trabajando juntos para hacer realidad esta tecnología.

---

65. «Patents by Inventor Simon K. Hodson», JUSTIA Patents, presentadas en 1990-1995; fechas de patentes de 1992-1997, acceso el 18 de enero de 2024, <https://patents.justia.com/inventor/simon-k-hodson>.

Aunque había hablado muchas veces por Zoom con Simon y el doctor Saleri, no hay nada como ver las cosas con tus propios ojos. Así que me dirigí al anodino edificio metálico en que Omnigen ha probado y perfeccionado sus innovadoras tecnologías durante cuatro años (en colaboración con Consol Energy, una empresa que produce el carbón y el gas natural utilizado para generar casi una tercera parte de la electricidad consumida en Estados Unidos).[66]

Antes de entrar al edificio, me puse los protectores auditivos, ya que el ruido era ensordecedor. La puerta se abrió, y ahí estaba lo que Simon llama «reformadores cuánticos». Estos sistemas de tres pisos de altura pueden dividir el carbón, el petróleo o el gas natural a 3.000 grados Celsius (y con cero oxígeno prevalente). ¡Es casi la mitad de la temperatura de la superficie del sol! Su gran descubrimiento ha sido encontrar un método para evitar que a esa temperatura el propio sistema se desintegre; y, como te confirmará cualquier ingeniero, es algo que no resulta nada fácil. Es una de las innovaciones cruciales que han permitido dar un giro único a un proceso llamado «pirólisis de pulso». Ya existen otros sistemas de pirólisis de pulso, pero ninguno puede operar a esas temperaturas, funcionar sin generar residuos de carbono ni hacerlo de forma rentable.

Cuando se introduce en el reformador cuántico, el combustible fósil se vaporiza al instante por la extrema temperatura. Este proceso divide el combustible fósil en sus elementos individuales (carbono e hidrógeno). Acto seguido, el «hidrógeno cuántico» se captura en una forma prácticamente pura, y después se redirige hacia la central para generar electricidad verde. ¡El transporte no es necesario! La parte más fascinante es que Omnigen cree que, una vez que la planta se ha adaptado de la forma adecuada, puede completar el proceso sin incrementar el precio de la electricidad. En otras palabras, la empresa cree que puede producir un hidrógeno un 90 por ciento más barato que con otros métodos.

Pero ¿qué ocurre con el carbono? Ese carbono que se obtiene en el proceso se atrapa (o se aísla) y, ¡se transforma en grafito de alta calidad! Cuando se enfría, miles de kilos de grafito salen por el otro extremo de las instalaciones. En otras palabras, el «residuo» del subproducto del proceso es un mineral crítico de alto valor.

El grafito tiene infinidad de usos, desde baterías de estado sólido a reactores nucleares. Desde el año 2020, y a medida que la popularidad

---

66. «Operating with Ethics and Integrity; a proud history of responsibility», Consol Energy, acceso el 18 de enero de 2024, <https://www.consolenergy.com/about/>.

del vehículo eléctrico ha ido en aumento, el precio del grafito ha subido más de un 50 por ciento. Como vimos en el capítulo anterior, China controla el 86 por ciento del grafito del mundo. Conseguir que cualquiera pueda producir cantidades enormes de grafito de bajo coste sería fundamental para resolver los problemas asociados a la cadena de suministro y cumplir con los objetivos de electrificación en el mundo. Como ejemplo, Tesla y otros fabricantes de VE están intentando obtener grafito lejos de China, tanto para diversificar la cadena de suministro como para garantizar que los compradores pueden obtener desgravaciones fiscales en Estados Unidos (que desaparecen si los fabricantes obtienen los minerales de «entidades extranjeras interesadas», China incluida).[67]

El grafito de alta graduación que se crea en este proceso está compuesto de un elevado porcentaje de grafeno. El grafeno es un material increíble, que solo tiene el grosor de un átomo y es doscientas veces más resistente que el acero, ligero como el papel, ¡y conduce la electricidad mejor que el cobre! Hace poco, los científicos del MIT han realizado varios experimentos con capas de grafeno y han descubierto que si se coloca en un «ángulo mágico», el grafeno se convierte en un superconductor; ¡un tipo de material muy poco habitual que conduce la electricidad sin pérdida de energía y sin generar calor![68]

En el pasado, el grafeno tenía un precio prohibitivo, ¡que podía llegar a alcanzar los 200.000 dólares por tonelada! Si fuera más barato, se usaría en todas partes por sus increíbles prestaciones. Sin embargo, el hecho de que el grafito de alta graduación sea un subproducto del proceso, Omnigen podría reducir su coste de un modo espectacular. Cuando esto ocurra, Omnigen estima que sería posible disponer de una oferta de grafeno cada vez más abundante, lo que a su vez podría desencadenar una apasionante oleada de innovación.

En el momento de redactar estas líneas, Omnigen Global ha adquirido una enorme central de carbón en Virginia Occidental que será modernizada. Y está en negociaciones con muchas otras plantas. Para poner los datos en perspectiva, en Estados Unidos hay cerca de 225 centrales alimentadas por carbón y más de 1.100 en China (donde se permite la construcción de dos más cada semana). Muchas de las centrales de car-

67. Shehnaz, Mirza, «Tesla supplier warns of graphite supply risk in "opaque" market», *Financial Times*, 20 de noviembre de 2022, <https:/www.ft.com/content/46e5c 98e-f9cd-4e88-8cd5-23427522c093>.

68. Chu, Jennifer, «Physicists discover a "family" of robust, superconducting grapheme structures», nota de prensa, *MIT News*, 8 de julio de 2022, <https:/news.mit.edu/ 2022/superconducting-graphene-family-0708>.

bón de Estados Unidos están teniendo grandes problemas para seguir funcionando, y operan con la potencial amenaza de un cierre inminente (a pesar del hecho, difícil de digerir, de que necesitamos este tipo de electricidad para alimentar nuestros hogares y empresas). En la central adquirida por Omnigen, se salvarán miles de puestos de trabajo. Una verdadera bendición para los trabajadores y sus familias.

El contexto normativo de Estados Unidos, junto con la falta de capital de inversión, está acelerando el cierre de las centrales de carbón del país, que en la actualidad generan el 25 por ciento de toda su electricidad. Pero ¿por qué cerrar estas fuentes de energía tan esenciales (y que ya están conectadas a la red) si podemos convertirlas en máquinas generadoras de electricidad con cero emisiones netas? ¿Y qué ocurre con los miles de centrales de carbón que hay en todo el mundo, en especial con las que están en países en vías de desarrollo y que no tienen la intención de cerrar sus puertas? Aunque a título personal estoy entusiasmado por formar parte de Omnigen, su tecnología tiene todos los números para convertirse en una de esas innovaciones que cambian las reglas del juego, además de que va a ser muy necesaria para poder alimentar al planeta con una energía de cero emisiones. Por supuesto, confiamos en que Omnigen sea capaz de hacer realidad todo lo que cree posible, ya que cambiaría el panorama por completo. Solo el tiempo dirá si esta tecnología puede escalar hasta tener un uso generalizado, pero ¡ten por seguro que los animaremos a conseguirlo!

La tecnología produce abundancia

En 1973, yo tenía trece años y estaba en octavo curso. En solo unos pocos años, podría sacarme el carné de conducir y saborear mi primer bocado de libertad. Pero entonces llegó el embargo del petróleo árabe. La escasez de combustible introdujo un sistema de racionamiento, por el que solo podías comprar gasolina los días que coincidían con la última cifra de la matrícula de tu coche. Las colas en las gasolineras tenían a veces varios kilómetros, y la escasez creó una tensión palpable. Mis amigos y yo nos preguntábamos si en el futuro podríamos conducir un coche, ya que muchos expertos profetizaban que aquel mundo pronto llegaría a su fin. Todavía recuerdo la ansiedad que me retorcía las tripas.

En octavo curso, mi profesor de Pretecnología era un hombre de sesenta y tantos años, que muy bien podría describirse como un perfecto cascarrabias. Un día leyó un discurso muy pesimista del famoso científico Thomas Huxley sobre el fin del mundo que conocíamos. Huxley decía que «el suministro de aceite se está reduciendo, y no es improbable que llegue un día, en un futuro no tan lejano, en que se agote del todo».[69] Mi estómago dio un vuelco. Nunca conduciría un coche. Pensé que quizás debía empezar a ahorrar para comprarme un caballo.

Entonces, el profesor pidió a un compañero que se pusiera de pie ante toda la clase y leyera en voz alta la fecha del discurso. Se acercó a la tarima, se fijó en la letra pequeña y, con una expresión contrariada, leyó: «¿1868?». El discurso hablaba sobre la reducción de la oferta de aceite de ballena antes del cambio de siglo.

Con un tono dramático, el profesor recordó a la clase que la necesidad es la madre de la invención. Cuando la humanidad tropieza con un obstáculo, siempre encuentra una forma de seguir adelante. Así ha sido, y así será. Siempre habrá soluciones si el problema importa. Cuando la humanidad concentra su inteligencia colectiva en la innovación, nada es imposible. Como sabemos, los humanos inventaron el petróleo y los aceites vegetales para sustituir el aceite de ballena. Y después llegó el carbón, el gas natural, la energía eólica, la solar y muchas más.

Nunca he olvidado aquel gran momento en que prevaleció la sabiduría de mi sensato profesor. Nunca deberíamos olvidar que la escasez desaparece por la acción de la tecnología. Es la tecnología lo que produce la abundancia. Así ha quedado demostrado a lo largo de la historia, una y otra vez. Aun así, los creadores de las teorías del apocalipsis, que son incapaces de aprender de la historia, parecen ser las voces más escuchadas en estos tiempos. Por desgracia, el miedo vende.

Como ejemplo, en 1968, el libro *La explosión demográfica*, del escritor Paul Ehrlich, advertía de la llegada de una hambruna generalizada durante los años setenta del siglo pasado. No habría podido estar más equivocado. Después, en 1981, *The New York Times* publicó un artículo titulado «La hambruna inminente». El autor escribió: «El mundo está al borde de una crisis alimentaria [y] la explosión demográfica superará la producción de alimentos, y el resultado será una hambruna generalizada».

Saltemos en el tiempo hasta el presente y, según las Naciones Unidas, el número de personas desnutridas en el mundo se ha reducido de 1.900 millones en 1990 a 821 millones en 2019. ¡Es una reducción del 50 por ciento! Y todo se ha conseguido gracias a la innovación y las nuevas tecnologías. Sin duda, hay que trabajar mucho más en lo referente a

---

69. Juego de palabras con *oil*, que en inglés significa «aceite» y «petróleo». (*N. del t.*)

los residuos de la distribución y la cadena de suministro, pero en esta ocasión la tecnología también contribuirá a resolver esos problemas.

Momento de liderar

En los tiempos difíciles, los líderes mantienen la capacidad para visualizar un futuro mejor. Si estás leyendo este libro, apuesto a que eres un líder. El líder de una empresa, de una comunidad, de una parroquia, de tu familia o quizás simplemente de ti mismo. Por mi experiencia, un verdadero líder tiene tres grandes mandatos.

Primero, los líderes ven las cosas como son; no peores de lo que son. Muchas personas tienen tendencia a creer que las cosas van peor de lo que parece. Algunos de estos tipos se definen como escépticos, pero, en realidad, tienen miedo. Sentarse y ver el mundo a través de una lente de cinismo, a la espera de que ocurra lo peor, no requiere ninguna valentía.

Segundo, los líderes ven las cosas desde una óptica más positiva que la impuesta por la realidad; ven el potencial de lo que podría llegar a ser. Los líderes no se mienten a sí mismos sobre la situación actual, pero siempre tienen una visión. Como dice la sabiduría de los proverbios: «Donde no hay una visión, la gente perecerá».

Y, por último, los líderes hacen las cosas tal como las ven. Hacen realidad su visión, con valentía y mucho trabajo. Por suerte, hay muchas personas en el mundo, tipos como Simon y el doctor Saleri, que se dedican a trabajar en las soluciones que pueden satisfacer nuestras necesidades energéticas mientras, al mismo tiempo, cuidan del planeta que con tanta generosidad se nos ha confiado. Las soluciones están aquí, ¡y hay más en camino! Recuérdalo cuando leas el próximo titular «aceite de ballena».

Mientras tanto, la demanda real de energía creará tremendas oportunidades para los inversores. Sin duda, en tu cartera «Santo Grial», la energía debería tener un lugar.

Como ya hemos mencionado, en la segunda parte de este libro conoceremos a Wil VanLoh de Quantum Energy y a Bob Zorich de EnCap Investments, dos de los mejores inversores en capital privado del mundo, que además están especializados en el sector energético. Compartirán con nosotros su visión y sus ideas para que podamos aprovechar el clima actual (el juego de palabras es involuntario).

Si quieres saber más sobre la energía y los temas que hemos abordado en este capítulo, puedes visitar la web <www.WhyEnergyNow.com>.

Apostar por las excepciones

Ahora echaremos un vistazo al mundo del capital riesgo, un subgrupo del capital privado que a cambio de generar grandes transformaciones y alterar el *statu quo* está dispuesto a asumir los peligros habituales en las primeras etapas de las empresas. De hecho, muchas firmas de capital riesgo están invirtiendo en las revolucionarias tecnologías sostenibles que hemos descrito en este capítulo. Las firmas de capital riesgo tienen un estómago a prueba de bombas, puesto que son muy conscientes de que la gran mayoría de las empresas en las que invierten terminarán fracasando. Pasemos la página y sumerjámonos en este apasionante segmento, la punta de lanza de la innovación global.

7

Capital riesgo y tecnología disruptiva

> La tecnología es una fuerza que una y otra vez convierte la escasez en abundancia.
>
> PETER DIAMANDIS

En 1996, Vinod Khosla detectó una oportunidad, aunque implicaba un gran riesgo. Internet estaba empezando a alzar el vuelo, y una *start-up* llamada Juniper Networks lanzó una atrevida predicción. Sus fundadores creían que si el futuro pasaba por las conexiones de alta velocidad, todo el mundo tendría que comprar el dispositivo adecuado (un rúter IP). Todo esto ocurría en una época en que la gente usaba la línea telefónica, Google aún no existía y en todo el mundo había menos de cien mil páginas webs. (En la actualidad hay más de 2.000 millones de páginas webs, y la cifra no deja de aumentar.)

Los fundadores de Juniper Networks habían contactado con Khosla para que hiciera una cuantiosa inversión en capital riesgo. Puso en marcha la diligencia debida, y todas las grandes empresas de telecomunicaciones con las que habló le dijeron que no veían la necesidad de que la alta velocidad llegara a todas partes. Convencido y con ganas de nadar a contracorriente, como todos los grandes capitalistas del riesgo, Khosla sabía que no siempre hacer caso a los clientes es la opción más inteligente. Como dijo Henry Ford: «Si les hubiera preguntado lo que querían, hubieran respondido que caballos más veloces». Así que Khosla decidió confiar en su instinto; que le decía que la conexión de alta velocidad sería el futuro y que todas las empresas de telecomunicaciones tendrían que comprar los dispositivos de Juniper en cantidades industriales.

Khosla y sus socios de la firma de capital riesgo Kleiner Perkins soltaron de golpe 4 millones de dólares en la *start-up*. Esa única inversión les devolvió un beneficio de 7.000 millones de dólares para repartir entre los inversores. Hasta la fecha, aquella operación todavía es una de las inversiones de mayor éxito en la historia del capital riesgo. Pese a que este nivel de beneficios puede contarse con los dedos de una mano, la búsqueda de oportunidades arriesgadas y que ofrezcan una alta rentabilidad es, en resumidas cuentas, el negocio del capital riesgo.

Como recordatorio, el capital riesgo es un apartado dentro del capital privado. Mientras el capital privado tradicional suele centrarse en empresas consolidadas con unos ingresos y unos beneficios considerables —o sea, buenas empresas que podrían ser aún mejores—, el capital riesgo suele centrarse en pequeñas compañías que se encuentran en una fase inicial, con pocos o sin apenas ingresos, pero con el potencial de alterar el *statu quo* en un futuro. Sin embargo, invertir en *start-ups*, unas empresas que tienen tendencia a fracasar, es una propuesta de alto riesgo. Por norma, solo una de cada diez inversiones en capital riesgo consigue sobrevivir. Pero si de verdad es una apuesta ganadora, la que sobrevive compensa a todas las que fracasan (y a algunas más). Digerir un nivel de riesgo tan alto no es la idea que muchos tienen en la cabeza cuando piensan en pasar un buen rato. La mayoría de las personas con grandes patrimonios tienen de media entre un 1 y un 5 por ciento de su cartera invertida en capital riesgo. Seguro que algunas tienen más, pero también hay otras que lo evitan por completo porque requiere unos nervios de acero.

Por regla general, Khosla intenta que la inversión original crezca entre diez y cincuenta veces, como mínimo. Busca empresas ambiciosas que se enfrentan a grandes obstáculos, pero que si tienen éxito transformarán el futuro (y ofrecerán una rentabilidad enorme por la inversión). Su extraordinario historial de éxitos, ya sea como emprendedor o como capitalista de riesgo, le ha valido un puesto en la lista Forbes 400 de las personas más ricas, a muchos años luz de sus humildes orígenes en la India rural.

Alquilar revistas

Hijo de un oficial del ejército, Khosla creció en una época en que solo las élites podían acceder a la tecnología. Cuando empezó a ir a la universidad aún no tenía teléfono ni televisión en casa. Se dedicaba a alquilar revistas y a buscar la inspiración siguiendo el ejemplo de los innovadores emprendedores que trabajaban en la otra punta del mundo. Se quedó muy impresionado por la historia de Andy Grove, un inmigrante húngaro que se trasladó a Silicon Valley para incorporarse al equipo fundador de Intel. La empresa se convirtió en uno de los fabricantes de chips más grandes del mundo.

Al cumplir los treinta, solo dos años después de terminar sus estudios en la Escuela de Negocios de Stanford, Khosla fundó Sun Microsystems con las inversiones de Kleiner Perkins y Sequoia, dos legendarias firmas de capital riesgo de Silicon Valley. La empresa despegó como un cohete, y en menos de cinco años, ¡Sun Microsystems tenía unas ventas anuales de 1.000 millones de dólares! Con el tiempo, Khosla se dio cuenta de que gestionar una empresa no era un trabajo tan apasionante como encontrar, financiar e impulsar la siguiente tecnología disruptiva. Se convirtió en socio de Kleiner Perkins, desde donde realizó algunas inversiones extraordinarias en pequeñas *start-ups* como Amazon, Google y Twitter.

En 2004, Khosla decidió que solo invertiría su fortuna personal, y con ese fin creó Khosla Ventures. La misión de la firma era ayudar a nuevas empresas que tuvieran ideas audaces en los sectores de la salud, las infraestructuras, la robótica, el transporte, la realidad aumentada y la inteligencia artificial. En 2009 permitió la entrada de algunos inversores externos al equipo, aunque sigue siendo el socio principal. ¡Eso sí que es alineamiento!

Decir que Khosla Ventures ha obtenido buenos resultados es quedarse muy corto. Año tras año, está entre las empresas que consiguen las rentabilidades más altas en el mundo del capital riesgo, y ya ha ayudado a impulsar más de cuarenta unicornios (un unicornio es una *start-up* cuya valoración pasa de cero a más de mil millones de dólares, o incluso más). Invirtió en la fase inicial de muchas empresas que hoy todos utilizamos a diario: Affirm, Instacart, DoorDash, Stripe, Opendoor, Impossible (alimentación) y OpenAI (la empresa que está detrás de ChatGPT). Otra de las grandes inversiones de Khosla fue Square. Jack Dorsey (el fundador de Twitter) contactó con Khosla para presentarle una idea que cambiaría por completo el anticuado sector del procesamiento de los pagos de las tarjetas de crédito. En aquel momento, solo tenía cuatro empleados. En la actualidad, la empresa está valorada en más de 40.000 millones de dólares.

Dentro de unos capítulos, tendremos el privilegio de sentarnos con Vinod Khosla para hacerle una entrevista. Una advertencia: somos grandes admiradores de Khosla, y CAZ Investments tiene una relación estratégica con su empresa.

No todo son unicornios y arcoíris

Aunque Vinod Khosla personifica una historia de éxito que merece ser tenida muy en cuenta, el rendimiento del sector del capital riesgo es mucho más variable y menos predecible. Según Preqin, en el mercado mundial hay 5.048 fondos de capital riesgo. Es decir, el mercado está muy saturado, y por cada Khosla Ventures hay docenas de empresas que obtienen una rentabilidad nefasta. Aunque el mundo suele idealizar los notables éxitos del capital riesgo, no podemos pasar por alto sus muchos fracasos. Debido a que, en cierto modo, tiene una naturaleza especulativa, el sector del capital riesgo peca a menudo de apuntarse a la última moda y salir de compras siguiendo la tendencia del momento. Cuando compites en una carrera para estar a la vanguardia, el FOMO (el miedo a perderse una oportunidad) está bastante presente. Quizás WeWork sea uno de los mejores ejemplos de las empresas que han sabido aprovecharse de la mentalidad de rebaño en el sector del capital riesgo. La empresa pretendía arrendar oficinas, renovar su interior a la última moda y alquilar las mesas a jóvenes profesionales que disfrutan del *coworking*. Pero en lugar de valorar la empresa como una inmobiliaria —lo que en realidad era—, su carismático fundador vendió WeWork como la «primera red social física del mundo». En cada nueva ronda de financiación, las firmas de capital riesgo se peleaban por adquirir una parte de la empresa. Fue una verdadera locura, y WeWork se convirtió en uno de los mayores arrendatarios de oficinas comerciales del país, con la obligación de cubrir los gastos de más de 1 millón de metros cuadrados.

Mientras batía las alas demasiado cerca del sol, las valoraciones de la empresa se dispararon hasta alcanzar unos absurdos 47.000 millones de dólares antes de empezar a cotizar en bolsa. Cuando por fin Wall Street empezó a mirar debajo de la alfombra, los fundamentales hablaban de una empresa con un modelo de negocio absolutamente insostenible y que sufría una hemorragia económica. Al final, las perspectivas financieras de WeWork implosionaron. En noviembre de 2023, la empresa entró en bancarrota y provocó un verdadero seísmo en todo el sector. La valoración total de la empresa se hundió por debajo de los 100 millones de dólares, y dejaba a su paso un rastro de destrucción económica.

En el mundo del capital riesgo, la disparidad entre las grandes estrellas y «los demás» es enorme. Entre 2004 y 2016, las mejores firmas de capital riesgo, o sea, las que se encuentran entre el 10 por ciento más destacado, generaron unos beneficios de un 34 por ciento anual. Y estamos hablando de unos años que han sido una verdadera edad de oro; unos años que nos dieron la invención del iPhone, YouTube, Uber y cientos de empresas tecnológicas disruptivas. Durante ese mismo período, las firmas que estaban entre el 10 por ciento con los peores resultados perdieron mucho dinero, con una rentabilidad media negativa del 6,50 por ciento. Mientras que el grupo intermedio no consiguió un rendimiento superior a las acciones cotizadas tradicionales. El NASDAQ 100, que incluye a las cien empresas cotizadas más grandes del sector tecnológico, generó una rentabilidad de poco más del 10 por ciento anual; la rentabilidad de las firmas de capital riesgo rondó de media el 12 por ciento (véase la tabla siguiente). Así que no endulcemos los datos: esa rentabilidad mediocre no compensa el riesgo de tener el dinero atrapado en un fondo durante diez años.

No es ninguna casualidad que las mismas firmas de capital riesgo aparezcan cada año en los primeros puestos de los ranking de rentabilidad, tanto en términos del número de empresas en que han invertido con éxito como de los beneficios obtenidos por las que ya han vendido. Atribuyo este fenómeno a una dinámica singular que denomino «la rueda del éxito».

RENTABILIDAD DE LAS FIRMAS DE CAPITAL RIESGO (2004-2016)	RENTABILIDAD ANUAL
Decil superior	34,60 %
Cuartil superior	22,40 %
TIR medio (tasa interna de retorno)	12,15 %
Cuartil inferior	3,36 %
Decil inferior	−6,50 %

Fuente: Cambridge and Associates.

La rueda del éxito

Si inviertes en una estrategia con la que esperas perder en nueve de cada diez ocasiones, necesitas unas cuantas cosas para tener éxito...

1. Tener los bolsillos llenos. Diversificar entre una gran cantidad de empresas diferentes requiere tener una gran cantidad de dinero en el bolsillo. En contraste con los profesionales que incluyen en su cartera una gran variedad de empresas distintas, los inversores individuales que ponen todo su dinero en la *start-up* tecnológica de su cuñado tienen todas las apuestas en su contra.
2. Longevidad. Las firmas de capital riesgo de mayor éxito tienen varios vehículos y cada dos o cuatro años lanzan nuevos fondos (como un nuevo *vintage*). Esta práctica les permite diversificar entre los ciclos del mercado. Repartir las inversiones en el tiempo mejora las posibilidades de que uno de sus fondos incluya al próximo Facebook, SpaceX o Salesforce.
3. Flujo de operaciones. Los emprendedores de las *start-ups* quieren atraer a los inversores de las mejores firmas de capital riesgo, ya que además de la necesaria financiación, pueden proporcionarles un asesoramiento y una experiencia muy valiosos. Cuando una de las firmas más importantes efectúa una inversión, envía un mensaje de confianza al mercado, lo que ayuda a los emprendedores a captar capital, contratar talento y ganar clientes. Por consiguiente, las firmas de capital riesgo más prestigiosas reciben una invitación para invertir en las *start-ups* del momento; pero las menos competentes tienen que salir de caza para cerrar una operación, lo que da como resultado una selección adversa y una rentabilidad inferior a la de sus competidores.

El dinero inteligente conoce muy bien está dinámica de la «rueda», lo cual explica por qué los inversores (y las instituciones con más dinero) casi siempre invierten exclusivamente en las firmas más importantes. En 2022, el 73 por ciento del dinero que entró en el sector acabó en manos de las empresas de capital riesgo con más experiencia, que ya han sido capaces de crear y gestionar con éxito un mínimo de cuatro fondos (o sea, *vintages*) a lo largo de su historia.

Por supuesto, toca plantearse una pregunta obvia: ¿cómo puede el inversor individual acceder a las firmas de capital riesgo más prestigiosas?

Esas empresas de primer nivel suelen establecer un mínimo «declarado» de entre 10 y 25 millones de dólares para los futuros inversores. Sin embargo, esa cifra puede resultar un poco engañosa, porque a menudo las firmas más destacadas tienen un exceso de suscripciones, y eso significa que no admiten nuevos inversores; incluso cuando aparecen con unos talonarios tan gigantescos. Por lo tanto, el único camino que tienen a su disposición la mayoría de los inversores consiste en asociarse con empresas como la nuestra, que ya mantienen una relación estable con las firmas de capital riesgo. Los inversores individuales, y sus asesores, pueden aprovecharse de nuestro poder de compra y de unas relaciones muy longevas. Al unir sus fuerzas con las de nuestros clientes y actuar como un único inversor, podemos negociar las mejores comisiones y otras ventajas, como una posición prioritaria para participar directamente en algunos de los grandes ganadores del capital riesgo (lo que también se conoce como «oportunidades de coinversión»). Para ser justos, no somos la única empresa que adopta este enfoque, así que como inversor, antes de decidirme por una firma concreta, yo tendría en cuenta dos criterios importantes.

1. Si las comisiones «todo incluido» son razonables cuando añades el coste del gestor del capital riesgo y de la empresa asociada que proporciona el acceso. Los mejores gestores de capital riesgo cobran muy bien, pero la organización que te ofrece el acceso debería recibir un trato preferencial debido a su poder de compra.
2. Si hay un alineamiento de intereses. ¿La empresa que proporciona el acceso y sus accionistas arriesgan su propio capital? ¿O se trata de una «plataforma» de acceso a la que podría importarle muy poco la rentabilidad de la inversión?

La siguiente pregunta lógica es: ¿ha llegado el momento de invertir en capital riesgo?

Reservas de liquidez

Mientras escribimos estas líneas, el capital riesgo está viviendo un duro invierno. Tanto en los mercados cotizados como en los privados, el sector tecnológico ha recibido un duro golpe. Ciertos fondos de capital riesgo se verán obligados a transitar por unas aguas muy revueltas cuando las empresas que tienen en cartera se muestren incapaces de sobrevivir. Pero, aun así, tras el invierno siempre llega la primavera. Después de un mercado bajista siempre llega un mercado alcista. Esta temporada de austeridad ha motivado el regreso a unas prácticas de inversión mucho más saludables. En un entorno en que las valoraciones reflejan unos precios más razonables, las empresas serán mucho más prudentes con la gestión de sus presupuestos.

En este momento, muchas de las firmas más importantes de capital riesgo tienen unas perspectivas increíblemente optimistas. En primer lugar, la comunidad global del capital riesgo tiene cientos de miles de millones en efectivo (o sea, liquidez) para invertir cuando aparezcan las oportunidades adecuadas. En segundo lugar, ahora las empresas esperan más para cotizar en bolsa, y eso significa que tienen más tiempo para crear valor. Y también significa que los inversores obtienen más beneficios. Presta atención a este dato: desde 2008, el período desde la creación de una empresa hasta su salida a bolsa se ha duplicado hasta llegar casi a los diez años de media.

Aceleración de la innovación

Al otear el horizonte, vemos que nos dirigimos hacia la mayor aceleración de la innovación en la historia de la humanidad, y el capital riesgo representa la punta de lanza. Las firmas asumen grandes riesgos, y en ocasiones pierden a lo grande. Pero cuando ganan también lo hacen a lo grande, al mismo tiempo que financian a la próxima generación de empresas innovadoras, con el potencial de cambiar nuestras vidas. Imagina un mundo sin smartphones, ordenadores personales ni internet. Empresas como Apple, Amazon, Zoom, Tesla, Spotify, Airbnb, Facebook, Twitter y SpaceX contaron con la financiación del capital riesgo. Hay cientos de empresas que han transformado la vida cotidiana, y todo gracias a unos valientes dispuestos a asumir riesgos.

Hoy estamos a punto de contemplar la llegada de nuevos inventos revolucionarios, que nos cambiarán la vida. Desde la inteligencia artificial (IA) a la robótica, desde la impresión 3D a increíbles avances en la medicina de precisión, el futuro de la humanidad parece brillante. Dediquemos un momento a revelar algunos de esos inventos increíbles que alumbrarán miles de nuevas empresas y que crearán una enorme mejora de la calidad de vida en todo el mundo.

- Inteligencia artificial (IA). La aplicación con un crecimiento más acelerado en la historia de internet no es Facebook, Instagram o Twitter. De hecho, es ChatGPT, una plataforma de IA de la que somos inversores. Pocos meses después de su lanzamiento, Chat-GPT llegaba a los cien millones de usuarios. *Forbes* describe ChatGPT como «una herramienta inteligente a la que puedes preguntar cualquier cosa, y que se ha convertido en el recurso de referencia para pedir consejo sobre casi cualquier tema en que haya sido entrenada, y que puede completar tareas complejas como encontrar los errores de código en un programa, llevar a cabo una investigación y escribir artículos en un adorable tono humano». Es muy probable que ya la estés usando, o que utilices uno de sus competidores (el «Bard» de Google, por ejemplo).

Como hemos detectado quienes formamos parte de las economías del conocimiento y los servicios, la IA hará que la gente sea más productiva que nunca. Sin embargo, también existe un miedo muy justificado a que como consecuencia ciertos trabajos puedan desaparecer. Aunque ambos bandos defienden puntos de vista enfrentados, las personas que tienen un mayor riesgo de perder su trabajo son las que no se han acercado a la IA y no la usan para mejorar su rendimiento y ser más eficientes. Los tradicionalistas que se atrincheran en sus posiciones y se aferran a los métodos del pasado son los que tienen un mayor riesgo de quedarse obsoletos.

Los expertos creen que los médicos, los abogados, los investigadores y los programadores informáticos son solo algunos de los profesionales que podrán moverse más rápido que nunca. La IA también podrá ayudar a los profesores. Khan Academy, una plataforma educativa gratuita muy popular, ha lanzado hace poco Khanmingo, una aplicación descrita como «un tutor IA de primer nivel para cualquiera, en cualquier lugar». Su tecnología alimenta una solución infinitamente escalable de tutoría IA, que también puede actuar como asistente del profesor en un entorno educativo tradicional. Como la educación de primer nivel es el principal factor de igualdad, podría ser una herramienta maravillosa para la sociedad en su conjunto.

Nos encontramos en las primeras etapas de la IA, pero su fuerza como tecnología disruptiva —e increíblemente útil— ya resulta muy evidente. Tiene todos los números para convertirse en un componente tan integral de nuestras vidas como el smartphone.

La IA ha revolucionado el mundo del capital riesgo. *The New York Times* publicaba que «la fiebre del oro por las *start-ups* que trabajan en la inteligencia artificial "generativa" ha escalado hasta convertirse en una verdadera manía por cerrar operaciones ilimitadas». Como ya sabemos, la gran mayoría de estas *start-ups* serán un terrible fracaso, pero es posible que ahora mismo haya dos personas en un garaje creando el próximo Google, Apple o Facebook. Ahí es donde gracias a su predisposición a hacer apuestas de alto riesgo en *start-ups* a cambio de obtener una gigantesca ventaja asimétrica, los capitalistas de riesgo pueden impulsar la próxima oleada de innovación.

- Avances en la atención médica y las terapias de precisión. Neuralink, una empresa revolucionaria fundada, entre otros, por Elon Musk, ha implantado quirúrgicamente un interfaz cerebro-ordenador del tamaño de una moneda que «usa miles de pequeños electrodos insertados en el encéfalo para leer las señales enviadas por las neuronas y transmitirlas a un ordenador». Esta innovación tecnológica tiene implicaciones trascendentales. El primer objetivo de la empresa es conseguir que un ser humano recupere la visión, ¡incluso si es ciego de nacimiento! A continuación, quiere restaurar la función motora en los pacientes que sufren una parálisis. Musk cree que el implante también podría ayudar a resolver otros trastornos neurológicos, como el párkinson, el alzhéimer y los acúfenos. A decir verdad, parece una historia de ciencia ficción hecha realidad, pero alberga el potencial de mejorar la vida de millones de personas en todo el mundo, y de un modo espectacular.

El doctor David Sinclair, un destacado genetista de Harvard, ha encontrado la respuesta a una pregunta que despierta un acalorado debate: ¿cuál es la causa del envejecimiento? En 2023 demostró con su equipo que podía acelerar o incluso revertir el envejecimiento celular y restaurar en ratones las características propias de la juventud. La revista *Time* explicaba que «la reversibilidad (de las células) nos ofrece un sólido argumento para plantear que el principal factor impulsor del envejecimiento no son las mutaciones del ADN, sino pequeños lapsus en las instrucciones epigenéticas que, de algún modo, se acaban desviando».[70] Sinclair y su equipo han encontrado la manera de reiniciar

---

70. Park, Alice, «Scientists Have Reached a Key Milestone in Learning How to Reverse Aging», *Time*, 12 de enero de 2023, <https:/time.com/6246864/reverse-aging-scientists-discover-milestone/>.

las células, borrar las instrucciones estropeadas y restaurar su correcta funcionalidad. ¿Y qué significa esto para ti y para mí? Al revertir el proceso de envejecimiento de las células, un día seremos capaces de rejuvenecer el cuerpo y detener las enfermedades relacionadas con la edad (alzhéimer, problemas coronarios, etcétera). En un increíble experimento, Sinclair ha devuelto la visión a unos ratones ciegos después de rejuvenecer sus nervios oculares a través de la terapia génica. ¿Siguiente paso? Pruebas en humanos.

En la tercera conferencia anual «Edición del genoma humano», los médicos compartieron historias increíbles de algunos pacientes que se habían sometido a tratamientos experimentales basados en la técnica CRISPR, una herramienta para editar o modificar los genes. Esas personas lo habían probado todo y el CRISPR era su último recurso. Alyssa, una adolescente británica que sufría una leucemia muy agresiva que no respondía ni a la quimioterapia ni al trasplante de médula ósea, solo tenía por delante unos pocos meses de vida cuando decidió probar el CRISPR. Los médicos pudieron modificar los linfocitos-T sanos de un donante para que el cuerpo de Alyssa no los rechazara, y después pudieran atacar el cáncer sin ningún obstáculo. Diez meses después del tratamiento, el cáncer era indetectable. Ahora disfruta de la vida normal de una adolescente.

Aunque podríamos hablar de muchas otras tecnologías, Tony ha publicado hace poco un nuevo superventas, tal como recogen las listas de *The New York Times*, titulado *La fuerza de la vida: Cómo pueden transformar tu calidad de vida los nuevos avances de la medicina de precisión* (Urano, 2022). Ha entrevistado a más de ciento cincuenta expertos en la materia para descubrir las últimas investigaciones y los avances más increíbles en la medicina de precisión. Recomendamos encarecidamente su lectura, ya que tendrá un gran impacto en tu salud y la de tus seres queridos.

- Viajes supersónicos. Aunque cualquiera es capaz de apreciar la utilidad de los viajes aéreos modernos, estar sentado en un avión durante varias horas puede ser una verdadera molestia. Nosotros siempre estamos viajando de aquí para allá, así que cuando alguien dice que volar de Londres a Nueva York en noventa minutos es una posibilidad realista, ¡no podríamos estar más entusiasmados!

Ése es el objetivo de Hermeus, una *start-up* financiada por el gobierno de Estados Unidos y las firmas de capital riesgo más importantes del país, como Khosla y Founders Fund, y que está fabricando una flota de aviones supersónicos a pocos kilómetros del aeropuerto con más tráfico del mundo, en Atlanta (Georgia). La empresa quiere fabricar aviones capaces de llegar a Mach 5 (6.195 km/h), que volarán cinco veces más rápido que cualquier avión comercial actual, y al doble de velocidad que el ya retirado Concorde. Para poner la guinda al pastel, las vistas también van a ser increíbles, ya que los aviones volarán a más de 27.000 metros, la altura máxima antes de cruzar el umbral del espacio. Imagínate mirar por la ventanilla y ver la curvatura de la Tierra sin tener apenas tiempo de disfrutar de una bolsita de cacahuetes antes de iniciar el descenso. Hermeus ha empezado las pruebas de un avión autónomo en 2023 y, ¡confía en tener el primer modelo para transportar pasajeros en 2029!

- Impresión en 3D y robótica. Tener una casa en propiedad es un bonito privilegio. Por desgracia, en la actualidad es un objetivo inalcanzable para 1.600 millones de personas. ¿La solución? Casas asequibles y resistentes impresas en 3D. Más o menos como la pasta de dientes que sale de un tubo, estas casas son el producto de una impresora gigante que vierte una capa tras otra de un fino hormigón diseñado para construir paredes perfectas y reforzadas. Las casas no solo tienen un aspecto muy moderno, sino que además son resistentes al viento, el agua, el moho y las termitas. Este invento cambiará las reglas del juego en aquellos países en que los huracanes, los tifones y las inundaciones arrasan en pocos minutos con casuchas mal construidas, lo que pone en gran peligro a las familias que viven en ellas. Esta tecnología está siendo desarrollada por ICON, una empresa en la que Tony ha invertido personalmente para construir un centenar de casas en una localidad mexicana. Ahora ICON ya construye a gran escala, y ha comenzado la edificación de una comunidad en Texas que incluirá una piscina, un spa, un centro cívico y muchos otros equipamientos impresos en 3D. (Aviso: CAZ Investments fue uno de los socios que aportó el capital semilla de ICON.)

En la construcción, así como en muchos otros sectores, la impresión en 3D transformará muchos aspectos de la fabricación tal como la conocemos hasta ahora. Ya es posible imprimir en 3D objetos muy complejos con gran precisión usando cientos de materiales diferentes, desde titanio a fibra de carbono. Los investigadores han empezado a imprimir órganos humanos en

3D compuestos de células humanas vivas, ¡con vasos sanguíneos y todo!

Como ocurre con la impresión en 3D, la robótica también está obteniendo unos éxitos espectaculares, y Amazon es el ejemplo perfecto. Sus almacenes de alta tecnología cuentan con robots y empleados humanos que trabajan en simbiosis. Los robots se mueven solos por los almacenes para seleccionar los objetos que has pedido y poderlos empaquetar y transportar a la puerta de casa. Esos robots pueden coger y colocar más de mil objetos por hora. No es ninguna sorpresa que Amazon fabrique sus propios robots y que en la actualidad tenga más de 520.000 trabajando veinticuatro horas, siete días a la semana. Hemos visto algunas estimaciones según las cuales durante la próxima década, el sector de la robótica podría incrementar sus ingresos a un ritmo anual superior al 80 por ciento.

La valentía como combustible

Una de las verdaderas virtudes del capitalismo es que las firmas de capital riesgo están dispuestas a asumir grandes peligros para apoyar a unos visionarios que mejorarán la calidad de vida de todas las personas, no solo en Estados Unidos, sino en el mundo entero. ¡Karl Marx nunca se sentó en un coche autónomo! Tenemos la suerte de estar viviendo unos tiempos en que el ritmo de la transformación es más rápido que en cualquier otro período anterior de la historia humana.

El capital riesgo está a la vanguardia de casi todo el progreso tecnológico. Mientras las firmas de capital riesgo tienen miles de millones de dólares a la espera de asignación, no podemos imaginar la clase de avances que recibirán su financiación y que llegarán al mercado en los años que tenemos por delante.

Sin duda, habrá grandes ganadores y grandes perdedores. Si decides poner tu dinero en el capital riesgo, el gran factor que marca la diferencia es saber con quién inviertes. La cantidad que inviertes también debería sería relativamente reducida. Como ya hemos mencionado, incluso las personas con elevados ingresos solo están dispuestas a arriesgar de media en esta categoría entre el 1 y el 5 por ciento de sus carteras. Pero tanto si decides invertir en capital riesgo como si no, ¡todos seremos los beneficiarios de sus éxitos! Si quieres disponer de más información sobre la inversión en capital riesgo, por favor visita <www.WhyVentureNow.com>.

No perder la cabeza

¡Hemos llegado muy lejos! Ya hemos hablado de varias estrategias alternativas de inversión, y muchas podrían formar parte de una cartera «Santo Grial» personalizada. Pero no podemos dejar fuera la clase de activos más importante, cuyo valor total supera los 300 billones de dólares. Pasa la página, y entremos en el mundo de la inversión inmobiliaria.

8

Inversión inmobiliaria

El mayor activo del mundo

Compra tierras. Ya no las fabrican.

MARK TWAIN

Además de la clase de activos más antigua y abundante, los bienes inmuebles son los campeones indiscutibles de las inversiones alternativas. Casi siempre aparecen en las carteras «Santo Grial», ya sea en la forma de viviendas, inversiones inmobiliarias o ambas a la vez.

Con 7.900 millones de personas en el planeta, parece bastante lógico que las viviendas sean la categoría más importante, ¡con un valor total de 258 billones de dólares en todo el mundo![71] Cualquier persona necesita un techo para vivir, al margen de la situación de la economía, los tipos de interés y todo lo demás. A pesar de que solo acoge al 7 por ciento de la población del planeta, Norteamérica representa casi el 20 por ciento del valor total de los activos inmobiliarios.

La segunda categoría más importante son las tierras agrícolas, con un valor total que excede los 35 billones de dólares. A poca distancia, la

---

71. Tostevin, Paul, «The total value of global real estate», Savills, septiembre de 2021, <https://www.savills.com/impacts/market-trends/the-total-value-of-global-real-es tate.html>.

tercera posición la ocupan los inmuebles de uso comercial, con un valor global estimado de 32,6 billones de dólares.

Entre los activos inmobiliarios hay un gran número de subcategorías; desde trasteros de almacenamiento a hoteles, de reservas naturales a explotaciones forestales. En conjunto, y durante muchas décadas, la inversión inmobiliaria ha tenido un rendimiento conservador, con una rentabilidad que rondaba entre el 5 y el 10 por ciento, o a veces incluso entraba en la banda baja de los dos dígitos. Sin embargo, el uso del apalancamiento ha permitido obtener una rentabilidad bastante más elevada, ¡acompañada también de un riesgo bastante más alto! Por supuesto, los beneficios dependen de factores como la ubicación, la economía local, el porcentaje de apalancamiento (la relación valor-préstamo —LTV en inglés—) y muchos otros elementos.

Gráfico 8.1. Activos inmobiliarios

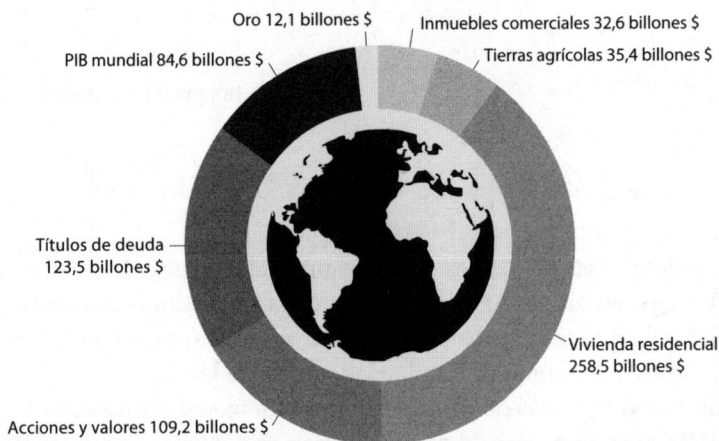

Oro 12,1 billones $

Inmuebles comerciales 32,6 billones $

PIB mundial 84,6 billones $

Tierras agrícolas 35,4 billones $

Títulos de deuda 123,5 billones $

Vivienda residencial 258,5 billones $

Acciones y valores 109,2 billones $

En las distintas clases de activos, los inmuebles ofrecen al inversor estadounidense distintas desgravaciones fiscales recogidas en la legislación federal. A modo de recordatorio, los contribuyentes que invierten en bienes inmuebles pueden beneficiarse de la «depreciación»; es decir, en muchos casos, los flujos de caja derivados de los activos inmobiliarios pueden protegerse parcial o totalmente del gravamen. Asimismo, cuando un inversor vende una propiedad, puede dejar de pagar impuestos por cualquier aumento registrado de su valor si adquiere más inmuebles y reinvierte las ganancias obtenidas como capital para la nueva compra. Esta práctica recibe el nombre de intercambio 1031. Si se practica de forma repetida, podría dar lugar a un aplazamiento perpetuo de la fiscalidad.

Si vamos un poco más lejos, gracias a una planificación astuta, pero cien por cien legal (sobre todo en Estados Unidos), algunos inversores son capaces de suprimir el pago de cualquier impuesto por las ganancias derivadas de sus propiedades inmobiliarias. Muchas de las familias dominantes en el sector inmobiliario conocen muy bien esta estrategia. Aunque antes de recurrir a esta planificación deberías hablar con un asesor fiscal, es así como funciona más o menos...

A medida que a lo largo de la vida una persona compra y vende activos inmobiliarios, reinvierte las ganancias de capital en la adquisición de nuevos inmuebles usando un intercambio 1031. Según la normativa fiscal vigente, y tras el fallecimiento del titular, los herederos reciben esas propiedades, a las que se les aplica un «incremento» de su precio base. O sea, el valor de la propiedad en el momento del fallecimiento del titular se convierte en la nueva «base» a partir de la cual se calculan las futuras ganancias. Traducción: todos los beneficios anteriores que se han ido acumulando a lo largo de la vida del titular se eliminan, y los herederos pueden quedarse ahora con las propiedades revalorizadas sin pagar ningún impuesto. Unos ingresos con una tributación eficiente, un aplazamiento de los impuestos que puede ser potencialmente ilimitado y una exención fiscal sobre las ganancias de capital (tras el fallecimiento) son los motivos por los que muchas de las familias más ricas del país provienen de dinastías inmobiliarias.

Baja la marea

Durante los últimos cuarenta años, los activos inmobiliarios han disfrutado de unos tremendos vientos de cola. En 1981, los bonos a diez años pagaban unos intereses que estaban justo por debajo del 16 por ciento. Mientras durante cuatro décadas consecutivas los tipos de interés han ido descendiendo, los precios de casi todos los activos también han ido subiendo. Y los bienes inmuebles no han sido la excepción (salvo por la crisis financiera global, que tuvo unas dinámicas muy singulares que desvelaremos en un momento).

En 2021, mientras los tipos coqueteaban con el cero absoluto, el sector inmobiliario se encontraba en auténtica ebullición. De forma inesperada, en medio de la pandemia de la COVID-19, el sector inmobiliario obtuvo los mayores beneficios desde la crisis financiera de 2008 (véase la tabla siguiente). Los inmuebles residenciales fueron los que marcaron el camino, ya que la escasez de oferta provocó que, en sentido literal, los posibles compradores llegaran a formar colas alrededor de la manzana. Ofertas en efectivo, plazos muy cortos para cerrar la venta, ausencia de cláusulas de contingencia... fueron las características distintivas de aquella fiebre compradora.

Los inversores que querían arrendar pisos y apartamentos también estaban encantados, porque los alquileres subían más deprisa que en cualquier otro momento de la historia reciente. Las naves industriales no se quedaron rezagadas, ya que el gasto de los consumidores era abundante e inmediato. Los trasteros de almacenamiento llegaron a agotarse por el aumento de las mudanzas de un lado a otro del país. Los precios de los activos inmobiliarios alcanzaban unos niveles irracionales, mientras los inversores más disciplinados se frotaban los ojos.

Pero, entonces, la marea bajó.

Los billones de dólares que el Estado imprimió sin mesura durante la pandemia empezaron a chapotear por todo el sistema. La inflación dejó de ser un fenómeno «transitorio»; de hecho, había venido para quedarse y amargar la fiesta. La Fed decidió subir los tipos y, a partir de aquel momento, el sector inmobiliario empezó a notar sus efectos. Moraleja: aunque los activos fijos puedan llegar a tener mucho valor, también pueden echarse a perder muy deprisa cuando su precio es sensible a los tipos de interés.

Tabla 8.1. Aumento del valor en el sector inmobiliario (2021*)

Trasteros almacenamiento	57,6 %
Residencial	45,8 %
Industrial	45,4 %
Comercio	41,9 %
Diversificado	20,5 %
Infraestructura	18,6 %
Forestal	16,4 %
Oficinas	13,4 %
Atención médica	7,7 %
Hoteles y alojamiento turístico	6,3 %

Fuente: PREQIN

Mientras escribimos estas líneas, el mercado inmobiliario se encuentra muy revuelto, y resulta muy difícil marcar un rumbo cuando el mar está agitado. Pero sí podemos estar seguros de que la larga tendencia caracterizada por la bajada de los tipos de interés ha llegado a su fin, y que, como resultado, en ciertas categorías del sector inmobiliario estamos empezando a ver algunas fracturas. Sin embargo, también hay segmentos del mercado que están capeando mucho mejor el temporal. En este capítulo analizaremos el segmento residencial y comercial por separado, ya que son dos mundos muy distintos.

Inmuebles comerciales

Durante décadas, muchos consideraban a San Francisco como la joya de la corona de California, una ciudad con un pasado espléndido que además de una buena representación de los mejores restaurantes del mundo, alberga algunas de las propiedades inmobiliarias más caras del planeta. Alimentada por el crecimiento explosivo de las empresas tecnológicas, San Francisco siempre aparecía entre las diez ciudades con los inmuebles más caros del mundo.

Para las empresas que veían San Francisco como su hogar, una dirección comercial en California Street era un codiciado símbolo de éxito. Como informaba *The Wall Street Journal*: «La calle recorre el corazón del distrito financiero de la ciudad y está flanqueada de oficinas y bancos y otras empresas que alimentan la economía tecnológica global». En el 350 de California Street se levanta una preciosa torre de piedra y cristal de veintidós pisos, que en el pasado acogía a cientos de empleados del Union Bank. En 2019, el edificio estaba valorado en 300 millones de dólares. Hoy, menos de cuatro años después, el edificio tiene vacantes el 70 por ciento de sus oficinas, mientras grandes grupos de drogadictos e indigentes merodean por el exterior. A comienzos de 2023, el edificio se vendió por unos 60 millones de dólares, una cifra que refleja una insólita caída del 80 por ciento de su valor (y bastante menos dinero de lo que costaría construirlo en la actualidad).

Según el *San Francisco Chronicle*, la ciudad tiene «unos sorprendentes 1,7 millones de metros cuadrados de oficinas vacías; suficientes para albergar a 92.000 empleados, o el equivalente a trece torres Salesforce». Y no solo San Francisco está sufriendo una grave crisis del sector de los inmuebles comerciales. La inmobiliaria Cushman y Wakefield informaba de que «hasta 30 millones de metros cuadrados de oficinas en Estados Unidos podrían quedarse vacíos en 2030 debido al teletrabajo o los modelos de trabajo híbridos. Cuando esta superficie se añade a los 68 millones de metros cuadrados que se quedarán vacíos por causas "naturales", el total asciende a unos 100 millones de metros cuadrados de oficinas vacantes en los próximos siete años».[72]

Cuando observamos el futuro, vemos mucho sufrimiento y destrucción de capital, pero como ocurre con todos los ciclos del mercado, la presente situación dará paso a unas oportunidades de inversión extraordinarias. Dicho esto, no podemos abordar la desaceleración actual como hacíamos en el pasado. Si hablamos de inversión inmobiliaria, la pandemia ha introducido nuevos riesgos y dinámicas que debemos sopesar muy bien.

Un negocio arriesgado

En las décadas pasadas habríamos analizado el sector de las oficinas desde una perspectiva económica estandarizada. Los ciclos inmobiliarios solían coincidir con los de la economía general: una recesión significa menos empleo; menos empleo significa menos oficinas llenas; menos empleo también significa menos gasto en las tiendas (comercio minorista) y menos viajes (hoteles y alojamiento). A lo largo de la historia, las desaceleraciones siempre daban paso a una predecible recuperación, con la que empezaba un nuevo ciclo. Parece muy probable que, en un sentido más amplio, los ciclos tradicionales continúen existiendo, pero hay algunos nuevos riesgos «pospandémicos» que debemos añadir al actual análisis de los ciclos inmobiliarios.

- Riesgo de obsolescencia. Durante la pandemia, todos descubrimos que Zoom permitía que algunas empresas pudieran seguir trabajando mientras sus empleados estaban encerrados en casa. Muchas de esas empresas no tardaron en hacer cálculos y se dieron cuenta de que el teletrabajo podía ahorrarles unos costes colosales, ya que eliminaba la necesidad de mantener unas oficinas muy caras. De ahí, la aparición de un fenómeno caracterizado por la acumulación de rascacielos urbanos vacíos; las conocidas «torres zombis». La nueva dinámica del teletrabajo también ha traí-

---

72. «Obsolescence Equals Opportunity», Informe, Cushman & Wakefield, acceso el 22 de enero de 2024, <https://www.cushmanwakefield.com/en/united-states/insights/obsolescence-equals-opportunity>.

do lo que algunos expertos denominan un «riesgo de obsolescencia». Así, los compradores de inmuebles comerciales deberían preguntarse si la propiedad que quieren adquirir todavía resulta viable. Y, además, si lo será en diez, quince o veinte años. ¿Los edificios tradicionales de oficinas se han vuelto obsoletos? Si es así, ¿las tiendas y los restaurantes de la zona sufrirán los daños colaterales? ¿Cómo querrá vivir, trabajar y comprar la gente dentro de cinco o diez años? Nadie tiene las respuestas, pero los propietarios de algunos edificios de oficinas se niegan a quedarse de brazos cruzados mientras encuentran la solución. En Boston, por ejemplo, la revista *Fortune* informaba de que «la falta de vivienda residencial es tan grave y la abundancia de oficinas tan exagerada que la ciudad ofrecerá desgravaciones fiscales del 75 por ciento a las recalificaciones de oficinas en suelo residencial».[73] Algunos edificios comerciales se están convirtiendo en viviendas; otros se están transformando en centros de datos. Y todos tienen la esperanza de poder esquivar una ejecución hipotecaria.

Gráfico 8.2. Las oficinas vacías siguen creciendo

Porcentaje de oficinas vacías con relación al total

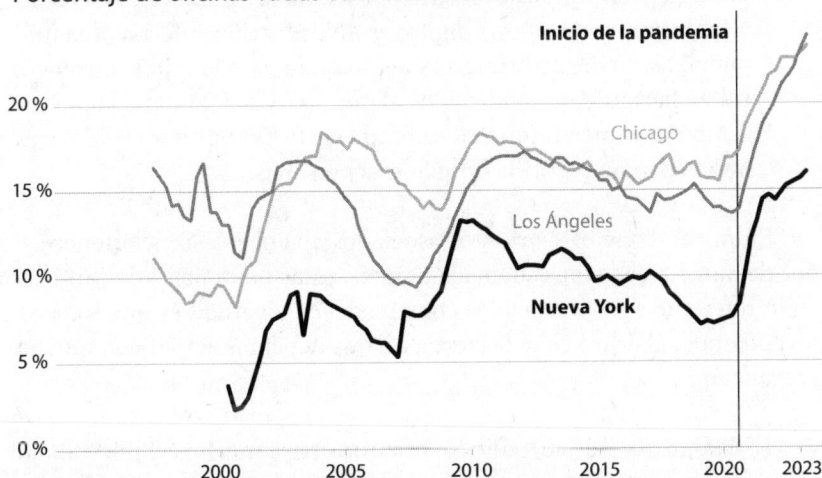

Fuente: JLL.

73. Botros, Alena, «Housing market shortage is so acute and the office glut is so big that Boston will offer 75% tax breaks on office-to-residential conversions», *Fortune*, 13 de julio de 2023, <https:/fortune.com/2023/07/13/boston-housing-market-shortage-commerical-real-office-glut-pilot-program/>.

La *inteligencia artificial* es otro de los nuevos riesgos que podría afectar al valor de los inmuebles comerciales si condena a la obsolescencia ciertos trabajos o si, como mínimo, reduce el número de empleados (y, por lo tanto, del espacio de oficinas) necesario para realizar dichas tareas. En mayo de 2023, el CEO de Chegg, una empresa dedicada a ofrecer clases particulares y preparar exámenes a través de internet, anunció que ChatGPT estaba afectando negativamente en su capacidad para obtener nuevos clientes. ¿Por qué pagar por un profesor particular cuando la IA puede ayudarte gratis con los deberes de álgebra? Después de sus declaraciones, las acciones de Chegg cayeron un 49 por ciento en un solo día por temor a que la empresa estuviera mandando una señal de advertencia sobre lo que podría ocurrir en la economía del conocimiento.

Para ser justos, hay quien defiende que la IA creará una nueva clase de empresas y que aparecerá todo un sector basado en la inteligencia artificial que ocupará las oficinas vacías. En cierto modo, ya ha empezado a ocurrir, pero estas nuevas empresas suelen tener unas plantillas muy reducidas y no necesitan oficinas de muchos metros cuadrados. Midjourney, la herramienta más popular de creación de imágenes por IA, tiene 15 millones de usuarios, ingresos de nueve dígitos y una plantilla inferior a veinte personas.[74] Nuestro amigo Peter Diamandis, todo un futurólogo, tuiteó la siguiente predicción: «[Con la IA], el año que viene veremos la primera empresa valorada en 1.000 millones de dólares que tiene una plantilla de solo tres personas».

Entonces, ¿qué otros riesgos asociados a la obsolescencia tenemos por delante? ¿Qué consecuencias tendrán estas tendencias disruptivas en lo referente a los inmuebles comerciales? La verdad es que todavía no podemos saberlo a ciencia cierta, así que debemos actuar con mucha precaución.

1. Riesgo geográfico/político. Mientras para muchos el teletrabajo se convertía en una opción viable, nuestro país experimentaba una importante migración interna. Un gran número de personas abandonaba las ciudades más caras. Como era previsible,

---

74. «Profile, Midjourney Company Stats», *Forbes*, acceso el 22 de enero de 2024, <https://www.forbes.com/companies/midjourney/?sh=6d4292edf049>.

escogían estados con una fiscalidad más baja, un coste de vida más asequible y una mayor calidad de vida. En este proceso de redistribución de la población, California ha sido la gran perdedora. Entre abril de 2020 y julio de 2022, más de medio millón de personas abandonaron California, mientras se llevaban con ellas una renta total equivalente a más de 50.000 millones de dólares. La ciudad de Nueva York perdió 468.200 residentes, casi el 5,7 por ciento de su población, una huida que se refleja en la elevada tasa de viviendas vacías.[75] Los miles de millones que se pierden en impuestos estatales incrementan unos déficits que ya eran muy elevados, y eso multiplica los rumores de una nueva subida de la fiscalidad para los residentes que se quedan. Este círculo vicioso podría provocar que un mayor número de personas tenga que recoger sus cosas y marcharse. California tiene tanto miedo de un nuevo éxodo que está planteando la posibilidad de instaurar un «impuesto de salida», que confiscaría un porcentaje de la riqueza total de las personas que se marchan del estado.[76] Me recuerda a la famosa canción «Hotel California» de los Eagles, un lugar en el que puedes alojarte, pero de donde nunca puedes salir.

Como las personas individuales, muchas empresas también han trasladado su sede a otros estados más receptivos a los negocios, y en los que los costes laborales son más bajos. La Universidad de Stanford informaba de que 352 grandes corporaciones habían abandonado California, entre ellas once empresas de la lista Fortune 1000. Charles Schwab, CBRE y Oracle son solo una muestra de los muchos gigantes que han trasladado sus oficinas de California a Texas.[77] Este fenómeno está impulsando los mercados laborales en esos estados más receptivos a las empre-

75. Pritchett, Elizabeth, «New York City has lost nearly half a million residents since start of COVID pandemic», FoxBusiness, 19 de mayo de 2023, <https://www.foxbusiness.com/lifestyle/new-york-city-lost-nearly-half-million-residents-since-start-covid-pandemic>.

76. Laffer, Arthur; y Moore, Stephen, «The "Hotel California" Wealth Tax», *The Wall Street Journal*, «Opinion», 5 de marzo de 2023, <https://www.wsj.com/articles/the-hotel-california-wealth-tax-high-taxes-resident-flight-new-jersey-massachusetts-new-york-texas-florida-utah-tennessee-cost-of-living-education-crime-silicon-valley-south-c39602ac?cx_testId=3&cx_testVariant=cx_171&cx_artPos=3&mod=WTRN#cxrecs_s>.

77. «19 Corporations & Businesses Fleeing California for Texas», publicación en el blog, Universidad Concordia de Texas, 16 de junio de 2021, <https://www.concordia.edu/blog/19-corporations-and-businesses-fleeing-california-for-texas.html>.

sas.[78] En 2023, *The Wall Street Journal* eligió la ciudad de Nash-ville, en Tennessee, como el mercado laboral número uno del país. Music City [«la ciudad de la música»], un lugar en el que no hay impuesto sobre la renta, se ha convertido en poco tiempo en una potencia económica. Florida y Texas también han tenido un crecimiento explosivo. ¿Continuarán estas tendencias migra-torias? Solo el tiempo lo dirá; sin embargo, debemos estar aten-tos, ya que el valor de los activos inmobiliarios, tanto comerciales como residenciales, depende mucho de la ubicación, así como de las políticas aplicadas en el ámbito local y estatal.

2. Tipos de interés y sus consecuencias indeseadas. Como ya hemos mencionado, acabamos de vivir la subida de tipos más acelerada de la historia. Esta situación va a tener algunas consecuencias indeseadas de bastante gravedad que afectarán a todas las cate-gorías del sector inmobiliario, aunque el golpe se sentirá con mu-cha más fuerza en las propiedades comerciales. Aunque el gran número de oficinas vacías es un problema, lo que puede crear una catástrofe bancaria son los billones de dólares en préstamos sobre estos edificios. Nos acercamos a un gran muro de deuda. En 2028, unos 2,5 billones de dólares en préstamos inmobilia-rios sobre oficinas comerciales llegan a su fecha de vencimiento; y en el año 2025 vencen ya 1,5 billones. A menos que el gobierno decida intervenir a gran escala, es probable que muchos propie-tarios sean incapaces de refinanciar, o que se sientan tan asfixia-dos que vean la ejecución hipotecaria como la mejor opción. De hecho, esto ya ha empezado a ocurrir. Según *Bloomberg*: «En Nueva York y Londres, los propietarios de las resplandecientes torres de oficinas ya están huyendo de sus deudas, en vez de se-guir metiendo dinero en un pozo sin fondo. Los propietarios del mayor centro comercial de San Francisco lo han abandonado».[79] Obligados a amortizar los préstamos y vender esas propiedades con grandes descuentos, los bancos van a tener que cargar con el

78. Cambon, Sarah Chaney; y Dougherty, Danny, «Sunbelt Cities Nashville and Austin Are Nation's Hottest Job Markets», *The Wall Street Journal*, 1 de abril de 2023, <https://www.wsj.com/articles/sunbelt-cities-nashville-and-austin-are-nations-hottest-job-markets-5a454a53>.

79. Wong, Natalie, *et al.*, «The World's Empty Office Buildings Have Become a Debt Time Bomb», *Bloomberg*, 23 de junio de 2023, <https://www.bloomberg.com/news/articles/2023-06-23/commercial-real-estate-reset-is-causing-distress-from-san-francisco-to-hong-kong?srnd=premium>.

muerto. Pero, para ser justos, hay algunos motivos para el optimismo. Cuando entrevistamos a Barry Sternlicht (capítulo 22), fundador del gigante inmobiliario Starwood Capital, explicaba que los edificios más pequeños y exclusivos, con servicios de primer nivel, todavía se llenan. Muchos albergan empresas con grandes márgenes de beneficio y plantillas muy reducidas, como fondos de inversión, bufetes de abogados, empresas de IA, etcétera.

Gráfico 8.3. Vencimiento de una enorme cantidad de deuda inmobiliaria, pendiente de refinanciación

Vencimientos (miles de millones $)

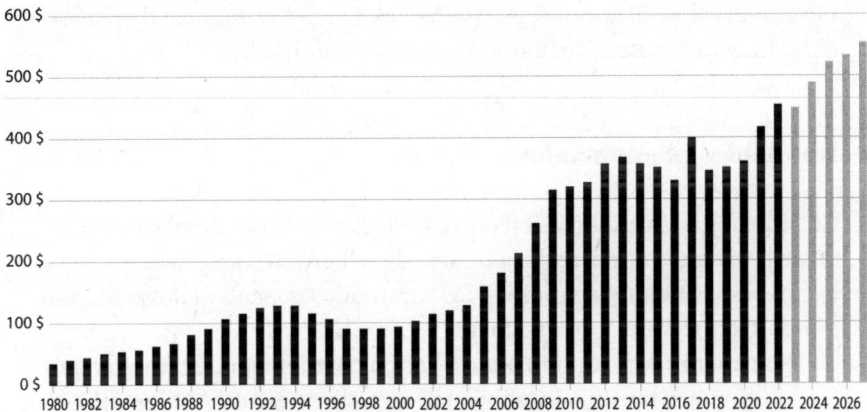

Fuente: TREPP Morgan Stanley Research Credit Daily Shot.

Como resultado de los inminentes problemas crediticios, tanto para los bancos como para los inquilinos (véase el gráfico 8.3.), Morgan Stanley pronostica una caída del 40 por ciento en el valor de las oficinas y los locales comerciales, una situación que no tiene precedentes en la historia moderna.[80] Cuando los prestatarios sean incapaces de pagar, los bancos tendrán que amortizar todos esos créditos, lo que creará unas pérdidas muy serias. Esta situación podría acabar conduciendo a una crisis bancaria. Y aún resulta más preocupante que el 70 por ciento de los préstamos comerciales estén en manos de los bancos regionales, que

80. Callanan, Neil, «A $1.5 Trillion Wall of Debt Is Looming for US Commercial Properties», *Bloomberg*, 8 de abril de 2023, <https://www.bloomberg.com/news/articles/2023-04-08/a-1-5-trillion-wall-of-debt-is-looming-for-us-commercial-properties>.

en los últimos tiempos han sufrido una sucesión de quiebras, desde el Silicon Valley Bank al First Republic o el Signature Bank.

Mientras el valor cae en picado, hay una enorme cantidad de dinero inteligente que está impaciente por cerrar nuevas operaciones. En los últimos tiempos se han creado varios fondos especializados en inmuebles con problemas, y todos están al acecho. Su lógica coincide con un principio popularizado por el desaparecido sir John Templeton (fundador de Templeton Funds y un brillante inversor a contracorriente): «Compra cuando hay sangre en las calles». Mientras esta historia se sigue desarrollando, los inversores encontrarán grandes oportunidades para comprar con grandes descuentos.

Tras considerar todos los factores, todo parece indicar que una cantidad muy significativa de inmuebles de naturaleza comercial se encamina al precipicio, aunque, en cambio, el mercado residencial envía señales muy diferentes. Veámoslo en mayor profundidad...

Inmuebles residenciales

Cuando nos adentrábamos en el segundo año de la pandemia, el mercado de la vivienda se acercaba a la zona de peligro. A comienzos de 2022, los precios estaban disparados y los compradores estaban desesperados por encontrar algo..., ¡lo que fuera!

A primera vista, alguien podría dar por sentado que estamos coqueteando con otra burbuja inmobiliaria como la de 2008. A los medios de comunicación les encanta vender miedo, y por eso repiten esa cantinela desde hace cierto tiempo. A continuación, encontrarás unos cuantos titulares sacados de los artículos escritos por el periodista especializado en el sector inmobiliario más veterano de la MSNBC; vistos en conjunto, demuestran hasta qué punto puede equivocarse una persona cuando trata de pronosticar las tendencias del mercado.

La vivienda hoy: una burbuja más grande que en 2006 (octubre de 2015).

Estamos ante una nueva burbuja inmobiliaria (agosto de 2016).

En el actual mercado de la vivienda, es mejor alquilar que comprar (septiembre de 2018).

El mercado inmobiliario está a punto de tomar un rumbo muy perjudicial para los compradores de vivienda (julio de 2019).

El año que viene será duro para el mercado inmobiliario, sobre todo en las grandes ciudades (diciembre de 2019).

El *boom* de la vivienda llega a su fin tras la caída de las ventas de la obra nueva (julio de 2021).

En los años transcurridos entre el primer y el último titular, el precio medio de una vivienda ha pasado de los 300.000 dólares a 523.000, y los compradores han tenido la oportunidad de contratar las hipotecas con los tipos más bajos de la historia. En la actualidad, vemos cada vez a más expertos en los medios que repiten la canción del «crac se acerca». Y aunque no cabe duda de que los precios se están frenando, los datos parecen revelar una historia muy diferente.

Gráfico 8.4. Rendimiento de la vivienda durante las recesiones

Índice de precios de la vivienda en Estados Unidos S&P Case-Shiller

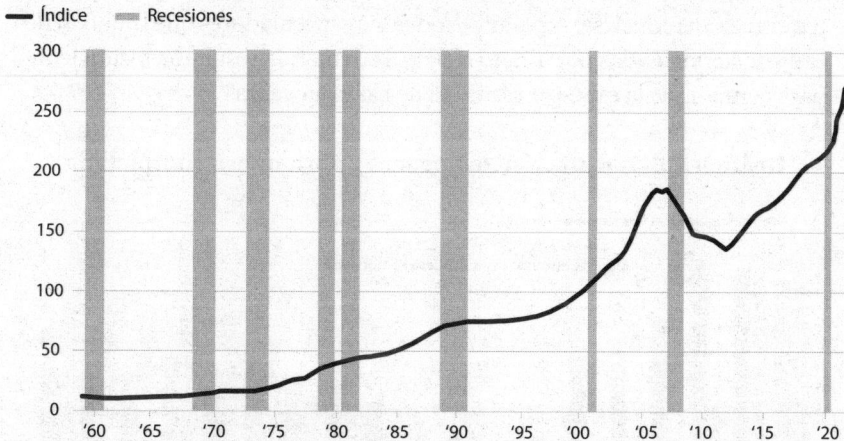

Al observar la historia, cualquiera podría pensar que una recesión garantiza una caída de los precios de la vivienda. Sin embargo, desde 1960 hemos pasado por nueve recesiones, y los precios del mercado inmobiliario solo cayeron en un solo caso; durante la Gran Recesión. En el momento de escribir estas líneas, estamos coqueteando con una nueva recesión (la última fue en 2020), y de hecho los precios de la vivienda ya han bajado un poco. El tipo de las hipotecas a treinta años está por encima del 8 por ciento, el valor más alto de las últimas dos décadas. Sin lugar a dudas, todas estas cuestiones han provocado un descenso de los precios. Pero ¿seguirán cayendo? ¿La demanda ha desaparecido del todo? ¿Tenemos un exceso de inventario? Vamos a descifrar los datos.

La oferta y la demanda son importantes

En un mundo perfecto, la demanda de vivienda nueva coincidiría exactamente con el número de casas que se construyen (o sea, con la cantidad de obra nueva completada). De este modo, se crearía un perfecto equilibrio entre la oferta y la demanda. Por desgracia, los promotores inmobiliarios no siguen esta lógica. En pocas palabras, tratan de aprovecharse al máximo de la situación.

Uno de los principios básicos de la economía dice que cuando hay un exceso de oferta y una escasez de demanda, los precios caen en picado. Por ejemplo, entre 2004 y 2005, los promotores empezaron a construir más vivienda que en cualquier otro período de la historia. En solo dos años se construyeron casi cuatro millones de viviendas (véase el gráfico siguiente). Pero después de varios años de fuerte demanda, el número de compradores empezó a reducirse. A pesar de todos los especuladores que trataban de canjear sus viviendas por dinero rápido, la demanda resultaba insuficiente para compensar la excesiva cantidad de casas en venta.

Gráfico 8.5. Formación de hogares y obra nueva completada

Fuente: MBS Highway.

Para empeorar las cosas, también sabemos que durante el período previo a la Gran Recesión, las prácticas crediticias de la banca se caracterizaron por una absoluta falta de responsabilidad. Sin verificar los ingresos, sin una entrada, sin problemas. Si podías respirar por la nariz, te daban un préstamo. En la célebre película *La gran apuesta*, un gestor de fondos de inversión viaja a Florida para tratar de descifrar la insensatez del mercado inmobiliario. Le presentan a una «bailarina» que tiene cinco casas y un piso (con varios préstamos sobre cada vivienda). Y, sí, ¡es una historia real!

¿Hay diferencias con la situación actual? ¿Cómo podemos estar seguros de que no nos encontramos al borde de un nuevo colapso? Siempre hay que volver a los conceptos más básicos de las ciencias económicas: la oferta y la demanda.

Bajo inventario

A comienzos del presente siglo, los promotores (y los bancos) aprendieron por las malas algunas lecciones. Si te fijas en el gráfico que aparece a continuación, y que muestra el inventario actual de obra nueva, verás que estamos muy lejos de la media histórica. Piénsalo un momento: los niveles máximos de 2007 reflejaban que había 4 millones de casas en venta, una cifra colosal.

Gráfico 8.6. Inventario de viviendas disponibles

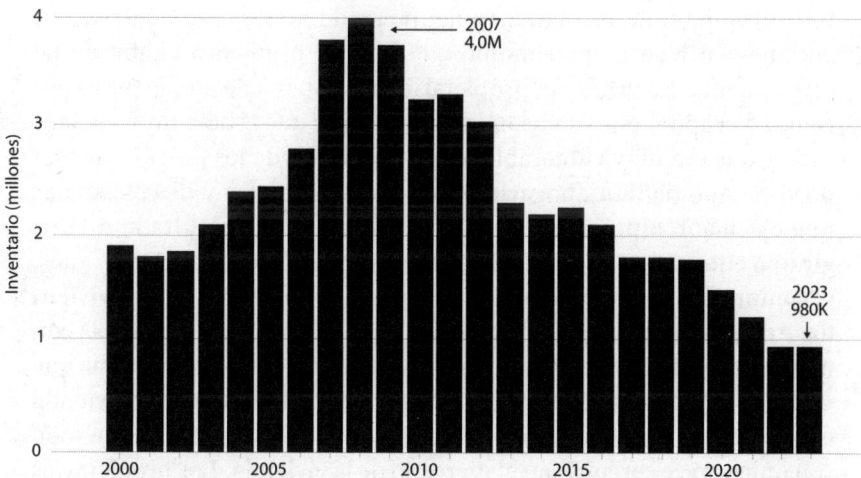

Fuente: MBS Highway.

En la actualidad, hay 980.000 viviendas en venta, la cifra más baja de los últimos cuarenta años.[81] Además del problema de inventario, hay

81. «Housing Inventory: Active Listing Count in the United States», FRED Economic Resource, actualizado el 8 de agosto de 2023, <https:/fred.stlouisfed.org/series/ACTLISCOUUS>.

que tener en cuenta que el 40 por ciento de esas propiedades ya se ha vendido sobre plano, eso significa que, en abril de 2023, el número exacto de viviendas en venta sería de tan solo 563.000.

Es decir, en Estados Unidos apenas hay medio millón de casas en venta; la cifra más baja desde que empezaron a registrarse los datos a comienzos de la década de 1980.[82] En septiembre de 2022, según Realtor.com, la diferencia entre las formaciones (las familias que necesitan una vivienda) y las compleciones (las propiedades que salen al mercado) rondaba los 5,8 millones de casas.[83] Además de los problemas de inventario, los promotores han echado el freno a la construcción de vivienda nueva porque con la inflación, el coste de los materiales y la mano de obra ha aumentado, mientras que los tipos de interés han subido de forma espectacular.

En Estados Unidos, los propietarios de viviendas tienen capital

Entre las dinámicas singulares del mercado actual, cabe destacar la enorme cantidad de patrimonio que tiene el propietario habitual de una vivienda. En 2008, un propietario solo obtenía de media un 19 por ciento de capital por su vivienda, quiere decir que estaba muy apalancado y que era muy vulnerable a las variaciones de los precios, que en poco tiempo podían ahogarlo en un mar de deudas y desencadenar una ejecución hipotecaria. En la actualidad, como resultado de exigir una entrada más elevada y de la revalorización de los últimos años, el comprador medio obtiene un 58 por ciento de capital por su vivienda. Además, muchos de esos compradores firmaron sus hipotecas con unos tipos en mínimos históricos, por lo que parece poco probable que vayan a mudarse a corto plazo, ya que adquirir una nueva vivienda exigiría pagar unas cuotas más elevadas. Pero, para ser claros, no todo son unicornios y arcoíris en el mercado de la vivienda. Los propietarios

82. «United States Total Housing Inventory», Trading Economics, julio de 2023, <https:/tradingeconomics.com/united-states/total-housing-inventory#:~:text=Total%20Housing%20Inventory%20in%20the%20United%20States%20averaged%202287.13%20Thousands,United%20States%20Total%20Housing%20 Inventory>.

83. Jones, Hannah, «Data, Economic Coverage, Housing Supply», Realtor.com, 21 de noviembre de 2022, <https://www.realtor.com/research/us-housing-supply-gap-nov-2022/#:~:text=Between%20January%20and%20September%202022,single%2D family%20homes%20were%20completed>.

gastan ahora el 40 por ciento de sus ingresos brutos en pagar la hipoteca. De media, las cuotas de la hipoteca están en máximos históricos, a 2.322 dólares al mes sin incluir impuestos, seguros y demás. La relación entre la deuda y los ingresos es peligrosamente elevada, e incluso es más alta que en 2008. Sumado a que la deuda de las tarjetas de crédito también está en su máximo histórico, parece que en poco tiempo las aguas van a estar bastante revueltas. ¿Esta confluencia de factores tendrá como resultado una gran caída del precio de la vivienda? El tiempo lo dirá. Con un inventario tan bajo, el mercado podría sorprendernos con unos precios estables e incluso con unos incrementos moderados en las zonas de alta demanda, sobre todo si los tipos de las hipotecas vuelven a bajar. En resumidas cuentas: los inversores deben actuar con precaución.

Creo que será muy sencillo imaginarse viviendo en esta casa con dificultades para llegar a fin de mes.

¿Y qué pasa con los alquileres?

Aunque los pisos de alquiler están en la categoría residencial, se comportan de manera muy distinta a las casas en venta. Durante la última década, la inversión en bloques de pisos para alquilar ha tenido mucho éxito. En estos últimos años, los alquileres no han dejado de subir, lo que ha hecho muy felices a los inversores. Dicho esto, los bloques de alquiler están empezando a mostrar signos de debilidad en ciertas ubicaciones, sobre todo en las zonas en que los promotores han construido demasiado. Mientras tanto, se avecina una tormenta perfecta formada por los tipos de interés al alza, el descenso de los alquileres, un repunte de los desahucios y el aumento de las primas de los seguros y los impuestos a la vivienda. La gravedad de la tormenta dependerá mucho del mercado local.

Muchos dueños de este tipo de edificios (que a menudo son grupos de propietarios asociados) fueron codiciosos y prefirieron no firmar un crédito a tipo fijo, sino que optaron por hipotecas a tipo variable para maximizar los beneficios en un momento en que los intereses eran bajos. Tampoco debería sorprendernos que esos beneficios más elevados significaran también unas comisiones de rendimiento más altas para los gestores. Pero ahora, cuando los tipos han subido de forma pronunciada, aquellos propietarios y gestores seguro que se arrepienten de su decisión. Los préstamos a tipo variable les han asestado un duro golpe mientras los costes de mantenimiento también se han disparado. En agosto de 2023, *The Wall Street Journal* informaba: «El súbito incremento de los costes de la deuda durante el último año amenaza ahora con arrasar en todo el país con muchos propietarios de bloques de viviendas de alquiler. En el ejercicio que acabó en junio, después de aumentar un 25 por ciento en el año anterior, el valor de los edificios de apartamentos cayó un 14 por ciento».

Por ejemplo, veamos el caso de Jay Gajavelli. Inmigrante indio y extrabajador del sector tecnológico, Gajavelli saltó a los titulares de *The Wall Street Journal* por vender unos beneficios extraordinarios a sus inversores.[84] Durante la última década, Gajavelli acumuló más de siete mil pisos del alquiler en la región del sur y el suroeste de Estados Unidos. Desde sus vídeos de YouTube, vendía a los potenciales inversores unos beneficios «que duplicarían tu dinero», y que le permitieron captar muchos millones de dólares entre personas particulares. Y funcionó hasta que dejó de hacerlo. Gajavelli usó créditos a tipo variable para adquirir su inventario, pero cuando los tipos de interés empezaron a subir muy deprisa, ya era demasiado tarde para poder refinan-

84. Parker, Will, *et al.*, «A Housing Bust Comes for Thousands of Small-Time Investors», *The Wall Street Journal*, 23 de mayo de 2023, <https://www.wsj.com/articles/a-housing-bust-comes-for-thousands-of-small-time-investors-3934beb3>.

ciarlos. El crédito bancario había desaparecido del todo. Al final, fue incapaz de sufragar unas cuotas que no dejaban de aumentar, por lo que, hasta la fecha, ha tenido que entregar en ejecuciones hipotecarias unos tres mil pisos a los bancos. Sus inversores, mientras tanto, perdieron el cien por cien de su dinero; no porque los pisos fueran viviendas mal situadas, sino porque el propietario/gestor decidió asumir más riesgos de los necesarios y sus poco sofisticados clientes no se enteraron de nada.

Gráfico 8.7. El valor de los bloques de pisos de alquiler desciende

Los precios bajan tras un rápido ascenso en los últimos años, como muestra un índice de MSCI

— **Índice mensual del valor de los bloques**

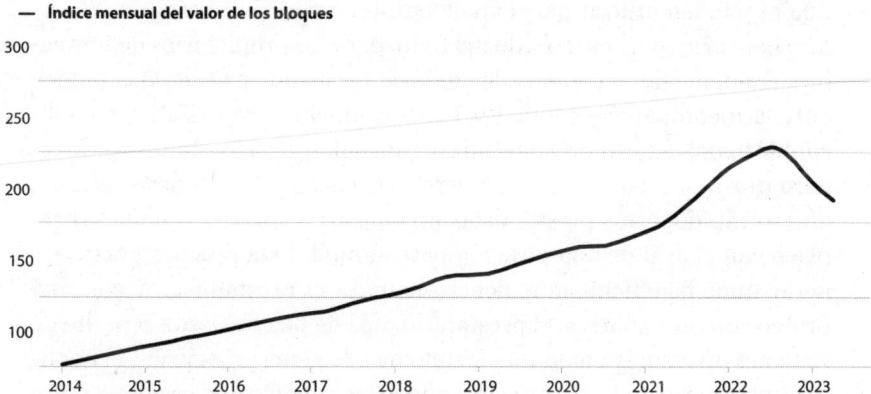

Fuente: MSCI Real Assets.

Los inversores poco sofisticados no son los únicos que reciben los golpes. Blackstone, uno de los grandes inversores institucionales del mercado, prefirió suspender pagos sobre once bloques de apartamentos de Manhattan. *The Wall Street Journal* informaba: «El año pasado, Veritas Investments, uno de los grandes arrendadores de San Francisco, y sus socios incumplieron los pagos de la deuda contraída por 95 edificios de alquiler. Como resultado, Veritas se dispone a perder más de una tercera parte de su cartera en San Francisco».[85]

85. Putzier, Konrad; y Parker, Will, «A Real-Estate Haven Turns Perilous With Roughly $1 Trillion Coming Due», *The Wall Street Journal*, 7 de agosto de 2023, <https:/ www.wsj.com/articles/a-real-estate-haven-turns-perilous-with-roughly-1-trillion -coming-due-74d20528?mod=hp_lead_pos2>.

¿La oportunidad llama a la puerta?

Para quienes quieran comprar en las rebajas, ciertas categorías de activos inmobiliarios empezarán a tener un extraordinario atractivo en los próximos cinco años. A medida que los vendedores (y los bancos) se vean a obligados a deshacerse de sus propiedades, anticipamos grandes descuentos en las oficinas, los locales comerciales y los bloques de pisos de alquiler. Los compradores tendrán que seleccionar muy bien las ubicaciones y responder preguntas difíciles sobre su viabilidad. Dicho esto, los expertos que hemos entrevistado para el libro creen que se producirán grandes desajustes en el mercado, que crearán oportunidades de compra inéditas en las últimas dos décadas.

El crédito privado es otro de los métodos que los inversores individuales pueden utilizar para exponerse al mercado inmobiliario. El crédito bancario se ha evaporado del todo, pero los propietarios de inmuebles residenciales y comerciales todavía necesitan acceder al capital, y ante la incomparecencia de los bancos, muchos recurrirán a un subconjunto del crédito privado (que algunos llaman «prestamistas de dinero duro» o «hard money lenders»). Cuando el prestatario necesita dinero rápido, estos prestamistas no bancarios ofrecen capital a corto plazo con el aval de una posición patrimonial. Esta práctica puede generar unos beneficios muy generosos para el prestamista, y con una protección muy sólida si el prestatario deja de pagar. Desde el punto de vista del inversor, y como una forma más de generar ingresos, el crédito inmobiliario podría ser una gran incorporación a una cartera «Santo Grial».

Queremos cerrar este capítulo con unas sabias palabras dirigidas a los inversores en el sector inmobiliario en el contexto actual...

1. Busca a los expertos. Quienes mejor invierten en el sector inmobiliario son los profesionales con un gran conocimiento del mercado y que comprenden bien los matices de cada ubicación y los riesgos del apalancamiento, y que además tienen fama de haber gestionado con éxito los ciclos bajos del mercado. La historia está llena de inversores inmobiliarios poco sofisticados que alargaron más el brazo que la manga y acabaron arruinados.

2. Diversifica. En lugar de apostar solo a una o dos, invertir con un gestor de primer nivel puede ofrecerte una cartera diversificada compuesta de muchas propiedades distintas. Podría decirse lo mismo del crédito privado, por lo que en vez de depender de solo

uno o dos prestatarios, también sería posible invertir en una cartera que contenga distintos préstamos.

3. Sé paciente. En los próximos años, vamos a presenciar la aparición de buenas oportunidades con grandes descuentos, con un flujo incesante de nuevos acuerdos y operaciones. Escoge muy bien las apuestas, y no saltes a lo primero que se te ponga delante.

¡A todos nos gusta cerrar un trato!

¿Y qué ocurre cuando un inversor en un fondo de capital privado decide que quiere hacer caja antes de tiempo? Bueno, como el capital privado (y, ya puestos, el capital riesgo) es ilíquido por definición, el inversor solo tiene una posibilidad: vender su posición en el fondo a otro interesado. Es lo que se conoce como una «operación de secundario», y para un inversor avispado podría presentar una buena oportunidad para adquirir un gran activo con un descuento interesante, y con un plazo más reducido para recuperar el dinero. ¡Vamos a investigar!

9

Operaciones de secundario

¡A todos nos gustan las rebajas!

> Quien te diga que el dinero no compra la felicidad no sabe adónde ir de compras.
>
> Bo Derek

¡Ya hemos recorrido un largo camino y solo nos queda una estrategia que desvelar! Hasta ahora hemos entrado a fondo en seis estrategias de inversión alternativa que deberíamos considerar como parte del diseño de una cartera «Santo Grial».

Como ya sabes, el método de Dalio consiste en utilizar entre ocho y doce estrategias de inversión no correlacionadas. Cuando se combinan con los bonos y las acciones tradicionales y otras inversiones más líquidas, encontramos muchas opciones para tener en cuenta. Por supuesto, esta variedad es algo positivo, ya que no hace falta recordar que no todas las estrategias son adecuadas para todo el mundo, y que siempre es buena idea consultar a un asesor profesional.

A decir verdad, ahí fuera existe todo un universo de inversiones alternativas que nuestro equipo de investigación rastrea y monitoriza de forma permanente.

En este último «minicapítulo» visitaremos un pequeño rincón de ese universo de la inversión alternativa, en el que encontraremos oportunidades que nos permitirán obtener grandes descuentos en activos de alta calidad. Al fin y al cabo, ¿a quién no le gusta comprar a buen precio?

El gran descuento

El nuevo y codiciado Ferrari F8 tiene un precio de venta al público de 350.000 dólares. Hay pocas unidades y son casi imposibles de encontrar, ¡salvo que estés dispuesto a pagar un precio más alto que el oficial! Ahora vamos a imaginar que estás paseando por la sala de exposición y ves un F8 nuevo, de un color rojo brillante, que se vende con un descuento de entre el 25 y el 50 por ciento. ¿Apretarías el gatillo? ¡Espero que sí! A todo el mundo le gusta comprar a buen precio. Pero por extraño que pueda parecer, ese gusto por las rebajas está muy presente en todos los sectores..., excepto en el mundo de la inversión. Cuando las acciones reflejan un descuento del 10, el 20 o incluso el 50 por ciento desde máximos, el clásico inversor huye de ellas como si fueran la peste; y si ya las tiene en cartera, solo piensa en venderlas para evitar más daños.

Pero no todos los que venden en un mercado bajista están sufriendo un ataque de nervios. De hecho, en ciertos momentos, algunos de los inversores más disciplinados del mundo —el dinero inteligente institucional— reciben la orden de vender algunos de los componentes de su cartera. ¿Por qué narices tendrían que «recibir la orden» de vender unas inversiones de calidad?

Profundizaremos un poco más en el tema para averiguar cómo estas situaciones tan singulares pueden ofrecer a los inversores (o sea, a nosotros, los compradores) una ventaja muy significativa...

Desequilibrio

Los inversores más disciplinados suelen tener un plan de asignación de activos muy claro: quieren mantener un porcentaje fijo de cada tipo de inversión (por ejemplo, un 30 por ciento en acciones, un 20 por ciento en bonos, un 40 por ciento en capital privado, etcétera). Sin embargo, como los mercados fluctúan, el valor de sus inversiones nunca es estático, por lo que sus objetivos de asignación de activos son variables.

En 2022, los mercados cotizados se desplomaron y casi todo el mundo sintió el golpe. Las acciones, los bonos y los activos inmobiliarios cayeron al unísono, por lo que había muy pocos lugares en los que esconderse. Los inversores institucionales más grandes del mundo (planes de pensiones, fondos de inversión soberanos, fondos de dotación, etcétera) sufrían una severa conmoción mientras sus carteras generaban la peor rentabilidad desde los tiempos de la Gran Recesión. Si al mismo tiempo añadimos la invasión de Ucrania, la inflación galopante y los constantes problemas en la cadena de suministro, descubriremos que el mundo de la gestión de carteras institucionales acabó muy golpeado, magullado y confundido. ¿Cómo respondieron esos gigantescos inversores institucionales? Tomaron una serie de decisiones importantes para recuperar el equilibrio. Déjame que te lo explique...

En primer lugar, tenemos que hablar un momento de algunos conceptos básicos de la gestión de carteras. Digamos que tienes un millón de dólares invertidos en acciones y bonos, con un objetivo de asignación del 60 y el 40 por ciento, respectivamente. Tu intención es mantener el estándar del sector, con una asignación del 60-40. Si las acciones aumentan su valor y los bonos caen o se quedan igual, los porcentajes se han «desviado» del objetivo deseado. Quizás acabas teniendo un 70 por ciento del valor en acciones y solo un 30 por ciento en bonos, por ejemplo, como se ilustra en el gráfico 9.1. En estos casos, ha llegado el momento de reequilibrar, como cuando cambias un neumático desgastado que provoca una vibración en el coche. Un inversor disciplinado que se encuentre en esta situación venderá algunas acciones y comprará unos cuantos bonos para volver al objetivo del 60-40.

Gráfico 9.1. Porcentajes desviados del objetivo

Asignación objetivo

Acciones:
60 %

Bonos:
40 %

Asignación desviada

Acciones:
70 %

Bonos:
30 %

Reequilibrio

Acciones:
60 %

Bonos:
40 %

En 2022, casi todas las carteras institucionales del planeta pasaron por el equivalente a tener tres ruedas desgastadas, lo que estuvo a punto de provocar que las puertas del coche salieran disparadas. Mientras las acciones y los bonos caían de manera significativa, muchas de las inversiones alternativas de estas carteras (capital privado, crédito privado, etcétera) obtuvieron un rendimiento más positivo. En consecuencia, sus inversiones alternativas representaban ahora un porcentaje MUCHO más elevado en relación con los objetivos deseados —y a menudo exigidos— por la asignación de activos. Para los gestores de carteras, esta situación dista mucho de ser la ideal, y les «ordena» pasar a la acción.

Los tiempos de una persona son el tesoro de otra

En el contexto actual, sabemos que hay miles de millones de dólares invertidos en activos de alta calidad vinculados al capital privado, el crédito privado y los bienes inmuebles, y que en estos últimos años muchos de ellos han aumentado significativamente de valor. Por lo tanto, ahora tienen que venderse para que los inversores institucionales puedan reequilibrar sus carteras. Este movimiento se explica porque la mayoría de las grandes instituciones tienen un mandato autónomo que las obliga a corregir el rumbo y reequilibrar la cartera cuando sea necesario. De hecho, si las personas que gestionan esas carteras no toman medidas para recuperar el equilibro... ¡son despedidas! Por consiguiente, no estamos hablando de una opción que hay que considerar; es una medida de supervivencia que DEBEN aplicar.

Pero ahora llegan las preguntas evidentes... ¿Qué ocurre cuando has invertido en algo tan ilíquido como el capital privado? ¿Qué hay que hacer para poder vender una inversión ilíquida? Bienvenido al mundo de las operaciones de secundario.

Al que madruga Dios le ayuda, pero rectificar es de sabios

En el clásico fondo de capital privado, los clientes tienen que esperar entre cinco y diez años para que se produzca la liquidación y puedan recuperar su dinero. En consecuencia, si el inversor quiere o necesita liquidar su posición antes de tiempo, la única forma de lograrlo es vender su posición a otro inversor que pueda estar interesado en ocupar su lugar. Esta acción recibe el nombre de «operación de secundario a petición del SL», ya que es el socio limitado quien solicita la transacción.

En el contexto actual, encontrar a otro inversor interesado en adquirir una posición en un fondo es bastante sencillo. Hay bastantes fondos de inversión cuyo único propósito es comprar operaciones de secundario a los socios limitados. De hecho, en 2021, el volumen del mercado de este tipo de operaciones ascendió a unos increíbles 134.000 millones de dólares (cuando en 2020 era de 60.000 millones). Muchos expertos creen que esta categoría crecerá hasta alcanzar los 500.000 millones a corto plazo.

Entonces, ¿por qué las operaciones de secundario se han convertido en «una clase de activos dentro de otra clase de activos» y son tan populares? Podemos resumir su gran atractivo en tres grandes ventajas...

¿Y por qué da tanta importancia a la liquidez?

1. Un descuento. En las inversiones en capital privado, se lleva a cabo una valoración trimestral de la operación (que en ocasiones recibe el nombre de «valor del activo neto», o «marca» para abreviar). Si un inversor quiere vender su posición, en muchos casos tendrá que venderla con un descuento en su valor actual. Esto significa que el comprador pegará un «pelotazo» y disfrutará de un buen colchón; por lo tanto, para llegar a perder dinero con su inversión, la cartera tendría que reducir mucho su valor. Por ejemplo, si el valor actual es de 100 dólares, el comprador y el vendedor podrían acordar un precio que oscilaría entre los 70 y los 90 centavos por dólar. El vendedor obtiene la liquidez que necesita, y el comprador cierra el trato. *Win-win*.

2. Plazos más cortos. Como los inversores suelen tardar entre cinco y diez años en recuperar todo el dinero del fondo —beneficios incluidos—, comprar una posición secundaria puede reducir

mucho el tiempo de espera para obtener un rendimiento del capital. Por ejemplo, si el vendedor ya lleva cinco años en un fondo a diez años, el comprador podría estar reduciendo el tiempo de «espera» a la mitad. Además, la operación permite reducir la curva J, de la que ya hemos hablado. La curva J (que aparece en el siguiente gráfico) simplemente describe que durante los primeros años, los inversores de un fondo privado despliegan su capital para adquirir los activos, y que solo cuando todos esos dólares se ponen a trabajar, por fin empiezan a crecer. Como ocurre cuando se plantan semillas para la futura cosecha, hay que esperar un tiempo para que crezcan.

Gráfico 9.2. ¿Por qué los inversores prefieren adquirir operaciones de secundario?

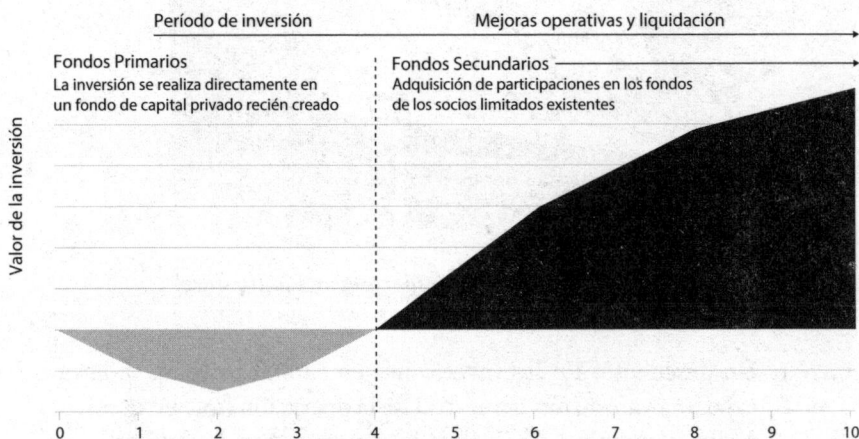

Período de inversión — Mejoras operativas y liquidación

Fondos Primarios
La inversión se realiza directamente en un fondo de capital privado recién creado

Fondos Secundarios
Adquisición de participaciones en los fondos de los socios limitados existentes

Valor de la inversión

0 1 2 3 4 5 6 7 8 9 10

Fuente: CAZ Investments. Este gráfico solo tiene fines ilustrativos y no representa la rentabilidad de una inversión real, pasada o futura. No hay ninguna garantía de que la rentabilidad futura se corresponda con la de la ilustración.

3. Visibilidad. Cuando el gestor de un fondo de capital privado crea un nuevo vehículo y el inversor decide poner ahí su dinero, este último en realidad está apostando al historial y la experiencia del primero. Es lo que a veces se conoce como el riesgo del «cheque en blanco». El primer día, el inversor aún no sabe qué empresas adquirirá el gestor para el fondo, cuál será su rentabilidad, etcétera. Sin embargo, cuando un inversor realiza una operación de secundario, el fondo ya suele haber asignado todo el capital, por

lo que es posible ver al detalle las empresas que ha adquirido, cómo están rindiendo y demás. Esta «ventaja informativa» resulta fundamental para los inversores experimentados en operaciones de secundario, ya que así tienen la posibilidad de estudiar y seleccionar los fondos en que quieren entrar, pueden ver quién los gestiona, etcétera.

Una verdadera joya

Después de la crisis financiera global, los gestores dedicados al capital privado se vieron en una posición muy interesante. Como ya hemos mencionado, la mayoría de los fondos de capital privado se crean como vehículos a diez años con un «final cerrado», momento en el que están obligados a desaparecer, lo que significa que venden las empresas y transfieren el dinero obtenido a los inversores. Pero después de la crisis, los gestores tenían en cartera algunas empresas excelentes que, cuando la economía se recuperó, empezaron a dar verdaderos pasos de gigante. Los gestores sabían que era una estupidez vender en aquel momento unas empresas tan buenas, pese a que los estatutos del fondo los obligaran a actuar de ese modo. Y así surgió la oportunidad de aplicar una solución innovadora.

Aquella situación creó una avalancha de lo que hoy llamamos «operación de secundario a petición del SG». En vez de vender al final del ciclo de diez años todas las empresas del fondo, los gestores crearon algo equivalente a un período «de prórroga», durante el cual escogieron personalmente las empresas que querían conservar y las traspasaron a un nuevo fondo que llamaron un «vehículo de continuación». A continuación, ofrecieron dos opciones a sus inversores (los socios limitados):

1. El SL puede escoger entre pasar por caja al valor actual y NO participar en el período de prórroga. Si alguien decide cobrar, se crea un espacio para que otro inversor suba a bordo.
2. El SL puede preferir seguir a bordo y «extender» su actual inversión en el nuevo vehículo de continuación, eso le permite participar de una potencial tendencia alcista. La propuesta se presenta como una opción, pero no como una obligación. El gestor del fondo el (SG) suele crear un alineamiento de intereses, ya que también extiende su inversión personal y vincula las comisiones de rendimiento a los activos que continúan. A fin de cuentas, el

SG demuestra que está tan convencido de la calidad de las empresas subyacentes que solo quiere más tiempo para poder maximizar el valor en beneficio de todos los inversores implicados.

No debería sorprendernos que las «operaciones de secundario a petición del SG» se hayan multiplicado hasta representar casi la mitad de todo este mercado especializado. El típico plazo a diez años de los fondos cerrados es un poco arbitrario, ya que muy pocas veces coincide con los ciclos de negocio ideales de las empresas subyacentes. Las operaciones de secundario a petición del SG han evolucionado hasta convertirse en una herramienta muy valiosa de gestión de activos, cuyo objetivo es maximizar los beneficios de todos los implicados. Conclusión: nadie quiere vender buenas empresas demasiado pronto.

Entonces, ¿dónde se encuentra la oportunidad para los inversores como nosotros? La buena noticia es que, en un futuro próximo, nos encontraremos en medio de un mercado de compradores. No hay capital suficiente para comprar la cantidad total disponible de operaciones de secundario. Por lo tanto, los vendedores tendrán que asumir descuentos más grandes, y nosotros podremos ser mucho más selectivos y escoger solo las operaciones que incluyen a las mejores empresas.

También conviene recordar que comprar operaciones de secundario requiere una considerable sofisticación. El comprador debe entender muy bien el activo que está adquiriendo, lo que exige una importante diligencia debida. En consecuencia, nosotros recomendaríamos lo siguiente...

1. Escoger un fondo/gestor con una larga y probada historia de éxitos en la compraventa de operaciones de secundario. Debe mantener una estrecha relación con los gestores de los fondos, y pertenecer a la reducida lista de compradores con los que dichos gestores quieren trabajar.

2. Invertir en un fondo que tenga muchas operaciones de secundario, de modo que sea posible diversificar entre una amplia variedad de gestores y carteras subyacentes. En una situación ideal, el fondo también ha invertido en operaciones de secundario de distintas clases de activos (por ejemplo, operaciones en capital privado, en el sector energético, en el inmobiliario, etcétera).

3. Invertir en un gestor que también haya invertido su propio capital, ¡y así alinear al máximo vuestros intereses!

Si buscas más información sobre la inversión en operaciones de secundario y quieres leer entrevistas muy interesantes con expertos en la materia, visita <www.WhySecondaries.com>.

La hora de los titanes

Vaya, ¡hemos tratado un montón de temas! Nuestro deseo sería que te sintieras con la capacidad para analizar si las estrategias que hemos descrito pueden formar parte de tu propia estrategia «Santo Grial». A continuación, tendremos la oportunidad de escuchar directamente a los «maestros del universo financiero». Entre los entrevistados, se encuentran las mentes más brillantes del mundo del capital privado, el crédito privado, la inversión inmobiliaria, el capital riesgo y demás. Aunque los éxitos del pasado no garantizan los resultados del futuro, muchos de los entrevistados han generado una rentabilidad compuesta que supera el 20 por ciento anual. Estos grandes titanes, que en muchos casos han amasado sus fortunas partiendo de cero, han demostrado a lo largo de su vida una perspicacia increíble, por lo que ha sido un verdadero privilegio acceder a su sabiduría y verter en estas páginas sus conocimientos. La segunda parte del libro contiene las versiones «sintetizadas» de estas entrevistas, ya que algunas se alargaron incluso dos o tres horas.

Encontrarás más ideas y recursos en nuestra página web (en inglés): <www.TheHolyGrailofInvesting.com>.

En la mesa de los titanes

10

Robert F. Smith

Fundador y CEO de Vista Equity Partners

Honores: incluido en la lista que confeccionó la revista *Forbes* con «las cien mentes empresariales más brillantes de nuestro tiempo». Miembro de la organización benéfica Giving Pledge. Es el afroamericano más rico de Estados Unidos.

Activos totales gestionados (en agosto de 2023): más de 100.000 millones de dólares.

Área de especialización: software para empresas.

Para destacar:

- Desde sus comienzos ha cerrado más de 600 transacciones en el mundo del capital privado, con un valor cercano a los 300.000 millones de dólares.
- El ecosistema de Vista abarca más de 80 empresas con más de 90.000 empleados en más de 180 países.
- Elegido por la revista *Inc.* durante cuatro años consecutivos como «el mejor inversor para los fundadores».
- En 2017, la revista *Forbes* lo incluyó en la lista de las cien mentes empresariales más brillantes de nuestro tiempo.
- Según la revista *Time*, una de las «Cien personas más influyentes de 2020».

Robert: ¡Un placer conocerte, Tony! Hace un momento le comentaba a Christopher que me paso el día hablando con personas muy interesantes. Se lo conté a mi mujer (que iba a mantener esta entrevista), ¡y es la única de mis reuniones que de verdad ha conseguido despertar su entusiasmo! Me dijo: «Dios mío, es la mejor persona con la que podrías hablar». O sea, es una gran admiradora tuya.

Tony: ¡Gracias por tus palabras! Me encantaría reunirme contigo en persona si algún día tienes la oportunidad. Pero también quiero respetar mucho tu tiempo, así que gracias por atender nuestra llamada. Te estamos muy agradecidos.

R. Gracias. Encantado de formar parte de este viaje con vosotros, chicos.

T. Robert, eres una leyenda en este negocio, pero no sé si mucha gente conoce la historia de tus orígenes. ¿Te importaría explicárnosla un poco por encima? ¿Cómo llegaste a la posición que hoy ocupas?

R. Vine a este mundo gracias a dos profesores de escuela de Denver (Colorado). Aunque nuestra comunidad estaba segregada, siempre me sentí querido y acompañado por los miembros de mi comunidad, que de hecho incluía a muchas más personas, y no solo a mis padres. Y creo que esa sensación de estar acompañado consigue darte una sensación de seguridad y una capacidad para cuestionar las cosas; te da la posibilidad de tener una curiosidad intelectual a la que puedes dedicarte. Por lo tanto, una parte importante de la historia de mis orígenes está muy relacionada con tener la oportunidad constante de investigar y aprender. Mi padre me instruyó en la ópera y la música clásica. Mi madre nos llevaba a la biblioteca cada sábado por la mañana. Cogíamos entre ocho y diez libros, y ella otros quince, y los leíamos durante la semana. Y entonces lo hacíamos de nuevo la semana siguiente. La música y los libros me crearon una sensación de curiosidad por el mundo, más allá de la pequeña comunidad en la que crecí. Y también de curiosidad por resolver problemas.

Ahora saltemos en el tiempo hasta el instituto, y ahí fue donde me relacioné con los ordenadores por primera vez. Mi generación está formada por inmigrantes digitales, no por nativos digitales. Pero yo tenía aquella curiosidad que me habían inculcado. Así que le pregunté a mi profesor:

—¿Cómo funciona este aparato?

—Bueno, funciona con una cosa que se llamada microprocesador —respondió el profesor.

—¿Y cómo funciona un microprocesador? —insistí.

—Funciona con otras cosas que se llaman transistores —dijo mi profesor.

—¿Y quién los ha inventado? —quise saber.

—Un lugar llamado Bell Laboratories —aseguró mi profesor.

Así que me acerqué a la pequeña oficina de empleo del barrio, y les pregunté si había un Bell Laboratories en Colorado. Y una mujer muy amable me dijo que había uno en Brighton. Cogí el teléfono y los llamé, y les dije: «Estoy interesado en hacer prácticas para trabajar con ordenadores», y la persona de recursos humanos soltó una especie de risita. Me informó de que tenían programas de prácticas para los estudiantes que estaban en sus dos últimos años de universidad. Así que me propuso que volviera a llamar cuando estuviera en mi penúltimo año de universidad. Pero volví a llamar al día siguiente, y al siguiente, hasta que dejó de cogerme el teléfono. Durante dos semanas, llamé cada día y dejé un mensaje. Después, llamaba cada lunes. Lo hice desde febrero hasta junio. En junio me devolvió la llamada y me dijo: «Un estudiante del MIT no se ha presentado. Tenemos un hueco en el programa». Y entonces añadió que tenía que pasarme por allí para hacer una entrevista.

Solo tenía un traje para los domingos, así que eso fue lo que me puse al día siguiente, y después eché dos dólares de gasolina en el tanque de mi Plymouth Satellite del 69. Fui en coche hasta allí y conseguí un trabajo en Bell Laboratories. Trabajé allí durante los años que pasé en la universidad, y lo más bonito de la experiencia fue que descubrí el placer de resolver problemas. En la actualidad, me gusta decir que mi verdadero papel es crear soluciones elegantes a problemas complejos. Eso es Vista. Por lo tanto, gran parte de la historia de mis orígenes tiene que ver con las personas que estimularon mi imaginación. Personas que despertaron mi curiosidad, me dieron la libertad para investigar, desarrollar, cometer errores y hacer preguntas. Pero que también se tomaron el tiempo necesario para descifrar distintas soluciones y ayudarme a aprender tecnologías específicas y ciencias y matemáticas, materias que hoy conforman mi manera de invertir y la estrategia sobre la que he construido Vista.

> Gran parte de la historia de mis orígenes tiene que ver con las personas que estimularon mi imaginación. Personas que despertaron mi curiosidad, me dieron la libertad para investigar, desarrollar, cometer errores y hacer preguntas.

T. Al recordar todo ese camino, ¿quiénes han sido las personas que más te han influido en tu forma de ser? ¿Y cómo pasaste de Bell a Vista Equity Partners?

R. Vi que en Denver mi padre organizaba una institución ciudadana. En invierno, nevaba mucho. Y, por supuesto, de niño lo celebras porque esos días el colegio tiene que cerrar por la nieve. Bueno, con el tiempo me di cuenta de que esos mismos días mis padres no podían ir a trabajar porque en un vecindario negro no quitaban la nieve de las calles. Así que pasaban tres o cuatro días hasta que el ayuntamiento abría una sola vía en medio de la calle, y mi padre nos pedía a mi hermano y a mí que abriéramos un paso desde el coche a esa vía abierta para poder ir a trabajar. Y un poco después, el autobús ya podía pasar por casa, y por fin podíamos subir y volver a ir al colegio. Pasábamos por el barrio de los blancos y, ¿sabes qué?, las calles no solo estaban limpias de nieve, sino que estaban secas, lo que quería decir que el quitanieves había pasado hacía días. Vi que mi padre tomaba la iniciativa y decía: «Necesitamos que la gente entienda que si nuestra comunidad no puede ir a trabajar, no podemos dar de comer a nuestras familias. Y eso reduce los estándares de vida de toda la ciudad». Al final consiguió que el ayuntamiento limpiara las calles de nuestro barrio.

Mis padres aprovecharon su posición y la usaron para promover cambios positivos en la ciudad. Contribuyeron al lanzamiento del programa Head Start en Colorado. Y durante cincuenta años, mi madre envió cada mes un cheque de 25 dólares al United Negro College Fund.

Además de mis padres, un tipo llamado Vic Hauser tuvo una gran influencia en mí; fue mi primer mentor en Bell Labs. Llegué a Bell Labs cuando era un adolescente entusiasmado, y de repente él va y saca un semiconductor de un amplificador operativo. Y me dice: «Esta cosa no funciona en nuestros sistemas Merlin. Tu trabajo es descubrir por qué no funciona. Y ése será tu proyecto para el verano. Tienes todos los recursos de Bell Labs a tu disposición. La biblioteca está pasado el vestíbulo. Me tienes aquí. Puedes hacerme todas las preguntas que quieras. Buena suerte».

Y entonces giró la silla y me dio la espalda. Así que pienso, a ver, tío, has sido bastante desagradable. Pero entonces decidí ir a la biblioteca para tratar de descubrir qué era un amplificador operativo. Estudié la descripción y entonces volví al despacho de Vic y le dije, muy bien, esto es lo que he entendido sobre los amplificadores operativos. Y entonces, giró su silla y durante las siguientes dos horas me explicó cómo funcionaba, qué era, qué se suponía que debía hacer y qué no estaba haciendo en aquel momento. Hicimos todo eso aquel día.

T. Un momento precioso.

R. Lo que hizo fue ayudarme a descubrir el placer de resolver problemas. No me dio la respuesta. Me obligó a plantear preguntas e investigar. Al actuar de aquel modo, reforzó todo lo que mis padres me habían enseñado hasta aquel momento.

Lo que hizo fue ayudarme a descubrir el placer de resolver problemas. No me dio la respuesta. Me obligó a plantear preguntas e investigar. Al actuar de aquel modo, reforzó todo lo que mis padres me habían enseñado hasta aquel momento.

T. Robert, tienes una familia increíble. La respeto muchísimo. De hecho, muchas personas en el mundo entero se han beneficiado de los valores que te inculcaron, y que después tú has desarrollado. Si no te importa, ¿qué te animó al final a establecerte por tu cuenta? ¿Qué te llevó a decidir que querías centrarte en el software para empresas?

R. Voy a contarte una historia graciosa sobre eso. Trabajé durante seis años como ingeniero químico. Y me encantó, Tony. Pensaba que no había misión más noble que tener una idea que nadie en la historia de la humanidad había tenido antes. Estaba trabajando en Goodyear Tire and Rubber, y disfrutaba mucho de lo que hacía. Pero entonces este tipo, sir James Goldsmith, intenta adquirir la empresa. Y yo me pregunto: ¿de qué va todo esto? Al final, fue eso lo que me animó a hacer mis estudios de posgrado.

Me fue bien; después del primer año, era el mejor estudiante. Y me pidieron que acudiera al acto de graduación, en verano, para recibir el premio por mi primer año. Había un presentador, un tipo llamado John Utendahl. Un banquero de inversión muy atractivo, grande, alto, de más de dos metros. Así que me da el premio y da su discurso. Después me llama y me pregunta si alguna vez había pensado en la posibilidad de trabajar en la banca de inversión. Le respondí que en realidad no sabía muy bien qué hacían los banqueros de inversión. Así que me invitó a su oficina para hablar media hora durante la pausa de la comida..., que se alargó dos horas. Al terminar, cogió el teléfono y llamó a unos tipos negros de Wall Street y les dice que tenían que conocerme. En esencia, soy un científico, así que no solo hablé con aquellos tipos, sino con unas cien personas. Tenía que entender qué hacían. Al final, me di cuenta de que la única parte del negocio que podía gustarme eran las fusiones y adquisiciones. Construir una infraestructura sostenible a través de un proceso duradero y que puedes ajustar. En aquella época, solo había seis empresas que se dedicaban al tema. Goldman Sachs era la única que tenía una estructura con un equipo completo.

Me pidieron que me convirtiera en lo que llamaban el «jefe de la unidad de negocio», trabajando para un tipo que respondía al nombre de Mac Hill. Un tipo brillante en M&A (fusiones y adquisiciones). Entonces Gene [Skyes] me llama y me pregunta si puedo trabajar con él; se trataba del único socio con el que no había trabajado. Se lo digo a Mac, y él me responde: «Robert, déjame que te diga algo. Yo soy bueno, muy bueno. Pero Gene está en otra liga. Si tienes la oportunidad, ve a trabajar con Gene».

Entonces Gene me cuenta que se ha planteado la posibilidad de crear un grupo dedicado a la tecnología. Le dije: «Solo si me prometes que dedicarás un tiempo a ser mi mentor en San Francisco». Y me respondió: «Trato hecho». Y en la primavera de 1997 me convertí en el primer banquero M&A de Goldman trabajando en el terreno, centrado en el sector tecnológico.

T. Vaya.

R. Ahora estaba en el Lejano Oeste; es decir, a muchos kilómetros de Nueva York. No tenía a nadie que pudiera ayudarme. Así que tuve que crear un plan y formar un equipo. Y la buena noticia era que no tenía a todo un grupo de gente encima de mí. Si cerrabas un trato en Nueva York, tenías a cuatro o cinco socios, que no sabías quiénes eran, estampando su firma en el documento. Pero en San Francisco eso no pasaba. Así que ahora, de repente, sería una de las personas más importantes que se dedicaba a este tipo de operaciones, y con muy poca supervisión. Tenía a Apple. Tenía a una pequeña empresa llamada Microsoft. Otra pequeña empresa llamada Texas Instruments. Una pequeña empresa llamada eBay. Otra pequeña empresa llamada Hewlett Packard. Una pequeña empresa llamada Yahoo. Estábamos en 1997, 1998, 1999.

Ahora es cuando la cosa se pone interesante. Empecé a estudiar esas empresas y el sector tecnológico en todo su conjunto. Me dije, ¿sabes qué?, no hay nadie que se dedique al capital privado en el software para empresas. ¿Por qué? Si lo piensas, es la herramienta más productiva introducida en el mundo de la economía de la empresa durante los últimos cincuenta años. Como ingeniero había empezado a entender de verdad el impacto de incorporar el poder de la informática en el entorno de la empresa. Tenía unos beneficios exponenciales. Cuando era ingeniero, me ocupé de poner en marcha lo que se llamaba un «controlador lógico programable», el Honeywell TDC 3000, en una fábrica de Goodyear Tire and Rubber, y se registró un aumento importante de la producción. Y en una fábrica que se había construido en los años cuarenta. Con la informática, reduces lo que sobra, y la productividad aumenta. Y solo con instalar sistemas de control digital. Eso es lo que es capaz de hacer el software para empresas.

Ahora, traslada esa dinámica a una empresa de seguros para procesar una reclamación. Trasládala a un banco para procesar una transacción. Trasládala a un concesionario de coches o a una empresa de hipotecas para que procese un crédito. Ése es el nivel de productividad que el software para empresas ha aportado al mundo entero.

Este nivel de productividad hace que el software para la empresa sea extremadamente necesario para sus clientes. Ahora tienes una relación sostenible a largo plazo con miles de clientes. Relaciones que no se miden en años o trimestres; se miden en décadas. Con un margen bruto del 95 por ciento por un producto que fabricas una vez, y que vendes tantas veces como quieras. Capital circulante negativo, sin inventario. Ésa es la solución elegante a un problema complejo.

> Con un margen bruto del 95 por ciento por un producto que fabricas una vez, y que vendes tantas veces como quieras. Capital circulante negativo, sin inventario. Ésa es la solución elegante a un problema complejo.

T. Marc Benioff es uno de mis amigos más cercanos. Dejó Oracle después de asistir de forma consecutiva a cinco de mis conferencias. Cada día se sentaba en la primera fila. Quiero mucho a ese tipo. Nunca lo olvidaré, se acercó al terminar una conferencia y me comentó: «Me has convencido».

Yo le respondí: «Bueno, ni siquiera he hablado contigo».

Y me dice: «No, pero he asistido a cinco charlas tuyas seguidas. Me has convencido de que debo dejar Oracle. Voy a empezar una cosa llamada Salesforce. Tony, vamos a cambiar el negocio. Vamos a hacer cien millones con este negocio».

Cuánto hace Salesforce ahora..., ¿33.000 millones de dólares? Le he acompañado en ese viaje, primero para encontrar las respuestas, después para ver despegar la empresa, y ver algo así ha sido increíble. Me resulta muy interesante la correlación entre su camino y el tuyo. Compartís la curiosidad intelectual y la iniciativa para encontrar soluciones a los problemas. Siento que ambos tenéis el mismo entusiasmo que cuando erais jóvenes. Dime: ¿cuál fue el día en que dijiste, muy bien, voy a ponerme a trabajar por mi cuenta?

R. En aquellos tiempos, llevaba unos cuantos años trabajando con empresas tecnológicas y el software para empresas. Había visto a cientos de estas empresas de software y, ¿sabes qué?, todas se lo inventaban. En serio. ¿Cómo le pones precio a un programa de software? Alguien se sienta y dice: «Muy bien, vale, tengo unos dos años de I+D en esta cosa, y tengo a un grupo de programadores y unos equipos para trabajar, así que seguramente debería vender el producto al cliente por, no sé, 80.000 dólares. ¿Por qué no?». Me parecía mucho dinero por algo con un valor que en realidad no entiendes. Pero cuando pensaba en ese software, también pensaba en que tal vez tienes a un cliente que se ahorra 3 millones al año, y otro cliente que se ahorra 30 millones. Había mucho más valor, y pocas personas lo veían.

Lo que ocurrió fue que al asesorar y hacer recomendaciones a mis clientes, detecté los puntos en común y me dije, si no lo haces tú, vendrá otro que se dará cuenta.

Tony, lo que tú haces es inspirar a la gente para que se convierta en su mejor versión, aplicando las estrategias más adecuadas. Marc Benioff lo entendió a su manera, y salió ahí fuera e hizo eso. De forma similar, nosotros hemos diseñado y desarrollamos continuamente un conjunto de buenas prácticas que ayudan a acelerar la madurez corporativa de las empresas que compramos. Desde que creé Vista, hemos completado más de seiscientas operaciones.

La otra cuestión es que la mayoría de las empresas de software todavía están dirigidas por sus fundadores. Y la mayoría de esos fundadores están gestionando las empresas más grandes que jamás dirigirán. Así que la mayoría intenta descubrir y aprender cómo se hace, porque antes nunca han hecho algo parecido, ¿verdad? ¿Qué hago al día siguiente de quedarme con esta empresa que vale de 100 a 200 millones, o de 200 a 400 millones de dólares? Parte de nuestra magia en Vista consiste en que hemos construido un ecosistema en el que esos ejecutivos y sus inmediatos subordinados pueden reunirse y aprender los unos de los otros. Es un poco como una versión pasada de vueltas de la Young Presidents Organization. Si eres el CTO (el director de tecnología) de una empresa de software de 30 millones de dólares, estás sentado al lado del CTO de una empresa de software de 300 millones de dólares, que a su vez está aprendiendo del CTO de una empresa de software de 3.000 millones de dólares. Estamos creando un ecosistema de aprendizaje compartido en el que esos ejecutivos pueden trabajar sin ser penalizados.

Christopher: Robert, estás planteando una cuestión sobre la que Tony habla largo y tendido: el acceso es poder. Tú compartes y ayudas a implementar esas buenas prácticas en las empresas, pero además ofreces ese acceso a otros emprendedores, que a su vez implementan esas mismas buenas prácticas.

R. Correcto, y la gran ventaja es que en muchos casos puedes ayudarlos para que no cometan los errores que, de cualquier otro modo, sin ese apoyo, seguro que cometerían.

T. Cualquier persona puede sentir esa vibración que sale de ti, Robert. Emanas todo eso, es algo precioso. Dime, en tu opinión, ¿dónde se encuentra hoy la mejor oportunidad para invertir en el sector? ¿Y qué papel desempeña la IA?

R. Bien, gran pregunta. Por supuesto, creo que la mejor oportunidad para invertir es hacerlo con Vista. Sin duda. Con los ojos cerrados. Y lo digo de verdad.

¿Por qué? Porque sabemos cómo trasladar la institucionalización a la gestión de esas compañías de software para empresas. A mí las cosas también me irán mucho mejor si trato de acompañarte todo lo que sea posible, y por eso te ofrezco, a ti y a tu equipo, las herramientas para efectuar los cambios. Como he mencionado, aceleramos la madurez corporativa de las compañías que se dedican al software para empresas a través de una infraestructura sostenible, con el fin de que esas compañías puedan crecer a escala, y de una forma rentable. Si creas una infraestructura en esas empresas, los CEO ganan más tiempo para pensar y reflexionar. No tienen que lidiar con el proceso administrativo de contratación. No tienen que lidiar con el proceso de servicios, porque ya has creado unos sistemas que se corrigen de forma autónoma, que se ajustan solos y que reducen el ruido. Y por eso ahora los CEO pueden dedicarse a pensar lo que quieren hacer para que la empresa siga avanzando.

T. Pueden trabajar «sobre» la empresa, en vez de trabajar «en» la empresa, que es en realidad lo que en un primer momento te llevó a ser CEO. Pero, entonces, en el momento actual, cuéntame cuál es la gran oportunidad de inversión en esta categoría. Hemos visto el desarrollo de SaaS; ahora estamos viendo que la IA entra en la ecuación. Desde tu punto de vista, explícanos cuál crees que es la mejor oportunidad.

R. De 2010 a 2013, o quizás 2014, solo el 15 por ciento de las empresas encajaban en un concepto que yo describiría como «nativas en la nube». Y el modelo de negocio era el SaaS. Es probable que hoy estemos más cerca del 40 o el 50 por ciento.

T. ¿De verdad? ¿Todavía hay tanto margen de crecimiento en el mercado?

R. Sí. Todavía hay un gran grupo que tiene que transformarse y adaptarse. Recuerda, hay unas cien mil empresas de software y es probable que solo conozcas a unas doscientas cincuenta. Pero las nuevas empresas son nativas en la nube, por lo que están subiendo desde abajo. Sin embargo, hay una categoría intermedia con todo un grupo de clientes que trabajan desde un soporte físico, o que tienen un modelo híbrido, y que están tratando de ser nativas en la nube.

En el mundo de la informática, Estados Unidos siempre ha sido el gran pionero en materia de oportunidades. Desde el año 2000, ha distribuido el poder de computación por el mundo. Ahora ese poder de computación se encuentra en todas partes. Y así, todas las economías, todos los sectores, de una u otra forma, se están digitalizando. En muchos casos compran software diseñado en Estados Unidos, o en el Reino Unido, pero en otros están tratando de crearlo ellos mismos. De hecho, cinco de las economías más grandes no tienen una capa de software empresarial.

T. ¿De verdad? ¿Cuáles son las que no lo tienen?

R. China no tiene un estrato de software empresarial. Todo su software se encuentra en empresas de titularidad pública o privada. En Japón, todo el software se encuentra principalmente en las *keiretsus*. En Corea, todo se encuentra en las *cheabols* o las empresas familiares. En la India, lo mismo. Así que hay una enorme oportunidad para crear un espacio de software para empresas.

Aun así, las mejores oportunidades en el campo del software para empresas están en Estados Unidos. Gracias a nuestro ecosistema, lo que podemos hacer es poner en marcha todas las tecnologías catalíticas existentes a través de nuestra plataforma: iniciativas como el aprendizaje automático, la automatización de procesos robóticos y una cosita llamada inteligencia artificial. Por lo tanto, aún creo que el software para empresas, con una base ajustada al riesgo, es el mejor espacio en el que invertir cualquier tipo de capital, ya sea a través de acciones o de deuda. Solo debes poner el dinero en un lugar que también esté evolucionando con la aplicación de estas actividades catalíticas.

C. Robert, cuando observamos el software para empresas, hemos visto en el pasado un aumento increíble de las valoraciones. Ahora hemos visto una corrección importante en esas valoraciones, que han vuelto a una media más o menos normal, por decirlo de algún modo. Cuando reflexionas sobre este tema, ¿qué ha ocurrido en estos últimos dos años que no te esperabas?

R. Lo que no esperaba es que la gente se conformaría con inundar ese mercado pensando que los árboles seguirían creciendo hasta tocar el cielo. Seguro que lo recordáis..., 1997, 1998, 1999, 2000, el NASDAQ se va a los 10.000, burbuja puntocom, y todo aquello. No había una infraestructura real que justificara aquellas valoraciones y, por supuesto, estaba claro que no podía durar. Cuando se empezó a inundar el mercado con dinero gratis, pensaba que la gente reflexionaría un poco más y esperaría a la publicación de las valoraciones, en vez de pagar un sobreprecio equivalente al valor de su máximo anual, para después quedarse unas empresas que están creciendo de un 3 a un 5 por ciento sobre un margen del 30 o el 40 por ciento del EBITDA. A no ser que pienses que habrá alguien aún más tonto que tú y que está dispuesto a quedarse tu parte, no puedes llegar mucho más lejos con esas empresas.

C. Lo que me parecía fascinante de todo aquello, Robert, es que muchas de esas mismas personas que antes estaban tan entusiasmadas por pagar esos múltiplos cada vez más altos, ahora creen que el software para empresas es una mala inversión. Ahora, cuando los múltiplos han bajado entre un 50 y un 70 por ciento, ya no quieren esas empresas. Me parece fascinante observar la psicología. Muchas personas no pueden aceptar el hecho de que solo se trataba de buenas empresas que se estaban negociando a unas valoraciones equivocadas.

R. El miedo genera oportunidades. Continuamos creyendo que invertir en compañías dedicadas al software para empresas es el mejor destino posible que puede darse al capital en cualquier sector de los mercados financieros.

C. Si piensas que los inversores no están viendo las oportunidades disponibles cuando antes sí eran capaces de hacerlo, ¿cómo enseñarías ahora a los inversores a ver el software para empresas de manera diferente, o al menos a verlo con una mirada distinta a la del pasado?

R. Es una buena pregunta. Si observas el sector en el país, hay un par de factores macroeconómicos que afectan a esta cuestión. En primer lugar, en realidad, en Estados Unidos tienes, cómo decirlo, un entorno salarial inflacionario. Por consiguiente, las empresas tienen que encontrar la forma de mejorar la eficiencia. El software para empresas es la herramienta más productiva para lograrlo. En consecuencia, la dinámica de consumo del software para empresas seguirá siendo sólida.

Si sumas todas las empresas de Vista, obtienes unos ingresos superiores a 25.000 millones de dólares. A veces un poco más que Benioff, a veces un poco menos. En todo el ecosistema, estoy observando tasas de crecimiento que se acercan al 20 por ciento. Incluso en esta economía. Así es su capacidad de resiliencia. En realidad, medimos el retorno de la inversión (ROI) de los productos que vendemos a los clientes. Es del 640 por ciento. No conozco ninguna otra inversión en el mundo que pueda ofrecerte una rentabilidad del 640 por ciento y que no sea el software. Así que estés en el sector en el que estés…, si estás en la reparación de automóviles, si estás en la comida rápida, si estás en la gestión hotelera, el próximo dólar mejor gastado en tu empresa seguramente sea el destinado a comprar más software. La clave es descubrir qué software se consumirá en ese entorno.

T. ¿En qué se equivocan la mayoría de los inversores cuando observan el sector?

R. Hay quien me pregunta: Robert, si no estuvieras invirtiendo en software, ¿en qué te fijarías? Si eres un inversor a largo plazo, tienes que averiguar qué clase de empresas serán sostenibles para poder mantener la vida y el bienestar de la especie humana. Qué tipo de empresas son importantes para alcanzar ese fin. ¿Verdad? Como para mantener la prosperidad humana.

C. Ahí tenemos un buen giro. Vamos a darte la oportunidad de hablar al mundo durante cinco minutos. ¿Qué querrías que el mundo supiera ahora mismo?

R. Me gustaría que el mundo supiera que liberar el espíritu humano tiene un valor real. Me refiero a proporcionar el substrato de la oportunidad a todas las personas. Eso no quiere decir que todo el mundo tenga derecho a recibir una casa. El substrato de la oportunidad es la educación, la nutrición y el acceso a las oportunidades. Ahora, si la gente decide no aprovecharlas, ningún problema. Pero excluir a las personas por las razones que sean, creo que eso es una trampa para la humanidad.

T. Robert, desde luego, sé que tenemos una opinión similar en lo referente a nuestros sistemas de valores. La idea básica del libro está relacionada con una entrevista que mantuve hace años con Ray Dalio. Le pregunté: ¿cuál sería el principio más importante en el mundo de la inversión si solo pudieras mencionar uno? Para él, el Santo Grial es encontrar entre ocho y doce inversiones no correlacionadas, porque esa asignación garantiza una reducción del riesgo del 80 por ciento y un aumento de los beneficios. Uno de los motivos por el que hemos hecho este libro es enseñar al público general que las inversiones alternativas son importantes. Las personas de rentas altas suelen tener el 45 por ciento de sus activos en inversiones alternativas. En el crédito privado. En el capital privado. En el sector inmobiliario privado. ¿Cuál sería el Santo Grial de la inversión desde tu perspectiva?

R. En primer lugar, quiero decir que Ray ha dado en el clavo si eres un gestor de carteras, si gestionas una cartera con un grupo de activos. Yo tengo una sola tarea: gestionar una cartera de activos en inversiones alternativas y capital privado. Mi respuesta a la pregunta sería estar muy seguro de que los factores críticos para tener éxito están bajo tu control.

T. Si no te importa, ponnos un ejemplo.

R. Un factor crítico para tener éxito con el software para empresas es el talento y su desarrollo. ¿Qué hago? ¿Voy por ahí y trato de encontrar a un grupo de *headhunters* que puedan encontrar el talento? No. Tengo todo un sistema de gestión del talento que hemos aplicado a las personas que durante estos últimos treinta años nos han dado un rendimiento excepcional en la empresa, y que nos permite decir: éste es el aspecto que debería tener el perfil de un buen desarrollador de software para un nivel básico. Éste es el perfil de un buen trabajador de mantenimiento. Éste es el perfil de un excelente comercial. Así, podemos entrevistar a 450.000 personas al año para encontrar a 25.000 que encajen. Es un factor fundamental para tener éxito. Y está bajo nuestro control.

Otro factor fundamental para tener éxito y que también está bajo nuestro control es la dinámica de fijación de precios. Comprender cuál es el ROI del producto que vamos a vender a nuestros clientes. ¿Cómo podemos obtener esa renta económica? ¿Cómo podemos hacerlo de forma sistemática? Bueno, tienes que crear una mesa de trabajo para que tus agentes de ventas no se limiten a dar vueltas con los formularios de ventas, diciendo: «Oh, tienen cuarenta y cinco empleados. Éste es el precio. Oh, tienen quinientos empleados, éste es el precio». No, te sientas, haces los cálculos del ROI y dices: éste es el valor de ese producto para ese cliente. Vendédselo a ese precio. Ahí estamos hablando de un factor crucial para el éxito. Y está bajo nuestro control.

Gestionar los costes, gestionar tu mercado de referencia, gestionar tu recurso más importante —que es el personal—, tus procesos administrativos de contratación, todo eso. Puedes controlar todo eso.

No puedo controlar cuáles serán los múltiplos del mercado. Pero puedo controlar si quiero que esas empresas crezcan y sean más rentables. Incluso si consigo que crezcan y sean más rentables, puedo reintegrar el capital a través de los flujos de caja porque en el mundo del soft-ware no tengo gastos de capital. Así que, en el peor de los casos, estoy haciendo dinero a partir del flujo de caja.

C. Tuviste un gran grupo de mentores, antes de crear la empresa tenías una gran formación, pero ¿qué te hubiera gustado saber antes de empezar tu propia empresa, pero nadie te dijo?

R. Es una buena pregunta. Al más alto nivel, sería crear un cons-tructo con el que pudiera tener la capacidad de conservar la propiedad de las empresas durante más tiempo.

El mundo del capital privado se ha construido sobre un modelo por el que tienes que comprar una empresa, tienes que, en nuestro caso, mejorarla, y después tienes que venderla. Marc Benioff ha escogido un sector, básicamente, y puede quedárselo para siempre. Y también puede crecer. Nosotros hemos cerrado más de 130 transacciones en los últi-mos dos años porque una parte de lo que tengo que hacer es retornar el capital. Me hubiera gustado encontrar un constructo según el cual pu-diera conservar más tiempo a las empresas en el ecosistema.

C. En este sentido, el mundo del capital privado es cortoplacista. De hecho, lo que más le convendría sería acumular dinero, valor y creci-miento durante varias décadas. No solo durante unos trimestres.

R. Exacto. La naturaleza del sistema de pensiones de Estados Uni-dos exige que ese dinero se recupere. Eso lo entiendo. Pero debería ha-ber ciertas excepciones, ciertas inversiones, en las que vendes la empre-sa y los socios limitados vuelven y te dicen, muy bien, Robert, ahora ponlo todo en marcha otra vez. He creado algunos modelos de reciclaje muy bonitos con ciertos clientes, y ahora reciclamos automáticamente un cierto porcentaje. Si necesitas recuperar tu dinero, lo recuperas. Si no, lo reciclamos.

C. Creo que el sector seguirá intentando hacer algo así. Uno de los aspectos más fascinantes que pude observar durante el tiempo que tra-bajamos juntos es el nivel de crecimiento que habéis tenido como em-presa. Muy pocas firmas de capital privado, o incluso de gestión de acti-vos alternativos en general, son capaces de escalar del modo en que Vista lo ha hecho. ¿Por qué algunas empresas no son capaces de pasar de los 3.000 millones a los 30.000 millones de dólares o, como voso-tros, a más de 100.000 millones en activos gestionados (AUM, en in-glés)? ¿Qué les impide dar el salto?

R. Voy a darte tres motivos. Y voy a compararlos con lo que nos permite escalar. Lo primero es el modelo. El modelo del equipo de inversión, del equipo de creación de valor, y de los equipos de gestión, y cómo trabajamos juntos en ese constructo. ¿Por qué es importante? No me gusta que haya ni un solo punto de fractura. Soy ingeniero, ¿verdad?

Muchas de esas empresas se construyen sobre la personalidad de una sola persona, el «inversor de talento». Si te fijas en muchos de esos inversores de talento, tienen una ratio de pérdidas bastante elevada, lo que ocurre es que también han tenido algunas victorias muy sonadas. Para mí, invertir no consiste en hacer un montón de dinero con un par de operaciones, perderlo con otras, y entonces juntarlo todo y que, de media, el resultado sea bastante bueno. Me fijo en la ratio de pérdidas. En eso es en lo que estoy pensando. Entonces, ¿por qué [otros] motivos la gente no consigue escalar? Porque se ve inmersa en un problema de riesgo moral, porque ha bifurcado los beneficios, y algunos años todo va bien, y otros no. Algunas de esas personas han construido sus organizaciones como si su estructura fuera una cuestión secundaria. En contraposición con lo que sería un sistema, sus organizaciones están demasiado centralizadas en una persona.

Y me imagino que el tercer motivo es la cultura de la organización. En los puestos de vicepresidencia y los que están más arriba, tenemos un porcentaje de retención del 95 por ciento. Solo tenemos a dos directores gerentes que no empezaron como analistas o asociados. De esta forma sí es posible construir una cultura. Y, por cierto, también somos una firma con paridad de género y con un 40 por ciento de personas de color. Así tienes la capacidad de construir a la gente, y de formarla y enseñarle y guiarla y desarrollarla, y de asegurarte de que una persona es capaz de encontrar el lugar en que puede convertirse en su mejor versión en la construcción de la organización. Todo eso es lo que va a permitir que tenga éxito. No sé qué hacen los demás, pero eso es lo que hacemos nosotros.

C. Me parece algo único, y de lo que deberíais estar muy orgullosos. Nadie será perfecto, pero es mejor tratar de encontrar a las personas que están tan cerca de la perfección como sea posible. Tienen una ventaja, por así decirlo.

R. Y parte de esa ventaja es la evaluación. ¿Solo tienen a un gran bateador en el campo, y les va bien o les va mal en función de ese único bateador? ¿O están construyendo equipos, equipos en las ligas menores, y les permiten ganar experiencia y les ofrecen un lugar en el que crecer? Siempre digo a mis equipos: hay dos estilos de gestión, dos formas de crecer. Puedes crear una organización para que la gente crezca en ella, y puedes crear huecos para que la gente los ocupe. Tú, como gestor, tienes que decidir lo que necesita una persona. En ocasiones, es una organización en la que necesitas estar bien informado y aprender. [O] es un hueco que necesito que llenes con tu mejor versión y lo que has aprendido. Pero para conseguir algo así hay que invertir mucho en la gestión. Pero si no lo haces a conciencia, entonces tienes una organización que no es capaz de tomar decisiones y que no puede crecer sin el líder.

C. Más que otras características, creo que eso es lo que más veo. Ahora tenemos participaciones SG en más de sesenta empresas diferentes. Hemos tenido que averiguar primero si en realidad son buenas en lo que hacen, porque de lo contrario no nos habríamos metido. Pero cuando observamos las diferencias, lo que veo más a menudo es que, por un lado, están las empresas impulsadas por el talento y, por otro, tenemos a las empresas impulsadas por la gestión. Ninguna de las dos opciones es buena o mala por definición, ¿verdad? Pero la capacidad de escalar proviene de tener ese nivel de gestión que permite al talento demostrar su talento, y que permite a la gestión gestionar las cosas, y que permite a todo el mundo, tal como has expresado, convertirse en la mejor versión de sí mismo.

R. Muy bien dicho. Eso es, correcto.

T. Para completar esta idea, me gustaría saber..., cuando buscas una buena gestión —que si es eficaz, se convierte en liderazgo, ¿verdad?—, ¿qué cualidades te parecen más importantes? Para que sea un verdadero líder en la organización, y pueda generar resultados y seguir creciendo a ese nivel tan alto, ¿cuáles son los elementos más importantes que buscas en una persona?

R. Es una gran pregunta. La mayoría de los inversores de Vista entran como analistas y asociados, y parte de lo que busco es: ¿son curiosos por naturaleza? ¿Tienen una cabeza que siempre está dispuesta a aprender? Ya lo sabes, Tony. Estamos en el negocio de la transformación. Tenemos que encontrar a personas que sean ágiles en su forma de pensar, con una mentalidad abierta en su enfoque sobre la vida, y que en realidad tengan la curiosidad intelectual que permita, como ya has visto por su currículum, hacer que las cosas funcionen. Siempre van a tratar de encontrar las soluciones para poder decir: éste es el código fuente que explica por qué algo es como es. Me imagino que podría resumirse en que busco aquello que aprendí al comienzo de mi carrera en Bell Labs, lo que me enseñaron mis padres: el placer de descubrir las soluciones a los problemas.

11

Ramzi Musallam

CEO de Veritas Capital

Honores: ocupa el puesto 280 en la lista *Forbes* de las 400 personas más ricas del mundo.

Activos totales gestionados (en agosto de 2023): 45.000 millones de dólares.

Área de especialización: Veritas Capital se especializa en comprar empresas que operan en sectores con una fuerte presencia del Estado, como la atención médica, la seguridad nacional y la educación.

Para destacar:

- En junio de 2023, las empresas que Veritas tiene en cartera generaron unos ingresos anuales superiores a los 25.000 millones de dólares.
- En junio de 2023, sus empresas en cartera dan trabajo a más de 120.000 empleados.
- Veritas recibió en junio de 2023 el premio al mejor gestor de fondos especializados en adquisiciones de Norteamérica concedido por Preqin.
- En 2022, Veritas apareció por décimo año consecutivo en la lista elaborada por Preqin de los mejores gestores de fondos con mayor rentabilidad.
- En febrero de 2023, según una clasificación mundial elaborada por HEC París y Dow Jones, Veritas ocupó el segundo lugar «en

términos de rentabilidad acumulada en todos los fondos especializados en adquisiciones creados entre 2009 y 2018».

- En agosto de 2023, la revista *Fortune* incluyó a Ramzi Musallam entre los veintiún actores más poderosos en el mundo del capital privado.

Tony: Ramzi, sé que no concedes muchas entrevistas, así que es un verdadero honor poder contar contigo. Tienes un currículum increíble. Muchas personas ya lo conocen. Pero no creo que haya mucha gente que conozca la historia de todo por lo que has tenido que pasar. Llevas veintiséis años en la empresa. Por lo que sé, te uniste a Veritas en 1997. Cinco años después, pierdes a tu socio y amigo, y habrías podido perder todo el negocio. Pero ni un solo inversor se fue de la empresa. Has llevado [a Veritas] de los 2.000 millones a los 45.000 millones de dólares y has conseguido unos beneficios extraordinarios. Si no te importa, me encantaría que pudieras compartir con nosotros unas pinceladas sobre la historia de tus orígenes.

Ramzi: Bueno, te explico los puntos más importantes, y por favor interrúmpeme si tienes alguna pregunta. Mis orígenes, en el sentido de cómo empecé, se remontan a que cuando estaba en la escuela de negocios me ofrecieron una oportunidad increíble. En aquel momento, Jay Pritzker era el patriarca de la familia Pritzker. No estaba dividida en quince feudos diferentes, como ocurre en la actualidad; él lo controlaba todo, directamente. En resumen, después de insistir mucho y llegar a conocer bien a su asistente, por fin pude contactar con él. Después de una breve conversación, me dijo: «Mira, tengo una oportunidad a la que quiero que eches un vistazo. Es posible que yo pudiera estar interesado. Reúnete con el equipo de gestión y entonces ven a verme y dime qué te parece».

Resumiendo, volví, me reuní con él y con sus «manos derechas», y le expliqué mi punto de vista sobre aquella posible oportunidad de inversión. Me contrató en aquel preciso instante. Siempre he tenido una mentalidad emprendedora. Mi padre llegó a este país y montó un negocio. Mi hermano está ahora con su tercera *start-up*. Digamos que tengo esa mentalidad emprendedora, de ser el propietario.

Pero la razón por la que hablo de todo esto es porque [mientras trabajaba con Jay] me presentaron a Bob McKeon, el caballero al que has mencionado debido a su fallecimiento. En aquel momento estaba invirtiendo con un grupo de antiguos ejecutivos, los CEO de algunas empresas del Fortune 500, que me proporcionaban capital para cerrar unas operaciones generalistas y relativamente pequeñas. Así nos conocimos, y decidimos abrir un fondo. Ahí fue cuando decidí volver a Nueva York. Dejé a Jay después de una experiencia increíble, después de dieciocho años trabajando para él, mientras estaba haciendo mi máster. En lo que se refiere a mi vida profesional, una experiencia transformadora.

Bob y yo empezamos a crear nuestro fondo, que era generalista, sin una especialidad concreta. Y era un fondo pequeño, de 175 millones de dólares. Nos llevó dieciocho meses. Y hubo tres operaciones, tres inversiones en las que Bob había estado metido antes y que se convirtieron también en inversiones de nuestro fondo: una siderúrgica, un fabricante de componentes de automóvil y una empresa de reparación de barcos. O sea, nada que ver con lo que hago hoy. Siempre he dicho que es mejor tener suerte que ser bueno en algo. Y fui bastante afortunado, tuve suerte. Y la firma pudo aprovechar la próxima oportunidad que se le presentó.

Un amigo nos había hablado de una oportunidad en Huntsville (Alabama). Era una empresa de tecnología en el sector de la defensa, y que en el pasado había formado parte de Chrysler. Nunca habíamos invertido en aquel ecosistema. Fui allí, y empecé a aprender mucho sobre aquella oportunidad en cuestión y el ecosistema del que formaba parte. Resumiendo, aquello se convirtió en la piedra angular de nuestra primera inversión en lo que llamamos «la intersección entre la tecnología y el Estado»; en este caso, la defensa. La empresa era Integrated Defense Technologies. La reconstruimos, la reposicionamos, la hicimos crecer, la llevamos a la bolsa y entonces la vendimos. Ésa fue la génesis de nuestra área de especialización actual: invertir en tecnología y en empresas relacionadas con la tecnología en mercados con una fuerte influencia de la Administración pública. Las tres áreas de mayor actividad para nosotros son la seguridad/defensa, la salud y la educación. [Desde el principio] me pareció evidente que, como firma de inversión, no teníamos un rumbo claro. Éramos generalistas y no teníamos una razón de ser. Necesitábamos centrarnos. Éramos inversores, pero sin unos conocimientos especializados o una posición estratégica en el mercado. Así que, en octubre de 1998, compramos aquella empresa y cerramos el trato. Y desde entonces nos hemos centrado exclusivamente en este amplio mercado tecnológico.

Carlyle entró en el sector de la defensa a finales de la década de 1980, bajo la dirección de Frank Carlucci. Pero para finales de los años noventa ya había empezado a dedicarse a lo que hace en la actualidad: una empresa de inversión muy grande, exitosa y dominante. En aquel entonces éramos los únicos que nos dedicábamos a eso, y todavía tenemos la sensación de que somos los únicos en esta área de especialización. Aquél fue el origen del currículum que tenemos en la actualidad, y del que estamos muy orgullosos. Ahora mismo estamos acabando de cerrar el Fund VIII, y nuestra sensación es que la volatilidad ha sido prácticamente inexistente. Durante el pasado cuarto de siglo, nuestra ratio de pérdidas ha sido de menos de medio punto porcentual.

T. He hecho los deberes, y he visto que en los últimos diez o doce años solo ha habido una transacción en la que habéis perdido dinero.

R. Hemos aprendido más de esa operación que de cualquier otra. Aprendimos mucho sobre lo que podríamos haber hecho mejor. Incluso en un contexto en que fuimos capaces de obtener beneficios en términos más generales, no queremos [que nuestros inversores] se despierten por la noche preocupados por la rentabilidad y la volatilidad asociada.

Pero volviendo a lo que ocurrió, puesto que lo has mencionado. [Bob] y yo éramos las personas clave en el fondo. Él falleció. A título personal para mí fue muy trágico. Como es evidente, estábamos muy unidos. Pero desde un punto de vista profesional, nuestros socios limitados sabían desde el principio cómo se estaban cerrando las operaciones, y lo que estábamos haciendo para aumentar el valor de las empresas de nuestra cartera. Así, cuando pasamos por aquello, el cien por cien de nuestros socios limitados decidieron que querían seguir con nosotros. Aquello no tenía precedentes, pero desde mi perspectiva, era previsible. Así era mi mentalidad.

T. Es increíble. ¿Saliste y hablaste personalmente con ellos?

R. Sí, mis socios y yo así lo hicimos. Salimos y nos reunimos con todo el mundo. Y para serte sincero, lo hicimos en unas circunstancias muy difíciles. De hecho, tuvimos la primera reunión justo el día después de su muerte. Todo fue muy repentino, porque, por desgracia, decidió acabar con su vida. Fue muy difícil. Pero yo sentía que no solo tenía una responsabilidad con nuestra empresa, sino con las empresas en cartera, los empleados y nuestros inversores para garantizarles que podíamos mejorar su rentabilidad a largo plazo. Así que inmediatamente dos socios de la empresa y yo empezamos a reunirnos con todo el mundo.

T. Varias personas me han dicho que algunos de vuestros socios limitados se quedaron muy impresionados cuando en medio de todo aquello —y es evidente que tú debías estar muy afectado personalmente— encontrasteis la manera de no perder la concentración. Aquello les hizo pensar que ante cualquier adversidad financiera que pudiera surgir en el futuro, también seríais capaces de aguantar. Y dice mucho de vuestro carácter.

R. Bueno, gracias. Creo que en el mundo en que vivimos hay que ser capaz de compartimentar. Hay un bien común. Sentía que tenía la responsabilidad de garantizar a todos que podríamos seguir haciendo lo que estábamos haciendo, y hacerlo a un nivel óptimo, al mejor nivel. Para cumplir con aquel bien común había un claro *modus operandi*.

Desde el punto de vista del día a día, desde dentro, la gente no vio ninguna diferencia, porque a la hora de la verdad yo había estado dirigiendo el negocio. Así que no sintieron que hubiera nada distinto. Pero, evidentemente, había una gran diferencia. Y, como he dicho, desde el punto de vista de un socio limitado, él era una de las personas clave. Así que fue todo un desafío. Por suerte, tenemos un equipo increíble. La verdad es que la cultura lo es todo. En el mundo en que vivimos, uno no se diferencia por los cacharros que inventa. Es por la gente y por cómo defines quién eres y cómo mantienes la cultura a medida que vas creciendo. Tenemos a la gente adecuada en el lugar adecuado y una cultura de sinceridad y colaboración. Desde mi punto de vista, como ninguna otra empresa del sector. Eso es de lo que estoy más orgulloso; eso es a perpetuidad.

En el transcurso de los últimos diez años hemos pasado de 2.000 a 45.000 millones de dólares, pero nuestra cultura es la misma. Y eso es algo de lo que estoy muy orgulloso. Conecta con esa mentalidad emprendedora que creo que tengo, con la que me educaron. Varios socios de la firma tienen orígenes similares, muy emprendedores, lo que no es habitual en el capital privado. Somos realmente estratégicos en los mercados en los que nos involucramos. Es muy extraño que no sepamos tanto como los equipos directivos de las empresas con las que trabajamos sobre los mercados en que estamos metidos, ya sea la tecnología médica, tecnología educativa o tecnología relacionada con la defensa y la seguridad nacional. Llevamos más de un cuarto de siglo metidos en estos mercados. Y creo que conocemos las palancas de valor mejor que nadie. Y hoy seguimos construyendo sobre esa propiedad intelectual (IP, en inglés). Eso es lo que hacemos. Generamos propiedad intelectual y construimos sobre ella. Hoy hace ya veinticinco años.

Cuando piensas en el Estado y la tecnología, el Estado está en primera línea de todas las complejidades a las que nos enfrentamos, relacionadas con la tecnología o no. Así puedes estar cerca de lo que ve el Estado: cuáles son los problemas a los que nos enfrentamos, cuáles son las complejidades, cuáles son los desafíos, y cómo la tecnología y las empresas tecnológicas pueden contribuir para superar esos desafíos. Internamente, yo lo llamo «la punta de lanza». Somos vistos como los guardianes de unos activos nacionales, para serte sincero, ya sea en la salud, la educación o la seguridad nacional. Mi autorización de seguridad es la más elevada que puede obtener una persona individual. Sentarse ante el polígrafo en un búnker de una agencia de inteligencia y que te veten con cierta frecuencia, por tus actividades, es un proceso muy pesado. Pero es una de las funciones de ser estratégico en el mercado, y de ser capaz de aportar esa perspectiva para añadir valor a lo que las empresas de nuestra cartera más valoran: nuestros clientes. En nuestro caso, ese impulso ha sido una constante. No ha cambiado ni se ha cuestionado. Es un factor muy importante a medida que vas creciendo en el sector del capital privado. Nuestro primer fondo era de 175 millones de dólares. Nuestro segundo fondo era solo de 150 millones. Nuestro fondo más reciente era de 11.000 millones de dólares. Ahora gestionamos unos 45.000 millones de dólares en activos.

T. Es fascinante. Sin lugar a dudas, os habéis alineado con el mayor comprador de tecnología del mundo y, como has dicho, en la primera línea de la economía mundial. Es muy inteligente. Me sorprende que nadie lo haya hecho antes, pero llegados a este punto, es vuestro territorio.

R. Si te fijas en la composición de nuestra cartera, entre el 60 y el 65 por ciento son ventas a las agencias del Estado. De un tercio a un 40 por ciento son ingresos de entes comerciales. El elemento que tiene mucha importancia, y que descubrí durante nuestra primera inversión, es que en comparación con la comunidad del capital riesgo o con quien sea, el gobierno es el mayor inversor en tecnología, y con gran diferencia. Lo que he aprendido y ahora valoro, y a lo que ahora estamos dedicados, es que el gobierno invierte en estas empresas a través de lo que se conoce como «programas de I+D financiados por los clientes». Sin embargo, esas empresas retienen la propiedad intelectual y tienen la capacidad de utilizarla para crear oportunidades no solo en los principales mercados en los que están metidas, sino sobre todo en otros secundarios y adyacentes, a los que se dirigen tanto las empresas comerciales como las Administraciones públicas.

Así, gran parte de lo que hay en tu iPhone ha podido desarrollarse gracias a una colaboración con el Estado, empezando por Siri. Los algoritmos que componen la columna vertebral de Google, desarrollados por el Estado. La tecnología de Tesla, la tecnología autónoma, desarrollada por el Estado. No solo es la financiación que, repito, representa cientos de miles de millones cada año, sino también la colaboración con el personal del gobierno para impulsar y desarrollar esas tecnologías. Llegamos muy rápido a esa conclusión, y la utilizamos y la aprovechamos en beneficio de nuestros clientes para las empresas de nuestra cartera.

T. Antes has mencionado que la cultura lo es todo. Y esa frase ha sido una constante en todas las personas a las que hemos entrevistado, y que han sido las mejores en el negocio, como tú. Si puedes compartirlo con nosotros, me encantaría oír un poco más sobre tu educación y cómo ha afectado a tu manera de crear relaciones y a la cultura que has construido en Veritas.

R. Para mí es muy importante, y creo que también lo es para nuestra empresa. Nací en Jordania. Mi familia proviene de Oriente Próximo. Tengo raíces palestinas y libanesas. Mi padre emigró a este país para ir a la universidad. La primera persona de la familia en hacerlo, y lo hizo por su cuenta, aquí no conocía a nadie. Viajó en barco desde Italia a Estados Unidos. Pasó la primera noche en Estados Unidos en el YMCA, fue a darse una ducha, y le robaron todo lo que tenía. Y en aquella época no había móviles. No tenía a nadie. Aun así, encontró el modo de ir a la Universidad de Misuri para sacarse el grado en Ingeniería Civil. Y a partir de ahí tuvo varios trabajos; entre ellos, en el Departamento de Transporte y en el Cuerpo de Ingenieros del ejército.

Cuando yo nací, en Jordania, trabajaba en varios países del mundo. Y, entonces, primero nos trasladamos a Yeda, en Arabia Saudí, y luego fuimos a Mbeya, en Tanzania, donde recibía clases en casa porque estábamos en un área rural. Creo que eso es importante desde dos puntos de vista. Sumergirse en culturas diferentes a tan temprana edad me abrió los ojos. Vivir en la Mbeya rural, y después vivir en Riad, en un contexto muy distinto al actual. Me permitió ver cómo vivían otras personas, y ser más empático con los problemas a los que nos enfrentamos en todo el mundo. Después de aquello, mi padre decidió que quería crear su propia empresa, y pensó que no había mejor lugar donde abrir un negocio que Estados Unidos. Así que llegamos a Estados Unidos. Eso me permitió ver en primera persona a alguien muy emprendedor, que dice: «Mira, he aprendido mucho. He desarrollado un conjunto de habilidades y ahora voy a asumir un riesgo y hacer algo que todos soñamos hacer; es decir, abrir mi propia empresa». Y, evidentemente, lo arriesgó todo para hacerlo.

Aquello tuvo una influencia decisiva en mi forma de pensar y en mi manera de ser. Como he mencionado antes, aquí, nuestra cultura es muy emprendedora. Así, cuando me dirijo a mi equipo, les digo: «Cada uno de vosotros es el dueño». Podéis aprovechar todos los recursos que tenemos, todos los conocimientos que tenemos, toda la propiedad intelectual que tenemos, y es vuestro deber pensar de este modo. Tomad la iniciativa, asumid riesgos. Siempre y cuando sopeséis los parámetros y creéis oportunidades para la empresa, apoyo por completo que asumáis esos riesgos.

De esta manera, las personas que atraemos son personas muy emprendedoras en su forma de pensar. Y esa cultura es fundamental. Todos estamos alineados del mismo modo, obviamente, en el sentido de que trabajamos en términos de incentivos y objetivos estratégicos. Pero me parece aún más importante que para poder hacer realidad el objetivo final de conseguir que algo sea mejor, más grande, también estamos alineados en la forma en que pensamos y operamos entre nosotros. Y creo que eso surge de la capacidad para ver las cosas muy pronto, desde el primer momento; de la capacidad para crear empresas y de formar parte de distintos entornos en África y Oriente Próximo.

T. ¿Qué has aprendido de tu padre o de la educación que recibiste sobre gestionar las decepciones o lidiar con el fracaso?

R. Tenemos a un grupo de estudiantes en prácticas que pasan aquí el verano. Les digo que lo más importante es aprender de los fracasos, porque si no tienes fracasos, nunca tendrás éxito. Estoy muy convencido de ello. Si no pasas por dificultades, ni siquiera podrás entender qué significa el éxito. ¿Cómo haces algo así? Aprendes de tus errores. Nos sentamos después de haber hecho una inversión que ha salido bien, y hablamos sobre cómo podríamos haber hecho mejor las cosas. ¿Dónde nos equivocamos? ¿Qué nos perdimos? Porque incluso si el resultado final de la inversión es bueno para nuestros inversores, podría haberse hecho mejor.

Siempre hay algo que pasas por alto. Siempre pienso en optimizar esa propiedad intelectual, así que hemos organizado sistemáticamente esa parte. Es importante que la convirtamos en un sistema para la gente que en el futuro llegue a Veritas, para que aprendan un compendio de estrategias sobre los errores que hemos cometido y cómo podríamos haberlo hecho mejor.

Aunque pueda parecer que nos desviamos un poco del tema, aquí tenemos algo muy especial, y es importante en el sentido de lo que estamos intentando hacer en términos de diferenciarnos de los demás. Quizás a un inversor del fondo le suene poco ortodoxo, pero, antes que nada, en un principio nunca me fijo en los resultados financieros de nuestras empresas. Primero me fijo en la transformación estratégica de esas empresas. Así, durante los dos primeros años después de haber hecho una inversión, pensamos en esas tecnologías esenciales y en dónde podemos invertir más en investigación y desarrollo, en ventas y marketing adicional, no solo para penetrar más en los principales mercados en que ya tenemos presencia con las capacidades actuales, sino también para trasladarlas a adyacencias que puedan impulsar su presencia en nuevos mercados en los que no estaban presentes cuando compramos las empresas. ¿Cómo logramos que sean más estratégicas en el ecosistema? ¿Cómo lograr que asciendan en esta simbólica cadena alimentaria? Medimos ese éxito, y eso ocurre durante los primeros dos años.

Si observas algunas de las inversiones que hemos realizado, en muchos casos verás que los gastos se disparan hasta la estratosfera. Hacemos un montón de cambios relacionados con los equipos de gestión, los ejecutivos, atraer nuevo talento, tratar de abrir el foco, por decirlo de algún modo. Así, en algunos casos, en este sentido hay mucha volatilidad. Pero, después, ves que esas empresas se vuelven muy disruptivas en sus ecosistemas. Se vuelven muy ágiles, de manera que ahora pueden coger esas capacidades, esa tecnología, y trasladarse a las adyacencias señaladas que nosotros hemos identificado como estratégicas. Es una parte muy importante de los motivos que explican por qué hemos podido generar esa clase de beneficios durante veinticinco años. No es ninguna casualidad que cuando llevamos a cabo la salida, más o menos siete de cada diez sean ventas a actores estratégicos.

Siempre digo que la prueba de fuego definitiva es que si de verdad estamos consiguiendo que nuestras empresas sean más importantes en esos ecosistemas, entonces debemos estar llamando mucho la atención de los actores estratégicos en esos mercados.

Christopher: Lo que comentas es un tema habitual que Tony y yo hemos tenido la suerte de escuchar de muchos grandes inversores. Es la constante aplicación de un manual de estrategias a un área en particular, a un sector, y crear un proceso repetible.

En la actualidad, cuando piensas en la inversión en el mundo de la tecnología vinculada al sector público, ¿cuáles son las mejores oportunidades?

R. Es una gran pregunta. Mira, hay una razón por la que nos dedicamos a las áreas a las que nos dedicamos. Para mí en cierto modo hay un componente personal, al menos en el sentido de que estamos marcando la diferencia para la ciudadanía, no solo en Estados Unidos, sino en todo el mundo. Con relación a nuestra vida cotidiana, no se me ocurren tres áreas más importantes a las que dedicarse que la educación, la salud y la protección de la población del planeta. Son las tres áreas en las que estamos centrados, y seguiremos centrados en ellas. Son unos mercados valorados en billones de dólares. Hay muchas posibilidades de encontrar oportunidades muy claras y obtener grandes rentabilidades cuando hacemos lo que decimos que vamos a hacer, conseguir que nuestras empresas sean más importantes para sus clientes; ése es el objetivo de todas y cada una de nuestras inversiones.

Te pondré un ejemplo. Poco después del 11-S, muchos muchos muchos de nosotros sufrimos pérdidas personales. Uno de mis mejores amigos de la universidad estaba en el primer avión que iba de Boston a Los Ángeles y que chocó con el World Trade Center. Aquello lo cambió todo en nuestras vidas. En aquel entonces, habíamos invertido en esa empresa de tecnología para la defensa que he mencionado, pero estábamos analizando diferentes áreas. Con total franqueza, todo eso me dejó una profunda huella. Se convirtió en algo muy personal tratar de comprender cómo el sector privado podía impulsar iniciativas para ayudar a proteger a la población en todo el planeta.

Así que empecé a reunirme con una serie de tipos de nivel sénior del aparato de inteligencia. Después de reunirme con unos cuantos, entre ellos el jefe de la CIA y la NSA —la única persona que en la historia de nuestro país ha dirigido ambas agencias—, algo me pareció bastante evidente: una de las grandes vulnerabilidades a las que nos enfrentábamos se conocía en el pasado como DPIA, la seguridad en la información y la protección de datos. Y por naturaleza, esa vulnerabilidad era estratégica. En el año 2001 y 2002 había distintas sensibilidades sobre en qué debíamos implicarnos en el sector público. Pero esas vulnerabilidades también afectaban al sector privado y los mercados comerciales. Así que mucho antes de que nadie empezara a pensar en el tema desde el punto de vista del capital privado, como inversores aquello nos llevó a pensar de verdad en las oportunidades en el sector de la ciberseguridad.

Y ese mercado es muy importante. Es muy muy grande. En este preciso momento, el tema del día es la inteligencia artificial, ChatGPT, etcétera. El Estado estuvo a la vanguardia de la inteligencia artificial.

Empezamos a invertir en empresas de IA en 2010. Por ejemplo, una de nuestras empresas cogía entonces *exabytes* de datos sin estructura e imágenes por satélite, en tiempo real, y ofrecía análisis a altos cargos del gobierno, entre ellos el presidente de Estados Unidos, a partir de los cuales se tomaban decisiones transcendentales.

Cuando pensamos en nuestras tres áreas centrales, no quiero desviarme. En el mundo del capital privado, suele ocurrir que algunas empresas se desvían de lo que saben hacer mejor. Cuando quieren crecer, se trasladan a nuevas áreas. Si me preguntas cómo montar una operación de comercio minorista, o una empresa de productos de consumo, o una empresa de transportes, te diría que no tengo ni idea. O sea, sería como tirar los dardos a la diana y darle a la pared. Pero si nos dices que levantemos una empresa en los ecosistemas que he mencionado, tenemos una idea bastante clara de lo que importa, de dónde invertir y en qué mercados involucrarse. Así que cuando pensamos en el futuro, no puedo pensar en áreas que sean más importantes que la salud, la tecnología, la tecnología para la educación y, obviamente, la tecnología para la seguridad global.

C. Resulta fascinante porque es evidente que desde un punto de vista tecnológico, el mundo ha cambiado mucho en los últimos veinticuatro o treinta y seis meses. Debido a la volatilidad que hemos vivido en los dos últimos años en la tecnología en general, y en todo el mercado en un sentido más amplio, si hablamos de lo que ha ocurrido, ¿qué esperabas que ocurriera, y qué ocurrió que no te esperabas?

R. Creo que el propio concepto de volatilidad se presta a las oportunidades, pero para serte sincero, también se presta a separar el grano de la paja. Desde este punto de vista, los entornos difíciles son importantes. Tenemos la obligación fiduciaria de proporcionar la mejor rentabilidad a nuestros inversores —los pensionistas, las *family offices*, las aseguradoras, quienquiera que sea—. Para nosotros, ése es el Santo Grial.

Hemos trabajado mientras en el mundo estallaban guerras, la Gran Recesión, cierres del gobierno, confinamientos, resoluciones continuas, un gran caos en la Casa Blanca, o como quieras llamarlo. Teniendo en cuenta el entorno, al menos el entorno macroeconómico que hemos vivido antes de los tipos de interés y la volatilidad, lo que estamos viviendo ahora en el conjunto de la economía es algo que todos tendríamos que haber anticipado. Así que, de nuevo, anticipo que la dispersión entre los mejores actores del mercado, los que tienen una razón de ser, y todos los demás se hará más grande. Creo que es lo que vais a ver.

Hay mucha más atención sobre esos actores que obtienen los mejores resultados. Y en función de la singularidad de su estrategia y de su aplicación durante un largo período, hay una mayor demanda para acceder a esos gestores que obtienen mejores resultados.

C. Como tu estrategia es muy singular, tengo curiosidad por saber en qué se equivocan los inversores cuando se fijan en el sector tecnológico vinculado al sector público. Quizás debería asumir que la gente no acaba de entender la película hasta que se la explicas.

R. Sí, y tengo las cicatrices que lo demuestran. No es fácil. Es un mercado muy particular. [Pero] no es una entidad monolítica. El gobierno tiene más de mil agencias diferentes. Pero la forma en que el Estado adquiere productos, bienes y servicios es muy diferente a la del mercado comercial. Por desgracia, aunque tengo un gran respeto por muchas firmas de capital privado de gran éxito, algunas han tratado de entrar y salir de estos mercados. Salvo que te sumerjas a tiempo completo, sobre todo en un área como la nuestra, es muy difícil hacer algo así, a no ser que hayas creado esa propiedad intelectual, que es fundamental porque no solo te ayudará a entender en qué consisten esas empresas. Te ayudará a descubrir cómo puedes hacer crecer una empresa que vende a las agencias del gobierno. ¿Cómo consigues que crezca de manera natural con unos porcentajes de dos dígitos? Bueno, tienes que asegurarte de que escuchas lo que los clientes tienen que decir, y que entiendes cómo venderles, y asegurarte de que satisfaces todos y cada uno de sus objetivos. Para serte sincero, también hay que trabajar con ellos para pensar en los próximos cinco o diez años, en términos de dónde estarán las necesidades futuras para poder satisfacerlas.

T. Has mencionado algo que para ti es el Santo Grial de la inversión. El título del libro es *El Santo Grial de la inversión*. Surgió hace diez o quince años, cuando conocí a Ray Dalio. Entrevisté a Warren Buffett, Ray Dalio y todo el grupo; más tipo inversores macro. Y Ray y yo nos hicimos buenos amigos. Una de las primeras preguntas que le hice fue: «Si tuvieras que sintetizar el principio único más importante para tus inversiones, ¿cuál sería?». Y contestó que el Santo Grial de la inversión es tener entre ocho y doce inversiones no correlacionadas. En tu caso, es obvio que lo ves de manera diferente. ¿Cuál es el Santo Grial de la inversión para ti con Veritas?

R. En especial en el mundo en que vivimos, diría que nos llegan datos desde todos los ángulos. Revisamos cada año más de mil oportunidades de negocio. Y tenemos un área de especialización muy concentrada. ¿Con cuáles quieres seguir adelante? ¿Y qué haremos para transformar y reposicionar esas empresas?

Eso no depende del atractivo de una empresa. No depende del valor. Depende de si nuestro manual de estrategia se aplica a la oportunidad que tenemos delante. Decimos que no a muchas grandes empresas. Decimos que no a grandes empresas que en realidad están valoradas de la manera adecuada. Pero si una no encaja con ese nivel estratégico de inmersión que he mencionado, y de reorientación y reposicionamiento, diremos que no. Vemos un montón de datos. [Pero] de todo lo que ves, coge las tres cosas más importantes, y entonces compréndelas hasta la enésima potencia, y entiende cómo puedes aplicarlas en relación con una inversión estratégica. Aunque es mucho más fácil decirlo que hacerlo.

En realidad, siendo simples, consiste en ser capaz de distinguir cuáles son las tres o cuatro cosas más importantes. Poder hablar largo y tendido de ellas para potenciar su valor, según nuestro modelo, con una reorientación estratégica de las empresas para que puedan ascender en la cadena alimentaria, ser más importantes para sus clientes, y coger su esencia y trasladarla a nuevas adyacencias. Si podemos hacer eso de la forma correcta, tenemos muchas posibilidades de volver a obtener la clase de rentabilidades que hasta ahora hemos sido capaces de generar.

T. Es evidente que crear y hacer crecer una gran firma de inversión requiere mucho más que ofrecer una buena rentabilidad. En tu opinión, ¿cuál ha sido la principal razón de tu éxito? Porque vosotros vivisteis una explosión. Hubo un punto de inflexión en que tu empresa era buena, y entonces pasó a ser extraordinaria. ¿Cuál fue ese punto de inflexión? ¿Cuál ha sido el factor que ha causado esta explosión de crecimiento y resultados?

R. Todo empezó en 1998, cuando hicimos esa primera inversión en aquella empresa, y nos integramos y decidimos que teníamos que focalizarnos. Pero también tenemos continuidad. Aquí tenemos personas que han estado con nosotros desde el principio, y esa continuidad es muy importante. Las capacidades que tenemos para trazar nuestro propio rumbo, por decirlo de algún modo, y perseguir objetivos que quizás antes no podíamos o no habíamos sido capaces de conseguir, simplemente nos abrieron las oportunidades.

Como he dicho antes, uno de los aspectos más importantes es que creo firmemente que a lo largo de tu vida tendrás oportunidades; solo tienes que estar muy preparado y estar deseoso, entusiasmado, y ser agresivo para abordar y aprovechar esa oportunidad. Diría que ésa fue una oportunidad clara que desde el punto de vista del mercado sorprendió a mucha gente. Pero les diría que estén atentos, porque aún ocurrirá mucho más. Y no solo me refiero al aumento de los activos gestionados (AUM, en inglés).

No me fijo en eso. Sí, el aumento ha sido de 2.000 millones a 45.000 millones de dólares. Nuestros beneficios, que desafían las «leyes» del capital privado, han ido aumentando a medida que nuestros fondos eran cada vez más grandes. Así, según Preqin, el fondo seis, por ejemplo, que es un *vintage* de 2018, es el fondo con mayor rentabilidad. Sé que suena simple, pero cuando eres un actor estratégico, construyes sobre esa propiedad intelectual. Hoy somos más inteligentes que el año pasado. Tienes que seguir mejorando. Así es nuestra mentalidad colectiva

Ésas son nuestras expectativas. Forma parte de nuestra cultura. Cuando hablo con las personas que trabajan aquí, hablamos de [cómo] el próximo fondo, que abriremos dentro de poco, debería ser el fondo con el que obtendremos la mejor rentabilidad. Ésa es la expectativa.

C. Tomaste el mando en unas circunstancias muy difíciles. ¿Qué te hubiese gustado saber antes de coger las riendas, pero que nadie te dijo?

R. Para mí, el día a día no cambió en absoluto. Antes y después, el equipo de aquel momento y yo seguimos gestionando las inversiones. Al fin y al cabo, nadie puede predecir qué va a ocurrir. Pero hay dos palabras que guían mi vida: pasión y compasión. Por supuesto, como he mencionado antes al hablar de mis orígenes, sé compasivo. Pero, también, la pasión. Me encanta desarrollar empresas, tanto si es la nuestra como las de nuestra cartera. Debes tener esa pasión porque, en última instancia, es la prueba definitiva. No va de ninguna otra cosa. El resto son los subproductos de tu éxito, pero en realidad todo se trata de lo que te gusta hacer de verdad. Y desde el punto de vista del día a día, no se me ocurre nada más interesante que las áreas en las que invertimos y las personas con las que interactuamos en Washington. Pero no creo que haya nada que me haya sorprendido, al menos negativamente.

C. Con la ventaja de poder echar la vista atrás, ¿hay algo que te hubiera gustado hacer de otra manera en la empresa?

R. Siempre hay algo. Para nosotros, la gente lo es todo. Nos enorgullece mucho ayudar a que la gente crezca porque, por encima de todo, somos fiduciarios de nuestros inversores. Tenemos que ser los mejores; por lo tanto, nuestra gente tiene que ser la mejor. En consecuencia, cuando se trata de contribuir al desarrollo de las personas, y de guiar como mentores a esas personas, algo que siempre ha sido nuestra intención, siempre podemos hacer un trabajo mejor. Pero, en algunos casos, tienes que tomar decisiones difíciles antes de que sea demasiado tarde.

Cuando te aferras a alguien más tiempo del que deberías, acabas cometiendo un gran error. Cuando resulta evidente que la decisión ya está tomada, pero por las razones que sean no ejecutas esos cambios, tanto si se trata del personal interno de Veritas o de ejecutivos, o sea cual sea el caso. Aprendes de esos errores. Quieres ofrecer muchas oportunidades a la gente, pero también debes actuar cuando sabes con certeza que algo no está saliendo como debería.

T. Siguiendo con ese tema, cuando piensas en el universo del talento en el mundo de la inversión, ¿cuáles serían para ti los rasgos más importantes que diferencian a los buenos de los mejores?

R. Tenemos nuestros propios análisis para valorar esa cuestión. Pero diría que si hablamos de lo que hacemos, es más un arte que una ciencia. Por un lado, tienes la parte de la capacidad y la aptitud, la parte de la inteligencia analítica, que siempre puedes medir sin muchas complicaciones (el IQ). Pero la inteligencia emocional es más importante. Estamos metidos en un negocio de personas. Hablamos con los propietarios. Hablamos con los inversores. Hablamos con los equipos de gestión. Trabajamos internamente con personas muy distintas. La capacidad para integrarse en esos distintos niveles, la habilidad para expresarse bien y comprender de verdad a la persona con la que estás hablando, el arte de escuchar, la capacidad de valorar y juzgar... En realidad, ¿cómo evalúas todo eso?

Al final, no lo sabes del todo hasta que no están dentro de la empresa. Pero a la hora de tomar esas decisiones, buscamos esa clase de rasgos y ese tipo de experiencias. Porque si quieres entrar en Veritas, no te van a llevar de la mano. Tendrás que aprovechar una gran plataforma. Trabajarás con personas que tienen un éxito tremendo, personas apasionantes. Al fin y al cabo, buscamos personas con esa misma mentalidad [emprendedora]. Y luego, en última instancia, la pasión. Quiero decir, este negocio es duro. La gente hace jornadas muy largas. Tienes que entenderlo y llegar a apreciarlo. Y tienes que meterte por las razones adecuadas. La razón adecuada es que quieres marcar la diferencia.

T. Entonces, el trabajo alimenta el espíritu, porque, como has dicho, tiene un significado más profundo. No solo es lo que se ve en la superficie.

R. Exacto.

T. Y en este tema, lideras con el ejemplo.

R. Lo intento.

T. De corazón, sentimos un profundo respeto por lo que habéis construido aquí, y además eres una persona encantadora. Tu padre debía estar —sé que ha fallecido— increíblemente orgulloso.

R. Sé que no me quita el ojo de encima.

12

Vinod Khosla

Fundador de Khosla Ventures

Honores: convirtió una inversión en Juniper Networks de 4 millones de dólares en unos beneficios de 7.000 millones. Uno de los primeros inversores en Open AI. Miembro de la organización benéfica Giving Pledge.

Activos totales gestionados (en agosto de 2023): 15.000 millones de dólares.

Área de especialización: tecnologías disruptivas en la salud, la sostenibilidad, *fintech* e inteligencia artificial.

Para destacar:

- En 1982, Vinod Khosla fue uno de los fundadores de Sun Microsystems, empresa creadora del lenguaje de programación Java, que más adelante sería adquirida por Oracle por un precio de 7.400 millones de dólares.
- A lo largo de su carrera, el señor Khosla ha invertido en las fases de desarrollo de empresas como Google, LinkedIn, Nest, DeepMind, Instacart, DoosDash, Impossible Foods y Affirm, entre otras.
- Entre sus muchos reconocimientos, en 2023, el señor Khosla ha sido elegido como uno de los inversores más destacados del sector tecnológico por la revista *Forbes*, ha recibido el premio al inversor más sostenible del mundo y ha obtenido la Medalla Nacional de Tecnología.

Tony: Vinod, no sé si lo recordarás, pero nos conocimos cuando hablé en TED, en los tiempos en que aún estaba en Monterrey. Tuve una breve conversación con el vicepresidente. Y aquella noche, tú y un grupo de Kleiner Perkins me invitasteis a cenar para hablar de lo que había ocurrido durante el día. Desde entonces, soy un gran admirador tuyo, y me estoy quedando corto.

Vinod: ¡Sí! TED es uno de esos lugares que reúne a la clase correcta de personas. Odio reconocerlo, pero desde 1986 he asistido a todos los grandes actos de TED.

T. ¡Vaya! Durante ese tiempo has debido ver muchas cosas. Eres una persona extraordinaria. Me encantaría que compartieras con nosotros algunas pinceladas de tu historia personal, de cómo pasaste de vivir en la India, con el sueño de vivir lo que estaba pasando en Silicon Valley, a ser rechazado varias veces por Stanford, recibir 300.000 dólares en capital semilla y crear Sun Microsystems; hacer que valiera más de 1.000 millones en unos pocos años, y realizar todas esas inversiones de las que hemos oído hablar, como la inversión de 3 millones en Juniper que devolvió casi 7.000 millones de dólares a Kleiner Perkins. ¿Cómo pasaste de tus orígenes en la India a convertirte en uno de los inversores en capital riesgo más respetados y exitosos del mundo?

V. Crecí en una familia extremadamente conservadora. Mi padre se quedó huérfano cuando tenía tres años. Vivió con distintas familias y, entonces, a los quince o dieciséis años, fue reclutado por el ejército británico. A los dieciséis, estaba combatiendo en Egipto. Así, lo mejor que le pasó durante la infancia y la juventud fue entrar en el ejército. Ya nunca tendría que preocuparse de encontrar trabajo. Así que quería que a los dieciséis yo me alistara en el ejército de la India. Ésa era su visión para mí. Pero yo era su perfecto opuesto. Yo quería asumir riesgos.

T. ¿Era simplemente tu forma de ser, o hubo algo que ayudó a que eso se manifestara? ¿Qué marcó la diferencia?

V. Creo que yo ya era así. [Mi padre] no creía que estudiar ingeniería e ir a la universidad fuera una buena idea. Yo pensaba más en cosas como: ¿cuáles son los problemas que tengo por delante y hay formas creativas de solucionarlos? Por cierto, no conocía a una sola persona en el sector. Solo vivíamos en zonas militares. O sea, el equivalente a una base del ejército. Se llamaban «contenciones», que eran las zonas en que solo vivían los militares y sus familias. Así que nunca conocí a nadie que se dedicara a eso o que tuviera relación con la tecnología, nunca me tropecé con nadie así, pero yo era curioso. Y cuando leí sobre Andy Grove y la creación de Intel, me dije que estaría muy bien montar mi propia empresa y hacer algo difícil desde el punto de vista técnico. Por eso, después de graduarme en ingeniería biomédica, decidí trasladarme a Silicon Valley. Y aunque Stanford me rechazó en dos ocasiones, decidí pelear para poder entrar. No dejaba de decirles que estaban cometiendo un gran error.

T. A la tercera va la vencida. Es impresionante.

V. Bueno, en realidad siempre estoy buscando soluciones creativas. Me rechazaron la primera vez, y me sentí muy mal. Así que hablé con ellos, y me dijeron que debía tener como mínimo dos años de experiencia profesional, lo que era una forma de decirme que me fuera. Lo que hice al año siguiente fue tener dos trabajos a tiempo completo. Así gané dos años de experiencia profesional en solo uno, y volví a presentar mi solicitud. Y me rechazaron de nuevo, y volví a discutir con ellos. Les dije que tenía dos años de experiencia. Así que para que dejara de molestarlos, decidieron pasarme de la lista de rechazados a la lista de espera. Y entonces seguí insistiendo. Decidieron admitirme en su escuela de negocios tres o cuatro días antes de que empezaran las clases porque alguien había renunciado a su plaza.

Al parecer, menos al director del departamento, que odiaba mi perseverancia, le caía muy bien a todos los que trabajaban en el departamento de admisión. Una de las mujeres que trabajaba en el departamento me llamó tres o cuatro días antes de que empezaran las clases y me dijo que alguien había renunciado a su plaza. Así que llamé al director de admisiones y le dije: «Oye, tenéis un hueco. Estoy disponible». En aquel momento, ya llevaba tres semanas yendo a la escuela de negocios de Carnegie Mellon. Aquella mujer [la del departamento] me acogió en su sala de estar porque no tenía adónde ir. Me fui de Pittsburgh en veinticuatro horas porque no vi la razón para no hacerlo.

Christopher: La persistencia es algo maravilloso.

T. Todas las personas que hemos entrevistado tienen un episodio en su historia en que su nivel de persistencia entra en el terreno de la locura. Y eso forma parte integral de la persona que son en la actualidad. Entonces, ¿cómo llegaste a Sun Microsystems? Y después háblanos un poco de Kleiner Perkins y de cómo surgió esa oportunidad.

V. Cuando estaba en la escuela de negocios, ya había decidido crear una empresa. La historia es que iba a casarme y no tenía trabajo. Así que iba a montar una *start-up*. Entonces tropecé con un tipo que conocía a alguien que estaba pensando en montar algo, y contacté con él. Le dije: «No dejes tu trabajo en Intel. Yo seré el primer empleado a tiempo completo, así que asumiré el riesgo».

Cuando llevábamos dos años con el tema, me di cuenta de que lo que estábamos desarrollando, una herramienta CAD para ingenieros eléctricos, necesitaba una empresa plataforma. Y de inmediato decidí que Sun Microsystems era la empresa plataforma que necesitábamos para empezar. Y así fue como empezó Sun, como la empresa plataforma sobre la que iba a construirse la aplicación Daisy. Así me puse en marcha. Y Kleiner Perkins fue mi inversor.

T. ¿Te dieron 300.000 dólares? ¿Es verdad? ¿Y en cinco años los convertiste en un negocio de mil millones de dólares?

V. Los primeros 300.000 dólares eran de un tipo con el que estaba trabajando para financiar mi primera empresa, Daisy Systems. Cuando dejé Daisy para empezar Sun Microsystems, literalmente sobre un párrafo de texto, me hizo un cheque de 300.000 dólares porque yo había intentado ayudarlo durante la época de Daisy. Uno de los fundadores lo engañó, pero nosotros dos seguimos teniendo una buena relación. Justo después de eso, Kleiner Perkins invirtió en Sun, y John Doerr entró en mi consejo de administración. Así acabé trabajando con Kleiner Perkins.

T. Un éxito increíble. Cuéntanos por qué decidiste dar ese paso [para empezar Khosla Ventures] y lo que ha significado para ti a estas alturas de la vida.

V. Me gustan los grupos pequeños, y KPCB se volvió algo demasiado grande. En cuarenta años, nunca me he definido como un inversor en capital riesgo. Siempre digo que me dedico a ayudar con los riesgos. Lo que me gusta hacer es trabajar con los fundadores para ayudarlos a hacer realidad su sueño; y es la razón por la que la mayoría de mis semejantes ya se han jubilado; hacían un trabajo, y después se jubilaban. Yo desarrollo una pasión. Así que mientras la salud me permita continuar, no contemplo jubilarme.

> En cuarenta años, nunca me he definido como un inversor en capital riesgo. Siempre digo que me dedico a ayudar con los riesgos. Lo que me gusta hacer es trabajar con los fundadores para ayudarlos a hacer realidad su sueño.

T. Es algo muy bonito. ¿Quién ha sido la persona que más te ha ayudado y te ha influido hasta el punto de dar forma a tu éxito?

V. En realidad, nunca he tenido un mentor. Diría que la persona que más me ha influido ha sido John Doerr, porque es con quien más he discutido. Trabajamos juntos veinte años. Trabajamos juntos en Sun, después veinte años en Kleiner Perkins. La mayoría de la gente diría que nunca estábamos de acuerdo. Así que muchos pensaron que no seguiríamos trabajando juntos porque discutíamos de todo. Pero lo que aprendí de él fue algo fundamental. Siempre discutíamos para decidir qué preguntas eran las importantes. Desarrollamos un gran respeto mutuo que se basaba en el debate apasionado.

T. Encontrar las preguntas adecuadas, incluso con una visión distinta sobre ellas, para descubrir lo que de verdad es necesario.

V. En mi opinión, lo que hace daño a un emprendedor es que seas demasiado respetuoso y amable con él. Por supuesto, si le comentas todo lo bueno, pero no le dices lo que te preocupa, seguro que le caerás mucho mejor. Pero no lo estás ayudando, porque no se fijará en los eslabones débiles de la cadena.

C. Es interesante, varias personas ya me han comentado que entre 2019 y 2021, el gran cambio fue que en el espacio del capital riesgo los emprendedores estaban tan codiciados que les decían todo lo que querían oír. Por lo tanto, nadie hacía las preguntas imprescindibles que permiten gestionar esas empresas de una manera más productiva.

V. La eficiencia del capital saltó por la ventana porque había mucho dinero disponible, y todo el mundo se dedicaba a decir frases muy educadas.

C. Desde el punto de vista de una persona que ayuda con los riesgos, para usar tus propias palabras, ¿cuál es la mejor oportunidad para los inversores?

V. Nosotros ponemos el acento en las tecnologías más profundas, las que consiguen marcar una verdadera diferencia. Nuestro punto de vista es que si haces algo así, entonces los beneficios son un buen efecto secundario de construir una gran empresa, en contraposición a centrarse solo en la rentabilidad. Me parece que en los últimos quince años no he visto en nuestra empresa ni un solo cálculo sobre la tasa interna de retorno. Es probable que seamos la única firma de inversión que nunca calcula la tasa interna de retorno. Nuestra visión es: ¿podemos construir algo importante y trascendente? Si lo consigues, entonces, por decirlo de algún modo, todo encuentra la forma de resolverse. Es una filosofía muy distinta a optimizar la transacción.

C. Con todo eso en mente, y sabiendo que has visto muchos ciclos diferentes en el sector de la tecnología y la biotecnología, ¿la mejor oportunidad en la actualidad es la inteligencia artificial?

V. Desde hace mucho tiempo creo que la inteligencia artificial cambiará las reglas del juego. Pero no sé en qué momento vivirá su gran explosión. Invertimos en OpenAI hace cuatro o cinco años porque era la materialización de una tesis sobre la que escribí por primera vez en 2012. En aquel momento, en algunos blogs muy conocidos me criticaron mucho. Y hoy, diez años después, casi todo el mundo está de acuerdo conmigo. Así que, sin duda, la IA es una de esas oportunidades. Pero, en realidad, mi punto de vista, y siempre trato de ver las cosas desde el otro lado, es que creo que si nos imaginamos dentro de veinte o veinticinco años, y echamos la vista atrás, a comienzos de la década de 2020, por más tristes que hayan sido esos años, pensaremos que los mejores acontecimientos que le han pasado al planeta fueron la COVID-19 y la guerra de Ucrania. ¿Por qué? Ucrania abrió el camino a la independencia energética. Era imposible que Alemania dijera que no utilizaría el gas ruso. Ni siquiera creían que fuera posible. Y, tal cual, un año y medio después, han declarado que ya no usan gas ruso. Lo que quiero decir es que gracias a Ucrania se hará realidad la transición energética. Y debido a la guerra, todas las tecnologías relacionadas con el clima se han vuelto mucho más importantes y han recibido grandes estímulos. Aprobamos la ley IRA [la ley de reducción de la inflación de 2022], que incluye muchos incentivos para las tecnologías relacionadas con la transición energética y las tecnologías para las infraestructuras. Los europeos tenían que competir con nosotros, por lo que ahora tienen su propia ley, que también es muy impresionante. Todo esto inaugura una nueva era en lo relativo a la inversión relacionada con el medioambiente.

Y la COVID-19 tuvo dos efectos. Primero, demostró que podemos desarrollar una vacuna diez veces más rápido de lo que creíamos posible. Aparecieron nuevos modelos, como el teletrabajo en las empresas, nuevas formas de entretenimiento de consumo, un nuevo conjunto de creencias. Pero lo más importante es que ahora no solo todos los gobiernos, sino también todas las empresas están comprometidos con la idea de abandonar China para no depender exclusivamente de ella. La mano de obra del mundo estaba en China. El acero del mundo estaba en China. Las tierras raras del mundo estaban en China. Así, todas las cadenas de suministro y la concentración de materias primas se alejarán de China. Eso abrirá un mundo de nuevas oportunidades. Así que diría que la COVID-19 inauguró esta especie de independencia de China, que se basará sobre todo en el desarrollo de tecnologías que pueden ser eficientes desde el punto de vista de los costes, y sin la necesidad de estar en China. Esto forma lo que yo llamo el eje de la cadena de suministro debido al COVID, junto con el eje energético impulsado por la situación en Ucrania, y finalmente, la inteligencia artificial como solución para todo lo demás. Estos tres factores han cambiado de un modo espectacular el mundo del capital riesgo para los próximos quince años. Todavía habrá apps para empresas y apps para internet y progresos en el mundo de la biotecnología. Estamos metidos en muchas de esas áreas, y tenemos la sensación de que disponemos de un posicionamiento único para poder disfrutar de una gran ventaja, porque tenemos un conocimiento técnico muy profundo.

C. ¿Qué ha ocurrido en los dos últimos años en el mundo del capital riesgo que esperabas que ocurriera? ¿Y qué no esperabas?

V. Sobre todo, yo diría que esos giros y movimientos, que esperaba mucho más moderados. Hay más euforia sobre la IA de la que está justificada. No sobre el impacto que tendrá, sino en las valoraciones. No tienen ningún sentido. Hemos analizado casi todas las valoraciones que superan los mil millones de dólares, y para nosotros no tienen sentido. Para obtener un beneficio sobre una valoración inicial de mil millones de dólares diez años después, debes tener unos ingresos reales. Por lo tanto, diría que en la IA estamos viendo unos movimientos sin la diligencia debida para poder decir quién tendrá una ventaja diferenciada. Suelo comentar que el grupo de empresas de Y Combinator, que casi todas salieron en enero, como el 60 por ciento, se estaban dedicando a la IA.[86] A los tres meses de su lanzamiento, la mitad de ellas ya se habían quedado obsoletas por la llegada de ChatGPT. TikTok tardó casi un año en llegar a los cien millones de usuarios. Hasta entonces, había sido el crecimiento más rápido de la historia. ChatGPT tardó sesenta días en llegar a los cien millones de usuarios. Nadie en su sano juicio habría pensado que los ingresos podían crecer tan rápido en una empresa, de lo que fuera. Por su rapidez, fue un fenómeno que me sorprendió.

T. El título del libro en el que estamos trabajando es *El Santo Grial de la inversión*, que suena un poco excesivo, aunque en realidad trata de descubrir el Santo Grial —el principio más importante para invertir— de cada uno de los grandes líderes con los que estamos hablando. Para ti, ¿cuál es el Santo Grial de la inversión?

V. Puedes tener un Santo Grial diferente en función de cada persona; o, como me gusta decir, de estilos de inversión diferentes. Tienes que saber qué quieres hacer y qué se te da bien, y entonces ser fiel a eso. Para mí, ése es el principio básico. Hay muchas maneras de tener éxito en el capital riesgo, y ser conservador y apostar por muchas inversiones

---

86. Y Combinator es una aceleradora de empresas de Estados Unidos. (*N. del t.*)

que dupliquen o tripliquen la rentabilidad ofrece unas tasas internas de retorno que están muy bien. Pero nosotros nos centramos mucho más en los fundamentales. Así, cuando empezaron las criptomonedas, no éramos capaces de descubrir dónde estaba la chicha. Vimos que el blockchain tenía un valor real, pero a largo plazo especular con criptomonedas no es una estrategia sostenible. Si quieres sacar dinero de China, tiene mucho sentido estar en el blockchain. Si no quieres usar pesos argentinos, tiene mucho sentido. Pero lo que hicimos nosotros fue apostar por Helium, que usa el blockchain para crear una red de comunicaciones real. Así que siempre nos hemos centrado en las aplicaciones reales del blockchain. Y eso es algo que no ocurre de la noche a la mañana. Nuestro enfoque es: ¿dónde puede desempeñar un papel importante la tecnología y dónde puede tener un gran impacto económico? Si damos con la respuesta, formamos el equipo adecuado, que después creará una empresa; y si crea una buena empresa, entonces tendremos unos buenos beneficios. Es un principio muy distinto a optimizar la tasa interna de retorno. Prefiero tener unos beneficios sólidos durante diez años que unos beneficios muy elevados durante dos.

T. Es decir, buscas el largo plazo. No buscas operaciones que dupliquen o tripliquen la rentabilidad. Quieres multiplicar por diez, por veinte o por cien la rentabilidad construyendo algo que tenga un valor duradero, que veas que de algún modo va a cambiar el mundo.

V. Ahí lo tienes. Cuando Pinterest salió a cotizar en bolsa, *The Wall Street Journal* publicó un artículo sobre las mejores operaciones del capital riesgo a lo largo de la historia. Y Juniper apareció en la lista. Fue una rentabilidad que multiplicaba 2.500 veces la inversión. Por aquel entonces estaba en Kleiner, sobre una inversión de 4 millones de dólares o así; he olvidado las cifras exactas. Conseguimos 7.000 millones de dólares. Rompimos los gráficos. Pero lo importante es que creíamos en la importancia de hacer realidad aquel cambio. A decir verdad, considero que fue uno de los logros empresariales más importantes de mi vida. Hicimos realidad el cambio. No fueron los beneficios, aunque fueran de 7.000 millones de dólares. Quería que el mundo fuera TCP/IP, y no había ninguna empresa de telecomunicaciones en Estados Unidos que estuviera planteando que la red pública fuera TCP/IP. Hoy, todas las empresas de telecomunicaciones tienen esa red, pero no hubo ninguna que lo incluyera en sus planes. Si echas la vista atrás, al año 1996, todos los informes de Goldman Sachs hablaban del ATM [el modo de transferencia asíncrona] como la columna vertebral de internet. Y yo creía que sería el TCP/IP. Dije que no me importaba lo que pensaran los consumidores; crearíamos el producto correcto, y ellos vendrían a nosotros. Y fue lo que ocurrió. No creo que el TCP/IP se hubiera hecho realidad si no lo hubiéramos hecho nosotros. Por extraño que parezca.

C. Encaja con lo que decía Henry Ford: si preguntabas a los clientes, en lugar de crear algo nuevo que de verdad necesitaban, te decían que querían un caballo más rápido. Lo que ocurría es que no se daban cuenta.

V. Correcto. Fíjate en la prensa en 1996, todos los planes de todas las telecos se basaban en la tecnología ATM. Fíjate en alguien como Cisco, que era el actor dominante en TCP/IP; en 1995 compraron StrataCom, porque todos los clientes querían ATM. Y su CTO me dijo que nunca aplicarían el TCP/IP para la red pública. Nunca. Así que dije, bien, lo haremos nosotros. Y por eso logramos esa rentabilidad. Nos limitamos a construir algo que pensábamos que sería valioso para el mundo. Ése es nuestro estilo.

Lo mismo ocurrió cuando hicimos Impossible [Foods]. Dijimos que la proteína vegetal puede salvar al planeta; y puede tener mejor sabor que la carne. Nadie pensaba como nosotros. Así que pensamos a largo plazo y, de hecho, es la única empresa de proteína vegetal que en la actualidad sigue creciendo.

C. Vinod, resulta evidente que piensas de manera diferente a como lo hace la gran mayoría de la comunidad del capital riesgo. ¿Qué buscas sobre todo en las personas que contratarás en Khosla, qué te permite saber que son distintas al candidato medio que entra por la puerta?

V. Tanto en los emprendedores como en las personas que contratamos, el factor más importante no es lo que saben, sino su velocidad de aprendizaje. La rapidez con la que pueden aprender, una cualidad que es muy difícil de juzgar cuando estás entrevistando a alguien. Pero esa velocidad de aprendizaje es mucho más importante que lo que ya sabes, o que la experiencia que puedas tener.

13

Michael B. Kim

Fundador y presidente de MBK Partners

Honores: el padrino del capital privado en Asia y el hombre más rico de Corea del Sur.

Activos totales gestionados (en agosto de 2023): 25.600 millones de dólares.

Área de especialización: mercados del norte de Asia (China, Japón y Corea). Servicios financieros, medios de comunicación y telecomunicaciones.

Para destacar:

- MBK Partners es el gestor de fondos de capital privado más grande del norte de Asia, con una cartera de activos valorada en 25.600 millones de dólares.
- La rentabilidad de todos sus fondos activos se encuentra en el decil superior; elegido en 2019 por *Institutional Investor* como el «gestor de fondos de capital privado más rentable».
- *Bloomberg* escogió a Michael B. Kim entre «Las 50 personas más influyentes del mundo» del año 2015.

Tony: Michael, según tengo entendido, en tus comienzos querías ser escritor y, de algún modo, pasaste de eso a convertirte en el «padrino del capital privado en Asia» y la persona más rica del continente. Una persona de la que podría decirse que durante un período económico muy difícil rescató al país. ¿Cómo ocurrió? ¿Podrías compartir con nosotros unas pinceladas de la historia de tus comienzos?

Michael: En cierto modo, soy inversor un poco por casualidad, pero creo que muchas personas del sector también lo son. Crecí en Seúl, en Corea del Sur, y tenía la idea de ser escritor, o quizás profesor. Fui a Estados Unidos para hacer el bachillerato. No hablaba ni una palabra de inglés. Mi padre estaba bastante chapado a la antigua. Me dijo: «Si quieres aprender inglés, lee». Así que eso es lo que hice. Empecé a aprender inglés leyendo libros. Cuando le dije que necesitaba ayuda con el inglés hablado, su respuesta, por supuesto, fue: «Lee libros en voz alta». Pero, a decir verdad, la lectura de libros constituye el núcleo de mi formación. Me enamoré de los libros, sobre todo de las novelas, pero también de los libros de historia, filosofía y ciencia. Estudié la carrera de Filosofía Inglesa en una universidad de artes liberales, Haverford. Después de la graduación, y cuando estaba a punto de ir a la escuela de posgrado, supe que los chicos más inteligentes que tenía a mi alrededor querían entrar en algo llamado Wall Street. Yo no sabía qué era, pero sonaba muy bien, así que pensé que podía intentarlo. Uno de los codirectores de Goldman Sachs, John Whitehead, era exalumno de Haverford. Haverford no es un centro elitista ni exclusivo, y muy pocos queríamos dedicarnos al sector financiero, así que creo que por eso decidió apostar por mí.

Así que empecé en 1986 trabajando como banquero en Goldman Sachs. Durante dos años trabajé como un loco, y entonces volví a la Escuela de Negocios de Harvard para sacarme el MBA. Juré no volver a Wall Street, pero, por supuesto, después de graduarme, regresé a Goldman Sachs.

T. ¿Cómo pasaste de eso a volver a casa y verte involucrado en la crisis asiática? ¿Cómo fue la transición?

M. Fue un punto de inflexión en mi carrera. Goldman me envió a su delegación en Hong Kong. En aquel entonces era un equipo muy reducido, que intentaba cubrir una tercera parte de la población mundial, la concentrada en Asia. Cuando aún era muy joven, Salomon Brothers me contrató para convertirme en su director de operaciones. Entonces, en 1997, estalló la crisis financiera asiática. Corea fue uno de los países más afectados. Ayudé a dirigir el rescate de las finanzas públicas, pero no porque tuviera experiencia en reestructuraciones de deuda soberana, sino simplemente porque en aquella época era uno de los pocos trabajadores con experiencia y de origen asiático que había en la empresa. Es muy probable que en Occidente la gente solo tenga un vago recuerdo de la crisis del 97. Pero fue un verdadero cataclismo. Media Asia estuvo al borde del colapso: Tailandia, Indonesia y, con mayor gravedad, Corea del Sur. Dirigimos la reestructuración del balance de Corea. Supervisamos la oferta de deuda pública para poder obtener 4.000 millones en unos dólares que en aquel momento eran muy necesarios para el país. Y me imagino, al echar la vista atrás, que aquello sirvió para hacerme un nombre. A partir de eso, me fichó David Rubenstein, de Carlyle, que no iba a aceptar un «no» por respuesta. Y entonces, mientras volvía a Wall Street por pura diversión, decidí probar con algo llamado «capital privado». En 1999 entré como presidente de Carlyle Asia, con oficina en Hong Kong. Y antes de establecerme por mi cuenta, estuve ahí durante seis años y medio, que fueron muy constructivos y enriquecedores.

T. ¿Qué te llevó en aquel momento a tomar la decisión de establecerte por tu cuenta?

M. Tenía la visión de crear un grupo de capital privado en Asia, cuya propiedad y gestión también estuviera en manos de asiáticos. Algunas personas me decían que todo aquello no era más que una alucinación. Pero yo veía que en aquella época todas las empresas que trabajaban en Asia eran firmas internacionales de capital privado con una sucursal en el continente, y que realizaban una cobertura «panasiática». Te confieso que el término «panasiático» es un error de concepto. Es la visión de algún cartógrafo occidental sobre Asia. Asia es demasiado grande y sus mercados están demasiado fragmentados como para abordar el continente como un mercado monolítico, y más aún para tratar de escalar a partir de ahí. Así que nuestro concepto, nuestra visión estratégica, consistía en centrarnos en una subregión. Para nosotros: China, Japón y Corea del Sur; el norte de Asia, donde estos tres países constituyen uno de los bloques económicos más grandes del mundo. En términos de valor del PIB, los números dos, tres y diez. En conjunto, un PIB superior al de la Unión Europea y superior al de·Estados Unidos. Y lo más importante: pensábamos que gracias a los milenios de historia compartida —algunos de ellos en términos poco amistosos— y a que también compartían una cultura, unas costumbres y, en el presente, unos flujos comerciales y económicos y unas prácticas empresariales, los tres países podían ser escalables.

Christopher: Michael, resulta evidente que tienes una perspectiva diferente debido al lugar en que se encuentra tu empresa. ¿Qué se están perdiendo ahora mismo los inversores, y cuál es la mayor oportunidad para esos inversores en el norte de Asia?

M. No creo que los inversores se «pierdan» cosas en Asia. Entienden que China es muy grande. Entienden que la India es una gran oportunidad. En esos dos países viven tres mil millones de personas. Pero creo que cuando piensan en invertir en Asia, muchos inversores occidentales caen en la trampa de verlo todo a través de una óptica occidental. Sí, Asia se está «americanizando», y gran parte del sector financiero que ahora está impulsando el desarrollo de los mercados asiáticos, incluyendo las inversiones alternativas, ha nacido y se ha desarrollado en Estados Unidos. Pero el método estadounidense no es la única manera; el modelo financiero estadounidense no es «el fin de la historia», como dijo Francis Fukuyama del sistema estadounidense de democracia liberal y de capitalismo de libre mercado. Esa forma de pensar es falsa, es inmoral y es peligrosa.

Hay que aceptar que Asia es diferente. Tampoco es monolítica. En esta área tan grande, hay que tratar a cada mercado, al menos en las subregiones, de manera diferente al resto. El capital estadounidense es inteligente, es avispado, pero también está demasiado centrado en sí mismo, y cree que todo debe hacerse al estilo estadounidense. O sea, que la visión estadounidense de las finanzas se traslade y adopte como es debido. Hay un gran intercambio cultural entre Estados Unidos y Europa. Pero Asia no es otra Europa.

T. ¿Cuáles son las diferencias más relevantes, y que seguramente la mayoría de los estadounidenses no son capaces de ver?

M. Empieza por lo más grande: la infraestructura, el ecosistema regulatorio, los imperativos políticos. En el norte de Asia, el Estado desempeña un papel muy importante, y tienes que aceptarlo. Me eduqué en la Escuela de Negocios de Harvard y en Goldman Sachs, por lo tanto, creo en el *laissez-faire*, un sistema de libre mercado con unas regulaciones tan reducidas como sea posible. Para cualquiera con esa clase de formación y experiencia, Asia es un *shock* cultural. Asia tiene unos ministerios de finanzas y unos ministerios de industria y comercio muy potentes y activos; hay quien diría que son incluso invasivos. Es probable que la función de estos ministerios entronque con la tradición confucionista del funcionariado público, que asumía el papel de guía y guardián de la sociedad. Esos ministerios se ven a sí mismos como los encargados de desempeñar ese mismo papel. He escuchado a políticos, a funcionarios del gobierno, referirse a sí mismos como la mano invisible mencionada por Adam Smith para referirse al libre mercado. Sí, tengo una visión un tanto diferente sobre eso. Pero ése es el papel que desempeñan. Y si quieres hacer negocios en Asia, tienes que trabajar con ellos.

Así que las diferencias empiezan con esa clase de particularidades, y siguen con la forma en que se estructuran los grupos empresariales. En Corea y Japón, tienen unos conglomerados enormes. En Corea, los conglomerados que están en manos de una familia controlan el 80 por ciento de la industria del país. En consecuencia, tienes que aprender a lidiar con esos conglomerados familiares, que ahora ya tienen entre sus propietarios a la tercera generación de herederos.

He mencionado las cosas pequeñas. En Asia, las costumbres en el mundo de la empresa son muy diferentes. En Asia, los consejos que me dieron cuando fui a hacer la entrevista con Goldman —da un fuerte apretón de manos, sonríe, mira directamente a los ojos— son una falta de respeto. Tienes que ser humilde, mantener una distancia respetuosa mientras le transmites tu carácter a la persona con que te relacionas. Sé que es una lección que quizás sea difícil de enseñar, pero hay que empezar con la premisa: en Asia, simplemente las cosas son diferentes. Si en este sentido puedes tener la mente abierta, podrás llegar muy lejos en tus tratos con personas asiáticas.

T. Con tu cercanía a los líderes con los que has trabajado a lo largo de tu carrera, y con tus conocimientos sobre Oriente y Occidente, en tu opinión, ¿cuáles son las mejores oportunidades para invertir en Asia en el momento actual? ¿Y cuál es la principal área de interés para MBK Partners?

M. Las respuestas a esas dos preguntan convergen. Como hacemos lo que predicamos, creemos que la mayor oportunidad en Asia son los activos alternativos. Y por la escala de la que hemos hablado, pero también por la demografía, consideramos que es la zona del norte de Asia. La demografía marca el destino. Si te fijas en nuestros mercados, sobre todo en Japón y en Corea, que son en la actualidad los verdaderos mercados para el sector de las adquisiciones en Asia, y que además son bastante considerables, lo que vemos no son solo unas grandes economías con posibles candidatos para una adquisición; vemos que también hay unos enormes mercados de consumo. La gente piensa en Japón como un país orientado a las exportaciones. Pero más de las dos terceras partes del PIB de Japón provienen del consumo interno. La gente suele olvidar que durante más de cuatro décadas Japón ha sido el segundo país más rico del mundo, detrás de Estados Unidos, y antes de ser superado por China. Y su renta per cápita es todavía mucho más alta que la de cualquier otro país asiático. Es un país con una enorme riqueza.

Otra cuestión demográfica que quiero señalar es el rápido envejecimiento de la población. Japón tiene la población más envejecida del mundo. El 35 por ciento de su población tiene más de sesenta y cinco años. Y adivina qué país es el segundo por población de mayor edad, Corea del Sur. Y después de seis décadas de la política del hijo único, China, por increíble que parezca, se está poniendo al mismo nivel. Que la población envejezca con tanta rapidez tiene consecuencias importantes para nuestra estrategia de inversión. Nos dedicamos mucho al sector de la salud. Pasamos por un período en que hicimos muchas inversiones en ocio y entretenimiento. Éramos los propietarios de Universal Studios en Japón. Éramos los propietarios de Accordia Golf, la mayor cadena de campos de golf abiertos al público de Japón. Todavía tenemos la cadena más grande de campos de golf de Corea, que se llama GolfZon. Pero hemos pasado del ocio y el entretenimiento a la atención sanitaria y, en particular, a la atención de las personas mayores. Ahora somos los propietarios de la mayor franquicia dedicada a los cuidados de personas mayores en Japón. En Corea, somos los propietarios de una empresa llamada Osstem Implant, que es el mayor proveedor de implantes dentales del mundo. Así que en lo que me parece la parte más atractiva de Asia, aprovechamos las cuestiones demográficas, además del crecimiento que se deriva de ellas de forma inherente.

Un último dato: el auge de China es el acontecimiento económico/ financiero de nuestra generación. No expondré todos los datos, que seguramente ya conoces, pero quiero mencionar un par. Creo que hace tres años, McKinsey calculó que en los próximos diez años, mil millones de chinos pasarán a formar parte de la clase media. Así que en siete años tendremos mil millones de nuevos consumidores. Es un hecho sin precedentes en la historia humana. Quizás te sorprenda saber que el porcentaje del PIB chino que puede atribuirse al consumo interno es ahora más grande que el porcentaje vinculado a las exportaciones. Es decir, por derecho propio se está convirtiendo en un gigante del consumo interno.

Sobre el consumo interno, somos los propietarios de la empresa número uno y número dos de alquiler de coches en China. Y nuestra tesis se resume con un par de datos. En China hay 450 millones de carnés de conducir, pero solo 270 millones de matrículas. Y la emisión de nuevas matrículas se está ralentizando todavía más, ya que el gobierno intenta controlar las emisiones. Por lo tanto, hay 180 millones de conductores que buscan un coche. No es fácil ver esa clase de crecimiento potencial. Los gestores como nosotros tenemos ahí una oportunidad relacionada con el consumo que no deja de crecer.

T. Os estáis situando al frente de esta oleada de consumo, con el propósito de mejorar las empresas que adquirís, para entonces dejar que progresen desde ahí. Es espectacular.

C. Como empresa, hablamos mucho de invertir cuando hay vientos de cola. ¡Pero eso son tsunamis de proporciones épicas! Si hablamos del mercado chino, ¿qué ha ocurrido en ese mercado que no hayas sido capaz de anticipar?

M. El cambio de rumbo político que han tomado los dirigentes chinos en los dos últimos años ha pillado por sorpresa a muchos inversores, yo mismo incluido. He visto crecer a China desde sus cenizas. Llevo en Asia treinta años. He visto cómo se ha desarrollado. Cuando en 1993 volví a Asia, China y la India tenían más o menos el mismo nivel de desarrollo económico. Si observas lo que ha ocurrido, todo lo que ha hecho China no ha sido por casualidad. Tienen a los líderes más inteligentes, con capacidad para pensar de manera estratégica, la mano invisible, los ministerios a los que antes he hecho referencia. Estamos hablando de los mejores y los más brillantes, que han salido de una base de talento de 1.400 millones de personas.

Mientras veía cómo ocurría todo eso a tiempo real, mi opinión es que el crecimiento del mercado no va a disminuir, porque por primera vez en un siglo y medio los líderes chinos han llevado la prosperidad económica a sus 1.400 millones de ciudadanos. ¿Por qué hacer algo que pueda estropearlo? Pero lo que hemos visto en los últimos dos años refleja los crecientes problemas de un país y una economía que están viviendo un experimento sin precedentes en la historia. Y estamos tan acostumbrados a la historia de crecimiento de China que cuando el país da un paso atrás, nos sorprendemos, ¿verdad? Están tratando de hacer compatible un sistema político de corte comunista y una economía planificada con elementos importantes del sistema de libre mercado estadounidense. Nunca se ha hecho nada parecido, al menos con éxito. China ha tenido éxito en su empeño, ha llevado a cabo ese experimento durante más de dos décadas, y aunque siempre he comentado a nuestros inversores que el proceso no seguiría una trayectoria lineal, espero que el país regrese pronto a ese camino de éxito.

Creo que los líderes chinos se sintieron obligados a proyectar el poder emergente del país y a demostrar al resto del mundo que Estados Unidos ya no tiene la hegemonía absoluta, sino que estamos en un mundo bipolar en el que China y Estados Unidos coexisten como semejantes en cierto modo, pero también como rivales desde un punto de vista ideológico, militar y económico. En el último año y medio, dos años, creo, hemos observado un subproducto de esa proyección del poder emergente de China. Y por ese motivo se ha llegado a este desgraciado punto muerto. No es bueno para nadie: no lo es para los ciudadanos de ambos países, y desde luego tampoco lo es para el resto de la economía mundial, que ha sufrido los efectos negativos de esta especie de guerra comercial que hoy tenemos en marcha. Mi convicción —y apuesto mi carrera a ello— es que China retomará el impulso por liberalizar el mercado económico y financiero. Una vez que abres las puertas a la liberalización del mercado, ya no puedes cerrarlas.

T. Entonces, la fuerza impulsora son en realidad los consumidores del país; es decir, los propios ciudadanos, siempre y cuando disfruten de prosperidad. Si dejan de ser prósperos, eso crea inestabilidad. ¿Ésa sería la idea básica?

M. Exacto. Lo has clavado. Hay algo que los medios occidentales no explicaron demasiado, y es que cuando durante la segunda mitad del año pasado, el presidente Xi puso en marcha la política de COVID cero y sus confinamientos, provocó en el pueblo una fuerte ola de resistencia. Fue la primera vez que vi a mis amigos y colegas chinos muy ansiosos, y en algunos casos hasta enfadados, no tanto por el recorte de libertades individuales, sino por la imposibilidad de alimentar a su familia. No podían ir a la tienda de la esquina para comprar comida para cenar. Debo decir en beneficio del presidente Xi que se dio cuenta del creciente descontento entre el pueblo, y tomó la extraordinaria decisión de dar marcha atrás y levantar los confinamientos. Aquello generó un increíble *boom* económico, pero creo que también ha sido un gesto importante para el pueblo, ya que les ha demostrado que en su corazón, el presidente piensa en el interés de la gente. Por lo tanto, el pacto político-social se ha restaurado. Me parece que el presidente y los dirigentes chinos retomarán la apuesta por la prosperidad económica y la liberalización financiera. En resumen: la economía triunfará sobre la política.

T. Sí, y al final la economía se reduce a la calidad de vida de la gente, ¿correcto? Y ahí tienes a una población enorme. Si no está contenta, la política cambiará.

Ray Dalio es un buen amigo mío, y cuando hace una década lo entrevisté por primera vez, le pregunté: «En tu vida como inversor, ¿cuál es el principio más importante?». Y me respondió: «Tony, te lo diré de una forma muy clara: el Santo Grial de la inversión es encontrar entre ocho y doce inversiones no correlacionadas en que puedas poner tu dinero». Sé que él es un inversor macro. Es evidente que el capital privado es un tipo de inversión diferente, pero ¿cuál sería tu propia versión del Santo Grial de la inversión?

M. Ray Dalio no solo es un inversor macro; también es gestor de fondos de inversión. Así que, sí, creo que su enfoque es un poco distinto al nuestro. Sé que estoy simplificando un poco, pero los fondos de inversión buscan el *alpha*, una rentabilidad que supere al mercado. En el capital privado, nosotros creamos el *alpha*. Y la forma de crear *alpha* después de comprar una empresa es arremangarnos para hacer el trabajo duro y crear valor. Por consiguiente, el Santo Grial es la creación de valor. En MBK Partners, compramos muy buenas empresas, y las hacemos mejores. En consecuencia, los fundamentales de la empresa son absolutamente esenciales. Pienso que cualquier SG de nuestro espacio estará de acuerdo en esta cuestión. El punto de partida es el modelo estadounidense de creación de valor. Pero en Asia tienes que adaptarte a las condiciones locales y a las formas de hacer del país. El desaparecido primer ministro de Singapur, Lee Kwan Yew, era conocido por decir que en Asia hemos adoptado nuestra propia versión de la democracia. No puedes coger la interpretación estadounidense de la democracia liberal y trasplantarla a Singapur, Corea y Japón, y esperar que florezca.

Las condiciones son distintas, ¿verdad? No puedes arrancar una planta en California y esperar que florezca en Singapur, donde las características del suelo son diferentes, la luz del sol es diferente, incluso el agua es diferente. Tienes que adaptarla a las condiciones del país. Del mismo modo, creo que la creación de valor debe adaptarse a un estilo de corte asiático.

Una de las herramientas de las que dispone un gestor especializado en capital privado para crear valor es ahorrar costes. Y hay muchas formas de hacerlo. En mi anterior empresa, solía recortar la masa salarial. Hay muchas empresas, si no casi todas, que están demasiado hinchadas, que tienen demasiada grasa, ¿verdad? En Asia, los despidos están claramente desaconsejados; y en Corea están incluso prohibidos. Es ilegal despedir a la gente. En Japón no puedes aplicar despidos. Es una práctica muy desaconsejada. Si eres directivo y tienes que despedir a tus empleados, entonces no has gestionado bien la empresa, no has hecho bien tu trabajo. Así, entre que está mal visto desde un punto de vista cultural y las restricciones legales al respecto, tenemos que encontrar otras formas de reducir costes. Lo hacemos mejorando la gestión de las compras; combinando y simplificando la administración; y creando un montón de sinergias con el resto de las empresas asociadas que tenemos en cartera. Es un trabajo más difícil, pero creemos que es la forma correcta de hacerlo, porque es la forma asiática de hacerlo. Hay distintas maneras de llegar a la creación de valor, pero me parece que el Santo Grial es crear valor en tu empresa después de haberla adquirido.

T. Entonces, ¿también se presta mucha más atención al crecimiento de las ventas, y no solo a la reducción de costes?

M. Por supuesto. Cada mercado es diferente, pero en el caso de China y Corea, que tienen un gran crecimiento del PIB, aumentar las ventas es un poco más sencillo. Japón es más como Estados Unidos; e incluso representa un mayor desafío que Estados Unidos. Su PIB crecerá un 1,5 por ciento, y este año esa cifra es motivo de celebración. Así pues, aumentar las ventas sin complicarse demasiado es un poco distinto en Japón, pero gracias a los excelentes cimientos del mercado japonés —la mayor concentración de medianas empresas del mundo, después de Estados Unidos— todavía es un objetivo realizable. En mi opinión, tiene la mejor reserva de talento directivo del mundo. Y, sin duda, es un paraíso para los prestatarios. Puedes conseguir una deuda sénior a cinco o siete años para reforzar tu capital en una adquisición al 2,5 o al 3,5 por ciento, con todos los gastos incluidos. Si con esa clase de apalancamiento no puedes obtener beneficios, entonces no deberías dedicarte a la inversión.

T. Me encanta tu respuesta porque, en mi caso, tengo la suerte de ser propietario de 111 empresas. Entre esas distintas empresas facturamos unos 7.000 millones de dólares. En todos los sectores, buscamos la forma de hacer más por la gente que cualquier otra empresa; añadir más valor. Y eso es lo que tanto me gusta del capital privado. Por lo tanto, entiendo que un factor esencial sería tener un cierto grado de control sobre quién es el CEO que maneja una amplia variedad de factores. ¿Estás de acuerdo? En tu organización, ¿hasta qué punto es importante tener el control para poder crear valor?

M. El control no solo ayuda, sino que, por mi experiencia, es imprescindible para crear valor. Y podemos definir qué es el control. Como has señalado, es el control sobre el CEO. Debemos tener la flexibilidad para contratar al mejor CEO en su ámbito y la capacidad de reemplazarlo si las cosas van mal. Es decir, el CEO y los altos directivos. Tenemos que controlar la junta. Debemos tener el control del plan de negocio, la política de dividendos, la política de gastos de inversión, la obtención de capital y las fusiones y adquisiciones. Si tenemos el control sobre esos siete factores, eso es realmente tener el control, y eso nos permite crear valor de verdad. Debes tener a tu disposición esas palancas de control después de la inversión.

T. Si mis datos son correctos, estás gestionando unos 30.000 millones de dólares. Cuando las empresas se hacen más grandes, mantener la cultura de tu propia empresa es cada vez más difícil. Háblanos un poco de cómo tomas las decisiones. Eres el más grande de Asia. El «padrino del capital privado en Asia». Que te asocien con semejante título es bastante increíble. Pero cuando llegas a esa posición, la gente tiende a darte montañas de dinero. Así que, ¿cómo decides que quieres coger o no ese dinero? ¿Cómo gestionas eso en tu cabeza para poder seguir siendo igual de eficaz que en el pasado?

M. Queremos tener el tamaño adecuado. Sobre tu última pregunta, durante la fase de captación del capital, siempre hemos renunciado a una parte del dinero disponible. Mi objetivo es inclinar la balanza hacia el lado de los beneficios. La verdad es que —y no hay muchos gestores que admitan lo que voy a decir— cuanto más grande es el fondo, más difícil resulta generar grandes beneficios. Nos hemos centrado en los beneficios, y a largo plazo nos ha funcionado muy bien.

El primer día de mi formación en Goldman Sachs, hubo un tipo, creo que era uno de los socios, que subió al escenario y nos dijo que fuéramos «codiciosos a largo plazo». En esa frase tan simple se esconden muchas ideas. No busques dar el gran golpe u obtener unas ganancias enormes a corto plazo. Trata de construir relaciones a largo plazo. Por supuesto, queremos tener beneficios y nos dedicamos a crear riqueza para nuestros inversores. Pero eso se hace a largo plazo, sobre la base de relaciones a largo plazo. Así hemos crecido de forma continuada. Sí, somos el gestor independiente más grande de Asia, pero solo lo hemos conseguido porque durante los últimos dieciocho años hemos hecho las cosas de la forma correcta. Creo que ésa es la única manera de construir la marca.

La creación de una cultura es un punto esencial, es uno de los factores más importantes que explican nuestro crecimiento continuado. Tenemos la inmensa suerte de disfrutar de una estabilidad extraordinaria en la plantilla. Tenemos la tasa de reemplazo más baja de Asia. Desde luego, retribuimos muy bien a la gente. Pero me gusta pensar que esa estabilidad se explica por un motivo más importante: la ética cultural que hemos construido. He mencionado que nuestra misión es ser el SG preeminente en Asia, con una propiedad y una gestión también asiáticas. Tenemos la visión compartida de convertirnos en un agente del cambio en Asia. Así que hay un sentido de misión compartida. Todas las personas de nuestra empresa han asumido esa misión. Ese sentido de misión compartida se sostiene gracias a la cultura. La cultura lo es todo. Ésa fue una de las grandes enseñanzas que me llevé de Goldman Sachs. Puede sonar un poco cursi, pero tenemos algo llamado la ética «TIE»: trabajo en equipo, integridad y excelencia.[87] Son los tres grandes valores

---

87. «Tie» puede traducirse como «lazo, vínculo». *(N. del t.)*

que mantienen la empresa unida. Para nosotros, es importante tener la sensación de que somos una sola empresa, porque operamos en tres mercados diferentes, en tres países diferentes y en tres culturas diferentes. Creo que lo que nos ha sostenido y lo que nos ha permitido tener una gran estabilidad es esa sensación de cultura, de que estamos haciendo algo especial y que todos estamos unidos como equipo.

T. Es muy bonito. Todas las empresas tienen un momento en que les va bien. Si la empresa es de verdad extraordinaria, si pasa de ser buena a excelente, se produce un gran punto de inflexión. ¿Puedes señalar cuál fue ese momento en tu empresa? ¿Cuál fue el detonante que os llevó de verdad a otro nivel?

M. No estoy seguro de que hubiera un gran punto de inflexión. Como ya he mencionado, cuando comenzamos MBK Partners me había dedicado a la inversión en capital privado en una firma multinacional. Fue una muy valiosa experiencia de ensayo y error. Lo probamos todo en Asia. Probamos diferentes productos. Todos los países y todos los mercados de Asia; viajé a todos e hice pruebas en todos. Aquello me hizo entender bastante bien qué era factible y qué era imposible. Tengo la ventaja de contar con esa experiencia; en particular, la experiencia vivida con lo que no tuvo éxito, y que nos permitió calibrar nuestra estrategia.

T. Tiene mucho sentido.

C. Creamos nuestra empresa en 2001, y siempre pienso en todo lo que ojalá alguien me hubiera dicho antes de empezar, y que al final he tenido que aprender por las malas. ¿Qué te habría gustado saber antes de crear tu empresa en 2005, qué te hubiera gustado que te dijeran?

M. En mi caso, las exigencias del liderazgo. El liderazgo exige sacrificio. La gente cree que si has nacido con capacidad de liderazgo, los demás te siguen a la primera. Mi experiencia es casi la contraria. La gente sigue a los líderes que se preocupan por los demás, y que hacen sacrificios visibles. Los coreanos tienen la palabra *jeong*, que literalmente significa 'entregar un trozo de tu corazón'. Pienso que eso es lo que llega. Las palabras no valen nada. Si eres capaz de personificar esa idea de *jeong* y compartir un trozo de tu corazón con los empleados, de esa forma sí te seguirán.

T. ¿Qué crees que diferencia a las personas que obtienen los mejores resultados de todas las demás? A raíz de esta pregunta, me gustaría volver al principio y preguntarte: ¿por qué te fichó [Goldman Sachs] cuando ni siquiera sabías qué era Wall Street?

M. La primera respuesta es que cuando contratamos a alguien, busco a personas con perspectivas diferentes, personas que puedan aportar un punto de vista novedoso sobre la forma de abordar un problema. Nuestra empresa se dedica a resolver problemas prestando una atención constante a la excelencia. Sí, tener un coeficiente intelectual elevado es un requisito. Pero la inteligencia es lo que los sociólogos llamarían una condición necesaria, pero no suficiente. En nuestro sector hay muchas personas muy brillantes. Y muchas de ellas tienen una ética laboral muy fuerte. Creo que la condición necesaria y suficiente es una predisposición para aprender y mejorar. Si pienso en las personas que ocupan los puestos directivos de nuestra empresa, no son los que conseguían las rentabilidades más altas cuando eran asociados. Son los que mejoraron con el tiempo y el esfuerzo. Los japoneses hablan de *kaizen*, que significa 'innovación continua'; un compromiso con la mejora continua.

En mi caso, no estoy seguro de qué vio en mí el reclutador de Goldman Sachs. Quiero pensar que, a pesar de que no sabía nada de finanzas, entendía que el conocimiento es interdisciplinario. Que todo está relacionado. Y vio que tenía una perspectiva diferente, pero también se dio cuenta de mis ganas de aprender, y de que quizás tenía esa chispa que busca la excelencia. Y supongo que tenía razón al pensar que yo era diferente. En 2001, después de trabajar en ella dieciocho años con muchas interrupciones, publiqué mi primera novela, *Offerings*; pude hacerlo gracias a mi trabajo habitual. Entiendo que no hay muchas novelas escritas por alguien que trabaja en las entrañas de Wall Street.

T. Michael, estoy muy impresionado por tus cualidades como hombre, como líder, por la calidad de tus valores. Uno de ellos es la humildad, que aparece una y otra vez, y no creo que se pueda fingir. Creo que gran parte de ello proviene de que eres una persona agradecida por lo que tienes en tu vida. Sé que forma parte de la cultura en la que te encuentras, es una cualidad muy admirable y, por desgracia, se ve muy pocas veces en las personas que tienen mucho éxito en las finanzas. Tengo curiosidad, ¿cultivas esa humildad, esa profundidad en la empatía, esa profundidad en la gratitud?

M. Es verdad, me siento muy afortunado. Creo que cuando lo vives en primera persona y así lo demuestras, transmites a tus compañeros ese sentimiento de humildad o gratitud. Me gusta pensar que las personas que cada día están a mi alrededor en la oficina ven esa humildad, que proviene de un sentimiento de gratitud, y que surge de reconocer que ahí fuera hay muchas personas muy inteligentes, que trabajan muchas horas, y que yo solo estaba en el momento adecuado en el lugar adecuado. Llámalo suerte, llámalo posicionamiento estratégico, pero yo solo era alguien con un poco de experiencia en finanzas internacionales, que apareció justo en el momento álgido de la crisis financiera asiática. Y resulta que era coreano. Si todos esos factores no se hubieran dado a la vez, si no hubieran encajado, no tengo ni idea de qué habría sido de mi carrera. Estoy bastante seguro de que si hubiera nacido en una granja en Corea del Norte hoy no estaría aquí.

T. Tenemos el privilegio de estar a tu lado como socios generales, como inversores. Pero tener la oportunidad de conocerte en persona y comprender tu filosofía de vida, esa humildad, y al mismo tiempo la fortaleza que aportas, ha sido un verdadero privilegio. Has compartido en estas páginas mucha información de primera categoría que puede contribuir a mejorar la calidad de vida de una persona y la calidad de sus inversiones. Creo que esas dos cuestiones van juntas.

M. No podría estar más de acuerdo. Hoy en día se habla mucho de encontrar el equilibrio entre la vida y el trabajo. Lo que busco no es tanto un equilibrio, que implica sacrificar unas cosas por otras, sino una armonía entre el trabajo y la vida. Se puede armonizar el trabajo con la vida personal para el beneficio mutuo de ambas partes. Tener una experiencia positiva y reconfortante en el trabajo mejora, y no le resta valor, a la vida personal.

T. Has comentado que el fracaso es uno de los grandes factores clave en el mundo de la inversión, porque nada sustituye a la experiencia. ¿Cómo decía esa frase hecha que en cierta ocasión utilizaste para describir el mundo de la inversión?

M. Los inversores nacen; los grandes inversores se hacen.

14

Wil VanLoh

Fundador y CEO de Quantum Capital Group

Honores: una de las firmas de capital privado de mayor tamaño y éxito dedicada a la inversión en el sector energético, tanto en petróleo y gas como en renovables y tecnologías asociadas.

Activos totales gestionados (en agosto de 2023): 22.000 millones de dólares.

Área de especialización: soluciones energéticas sostenibles para el mundo moderno.

Para destacar:

- Fundado en 1998, el Quantum Capital Group («Quantum») es uno de los principales proveedores de capital en el sector de la energía y las tecnologías ambientales. Quantum gestiona más de 22.000 millones de dólares desde varias plataformas de capital privado, capital estructurado, crédito privado y capital riesgo.
- En constante colaboración con las empresas en las que participa, Quantum se diferencia del resto por integrar el conocimiento técnico, operativo y digital en los procesos de toma decisiones sobre las inversiones y las políticas destinadas a crear valor.

Tony: Sin miedo a quedarme corto, podría decirse que tu carrera ya es histórica; veinticinco años en el negocio. Durante este tiempo, has tenido un éxito increíble y a la vez has podido cuidar muy bien de tus inversores. ¿Podrías compartir con nosotros cómo has llegado hasta aquí, cómo has construido esta organización tan extraordinaria que tienes en la actualidad?

Wil: Crecí en un pequeño pueblo del centro de Texas, y tanto mi padre como mi madre tenían trabajos de sueldos medios-bajos. Cuando era niño, no sabía que era pobre, pero lo era. A mediados de los años ochenta, en la época en que empecé a buscar universidades, quería jugar al fútbol americano en la universidad, y la Universidad Cristiana de Texas (TCU) tenía un excelente programa de fútbol. Tuve la suerte de jugar en la TCU, pero durante el verano después de mi primer año en la universidad me lesioné, y mi padre me dijo que la única manera de seguir estudiando era encontrar un trabajo y pagarme la mayoría de mis gastos. Así que creé en la universidad tres o cuatro empresas, y gané dinero suficiente como para graduarme en un centro privado sin apenas deudas pendientes.

En la TCU hice una asignatura fascinante basada en el influyente libro de Benjamin Graham y David Dodd sobre la inversión de valor, *Security Analysis* (Deusto, 2023), y me enamoré de la idea de convertirme en inversor. Cuando empecé a valorar distintas profesiones para el futuro, me di cuenta de que había dos clases de inversores: los que compran acciones cotizadas, y que suelen ser personas que tratan de pasar desapercibidas y devoran muchas cifras; y los que compran empresas no cotizadas, y que son personas que se involucran en las empresas que compran y tratan de mejorar el negocio. Como tenía alma de emprendedor, y me encantaba resolver problemas e interactuar con la gente, la segunda opción me sonaba mucho mejor.

Durante el último año de universidad me invitaron a unirme al Fondo de Inversión Educativa, una reserva de capital de un millón de dólares que se había creado para que los estudiantes pudieran invertir en bolsa. Analizábamos las acciones, y luego elaborábamos recomendaciones de inversión para un comité que estaba dirigido por otros estudiantes. Si el comité aprobaba la recomendación, el fondo compraba la acción. Aquella experiencia reforzó todavía más mi pasión por la inversión y por encontrar empresas con una ventaja competitiva. Dos de mis profesores, el doctor Chuck Becker y el doctor Stan Block, me comentaron que si me iba a Wall Street y trabajaba en la banca de inversión podría perfeccionar mis habilidades.

Tuve la suerte de conseguir trabajo como analista en Kidder Peabody, en su grupo bancario dedicado a la inversión en el sector energético. Después de unos años trabajando entre noventa y cien horas a la semana, decidí que si tenía que trabajar tanto crearía mi propio banco de inversión. Y así, cuando tenía veinticuatro años, creé Windrock Capital con Toby Neugebauer, uno de los analistas que trabajaba conmigo en Kidder. Lo que en realidad queríamos era convertirnos en accionistas mayoritarios, pero necesitábamos labrarnos un historial como inversores. Por eso nuestra estrategia consistió en encontrar empresas excelentes, reunir capital para ellas y reinvertir la mayoría de nuestros honorarios en las empresas para las que reuníamos ese capital.

Me imaginaba que trabajar dos años en un banco de inversión en Wall Street me habría convertido en un gran experto en la financiación de empresas de gas, petróleo y todo lo relacionado, ¿verdad? Gran error. Lo único que sabía hacer era crear un modelo financiero en Excel, y después redactar un folleto y un memorando con la oferta. Sin embargo, gracias a mi experiencia con aquellas empresas que había montado cuando estaba en la universidad, también tenía un don para las ventas. Estoy hablando de principios de los años noventa, cuando el sector energético se vio diezmado por la caída de los precios de mediados de los ochenta. Cuando creamos Windrock Capital, creo que el 90 por ciento de las empresas operativas en 1984 habían echado el cierre en 1994. Las que sobrevivieron siguieron con vida por un simple motivo: porque eran excepcionales en algo; tenían alguna ventaja competitiva. La creación de nuestro banco de inversión se benefició de una combinación de factores: las competencias básicas que habíamos aprendido en Wall Street, la fuerte ética laboral de un par de emprendedores jóvenes y ambiciosos y la elección del momento adecuado. De hecho, si hablamos del momento escogido, entrar en el sector energético a comienzos de los años noventa no podría haber sido una mejor decisión, porque las empresas que seguían con vida en el sector estaban ahí porque eran muy buenas en lo que hacían; además, no había demasiado dinero disponible, pero nosotros teníamos los conocimientos necesarios para encontrar el capital que necesitaban aquellos grandes emprendedores. Si combinas todos estos factores, al final quizás consigues unos beneficios excepcionales.

Dedicamos los cinco años siguientes a encontrar dinero para las empresas, cobrar los honorarios correspondientes por hacerlo, y entonces reinvertir el 75-80 por ciento de nuestros ingresos en las mismas empresas para las que habíamos reunido el dinero. Después de labrarnos un historial como inversores, contactamos con A. V. Jones —un «legendario magnate del petróleo reconvertido en inversor en capital riesgo», como la gente lo describía afectuosamente por aquel entonces—, y le pedimos que se asociara con nosotros con la idea de abrir un fondo de capital privado. Él tenía la experiencia, la credibilidad y el capital; y nosotros la visión, unas incipientes aptitudes para el mundo del capital privado, y mucha energía y pasión. Durante el primer año, la captación de dinero para el fondo fue muy lenta, porque los socios limitados se mostraban escépticos ante la posibilidad de invertir en un fondo primerizo montado por dos tipos que aún no habían llegado a la treintena y un hombre de sesenta años que hasta la fecha se había dedicado al petróleo y no tenía experiencia real en el mundo del capital privado. Por suerte, conocimos a Vic Romley y Alan Hsia del Union Bank of Switzerland, que nos dieron la credibilidad que necesitábamos y nos presentaron a algunos de sus clientes SL del espacio del capital privado para el sector energético. Nos ayudaron a conseguir que el fondo de pensiones de General Motors se convirtiera en nuestro principal inversor. En unos pocos meses, otros seis grandes SL institucionales siguieron sus pasos y nos dieron 100 millones de dólares para abrir en 1998 Quantum Energy Partners.

T. Cuando tenía veinte años, vi por primera vez a un multimillonario, y le pregunté cuál era el secreto de su éxito, y me dijo: «Me ocupo de los mercados desatendidos, y de una forma desmedida». Le respondí: «¿Y eso qué quiere decir?», porque vendía tuercas y tornillos y cosas que no destacaban por su singularidad. Y aseguró, bueno, las vendo en África. Las vendo en partes de Asia a las que no va nadie. Si voy a Nueva York, voy a las entrañas de un hospital, y busco al tipo que lo pide todo y al que nadie atiende. Y le presto una atención desmedida. Si lo recuerdo bien, tú fuiste a Midland (Texas), a lugares a los que en aquellos tiempos los banqueros de Nueva York no iban. ¿Es verdad?

W. Es correcto. Íbamos a lugares que obligaban a hacer una escala más en los vuelos de Southwest Airlines. Southwest Airlines volaba de Dallas a Houston, y quizás a Nueva Orleans. Pero directamente no iban a Midland, Tulsa o Shreveport. Como has dicho, encontramos mercados que no estaban atendidos y nos volcamos en ellos; íbamos a lugares a los que era difícil llegar, y a los que los bancos de Wall Street no solían ir. En esos mercados encontramos grandes emprendedores que desde hacía mucho tiempo no habían recibido una llamada de los bancos para ofrecerles capital.

T. Tengo curiosidad por saber quién fue la persona más importante en tu vida, en el sentido de haber moldeado el éxito de tu negocio y la persona que eres en la actualidad.

W. Es difícil señalar a una sola persona. Soy un firme defensor de aprender todo lo posible de los errores que cometen los demás, así que soy un lector voraz; he aprendido mucho de muchas personas diferentes. Dicho esto, las dos personas que se merecen un mayor reconocimiento por haberme convertido en la persona que soy son mi padre y mi madre. Me siento muy agradecido por la fuerte ética laboral que me enseñaron y por el sistema de valores que me inculcaron: trata a la gente como te gustaría que te traten a ti; y por más que quieras mucho algo, pon siempre los intereses de los demás por delante de los tuyos.

Mi padre era funcionario del gobierno federal, y mi madre era maestra de escuela y había intentado crear su propio negocio. Fracasó de forma estrepitosa. Mis padres tenían muy pocos ahorros. Usaron lo poco que tenían para que mi madre abriera una tienda de ropa, y así poder vestir a sus cuatro hijos. Fue una mala razón para abrir una empresa, y después de unos pocos años, se tragó todos sus ahorros hasta que estuvieron a punto de declararse en quiebra. Pero mi familia lo superó, y a pesar de que la tienda de ropa fue un fracaso, siempre admiré la ambición de mi madre y sus ganas de apostar por sí misma. El ejemplo que me dio al arriesgarse y crear una empresa me inspiró y me dio la confianza para salir y probar a hacer algo por mi cuenta.

T. Háblanos un poco de A. V. Jones. ¿Qué papel desempeñó en tu vida?

W. Para mí, A. V. fue un mentor, pero fue mucho más que un simple mentor. Fue un amigo, un socio y, lo más importante, una persona que me infundió mucho ánimo. Era la persona más positiva que he conocido, y una de las pocas que me he encontrado a lo largo de mi carrera profesional de las que absolutamente nadie era capaz de decir una sola palabra negativa. Pese a poseer una personalidad desbordante y tener un éxito espectacular en sus negocios, era humilde y trataba a todo el mundo con amabilidad y respeto. Al respaldarnos con su nombre, reputación y capital, nos dio un plus de credibilidad, y gracias a su excepcional reputación nos ayudó a crear relaciones muy valiosas en el sector energético.

Recuerdo que a menudo A. V. me decía: «Todos piensan que soy un emprendedor extraordinario, y aunque era bueno, solo hice dinero de verdad cuando escogí a las personas adecuadas para que entraran en el negocio, y después las apoyé mediante todos los medios a mi disposición». Por esa razón, A. V. nunca intentó decirnos cómo debíamos gestionar la empresa o qué inversiones hacer o no hacer, sino que se dedicaba a plantearnos algunas preguntas, se ofrecía a hacer las presentaciones cuando estaba en su mano, y nos animaba a buscar las soluciones por nuestra propia cuenta. Fue un socio increíble, y Quantum no sería la empresa que es hoy sin la visión y la generosidad que demostró al apoyar a dos chavales jóvenes que tenían una curiosidad y un deseo insaciables por aprender, y que nunca aceptaban un no por respuesta.

T. Es muy interesante, porque cuando se dedican a la inversión, cuando empiezan, muchas personas piensan que deben ser emprendedoras. Pero, como has dicho, quizás puedes encontrar a alguien que sea mejor emprendedor que tú, y obtener un buen beneficio si puedes proporcionarle el capital. Cambiemos de tema, y hablemos de oportunidades en medio de este proceso de evolución que experimenta el sector energético. Me encantaría saber dónde crees que se encuentran las mejores oportunidades para los inversores. ¿Podrías explicarnos un poco por encima cómo le ha ido a tu empresa a lo largo de los años?

W. En este momento gestionamos un capital superior a 22.000 millones de dólares, y llevamos veinticinco años en el negocio. A pesar de la gran volatilidad de los precios de las materias primas y los mercados de capitales durante este período, nos sentimos orgullosos de que todos los fondos que hemos creado hayan conseguido hacer dinero para los inversores, y que nuestros beneficios hayan sido sólidos y hayan superado nuestras expectativas.

Me gusta identificar los riesgos que puedes gestionar y las áreas en que puedes suprimir la volatilidad. A lo largo del tiempo, la oferta y la demanda de energía fluctúa bastante, lo cual crea volatilidad en los precios de las materias primas. Cuando tienes un sector que es muy volátil, y combinas esa volatilidad con el apalancamiento financiero, tienes la fórmula perfecta para acabar perdiendo dinero. Por lo tanto, la volatilidad en los precios de las materias primas y el apalancamiento financiero son dos riesgos con los que estamos obsesionados; por eso los gestionamos activamente, con una agresiva protección de los precios de las materias primas en los mercados de futuros y la utilización de un apalancamiento financiero modesto en las estructuras de capital de las empresas que creamos. Si haces esto de manera constante, entonces puedes centrarte de verdad en ganar dinero ampliando los márgenes; o sea, reduciendo los costes operativos y del capital, y aumentando los ingresos, que es el mejor modo de hacer dinero en cualquier sector.

Por consiguiente, intentamos aislar y atenuar las variables que podrían dejarnos fuera de juego en un mercado bajista. En un mercado alcista, renunciar a cualquier cobertura y usar una montaña de deuda quizás te haga parecer muy inteligente, pero tarde o temprano los precios caerán, y como el jugador de póquer que tardó demasiado en levan-

tarse de la mesa, acabarás perdiendo todo el dinero. El problema en el
sector del petróleo y el gas es que atrae a personas muy optimistas. Debes ser muy optimista para gastarte miles de millones de dólares perfo-
rando pozos a tres mil o cuatro mil metros de profundidad, por debajo
de la superficie terrestre, y luego otros tres o cuatro mil metros más en
horizontal. Sabemos que para tener éxito en este negocio, Quantum no
solo debe asumir riesgos, sino también controlarlos y mitigarlos.

T. He tenido el privilegio de entrevistar a cincuenta de los inversores más ricos de la historia, los Ray Dalio, Carl Icahn, Warren Buffett,
etcétera. Tienen estrategias de inversión muy diferentes, pero hay algo
que todos parecen buscar: una relación asimétrica entre el riesgo y la
recompensa. Háblanos un poco del sector en su conjunto. Desde tu punto de vista, ¿cuál es la mayor oportunidad que puede encontrarse en este
momento, y cuál es la causa de que esa oportunidad haya aparecido?

W. Creo que el sector energético es la mejor oportunidad de inversión en el mundo actual, y con perspectivas de crecimiento, en concreto,
el sector del petróleo y el gas y, en menor medida, el sector de la transición energética. No creo que haya nada aún que se acerque al petróleo y
el gas. Sé que no es la respuesta más habitual. En los dos o tres últimos
años muchos inversores se han obsesionado, y por buenas razones, con
el clima. Tenemos que estar muy centrados en esta cuestión, por lo que
debemos hacer todo lo posible para poner solución a los cambios en el
clima y respaldar las iniciativas que nos permitan llegar a un escenario
de cero emisiones. Pero también debemos estar muy centrados en garantizar que el mundo tenga energía abundante, fiable y asequible, porque, sin ella, el mundo moderno no funciona, y los países pobres no
tendrán la oportunidad de sacar a la gente de la pobreza.

El grupo de los países del primer mundo, como la mayoría de los
europeos, Estados Unidos, Australia, Japón, Corea del Sur y alguno
más, están muy enfocados en la transición energética. Christopher, tú
has descrito la cuestión como una evolución energética, yo prefiero ver-
la como una transición en materia de emisiones. Evolución energética o
transición en materia de emisiones son expresiones mucho más adecuadas que transición energética, porque cuando la mayoría de la gente
piensa en la palabra *transición*, piensa en dejar una actividad para ponerse a hacer otra; sin embargo, la realidad es que el mundo nunca ha
descartado del todo una forma de energía, sino que ha desarrollado
nuevas fuentes de energía que se incorporan a la oferta existente para
poder satisfacer la creciente demanda. Por desgracia, casi todo lo que
oímos en los medios es que las renovables y los vehículos eléctricos con-

quistarán el mundo y que en un futuro no demasiado remoto no necesitaremos petróleo, gas ni carbón. Pero la verdad no podría ser más distinta. Incluso con la gigantesca inversión realizada en la energía eólica y la solar durante la pasada década, el mundo solo obtiene el 4 por ciento de su energía del viento y el sol, mientras que el 80 por ciento proviene de los combustibles fósiles.

T. El año pasado, el sector del gas y el petróleo ofreció las rentabilidades más elevadas en el mercado de valores. El S&P cayó un 20 por ciento, mientras que el sector del gas y el petróleo subió.

W. Exacto. En 2021, las empresas cotizadas que se dedican al petróleo y el gas subieron un 86 por ciento y en 2022, un 48 por ciento, lo que contrasta muy positivamente con los beneficios ofrecidos por el S&P 500 durante el mismo período, que fueron del 27 por ciento en 2021 y que cayeron un 20 por ciento en negativo en 2022.

T. Y, aun así, la financiación para el petróleo y el gas se ha reducido mucho. ¿Podríamos decir que esto explica en parte la oportunidad? Porque en los próximos veinte o treinta años el mundo tendrá 2.000 millones de personas más. Si mis datos son correctos, en 2050 necesitaremos un 50 por ciento más de energía que la que consumimos en la actualidad.

W. En primer lugar, remontémonos al Día de Acción de Gracias de 2014, cuando los precios del petróleo llevaban varios años oscilando entre los 85 y los 100 dólares por barril. En aquel momento, la demanda estaba cayendo, pero la OPEP tomó la decisión de no recortar la producción. El precio del petróleo empezó entonces a caer, y al final se hundió hasta los 20 dólares. Así, en solo tres años, pasó más o menos de 85-100 dólares el barril a unos 20 dólares el barril, y eso provocó un gigantesco *shock* financiero en los balances y los resultados de las empresas petroleras y gasísticas. Hasta aquel momento, los inversores habían estado poniendo un montón de dinero en las empresas del sector dedicadas a la revolución del esquisto. El sector estaba gastando cientos de miles de millones de dólares al año para encontrar la tecnología que permitiera liberar de una forma rentable el petróleo de esquisto, descubrir los mejores lugares para perforar, y cómo hacer esas perforaciones y construir los pozos. Resolver todo lo anterior requería una dosis gigantesca de experimentación y capital. Durante la década comprendida entre 2010 y 2020, el sector petrolífero y gasístico tuvo que cancelar un capital de unos 350.000 millones de dólares. Para poner las cifras en contexto, esa cantidad representa más o menos el 55 por ciento de todas las cancelaciones y depreciaciones en el S&P 500 durante esa misma década. Los inversores en los mercados cotizados se dieron cuenta de que el sector solo estaba centrado en aumentar la producción e incrementar las reservas, pero que no se había dedicado a ganar dinero. Y estaban en lo cierto, pero a los inversores no les gustó mucho descubrirlo, ni tampoco que para encontrar una forma de acceder a las enormes reservas de petróleo de esquisto fuera necesaria la llegada de una ola de destrucción de capital; un fenómeno no muy distinto a la destrucción de capital que tuvo lugar durante el auge y el estallido de la burbuja puntocom, y que hace unas décadas sirvió para alumbrar empresas como Amazon, Google y Facebook.

Sin embargo, en la gigantesca destrucción de capital que se produjo en el sector gasístico y petrolífero también hubo una parte positiva; durante la década de 2010, la producción de petróleo de Estados Unidos ha crecido un 180 por ciento, y la de gas cerca de un cien por cien, lo que tuvo como resultado que Estados Unidos haya pasado de ser el mayor importador de petróleo del mundo a convertirse en un exportador neto, y que además se haya erigido como uno de los mayores exportadores del mundo de gas natural. Hemos alcanzado la independencia energética, y lo que eso representa en términos geopolíticos y económicos para Estados Unidos podría considerarse uno de los grandes éxitos de nuestra historia.

Pero cuando la fiesta terminó, muchos inversores bursátiles decidieron que el sector del gas y el petróleo no era adecuado para invertir, porque las empresas gasísticas y petrolíferas no administraban el capital con responsabilidad, y, por lo tanto, decidieron vender sus posiciones y salir del sector. Sin embargo, en la bolsa aún quedaba un grupo mucho más reducido de inversores que sí estaban dispuestos a contemplar la inversión en gas y petróleo, pero que obligaron al sector a adoptar un nuevo modelo parecido a lo siguiente: las empresas debían reinvertir el 30-50 por ciento de su flujo de caja en sus propias operaciones, y enviar el 70-50 por ciento restante de vuelta a los inversores a través de dividendos y recompras de acciones; las empresas debían limitar el incremento de la producción a porcentajes más bajos, de un solo dígito; y las empresas debían desapalancar sus balances.

En las empresas no cotizadas también se estaba produciendo la misma destrucción de capital, así que los SL empezaron a reducir de una forma bastante considerable sus compromisos con los fondos de capital privado y deuda privada. Hace cinco años, quizás había 90.000 o 100.000 millones de dólares en efectivo en el espacio del capital y la deuda privados para el petróleo y el gas. Hoy, la cifra ronda los 15.000 o 20.000 millones. Más de la mitad de los SG que hace cinco años estaban en activo en este espacio han echado el cierre o no pueden abrir un fondo nuevo porque su rentabilidad es muy baja. Los bancos también han reducido considerablemente los préstamos al sector petrolífero y gasístico.

En resumen, en tan solo unos pocos años, en el sector gasístico y petrolífero la cantidad de capital en los mercados cotizados y privados se ha reducido de manera espectacular. El petróleo y el gas son un recurso limitado, necesitan una reinversión constante para sustituir las reservas explotadas. En los últimos ocho o nueve años, la inversión media ha rondado el 50 por ciento de la cantidad necesaria para cubrir la producción. La población mundial crecerá de forma significativa, como también lo hará la cantidad de personas que pasarán a formar parte de la clase media hasta el año 2050, lo cual incrementará de manera importante la demanda de todas las fuentes de energía, petróleo y gas incluidos. Hay un gran desequilibrio entre la futura demanda global de petróleo y gas y la capacidad mundial para suministrar todo ese petróleo y gas; y durante la década siguiente, esa disparidad tendrá como probable resultado unos precios bastante más altos.

Christopher: Nos hablas de situaciones que la gente no ha previsto en los próximos tres años. ¿Y qué deberíamos esperar? O sea, para aquellos inversores que estén dispuestos a meterse en el sector energético, ¿qué nos espera en los próximos diez años?

W. Creo que mucha gente piensa que en algún momento de los próximos años, nos levantaremos un día y ya no necesitaremos hidrocarburos; que la eólica y la solar crearán toda la energía que necesitamos, y que todos los coches funcionarán con baterías. La realidad no podría ser más diferente. A decir verdad, esta forma de pensar es increíblemente peligrosa, no solo porque no es posible, sino también porque podría sabotear la independencia energética de Estados Unidos y poner a muchos países occidentales en una posición de desventaja geopolítica y financiera en relación con China.

De vez en cuando, el CEO de J. P. Morgan, Jamie Dimon, viene a Houston para visitar a sus clientes en el sector de la energía; entre ellos, Quantum representa una de sus mayores posiciones crediticias. Hace unos pocos años, le pregunté hasta qué punto J. P. Morgan estaba dispuesto a seguir prestando dinero al sector petrolífero y gasístico, y creo que su respuesta resume muy bien por qué el mundo debe tener mucho cuidado con matar de hambre la oferta de capital en el sector. Respondió, y cito literalmente, que el precio de la energía afecta a casi todos los sectores de la economía. Es decir, si los precios de la energía son bajos, eso genera un viento de cola para muchos otros sectores, mientras que sin son altos, crea vientos en contra para muchos otros sectores.

Si nos importa la prosperidad económica, si nos preocupa el medioambiente, debemos disponer de una energía sostenible y abundante para obtener los beneficios necesarios para reinvertir y hacer realidad la evolución energética.

> Si nos importa la prosperidad económica, si nos preocupa el medioambiente, debemos disponer de una energía sostenible y abundante para obtener los beneficios necesarios para reinvertir y hacer realidad la evolución energética.

Estoy muy convencido de que durante la próxima década, el petróleo y el gas seguirán utilizándose en cantidades muy significativas, es probable que aún mayores que las actuales. Incluso podría ir más lejos y decir que dentro de dos o tres décadas, el petróleo y el gas continuarán utilizándose en cantidades muy similares a las actuales. Por lo tanto, necesitaremos un montón de petróleo y gas para sostener la demanda, pero no estamos invirtiendo lo necesario.

Por suerte, en la oferta total de energía, la solar y la eólica continuarán ganando más terreno, pero el mundo tiene que asumir que la incorporación de nuevas fuentes de energía requiere mucho tiempo. En términos de cuota de mercado, la mayor penetración de una nueva fuente de energía durante sus primeros cincuenta años fue la protagonizada por el carbón, que medio siglo después de que empezara a utilizarse copó el 35 por ciento del mercado. Para comparar, después de más de diez años desde que empezaron a invertirse unas cantidades gigantescas en este espacio, la eólica y la solar solo representan el 4 por ciento. Nuestra predicción es que el mundo invertirá más dinero en la energía solar y eólica, el almacenamiento en baterías y la electrificación del transporte que en cualquier otro sector económico a lo largo de toda la historia humana, y seguramente por varios múltiplos. Y eso generará unas oportunidades increíbles para hacer inversiones.

Pero siempre que las oportunidades aumentan a un ritmo increíblemente acelerado, te encontrarás con gestores que antes de invertir capital nunca han operado en ese espacio, y equipos directivos que antes de recibir capital nunca han gestionado esa clase de empresas, y ahí tienes la fórmula para destruir un montón de dinero. Por una parte, en términos de distribución de capital podría ser la mayor oportunidad de inversión que el mundo haya visto jamás; pero, por otra, podría haber más destrucción de capital en la transición energética que en el cualquier otro sector en la historia del capitalismo.

C. No hay duda de que existe una oportunidad, pero también unos riesgos que debemos manejar. En los últimos años, ¿cuáles han sido las previsiones que se han hecho realidad, y qué ha ocurrido en el sector que no habías previsto?

W. Está claro que no habíamos previsto que Rusia se metiera en Ucrania. Este acontecimiento ha reposicionado a Occidente, y en lugar de vivir en un mundo de deseos y sentimientos, sobre todo en lo que respecta a la transición energética, lo ha devuelto a la realidad. Antes de que Rusia se metiera en Ucrania, ya fuera porque estaban en contra de invertir en el sector por motivos relacionados con los criterios ESG (medioambiente, sociedad y gobernanza) o porque temían que en un futuro próximo el mundo dejara de usar tanto petróleo y gas, por lo que los activos que pudiéramos adquirir ya no tendrían valor terminal, era muy difícil conseguir que ciertas instituciones se sentaran y hablaran con nosotros sobre la posibilidad de invertir en petróleo y gas. Ahora, la mayoría de esas instituciones negocian con nosotros porque los hechos han demostrado de una forma abrumadora que el petróleo y el gas todavía tienen mucho recorrido, y que son una excelente opción para que sus inversiones generen unos beneficios muy sólidos durante la próxima década. Y no prevemos que los términos de la conversación vayan a cambiar demasiado rápido.

Tampoco esperaba que el gobierno de Estados Unidos aprobara una ley tan trascendental como la Ley de Reducción de la Inflación (IRA, en inglés), que destina casi 400.000 millones de dólares en créditos fiscales y financiación federal al estímulo de la inversión en la transición energética. La IRA es algo mucho más grande que la cantidad presupuestada, porque se sigue renovando automáticamente hasta que se alcancen ciertos objetivos. La IRA incluye medidas decisivas para cambiar por completo la situación económica, no solo con las energías renovables, el almacenamiento en baterías, los vehículos eléctricos, el hidrógeno y la energía nuclear, sino también con todo lo relacionado con la captura y el almacenamiento del carbono (CCS, por sus siglas en inglés). Básicamente, la captura y el almacenamiento del carbono consiste en descarbonizar los hidrocarburos, lo que significa que el CO_2 que se genera con la combustión del petróleo, el gas y el carbón para generar energía se atrapa y se almacena o aísla de manera permanente en reservas subterráneas. Las turbinas de gas natural pueden ponerse en marcha en cuestión de minutos, lo que significa que son una energía que proporciona la carga base; y con un dispositivo de captura del carbono instalado en esa turbina de gas, convierte lo que muchos consideran una energía sucia en una energía limpia capaz de cubrir la carga base. Es algo muy diferente a la energía eólica y solar, que no son energías capaces de proporcionar la carga base, ya que ni el sol brilla todos los días ni el viento sopla a todas horas. En primera instancia, para poder funcionar sin interrupciones, con una demanda energética que además fluctúa bastante en función de las franjas del día y la noche, el mundo debe usar una energía de carga base, necesita energía cuando necesita energía, no cuando la energía está disponible.

T. ¿En qué ha cambiado la energía nuclear que se instala en la actualidad? ¿Podrías dedicar un momento a hablar de esta cuestión, y si en este campo también hay alguna oportunidad?

W. La nueva generación de centrales nucleares utiliza en el reactor una tecnología muy distinta a la que se usaba en Three Mile Island, Fukushima y Chernóbil, las tres centrales que sufrieron los accidentes que pusieron a gran parte de la opinión pública mundial en contra de la nuclear. Los nuevos reactores son mucho más seguros y, por regla general, no tienen tendencia a provocar una fusión del núcleo, que es lo que preocupa mucho a la gente. Además, ahora tenemos los llamados SMR, o reactores modulares pequeños, que son unas centrales nucleares mucho más reducidas que las tradicionales, por lo que pueden construirse en una fábrica, en lugar de tener que hacerlo directamente en el terreno. Por lo tanto, los SMR pueden construirse mucho más deprisa y con unos costes más bajos que las viejas centrales nucleares utilizadas para alimentar la red. Los SMR también pueden fabricarse a una escala mucho más reducida, lo que significa que pueden utilizarse para muchas más aplicaciones. Y la guinda del pastel, algunos diseños de SMR se alimentan del combustible ya utilizado por la flota actual de reactores nucleares, lo que significa que, en esencia, ofrecen una solución para resolver qué hacer con los residuos generados por el parque actual de centrales nucleares. Históricamente, una de las grandes desventajas de la energía nuclear es que era muy cara. Hoy parece probable que los SMR rompan esta tendencia porque pueden construirse en una fábrica. De hecho, si somos capaces de eliminar la burocracia del proceso legal de autorización y desplegar los SMR a gran escala, la próxima generación de centrales nucleares conectadas a la red pública podría romper con esta tendencia.

T. Desde tu punto de vista, ¿cuáles serían en la actualidad las grandes falacias que los inversores están dando por válidas en el sector energético?

W. Los inversores están muy equivocados en dar por sentado que la evolución energética se producirá mucho más deprisa de lo que en realidad ocurrirá. Además, muchos inversores se están convenciendo a sí mismos de que en el espacio de la transición energética obtendrán una rentabilidad elevada, cuando, de hecho, muchas de las empresas que operan en el sector de la transición energética no están ganando dinero en la actualidad, y en un futuro próximo parecen no tener una opción real para llegar a ser rentables. Y de las empresas que en la actualidad están ganando dinero, la mayoría está generando unos beneficios muy reducidos. Por último, muchos inversores también subestiman el nivel de riesgo que están asumiendo. Como resultado, en el espacio de la transición energética la relación entre el riesgo y los beneficios de un gran número de oportunidades es muy desfavorable para los inversores.

C. Si tuvieras la atención del mundo y pudieras decirle algo que debería tener muy en cuenta, ¿qué dirías?

W. Es una pregunta muy profunda. Si pudiera captar la atención de los diez líderes más importantes del mundo, les diría lo siguiente: tened mucho cuidado con lo que pedís. La evolución energética es increíblemente importante y una causa muy noble, y la humanidad debe luchar para hacerla realidad. La prosperidad que hemos alcanzado en Occidente en los últimos cuarenta años ha sido posible gracias a dos grandes factores: deslocalizar la producción y llevarla a los países que pueden hacer el trabajo más barato, y reducir los costes del capital a los niveles más bajos de la historia. Parece probable que en el transcurso de la próxima década estas dos tendencias retrocedan, lo que creará en Occidente unos desafíos enormes.

En parte, esa gran apuesta por la deslocalización también incluía el traslado a otros países de la producción de los componentes esenciales para la transición a las energías renovables. En esencia, para poder fabricar turbinas eólicas, paneles solares, baterías de iones de litio y vehículos eléctricos, tienes que extraer una serie de minerales (como el cobre, el litio, el cobalto, el silicio, el zinc, además de tierras raras y otros elementos imprescindibles); después tienes que refinar y procesar esos minerales, y luego tienes que usarlos para fabricar las turbinas, los paneles y las baterías. Occidente ha deslocalizado la mayoría de las operaciones de minería, refinación y procesamiento, así como la fabricación de los componentes esenciales de la transición energética, y las instaló en muchos países repartidos por todo el mundo. El país que más ha aprovechado la tendencia a favor de la deslocalización ha sido China, ya que hace más de una década empezó a pensar estratégicamente sobre la inminente llegada de una transición hacia las energías renovables. China ejerce el control absoluto de todos los componentes básicos de la transición energética: sus cuotas de mercado oscilan entre el 30 y el 60 por ciento en la extracción de los minerales críticos, del 40 al 70 por ciento en el refinado y el procesamiento de esos mismos minerales críticos, y del 60 al 80 por ciento en la capacidad de producción de tecnología para la energía eólica, la solar y las baterías de iones de litio.

Pensemos un momento en el poder que Arabia Saudí haya podido ejercer sobre los precios del petróleo durante los últimos treinta o cuarenta años, cuando los saudíes solo controlaban el 10 por ciento de la oferta mundial. La OPEP, que se compone de trece países, controlaba alrededor del 30 por ciento de la oferta mundial de petróleo. Cuando actuaban de forma coordinada, podían poner al mundo de rodillas. En la actualidad, China controla una cuota de mercado entre cuatro y ocho veces superior a la de Arabia Saudí con el petróleo; y, además, en todas las áreas clave para llevar a cabo la transición energética. Para Occidente, la guerra de Rusia en Ucrania ha sido un toque de atención, en el sentido de la abrumadora importancia que tiene la seguridad energética. Para que Estados Unidos, Europa y nuestros aliados puedan tener esa seguridad energética debemos controlar nuestras propias cadenas de suministro.

En lo referente a la minería, el refinado, el procesamiento y la fabricación, crear nuestras propias cadenas de suministro para la transición energética no va a llevar años, sino varias décadas, y exigirá billones de dólares de inversiones y un entorno normativo extremadamente simplificado. Por un lado, todo esto ofrece una inmejorable oportunidad para traer de vuelta a Estados Unidos una serie de trabajos que estaban bien pagados; pero, por otro, si no somos capaces de actuar de manera coordinada y ponernos en marcha, representa el principal punto débil de Estados Unidos desde el punto de vista de la seguridad nacional y económica.

T. Antes de hablar un poco de tu empresa, me gustaría volver a un asunto. Quiero destacar una vez más la importancia de estas inversiones, porque tenemos al mismo tiempo una escasez de capital y una gran demanda, que crece aún más deprisa con el aumento de la población en los países del tercer mundo, que quieren disponer de más energía de este tipo. Muchos de nosotros pensamos que, muy bien, adoptaremos los criterios ESG. Te fijas en Europa y han reducido entre un 30 y un 35 por ciento la producción interior de gas natural, y toda esa falta de suministro ya era evidente antes de que Rusia invadiera Ucrania. Sabemos que ahí tenemos un importante desafío. ¿Puedes hablar un poco más sobre este tema? ¿De verdad, tal como parece, para ser sostenibles tendremos que recurrir a los hidrocarburos —en este caso, la respuesta será la captura de carbono—, para disponer de una energía de carga base en todo el mundo, mientras también somos capaces de proteger el medioambiente? ¿Es así en realidad? ¿Y cuál crees que es el impacto político de deslocalizar y llevar la producción a otros países?

W. Aquí tenemos la clásica historia de dos ciudades; o más bien la historia de dos continentes. Europa decidió apostar por un camino: la energía solar y la eólica deben sustituir a todas las demás, y los hidrocarburos son malos. Como he mencionado antes, Estados Unidos decidió ir en la dirección contraria. Hemos pasado de ser uno de los mayores importadores a ser uno de los grandes exportadores. Al actuar de este modo, no solo nos hemos vuelto independientes desde un punto de vista energético; también debemos considerar las ventajas que se derivan de todo ello para el empleo, el tesoro público y la seguridad nacional.

Creo que los criterios ESG tienen muchos aspectos positivos. En esta cuestión, por decirlo de algún modo, trato de actuar como un hombre de Estado sin inclinaciones partidistas, e intento unir a la gente para avanzar hacia la sostenibilidad, porque creo que tanto la izquierda como la derecha han entendido muy mal este problema. Muchas personas de la izquierda creen que las renovables, las baterías y los VE son la respuesta, pero no han invertido el tiempo necesario para analizar en perspectiva la enormidad de esta transformación y comprender los desafíos y obstáculos hercúleos que debemos superar para llegar a ese punto. En resumen, demuestran una fe ciega, y piensan que de alguna manera se hará realidad como si fuera un milagro.

Muchas personas de la derecha niegan que el clima esté cambiando y que la humanidad tenga algo que ver con esos cambios. También creen que el movimiento ESG no es nada más que la imposición forzosa de un conjunto de valores progresistas, así que rechazan de forma categórica tanto el cambio climático como el movimiento ESG, pero sin tener en cuenta las consecuencias de actuar de ese modo. La verdad es que como ocurre con casi todo en la vida, cuando empiezas a profundizar un poco y haces las preguntas necesarias te das cuenta de que la verdad se encuentra seguramente en un punto intermedio. Creo que es esto lo que ocurre.

¿Tenemos un problema serio con el clima? Sí. Podemos debatir hasta qué punto está causado por el hombre y hasta qué punto es el resultado de la acción de la naturaleza. Pero en realidad no importa; porque no podemos permitirnos ignorar los riesgos. Y, por cierto, la opción de «limpiar» los hidrocarburos tiene muchos aspectos buenos. Tenemos un aire más limpio. La gente tiene mejor salud. Vivimos vidas más largas. Todo huele mejor. Eso es lo que explico a mis amigos de derechas.

Y a mis amigos de izquierdas les recuerdo que las transiciones energéticas no llevan años, sino décadas, y que debemos lidiar con muchos desafíos estructurales relacionados con la transición energética; y que si de verdad quieren una energía limpia, podemos llegar a conseguirlo con un proceso llamado captura y almacenamiento de carbono. También les recuerdo que en Estados Unidos y el resto del mundo tenemos todo un sistema de infraestructuras ya construido para suministrar esa energía, transportarla y almacenarla, y después utilizarla, así que todo lo que debemos hacer es añadirle la tecnología para la captura y el almacenamiento del carbono y construir la infraestructura necesaria para almacenar el CO_2. En resumen, el gas natural y el carbón, combinados con la tecnología para la captura y el almacenamiento del carbono, pueden ofrecer una energía de carga base (recordemos, el viento y el sol son intermitentes) que sea tan limpia, o incluso más, que la energía eólica y solar. Y Estados Unidos tiene unas enormes reservas de ambas fuentes.

Muchas personas no se dan cuenta de que en los países del tercer mundo mueren cada día más personas por respirar los carcinógenos producidos por la combustión de la leña y el estiércol para poder cocinar en casa que todas las que han muerto en la historia de la humanidad como resultado de los accidentes nucleares. Muchas personas tienen un miedo irracional a la energía atómica, pero si queremos ponernos serios sobre el objetivo de ofrecer una energía limpia y de carga base, la nuclear debe ser una parte importante de la solución. China planea construir un mínimo de 150 reactores nucleares nuevos en los próximos quince años, casi el doble de los que están operativos en la actualidad en Estados Unidos. Incluso nuestros amigos de Oriente Próximo están adoptando la nuclear. Tienen reservas de petróleo y gas para varios siglos, y aun así planean construir centrales nucleares porque quieren llegar a las cero emisiones y exportar otra clase energía. La nuclear será cada vez más relevante, y no es peligrosa. Los hidrocarburos pueden ser descarbonizados, y la eólica y la solar son dos fuentes de energía verdaderamente buenas. Necesitamos tanta energía como podamos. Y para que los números cuadren, debemos disponer de todo lo anterior. Si no, lo que le espera a la humanidad es un futuro oscuro y aterrador.

Querría destacar algo más: la fundación de mi familia trabaja mucho en la parte sur de África, donde he visto las horribles consecuencias de la pobreza energética. Quizás haya mil millones de personas en el continente africano que viven en la más abyecta pobreza energética. No tienen energía, y hace falta energía, y mucha, para ascender por la escalera de la prosperidad económica. Cocinan con leña o estiércol de vaca, y los carcinógenos que respiran al hacer la comida matan cada año a millones de personas. Y no es justo; esas personas se merecen tener acceso a la energía, así que necesitaremos todas las fuentes disponibles para suministrar al mundo moderno la energía que necesita para seguir adelante, y al mundo en vías de desarrollo la energía que necesita para mejorar su calidad de vida.

T. Y debe ser a un precio que la gente pueda permitirse, porque en esos países el precio es un problema aún más gordo. Así, parece que la captura y el almacenamiento de carbono será una de las principales soluciones. Como has dicho, necesitamos todas las fuentes de energía, pero ésa en particular nos permitiría usar los hidrocarburos de una forma que no tendría un impacto negativo en el medioambiente. Permíteme cambiar de tema y hablar un poco de tu empresa, porque el tamaño y el crecimiento de la firma ya podría considerarse como histórico. Crear y desarrollar una firma de inversión tan grande requiere bastante más que hacer buenas inversiones. Además de haber obtenido buenas rentabilidades, ¿cuál es la principal razón que explica el éxito de tu empresa?

W. Diría que dos cosas. La gente y la cultura. En cualquier sector, en cualquier empresa, las personas son el activo más valioso. Las personas son el único componente de una empresa que puede provocar cambios en el futuro. Las personas pueden crear ideas innovadoras. Pueden ganar a la competencia. Pueden hacer cosas de formas distintas, y que no se han probado antes. Así que siempre hemos querido contratar a las mejores personas en todas las áreas que son necesarias para gestionar una empresa de inversión de primer nivel.

También nos dedicamos a mantener una cultura fuerte. Por desgracia, todos sabemos que, en general, en las firmas de inversión de Wall Street abundan los codazos, que atraen a personas de éxito y con mucho talento, pero que en muchos casos también son muy individualistas. Es un sector en el que si eres bueno, puedes ganar mucho dinero y labrarte una buena fama. Pero el problema es que hay equipos que acaban dominados por una o dos grandes estrellas. Pero quienes ganan los títulos no son las estrellas individuales, sino los equipos. En las mejores firmas de inversión hay un buen ambiente y un espíritu de colaboración. El trabajo en equipo está en el centro de lo que hacemos, porque para ser buenos en el negocio hace falta contar con muchas personas especializadas en distintos ámbitos y que trabajan al unísono.

Mi formación es en finanzas, así que cuando creamos la empresa era consciente de que tendría que buscar y asociarme con expertos técnicos y operativos. Veinticinco años después tenemos una empresa en la que más de una tercera parte del equipo de inversión tiene formación técnica, operativa o digital; y todos son miembros de pleno derecho del equipo de inversión, en su sentido más amplio. Todas las personas del equipo conocen y valoran esa combinación única de valores y competencias que tiene cada uno de sus compañeros, y que después aportan al grupo. Tenemos la filosofía de que si ganamos, ganamos como un equipo; y si perdemos, perdemos como un equipo; pero siempre siempre lo primero es el equipo. Creo que es lo que nos ha permitido ser una marca duradera.

T. Cuando observas la historia de tu empresa, ¿cuál fue el verdadero punto de inflexión, el momento en que pasasteis de ser buenos a ser una empresa extraordinaria?

W. Para nosotros, fue una confluencia de dos situaciones. Al principio, teníamos todos los ingredientes adecuados, pero no teníamos el tamaño, la envergadura. Y sin esa envergadura, es imposible atraer talento de primer nivel en algunas de las áreas requeridas de competencia. Nuestra empresa se creó en 1998, pero una década después, cuando tuvo lugar la revolución del petróleo de esquisto, me di cuenta de que el mundo había cambiado. La necesidad de capital de las empresas en las que habíamos invertido aumentó hasta el punto de tener que añadir un cero a las cantidades. Solíamos hacer cheques de 10, 20, 30 millones de dólares; y, de repente, teníamos que hacer cheques de 100, 200 o 300 millones de dólares. La razón era que la perforación de un pozo para extraer petróleo de esquisto cuesta diez veces más que abrir un pozo normal. Por otro lado, los pozos para el petróleo de esquisto también tienen una reserva recuperable de hidrocarburos que supera entre diez y veinte veces la cantidad de los convencionales. Por lo tanto, la escala cambió. Cuando eso ocurrió, el tamaño de los fondos que abríamos también aumentó una barbaridad; eso nos proporcionó los ingresos para buscar y contratar a los mejores empleados, de primer nivel. Ése fue el punto de inflexión de Quantum.

Vivimos en un mundo dinámico. La única constante es el cambio. Da igual que hayas trazado unos planes a conciencia; las cosas cambian, y a menudo lo hacen de forma radical. Por lo tanto, es importante ser rápido de reflejos y tener la capacidad para detectar que las cosas cambian, y tener la voluntad y el valor para hacer ajustes y correcciones en mitad del viaje para, al final, llegar adonde pretendes llegar.

C. Tú y yo tenemos en común que creamos nuestras empresas cuando éramos muy jóvenes. En el momento de fundar tu empresa, cuando estabas en los últimos años de la veintena, ¿hay algo que te hubiera gustado saber y que nadie te dijo?

W. Quizás lanzar una empresa es la tarea más apasionante que pueda llevar a cabo una persona..., y también la más aterradora. Así que hazlo cuando aún eres joven. Asimismo, no tengas miedo al fracaso. Fracasarás, así que fracasa rápido, aprende de tus errores, haz las correcciones oportunas y vuelve a intentarlo. La mayoría de la gente tiene miedo a reconocer que ha fracasado porque piensa que trasmitirá una mala imagen, o una imagen de debilidad, así que oculta sus errores y no admite que se ha equivocado, y sigue haciendo las cosas mal una y otra vez. Llamo a eso «orgullo», y es el principal responsable de que la gente no pueda llegar a la excelencia. Tienes que enmarcar el fracaso desde la óptica adecuada —la mayoría de la gente lo ve como algo negativo—; pero yo lo veo como algo positivo, en el sentido de que fracasar significa que, en realidad, has tenido éxito descubriendo una nueva forma de no hacer las cosas, y que te acerca un poco a más a descubrir una forma adecuada de hacerlas.

También diría una segunda cosa: hay que divertirse. La vida es muy corta. Solo estamos aquí durante un período muy breve. Diviértete con las personas que te gusta tener alrededor. Buffett dice que hace negocios con las personas a las que admira, en las que confía, personas que le gustan. Quizás ése sea el consejo más sabio que nunca haya recibido: haz negocios con personas que te gusten, que admires, en quienes confías.

C. Sin duda. Cuando piensas en la historia de Quantum, si tuvieras la oportunidad de corregir algunas cosas, ¿qué harías de forma diferente?

W. En los primeros años, quizás éramos demasiado conservadores, teníamos demasiado miedo al fracaso. Como éramos jóvenes, teníamos mucho miedo a cometer un gran error y no poder volver a abrir un nuevo fondo. ¿Conoces ese viejo proverbio de que un gran sastre toma las medidas tres veces y solo corta la tela una vez? Pues tal vez nosotros tomábamos las medidas ocho o nueve veces antes de cortar la tela. Es posible que creáramos el traje a medida más perfecto que puede imaginarse, pero cuando por fin lo habíamos terminado, la talla del traje había cambiado. Así que al echar la vista atrás, pienso que ojalá hubiéramos estado más dispuestos a asumir el consejo que doy ahora sobre aceptar los fracasos de la forma adecuada.

C. En tu opinión, ¿qué factores son los que de verdad marcan la diferencia para que una empresa sea capaz de escalar?

W. Aquí volvemos a las personas que tienes en tu organización. A medida que escalas y cierras tratos más grandes, la complejidad aumenta, la gestión de las empresas y operaciones es cada vez más grande, y requiere un conjunto de habilidades distintas. Así que debes contratar a personas curiosas, que tengan una gran integridad, una voraz ética de trabajo y un deseo insaciable por seguir aprendiendo. Quizás hoy sean muy buenos en lo que hacen, pero también tienen que querer seguir mejorando, y comprometerse con la idea de seguir aprendiendo el resto de su vida.

Busco a personas que tengan una inteligencia por encima de la media, que tengan ganas y posean una fuerte ética de trabajo, y que sean honestas. Y cuando encuentro esas tres características, sé que entonces podremos enseñar a esas personas todo lo que necesitan saber.

Uno de los grandes errores que cometen muchos fundadores y socios sénior de las firmas de inversión es que acaparan para sí mismos la mayor parte de los beneficios que obtiene la empresa. Es la mejor manera de garantizar que tu gente acabe yéndose a otra parte. En Quantum tenemos un programa por el que todos y cada uno de los empleados, ya sea directamente o a través de un fondo para los empleados, son partícipes de los intereses devengados que obtenemos como socios generales de nuestros fondos. De este modo, todos se consideran propietarios de la empresa. Y la única forma de potenciar esa mentalidad es retribuyendo y tratando bien a tu equipo.

T. Hay distintos niveles de inteligencia, y hay distintos tipos de inteligencia, ¿correcto? La inteligencia musical, la inteligencia intelectual, la inteligencia de la calle. En comparación con el resto, ¿qué diferencia a las personas que rinden al máximo nivel? ¿Hay algo que no hayamos mencionado?

W. Los tres atributos que diferencian a esas personas que rinden al máximo nivel son humildad, conciencia de uno mismo y unas buenas competencias comunicativas. Estamos hechos para interactuar con otras personas. Para llegar a ser un gran inversor en capital privado o crédito privado, son habilidades fundamentales llevarse bien, forjar relaciones y comunicarse con los demás. Creo que para ser bueno haciendo esto tienes que ser humilde y muy consciente de ti mismo. También debes tener un nivel de inteligencia emocional bastante alto. Buscamos a conciencia todas esas cualidades. En muchos casos, para ser un inversor de éxito la inteligencia emocional es mucho más importante que ser más listo que los demás. Lo que quedará en el tiempo cuando ya no estemos aquí son las relaciones que hemos forjado y las vidas que hemos cambiado. Cuando creas una organización con personas que poseen estas habilidades, no solo tendrás una cultura fascinante, sino que también generarás unas rentabilidades elevadas para tus inversores.

T. Sí, cuando entrevisté a Warren Buffett, le pregunté cuál era la mejor inversión que había hecho en toda su vida. Pensaba que me diría que Coca-Cola o Geico. Me dijo que había sido Dale Carnegie, porque si no hubiera aprendido a comunicarse con la gente, todo lo demás nunca habría sucedido.

15

Ian Charles

Fundador de Arctos Sports Partners

Honores: es pionero en el sector del capital privado en la creación de la primera asesoría sobre las ofertas disponibles en el espacio de las operaciones de secundario.

Activos totales gestionados (en agosto de 2023): 6.000 millones de dólares.

Área de especialización: deportes profesionales (MLB, NBA, MLS, NHL, Premier League).

Para destacar:

- En 2002, Ian Charles fue uno de los fundadores de Cogent Partners, la primera asesoría sobre el mercado de las operaciones de secundario, y que más adelante se vendería por casi 100 millones de dólares. Hoy, Cogent es reconocida por haber transformado el mercado secundario del capital privado ofreciendo servicios de asesoría de grado institucional, al mismo tiempo que ha facilitado un número sin precedentes de operaciones cerradas.
- Más tarde, el señor Charles se convertiría en uno de los fundadores de Arctos Partners, la primera plataforma institucional que aplica una estrategia de inversión global en distintas ligas y franquicias deportivas.
- Arctos fue la primera firma que recibió la autorización para adquirir varias franquicias en distintas ligas de Estados Unidos. En

2020, su inversión de capital en el Fenway Sports Group se convirtió en la primera en toda la historia que llevaba a cabo una firma de capital privado en un equipo deportivo profesional.

• El fondo inaugural de Arctos consiguió captar la mayor cantidad jamás reunida en el lanzamiento de un primer vehículo de una nueva firma de capital privado —unos 2.900 millones de dólares—. En 2023, la empresa fue incluida en la «Power List» de *Sports Illustrated*, que reúne a las cincuenta más influyentes del mundo del deporte.

Tony: Ian, me parece increíble lo que has creado. Por lo que sé, no eres un apasionado de los deportes; no obstante, has construido lo más increíble que he visto en mi vida en el mundo del deporte. ¿Puedes explicarnos por encima la historia y los acontecimientos que llevaron a su creación?

Ian: Tengo que remontarme al inicio de todo. En primer lugar, desde que tenía trece o catorce años he sido un emprendedor. También soy un friki, y mi primer trabajo fue en un fondo de fondos de capital privado, en el que aprendí a manejar esta clase de activos a muy alto nivel mientras hacía inversiones primarias en fondos y coinversiones en capital privado. En aquella época, el capital privado era mucho menos líquido que en la actualidad. Si invertías en un fondo de capital privado, estabas atrapado ahí entre diez y quince años. Si querías o necesitabas salir, solo había cuatro o cinco firmas en el mundo que te daban la opción de comprar tu parte, y a cambio de ofrecerte liquidez se llevaban un porcentaje muy importante de tu inversión. El mercado que proporciona liquidez a los fondos de capital privado se conoce como mercado de operaciones de secundario.

En el mundo del capital privado, los descuentos en las operaciones de secundario eran sustanciales. Era muy joven y bastante inocente, y tenía un par de colegas que también eran muy jóvenes, e imagino que todos éramos un poco inocentes. Pensamos que podríamos ayudar a aquellos vendedores, y para ayudar a los inversores institucionales a vender sus fondos nuestra idea fue crear la primera asesoría del sector en el mercado de operaciones de secundario. Esa empresa tuvo un éxito sensacional. Transformó realmente en todo el mundo el asunto de la liquidez en el capital privado, y creó la infraestructura que en la actualidad alimenta el mercado global de operaciones de secundario. Ayudar a crear aquella empresa, y el papel que desempeñé allí, catapultó de verdad mis oportunidades profesionales como emprendedor en el terreno de la iliquidez.

Desde allí, me uní a uno de los primeros compradores en el sector de las operaciones de secundario, y durante quince años los ayudé a crear ventajas competitivas, perfeccionar su estrategia y crear otros productos para proporcionar liquidez en otros mercados ilíquidos. Uno de los mercados que analicé durante un tiempo fue el del deporte profesional en Norteamérica.

Los activos deportivos norteamericanos, como la Liga Mayor de Béisbol (MLB) o la Asociación Nacional de Baloncesto (NBA), eran un mercado muy grande y que estaba creciendo, con muchos propietarios minoritarios y sin acceso al capital institucional. El mercado deportivo se parecía mucho al del capital privado de hace veinte años. Pero cuando empecé a estudiar el sector de los deportes, me di cuenta de que no había ni una sola liga en Norteamérica que aceptara capital institucional. Las ligas lo habían prohibido, ya que, a la hora de la verdad, son quienes regulan el sector. El deporte era una clase de activo muy interesante, porque era muy difícil replicar en un sentido matemático las características del riesgo/beneficio de las ligas predominantes en Norteamérica. Son empresas muy singulares. Pero si la regulación te prohíbe invertir, pues no puedes invertir. La prohibición del capital institucional cambió en 2019. La Liga Mayor de Béisbol fue la primera liga norteamericana que abrió la arquitectura de la titularidad a la inversión institucional, pero solo a un tipo de fondo muy concreto que exige una arquitectura única, un proceso de aprobación muy pesado, y en el que cualquier nuevo participante tiene que gestionar un sinfín de conflictos de intereses relativos a la inversión. Pero identificamos la oportunidad para ser los primeros dinamizadores del espacio. Conocía bastante bien este mercado como para saber que un grupito de frikis de las finanzas trabajando en solitario no tendría éxito. De verdad, necesitas asociarte con personas bien vistas en el sector, que tengan una reputación muy sólida y mucha experiencia trabajando en los deportes. Por eso nuestro equipo inicial tiene una combinación de perfiles: por un lado, tienes a gente con perfiles similares al mío, y, por otro, a personas que se parecen a mi socio David O'Connor —aunque todo el mundo lo llama Doc—, que se han pasado varias décadas creando, gestionando y dirigiendo partes muy importantes del ecosistema del deporte y los espectáculos en directo. Junto con nuestros colegas fundadores, hemos creado la primera firma dedicada a proporcionar capital de crecimiento y soluciones de liquidez de valor añadido a los equipos deportivos de Estados Unidos y sus grupos de propietarios. Ha sido una experiencia increíble. Pero, para mí, los comienzos se remontan en realidad a hace veinticinco años, cuando ayudé a crear nuevas soluciones para ofrecer liquidez en otros mercados ilíquidos, y comprendí los patrones reproducibles que aparecen en las inversiones ilíquidas y en la creación de nuevos negocios en activos alternativos. Al casar todo eso con la experiencia de Doc como gestor y emprendedor en los deportes y los espectáculos en directo, tuvimos la oportunidad de construir algo bastante especial, y desde el momento de nuestro nacimiento hemos puesto todo nuestro empeño en no estropear esa oportunidad.

T. Danos una idea de qué salió de ahí, porque vosotros no entrasteis solo con un capital. Sin duda tenéis ese enorme valor añadido que aportáis a unas entidades deportivas que ahora son en realidad empresas mediáticas. Quizás podrías explicarnos un poco cuáles son los beneficios que se derivan de todo ello y por qué vosotros sois capaces de ofrecérselo.

I. Lo que en verdad resulta interesante es que si me hubieras hecho esas preguntas cuando creamos la empresa, te habría respondido que, mira, para ser honesto, no lo sé. No tengo ni idea de qué nos dejarán hacer en esa área. Porque en realidad las ligas aún no habían fijado las reglas. No sabíamos qué permitirían las ligas y qué no, ni qué propietarios serían receptivos o querrían o necesitarían ayuda. Mientras nuestra empresa ha aumentado su reputación, tamaño, cartera de activos y datos, en los tres últimos años hemos seguido invirtiendo en nuestras capacidades, equipos y sistemas de datos para crear un negocio con un sistema patentado de datos e investigación aplicada (que hemos llamado Arctos Insights) y un programa de creación de valor (que hemos llamado Arctos Operating Platform). Lo que hemos hecho ha sido crear todo un paquete de servicios en torno a los datos, las estadísticas y el valor añadido. Te aseguro que si me haces esta pregunta dentro de seis meses, la respuesta será un poco diferente. Y dentro de un año, mejor que sea muy diferente. Evaluamos constantemente las necesidades de nuestros clientes. Como tenemos dos grandes grupos de clientes, los propietarios con los que nos hemos asociado y los inversores que nos han confiado su capital, el bucle de retroalimentación que tenemos con los propietarios, las ligas y los ejecutivos de los clubes es una parte constante de nuestro proceso. Así que en la actualidad los ayudamos con las adquisiciones, con la compra de otras franquicias, inmuebles, complejos de espectáculos en directo, inversiones en tecnología y la mejora de sus estadios. Los ayudamos en áreas como el *engagement* digital, la ciencia de datos y el aprendizaje automático. Somos una gran tienda de datos. Hemos creado un negocio de investigación aplicada, y proporcionamos a empresas y propietarios que tenemos en cartera un contenido y unos datos estadísticos realmente importantes. Para los propietarios, la expansión internacional es un tema fundamental, porque quieren coger sus marcas y hacerlas crecer para que tengan un público y una base de seguidores mundial. Pero algunos de ellos no tienen ni idea de cómo hacerlo. Acabamos de abrir una sucursal en Londres porque nuestros equipos quieren crecer internacionalmente. Queremos tener agentes en el terreno, con recursos necesarios y un manual de operaciones al que puedan recurrir para acelerar la ampliación del negocio y que la marca crezca en todo el mundo.

Estamos hablando de un conjunto de capacidades muy amplio y que no deja de evolucionar, y en un sector que en realidad no ha tenido la oportunidad de asociarse con un recurso institucional como nosotros. Así que hay grandes recompensas al alcance de la mano. Hemos detectado muchos patrones reproducibles. Lo que necesita un equipo también lo necesitan otros quince equipos en la misma liga. Somos capaces de invertir de manera centralizada en estas capacidades porque sabemos que podemos repartir el coste de esa inversión entre seis, siete o incluso veinte plataformas.

T. Peter Guber es uno de mis amigos más cercanos, y sé que has cerrado varios tratos con él, es evidente que entre los Warriors y los Dodgers. Pero ¿qué ocurre con los propios inversores? ¿Qué ventajas tienen aquí? Esta idea de un monopolio legal, el impacto en la inflación y el hecho de que estos equipos, como en la NBA, posean una trigésima parte de todos los ingresos. Quiero decir, los inversores no tienen ni idea de muchas de estas cuestiones.

I. Peter es increíble. Lo ve todo un poco antes que todos nosotros, pero sí, tienes razón. Lo que estás planteando es una característica muy singular de los activos deportivos norteamericanos. No puede decirse lo mismo del fútbol europeo o en otra clase de oportunidades en el ecosistema de los deportes. Todos los equipos norteamericanos poseen una participación idéntica en el negocio global de su liga, y la liga es una propiedad intelectual internacional y una especie de empresa de gestión de marca. Las ligas venden derechos de retransmisión, derechos sobre los datos y patrocinios en el ámbito nacional e internacional. Las ligas tienen su propia estructura general y de costes, pero entonces generan dividendos, y se los pagan a sus dueños cada año de manera igualitaria y proporcional. Por lo tanto, da igual que estés en el mercado más grande o más pequeño, recibes la misma distribución de dividendos. Tampoco importa si terminas en el último o el primer lugar de la clasificación, recibes el mismo dinero. La participación de los propietarios en las ligas y los ingresos totales que provienen de unos contratos diversificados y a largo plazo, con cláusulas de ajuste anual sobre los pagos, crean un activo realmente estable y duradero, y que poseen todos los participantes en la liga.

A las ligas y los propietarios no les gusta describir las licencias locales como un monopolio, pero en realidad funcionan como tales. El propietario de una franquicia deportiva tiene una región geográfica protegida, igual que el franquiciado de una cadena de restaurantes; nadie tendrá permiso para competir contigo en tu zona geográfica por los ingresos relacionados con tu deporte. Los aficionados de estas marcas transmiten la tradición entre generaciones y son activos muy importantes en sus comunidades, por eso los costes de adquisición de clientes son, en esencia, cero. Estas empresas son comunales, son experiencias compartidas a través de generaciones, que superan las ideologías políticas; en la actualidad son el único activo que tiene estas características. Los propietarios pueden usar esa licencia local para expandirse al negocio inmobiliario y construir un complejo para espectáculos en directo, dedicarse a la distribución digital o al marketing directo al consumidor. Creemos que esa plataforma local de actividades es muy interesante. Si lo haces bien, es una plataforma que te permite convertirte en todo un líder social, pero también multiplicar tu riqueza de un modo no correlacionado y con muy poco apalancamiento, muy poco riesgo geopolítico y sin ningún riesgo cambiario. Cuando combinas una participación en la propiedad de la liga con la licencia local, un club norteamericano ofrece un bonito «efecto cartera», ya que tiene todos esos atributos únicos que son tan difíciles de encontrar y replicar. Como proporcionamos liquidez a los propietarios minoritarios que quieren salir, y ofrecemos capital de crecimiento a los propietarios que tienen una gran visión, somos capaces de asociarnos con grandes propietarios en grandes mercados que tienen marcas e ideas increíbles, y hacerlo en un punto de entrada realmente atractivo.

T. Y has hecho muchas cosas para aportar valor. Además, tienes esta cobertura contra la inflación tanto con los inmuebles como con el poder de fijar los precios, porque, como has dicho, esas personas son fanáticos; en el sector, son personas de eficacia probada. Cuéntanos algo más sobre ti. ¿Quién ha sido en tu vida la persona más importante, o las más importantes, que han dado forma a tu crecimiento, tu éxito o carrera vital o profesional?

I. Esto sonará muy cursi, y Christopher se burlará de mí durante mucho tiempo, pero es verdad. Siempre explico que conocí a mi mujer cuando tenía trece años. Ella no supo de mi existencia hasta que yo tuve dieciséis quizás; ¡era demasiado guapa e interesante como para prestarme atención! Crecimos en el mismo pueblo. Y cada uno apostó por el otro. Aunque nuestros padres nos prohibieron ir a la universidad juntos, fuimos un poco más listos que ellos y terminamos en el mismo campus. Si no hubiera sido por mi mujer, Jamie, nunca habría asumido aquel primer riesgo como emprendedor para crear la empresa de asesoría en operaciones de secundario. Ella era profesora de educación especial, y yo trabajaba como analista en aquel fondo de fondos. Si no hubiera sido por su nómina, por su fe en mí y por todo su apoyo, yo no habría tenido el valor para dejar mi trabajo e intentar crear una empresa.

T. ¡Vaya!

I. Si avanzamos veinte años en el tiempo, ella sabía que yo quería hacer algo diferente en mi carrera profesional. Ella sabía que tenía el gusanillo de volver a ser emprendedor. Creo que es probable que condicionemos demasiado nuestra autoestima e identidad personal a la carrera profesional. Soy muy consciente de que a mí me ha pasado muchas muchas veces. La idea de dejar un buen trabajo y un puesto muy importante provoca cierta crisis de identidad, ¿verdad? Da miedo. Pero Jamie me conoce mejor que yo mismo. Ella sabía que yo tenía esta necesidad de probar y construir algo. También sabía que si me atrevía a dar el salto, quería usar el nombre de Arctos, un nombre que tiene una conexión con nuestras raíces en Alaska y con los osos. Ella sabía esas cosas. Así que en la Navidad de 2018, Jamie me regaló un oso de cristal y una nota que solo decía: «Creo que es la hora». Cinco meses después, la Liga Mayor de Béisbol cambió las normas sobre la propiedad de los equipos. Ella siempre ha creído en mí. Siempre me ha animado. Me ha levantado y me ha apoyado cuando yo ni siquiera sabía que lo necesitaba. Así que, sin lugar a dudas, ella es la respuesta a esa pregunta.

Christopher: Hay algo que me parece fascinante y que se aplica a muchos de nosotros, a muchos hombres, y es que si hiciéramos más caso a lo que nuestra mujer dice que deberíamos hacer, las cosas nos irían mucho mejor y seríamos mucho más felices.

I. Seríamos más felices. Sin duda.

C. Hablemos un poco de deportes. Hasta ahora, hemos hablado de las características que hacen del deporte un activo muy diferente a la mayoría de las inversiones que tenemos a nuestra disposición. Como ya sabes, pero también para que lo sepan los demás, antes de decidir asociarnos nos costó dieciocho meses tener una buena conversación acerca del tema y comprender el modelo de negocio. Y para serte sincero, fue algo que tardé mucho tiempo en descubrir. Cuando piensas en el abanico de oportunidades, ¿dónde crees que se encuentra la mejor oportunidad? ¿Qué oportunidades son verdaderamente interesantes para los inversores en el mundo del deporte profesional o el deporte en general?

I. Estamos totalmente centrados en ayudar a los propietarios del deporte norteamericano a liberar el potencial de los activos que tienen delante, justo a su alcance. A veces, es así de simple. A veces tienes delante algo tan especial, con la posibilidad de liberar tantos nodos y oportunidades de crecimiento, que lo mejor que puedes hacer es dedicarte a ello y ayudar. En los próximos tres o cuatro años, todo girará alrededor de los espectáculos en directo, mejorar la experiencia de los aficionados y aumentar el valor de los derechos de retransmisión, tras pasar de un sistema lineal a otro de *streaming*. Así que se tratará de ayudar a estas marcas a crecer a escala internacional. Y a crear esa conectividad directa con el cliente.

Como ejemplo, si tienes un abono de temporada con los Astros y no puedes asistir al partido, puedes optar por poner tu asiento a la venta en una de esas plataformas de venta de entradas. Digamos que compro la entrada, pero Jamie (mi mujer) me recuerda que tenemos un problema de horarios con otro compromiso (lo que, por cierto, ocurre muy a menudo). En este caso, puedo optar por poner esa entrada de nuevo a la venta en una plataforma, y quizás sea Tony quien la compre.

En ese momento, el equipo no sabe quién soy (el primer comprador de la entrada) ni quién es Tony (el segundo comprador), a pesar de que Tony ha decidido asistir al partido con su familia. Pero a través de la cadena de valor, el equipo no tardará en saber exactamente quién ha vendido y comprado la entrada. El equipo tendrá la posibilidad de enviarnos anuncios a los tres para que realicemos futuras compras, y si hablamos de esta transacción en particular, el equipo podrá participar en los beneficios en todo el proceso. Así, si la entrada tiene un valor nominal de 200 dólares, pero Tony la compró por 600 dólares, ahora mismo el equipo solo recibe 200, pero pronto podrá recibir una parte del beneficio total generado a través de la cadena. Este cambio tan sencillo permite acceder a un aumento del 30 al 50 por ciento solo en la venta de entradas. Hay muchas oportunidades a corto plazo que ayudarán a los propietarios a monetizar y desarrollar estas increíbles marcas locales, mejorarán la experiencia de los seguidores y permitirán participar en uno de los tipos de contenido más importantes de los próximos veinte años. A esta clase de oportunidades dedicamos toda nuestra atención.

C. Mientras realizábamos nuestra investigación del mundo del deporte en general, lo que en realidad acabó convenciéndome y me convirtió en un gran entusiasta de esta inversión fue la resiliencia de los ingresos. Creo que la mayoría de los inversores no comprenden del todo hasta qué punto son constantes y predecibles estos flujos de ingresos. Cuando piensas en todo lo que ha sucedido, siempre has dado en el blanco con tus previsiones de lo que ocurriría en el deporte profesional. Pero en los últimos dos años también han pasado cosas que no habías previsto. En primer lugar, ¿qué cosas han acabado ocurriendo que sí habías previsto? Y, después, en los últimos dos años, ¿qué ha ocurrido que no habías anticipado?

I. Vaya, es una gran pregunta. Cuando en marzo y abril de 2020 arrancamos la empresa y empezamos a hablar con la gente, no había partidos. No tenía ni idea de cuándo volvería a haber partidos.

T. ¿Aquella situación te ofreció la posibilidad de acceder a descuentos en el momento de realizar las adquisiciones?

I. Lo que me ofreció fue ansiedad. Pero sabíamos que los deportes volverían y confiábamos en que el deporte, como sector, con su historia de innovación, sería de los primeros en recuperarse. No teníamos ni idea del aspecto que tendría esa recuperación, y tampoco sabíamos si la curva de demanda sería fuerte. Teníamos la sensación de que sería un fenómeno regional. La recuperación, el rebote, ha sido mucho más fuerte de lo que habíamos imaginado en nuestros análisis. Por ejemplo, en términos de asistencia, la temporada regular de la NBA inmediatamente posterior fue una de las mejores de la historia. Así que la velocidad y la fuerza de la recuperación ha sido una de las cosas que más me han sorprendido.

C. Esto nos lleva a la siguiente pregunta. Hay muchos inversores que se equivocan con el deporte, que no lo entienden. ¿Cuáles son los errores más frecuentes cuando la gente no entiende bien el negocio del deporte?

I. Creo que no entienden el marco de valoración de estas empresas. En la parte de los ingresos, ya has destacado que la sostenibilidad, la predictibilidad y la durabilidad de los flujos de ingresos en los deportes norteamericanos son muy poco habituales. Se parecen más a los activos de las infraestructuras: contratos de quince años sobre los derechos del nombre del estadio, contratos de cinco a diez años sobre los derechos de retransmisión nacional, contratos de siete a veinte años por los derechos de retransmisión local y regional. Esta predictibilidad no se comprende bien, pero en un mundo de incertidumbre es muy valiosa.

El contexto de las valoraciones en el mundo del deporte también ha sido bastante estable en los últimos quince años. Recuerda lo que he comentado antes, el capital institucional tenía prohibido acceder a este espacio.

Otro de los aspectos que las ligas protegen muchísimo en Norteamérica es que no te dejan usar mucho apalancamiento en las empresas. En el transcurso de casi toda mi carrera, el coste del capital no ha hecho más que bajar y bajar año tras año. Cuando empezamos con Arctos, había unos 18 billones de dólares en deuda soberana con un interés negativo. Si eras un inversor institucional, ese nuevo precio del riesgo de las distintas clases de activos te dificultaba mucho lograr los beneficios actuariales o alcanzar tus objetivos personales de rentabilidad. Como resultado, tenías que alejarte de la curva de riesgo para lograr tus objetivos de rentabilidad, o dejar que el efectivo se te acumulara sin generar beneficios a la espera de que la situación cambiara a mejor. A la mayoría de los inversores les cuesta mucho quedarse con el dinero en efectivo por el riesgo de perder frente al mercado y poner en riesgo su carrera. Así que la mayoría de los inversores se sintieron obligados a asumir más riesgo y apostar por estrategias más arriesgadas. Mientras una cantidad de liquidez sin precedentes inundaba el mundo en búsqueda de posibles compras, si intentabas invertir en el deporte norteamericano, las ligas prohibían la inversión y la ola de liquidez se retiraba e intentaba encontrar otra oportunidad. Las limitaciones a la deuda impuestas por las ligas hacían prácticamente imposible usar una gran cantidad de apalancamiento a bajo coste para comprar un equipo deportivo, y las instituciones no podían inundar de capital el mercado. No estaba permitido.

En consecuencia, el aumento de las valoraciones que se ha vivido en muchos sectores durante más de una década no se ha producido en los deportes. De hecho, los deportes y los hidrocarburos son los únicos sectores en los que hemos visto que desde 2011 a 2021 la ratio precio-beneficio se ha comprimido en varios múltiplos; en los deportes, la combinación del crecimiento de ingresos y beneficios fue superior al incremento de las valoraciones. En este gran desenlace, con el cambio en el precio del riesgo durante estos últimos dieciocho meses, los sectores que tenían unas métricas de valoración muy hinchadas por la deuda barata y el bajo coste del capital han sufrido una compresión de la valoración que ha perjudicado a los beneficios.

T. ¿Los beneficios en las cuatro organizaciones deportivas en las que has invertido no han sido más elevados que los del S&P y que los del Russell 2000?

I. Me parece interesante que la respuesta a esa pregunta sea que sí, pero me parece aún más importante que se haya producido en distintos entornos. Así, el decenio más complaciente de mi carrera ha sido el transcurrido entre 2011 y 2021. En esos diez años, si habías invertido en capital riesgo, en fondos de compras apalancadas, habrás obtenido unos beneficios que rondan el 17 o el 20 por ciento. Lo que es increíble. Los mercados cotizados te habrían dado una rentabilidad entre el 10 y el 11 por ciento, que desde un punto de vista histórico es una cifra muy muy atractiva. Los deportes te habrían dado un 18 por ciento sin ningún conocimiento específico, solo con invertir en el conjunto del mercado sin ningún descuento. Pero todo eso ha ocurrido en un contexto muy favorable para el mercado, ¿verdad? Casi todos los elementos han funcionado. Cuando el precio del dinero baja año tras año, los activos aumentan su valor solo con conservarlos. Pero de mediados de los años sesenta a mediados de los ochenta, en un entorno completamente diferente, con una volatilidad muy elevada y una inflación alta y persistente, el contexto era muy distinto. La cartera 60/40, en la que confían casi todos los inversores, no funcionaba.

Durante veinte años (de mediados de los sesenta a mediados de los ochenta), la rentabilidad compuesta del S&P 500 fue del 4 por ciento, con una inflación media del 7 por ciento. Por lo tanto, si habías invertido en acciones a largo plazo perdiste riqueza durante veinte años. Durante ese mismo período, de mediados de los sesenta a mediados de los ochenta, los deportes norteamericanos ofrecieron una rentabilidad del 16 por ciento [rentabilidad compuesta]. Es un sector que ha demostrado una singular resiliencia en su capacidad para batir al mercado. Por una serie de motivos matemáticos solo aptos para ratones de biblioteca, tiene muy poca volatilidad. Tiene una correlación negativa más baja con otras clases de activos. Y, de nuevo, no hay un exceso de apalancamiento. Por consiguiente, no te expones a que las fluctuaciones de la liquidez global impacten en las valoraciones, como ocurre en otros sectores. Es muy muy difícil encontrar este tipo de características.

T. Esto enlaza con la próxima pregunta. Como sabes, Ray Dalio es un buen amigo mío, y un día le pregunté cuál era el principio básico más importante en el mundo de la inversión, y él hablo del «Santo Grial». De hecho, el título de este libro se basa en su idea. Por supuesto, además de todo lo que has comentado, una de las razones de que seamos socios en este espacio es que se trata de una inversión no correlacionada. Desde tu perspectiva, ¿cuál dirías que es el Santo Grial de la inversión?

I. He hablado con Ray hace una hora sobre nuestras estrategias. Ha sido una conversación fascinante; ha ido directo a la ausencia de correlación. De hecho, lo ha reconvertido en un constructo matemático ligeramente diferente, y hemos empezado a hablar del coste de mantener la posición, porque ser propietario de un equipo deportivo solía costarte dinero cada año debido a las pérdidas operativas y las exigencias de capital. Pero en los últimos quince años las características del flujo de caja han cambiado. El coste de mantener la posición ha dado la vuelta, y ese cambio ha producido en Norteamérica una modificación trascendental de las valoraciones.

A lo largo de mi carrera, he adquirido mi formación, y he buscado el consejo y la mentoría de profesionales muy inteligentes y de reconocido éxito en los mercados ilíquidos. Para mí, el Santo de Grial de una filosofía sólida de inversión en valor, basada en los fundamentales, es que el arbitraje tenga un valor intrínseco. Howard Marks y otros inversores de valor lo llaman un «margen de seguridad». Invertir en cosas que no son tan evidentes, eso significa que quizás sean menos competitivas, pero con un margen de seguridad atractivo, y en colaboración directa con los equipos de gestión y unos propietarios en quienes confías. Si haces todo eso mientras montas una cartera diversificada de oportunidades con esas características, obtendrás una rentabilidad superior a la del mercado gracias al margen de seguridad, y gracias al rendimiento de las personas a las que has decidido apoyar.

T. Una de las preguntas que hago a la gente es la siguiente: si tuvieras durante cinco minutos la atención del mundo, ¿qué te gustaría decirle a la humanidad?

I. Vaya, hombre, si tuviera durante cinco minutos la atención del mundo, ¿qué le diría? Es probable que le dijera que todo saldrá bien.

T. Buena respuesta. Coincido contigo. Pero dime también por qué.

I. Creo que hoy muchas personas tienen miedo, se sienten inseguras. Pienso que muchas personas se sienten solas. Me parece que la gente no tiene conexiones significativas, importantes, o no tantas interacciones significativas como necesitamos. Le diría a la gente, sobre todo a los hombres, que conecten con otras personas a las que respeten y que les digan que están haciendo un gran trabajo, y que les encanta lo que hacen. Si eres amigo de una persona que es un buen padre, dile que es un buen padre. O si crees que es un buen marido/pareja, díselo. Dile que es un buen amigo y lo mucho que lo aprecias. Le diría a la gente que todo irá bien.

C. Una idea preciosa.

T. Preciosa. Ahora hablemos del sector de la inversión en sí. Como bien sabes, construir una gran firma de inversión es mucho más que hacer grandes inversiones. En tu opinión, ¿cuál ha sido la principal razón de tu éxito en este negocio?

I. Creo que durante los tres años que hemos dedicado a levantar esta empresa nuestra gran ventaja son las personas que tenemos. Somos muy muy selectivos con las personas que pueden entrar y acompañarnos en este viaje, y por eso hemos creado un conjunto de filtros y parámetros alrededor de ese proceso. Tenemos seis valores esenciales que nos parecen realmente importantes. Como socios fundadores, una de las cosas sobre las que más hemos hablado es de que si tenemos la suerte de triunfar en esto, por el camino nos encontraremos con muchas «cosas brillantes». Y es muy importante saber cuándo queremos agacharnos y coger una de esas cosas tan brillantes, y cuándo tenemos que seguir adelante y no distraernos. Así que hemos definido esos términos —nuestra pasión y nuestro nicho, según el libro *Tracción* (BenBella, 2018), de Gino Wickman— que nos permiten seguir centrados. Los valores esenciales..., se habla mucho del valor de la diversidad. Somos intransigentes en la cuestión de la diversidad: no queremos que exista la menor diversidad en lo referente a los valores. Si no estás alineado con nuestros valores, éste no es el lugar adecuado para ti.

T. ¿Podrías compartir esos seis valores con nosotros? Me encantaría conocerlos.

I. Liderazgo servicial, confianza, trabajo en equipo, ideas, carácter y excelencia. Después de que el equipo fundacional pasara reunido mucho tiempo, para empezar a construir la empresa, decidimos apretar el botón de pausa y dar un día libre a todo el mundo con unos deberes para hacer en casa. Esos deberes consistían en que al volver a la oficina al día siguiente, tenías que traer dos cualidades que te gustaran mucho de las personas con las que coincidías en el trabajo.

T. Está muy bien.

I. Ocho fundadores; eso quiere decir que escucharías las opiniones de siete personas. Siempre hay coincidencias y un poco de redundancia, por lo que obtendrás siete u ocho características de cada persona. Así que fuimos haciendo la lista, recortando y combinando aptitudes, y al final de ese proceso dimos con ese ADN que compartíamos. Así, los seis valores centrales son los valores esenciales compartidos por el equipo fundacional que más nos gustaban ver reflejados en los demás, y que a todos nos gustaría mostrar más a menudo a partir del ejemplo que nos dan nuestros compañeros.

T. Es precioso. Precioso de verdad. Gracias por compartirlo con nosotros. Es algo que cualquier organización podría adoptar y poner en práctica. En tu opinión, ¿cuál fue el gran punto de inflexión en tu empresa, el que de verdad te permitió dar el salto, ya sabes, pasar de ser buenos a extraordinarios?

I. Cuando llevábamos un año o así con el tema, era bastante sencillo mirar alrededor y pensar, dios mío, esto es increíble. Pero en realidad teníamos la sensación opuesta. ¿Cómo estar seguros de que no la fastidiamos? Siempre teníamos esa ansiedad del síndrome del impostor. Lo único que sé es que dentro de un año, nuestros procesos no se parecerán mucho a los que aplicamos hoy. Los servicios que ofrecemos a los dueños serán diferentes. La forma de usar los datos será diferente. La clase de datos que recogemos y analizamos será diferente. Tenemos que asegurarnos de que nuestra gente se siente cómoda para cuestionar nuestra forma de pensar. Tenemos que reinvertir y reevaluar de manera constante, y sentirnos perfectamente cómodos con la idea de romper algo en pedazos y decir: «Funcionaba muy bien hace dos años, pero dejemos de hablar de ello porque mañana ya no importa». Así que en nuestro caso, cuando llevábamos un año con el tema, paramos un momento y dijimos, muy bien, tenemos la oportunidad de hacer algo realmente especial con esto. ¿Cómo definimos nuestro «derecho a ganar»?

¿Cuáles son las mejores empresas, las que más destacan en su trabajo? ¿Y qué aspecto tenían? ¿Qué hacían José y Behdad en Clearlake? ¿Qué hacía Robert (Smith) en Vista? Robert dominó su sector desde el principio, pero entonces dobló la apuesta y elaboró el manual de estrategia de Vista. Su equipo y él no dejan de reinvertir en esa propiedad intelectual que hoy parece una jugada segura. Tenemos que hacer lo mismo con los deportes. Así que dimos un paso atrás y dijimos, echemos un vistazo a todas esas empresas que tanto admiramos. ¿Qué han hecho para ser tan especiales? ¿Y qué podríamos hacer en nuestro sector para replicar algunos de sus atributos?

C. ¿Qué te hubiera gustado hacer de forma distinta cuando empezaste con la empresa?

I. Me hubiera gustado contratar a un par de ingenieros especializados en aprendizaje automático, porque hace tres años, cuando empezamos con la empresa, la mayoría de la gente desconocía el significado de las siglas IA. Desde el principio, la ciencia de datos ha sido una parte fundamental de nuestro plan de negocio, pero me hubiera gustado invertir de forma exagerada en ese campo. Sé que somos líderes en esa área. Sé que estamos innovando y que usamos la ciencia de datos de maneras que la mayoría de los directivos ni siquiera son capaces de imaginar. Pero me hubiera gustado doblar la apuesta mucho antes.

C. ¿Por qué la mayoría de las empresas de inversión y la amplia mayoría de las firmas de capital privado son incapaces de escalar?

I. Bueno, en primer lugar, algunas empresas de gestión de activos no deberían escalar. Lo que esas empresas hacen muy bien no se puede escalar. Y, si lo intentan, se alejarán de su círculo de competencia, abandonarán la posición de mercado en la que tienen derecho a ganar. Creo que las áreas en que las empresas pueden destacar de verdad están muy bien documentadas: puedes ser un experto en un sector o un experto en un país concreto. Hay grandes áreas macrocompetenciales en las que puedes dominar, como el crédito o las infraestructuras, pero luego también hay otras de tipo organizacional en las que también puedes dominar y destacar. Cultura, la gente..., de hecho, una forma realmente sencilla de ganar en nuestro sector es hacer algo tan simple como tratar a la gente como seres humanos, y pensar que quizás tu empresa no sea el lugar en el que van a trabajar durante toda su carrera. Algo tan sencillo como darles las gracias e invertir en ellos. Puedes ganar en la salud organizacional y la concentración de talento. Puedes ganar en gestión organizacional y con la gente. Si tienes un flujo de operaciones propio, un verdadero flujo de operaciones real, entonces puedes permitirte el lujo de ser un cazador o un recolector. Dedicarte únicamente a recoger la cosecha siempre que se presenta una temporada abundante; eso es algo muy poco habitual. Surgir de una manera diferente, asignar un precio al riesgo de manera diferente, gestionar el riesgo de manera diferente, gestionar la liquidez y la monetización de tu cartera de manera diferente. En todas estas áreas sí puedes desarrollar unas competencias y una diferenciación básicas. La mayoría de las firmas son muy buenas en cuatro o cinco actividades de ese estilo. Pero tienes que saber dónde, por qué y cómo tienes derecho a ganar. Y debes tener la confianza y la humildad para someter de manera regular esas conclusiones a un duro examen.

C. Es fascinante ver justo lo que has descrito, no solo lo difícil que es tener esos atributos clave en el grupo fundacional, sino también asegurarse de que sobreviven a la transferencia generacional que de forma inevitable se produce a lo largo del tiempo. Algunas empresas lo hacen sobradamente bien, y otras... parece evidente que no.

I. En mi opinión, esa transición generacional es el mayor riesgo en los mercados privados. Los inversores no saben cómo garantizarla. En muchos casos tienen miedo de preguntar por la cuestión. Son preguntas difíciles de plantear, pero son las más importantes. Debes tener curiosidad por saber cómo está trabajando cada firma, que el «¿por qué tienen derecho a ganar?» está funcionando, y debes tener la valentía de profundizar en esas cuestiones, porque si dentro de tres o cuatro años las personas a las que estás prestando tu apoyo no van a estar ahí, la franquicia corre verdadero peligro.

T. Me encanta el lenguaje y la lógica que utilizas sobre el derecho a ganar. Desarrollas una serie de ideas que te conceden el derecho a ganar. Ian, es una forma de verlo muy distinta a la de la mayoría de la gente. Hablando del talento para invertir, ¿cuáles son para ti los rasgos fundamentales que separan a quienes obtienen grandes rentabilidades de todos los demás?

I. Bueno, quiero darle el mérito a quien lo merece. El «derecho a ganar» es una idea que me enseñó mi amigo Hugh MacArthur, que desde hace mucho tiempo se dedica a ayudar a los socios directivos de las firmas de capital privado a comprender mejor por qué tienen derecho a ganar. ¿Cuáles son los rasgos básicos que diferencian a los mejores del resto? En realidad, pienso que es bastante sencillo. Si tienes una estrategia y una tesis convincentes, que han sido analizadas y aprobadas por inversores institucionales muy sofisticados y que atraen capital, y haces lo que dices que vas a hacer, y lo haces con buenos seres humanos que tienen verdadero talento, y sigues invirtiendo en esas personas y sigues invirtiendo en el proceso, creo que eso es lo que hacen las empresas que al final obtienen las grandes rentabilidades. Identifican, defienden y desarrollan su derecho a ganar.

16

David Sacks

Cofundador de Craft Ventures

Honores: copresentador del pódcast *All In* y uno de los miembros fundadores de la «mafia» de PayPal, junto con Elon Musk y Peter Thiel.

Activos totales gestionados (en agosto de 2023): 3.000 millones de dólares.

Área de especialización: tecnología de consumo y empresa.

Para destacar:

- David Sacks ha invertido en más de veinte unicornios, entre ellos Affirm, Airbnb, Eventbrite, Facebook, Houzz, Lyft, Palantir, Postmates, Slack, SpaceX, Twitter y Uber.
- David comenzó su carrera como director de operaciones y jefe de producto de PayPal, y después como fundador y CEO de Yammer, que vendió a Microsoft por 1.200 millones de dólares.
- En 2017 fundó Craft Ventures y ahora gestiona activos por valor de 3.000 millones de dólares entre 6 fondos diferentes. Las empresas en su cartera incluyen a SpaceX, Reddit, Boring Company, ClickUp, SentiLink, OpenPhone, Vanta, Neuralink, Replit y Sourcegraph.

Tony: Con todo lo que has hecho en la vida, desde PayPal a ser uno de los primeros inversores en Facebook, Airbnb y SpaceX..., lo que has logrado es asombroso, y hoy sigues siendo un prodigio de la naturaleza, no solo en tecnología y como inversor, sino también en política. Somos unos grandes seguidores de tu pódcast. Háblanos un poco de tus orígenes. ¿Cómo has llegado hasta aquí?

David: Mi familia llegó a Estados Unidos desde Sudáfrica cuando yo tenía cinco años. Adquirimos la ciudadanía cuando tenía diez, y me crie sobre todo en Memphis (Tennessee). Fui a Stanford, me gradué en 1994. Por aquella época, en Silicon Valley nacía internet. El año 1995 fue un año importante por la OPV de Netscape, el primer navegador comercial para internet. Por desgracia, me había graduado un año antes y había empezado en la facultad de Derecho. Hasta 1999 no volví a Silicon Valley. Un amigo de Stanford, Peter Thiel, estaba creando una empresa. Hablamos mucho de lo que estaba haciendo, y al final decidí unir fuerzas con él. Aquella empresa terminó siendo PayPal. Así empecé en el mundo de la tecnología. Desde entonces, me he dedicado básicamente a fundar e invertir en *start-ups* tecnológicas.

T. Y las *start-ups* de las que has formado parte son algunas de las más grandes de la historia. ¿Cuál es el ingrediente secreto que te permite detectar esta clase de oportunidades?

D. Busco pocas características. Una de ellas es lo que llamo el gancho del producto. ¿Cuál es esa transacción o interacción simple y repetible que constituye la esencia del producto y que los usuarios quieren repetir una y otra vez? En PayPal, era escribir la dirección de correo electrónico de alguien y una cantidad en dólares, y enviar el dinero con suma facilidad. Con Uber, introduces un destino en un mapa y un coche viene a buscarte. Google es la más simple. Solo consiste en esa caja de búsqueda: una interacción muy sencilla en que los usuarios quieren participar una y otra vez. Creo que muchas empresas pasan por alto esta cuestión, porque creen que si siguen añadiendo más y más herramientas, y más y más complejidad, puedes resolver el problema del encaje entre producto y mercado. Pero si no consigues que los usuarios hagan algo muy simple, es muy difícil que hagan algo complicado. Tienes que empezar con algo simple que los usuarios hagan suyo, después ya puedes añadir capas de complejidad.

La otra gran cuestión que siempre busco es alguna clase de innovación en la distribución. Lo llamo el truco de la distribución: algo único que la empresa está haciendo para encontrar usuarios o compradores. En PayPal inventamos muchos de esos trucos. Los usuarios podían enviar dinero a alguien que aún no tenía una cuenta de usuario. Incrustamos botones para pagar con PayPal en las subastas de eBay, y eso dio el impulso definitivo a la plataforma. Regalábamos promociones a la gente por abrirse una cuenta o traer a sus amigos. PayPal fue la pionera en la introducción de muchos de esos trucos que consiguen que un producto se haga viral. Si te fijas en otras empresas que han tenido un crecimiento explosivo, suelen innovar en la distribución; es decir, están llegando a los usuarios de una forma novedosa. La razón por la que es algo tan importante es que el mundo está tan lleno de gente que crear un buen producto no garantiza el éxito. Ojalá fuera así, pero internet es muy grande, y tienes que encontrar la manera de llegar a tus usuarios de una forma efectiva desde el punto de vista de los costes, o quizás nunca lleguen a encontrarte, sin importar lo bueno que pueda llegar a ser tu producto.

T. Tienes un grupo de amigos fascinante. De hecho, algunos de ellos se cuentan entre las personas más influyentes del mundo en el sector tecnológico. ¿Qué persona ha tenido una mayor influencia en tu vida? ¿Y cómo ha contribuido positivamente a dar forma a la persona que eres hoy?

D. Si hablamos de mi carrera profesional, tuve mucha suerte de trabajar en mi primera *start-up* con dos grandes socios fundadores: Peter Thiel y Elon Musk. Ellos eran los dos CEO para los que trabajé, ya fuera como jefe de producto o director de operaciones. Empezar a trabajar para ambos supuso para mí una gran experiencia de aprendizaje. Como CEO, tienen estilos muy diferentes. Elon trabaja mucho sobre el terreno, se implica mucho en todas las partes del negocio, sobre todo en el producto. Y a Peter le gusta más delegar, y se centra en las grandes cuestiones estratégicas. Como es evidente, ambos estilos tienen sus virtudes y pueden funcionar muy bien. Cuando después de PayPal creé Yammer, sentí que era capaz de adoptar las mejores técnicas que había aprendido de ambos.

T. ¿Dirías que representas un término medio [en relación con sus estilos]? ¿O desde un punto de vista estratégico utilizas uno u otro en función de la situación?

D. Represento el término medio. Elon trabaja mucho sobre el terreno en todos los aspectos del negocio. Si te fijas en su organigrama, recibe un montón de informes porque estructura las cosas de manera muy horizontal. Yo tenía un organigrama más tradicional. Me gustaba trabajar a través de los ejecutivos, pero había dos áreas en las que me implicaba más en las cuestiones prácticas. Una era el producto. Si eres la persona que tiene la visión del producto, no puedes delegar del todo. La otra es que cuando un área operativa funcionaba bien, dejaba mucho más margen a los directivos; pero si no estaba funcionando bien, no les quitaba el ojo de encima hasta que lo arreglábamos. Por ejemplo, si ventas cumplía con las cifras, los dejaba a su aire, pero si no cumplían las previsiones, entonces eran mucho más conscientes de mi presencia y había muchas más inspecciones. Cuando crees que tienes una habilidad o una ventaja especial o, está claro, cuando algo está saliendo mal, debes implicarte en las cuestiones prácticas. Pero si han demostrado que saben hacer bien su trabajo, puedes dejar que los directivos trabajen de manera más independiente.

Christopher: Hay que mantener un delicado equilibrio. Cuando observas el sector tecnológico en la actualidad, está cambiando mucho. ¿Cuáles son las mejores oportunidades para los inversores?

D. Lo mejor de Silicon Valley es que se produce un gran cambio de plataforma más o menos cada diez años. Si nos remontamos a los años ochenta, el ordenador personal sustituyó a la computadora central. Entonces, en los noventa, tuvimos el nacimiento de internet, y las empresas pasaron de la tienda a la nube, o del escritorio a la nube. Entonces, a comienzos de los 2000, tuvimos el lanzamiento de las redes sociales. Después, a finales de los 2000, la llegada del móvil. Ahora el gran cambio de plataforma es la IA. Parece que siempre ocurre cada diez años. Es un poco egocéntrico decir que la IA es la nueva ola, pero creo que lo es, y solo estamos al comienzo de este nuevo ciclo. Habrá una gran cantidad de oportunidades para nuevas empresas, así como para las ya existentes.

T. Si te fijas ahora mismo en la IA, se parece mucho a los [primeros] días de internet. Se están creando tropecientas empresas, y muchas de ellas no aguantarán demasiado. Cuando observas en concreto a las empresas de IA, ¿cuáles te llaman la atención?

D. Nosotros buscamos un par de condiciones. La primera es un fundador que tenga la visión, la tenacidad y la creatividad. Alguien que de verdad entienda el espacio; la IA es bastante técnica, por lo que los fundadores capaces de combinar los conocimientos técnicos con una visión de hacia dónde va el espacio tendrán más probabilidades de éxito. Y en esta etapa supertemprana, la apuesta por la plantilla es aún más importante.

Lo segundo que buscamos son ideas que, en nuestra opinión, encajen con la dirección del mercado o con lo que el mercado demanda. Creemos que hay una oportunidad de mercado en un área que ha recibido el término genérico de «copilotos» para profesionales. Pensamos que habrá un copiloto para los médicos, un copiloto para los abogados. En casi cualquier profesión que puedas imaginar, en cada función práctica que puedas imaginar, existirá un copiloto IA para ayudar a la persona a hacer su trabajo. Consideramos que creará muchas oportunidades para los fundadores que quieran profundizar en un área en particular, y que comprendan las necesidades del trabajo y entiendan la IA, y que puedan conseguir que ambas cosas encajen.

C. ¿Qué ha ocurrido en estos dos últimos años que estabas esperando? ¿Y qué ha ocurrido y no has sido capaz de anticipar?

D. Silicon Valley está pasando por un gran proceso de reinicio. Hemos vivido el mayor reventón de una burbuja de activos desde la crisis puntocom del año 2000. Al mirar atrás, la política de tipos de interés cero de la Reserva Federal (ZIRP, por sus siglas en inglés), que se remonta al año 2008, ha tenido mucho más impacto de lo que la gente quiere reconocer. Tuvo un gran impacto en la cantidad de capital que llegó al sector. Había un montón de dinero gratis chapoteando por todas partes en búsqueda de un beneficio.

Hace una o dos décadas, la creencia generalizada sobre el capital riesgo era que se trataba de un negocio no escalable. No es como la inversión en los mercados cotizados, en el que con gran facilidad puedes invertir miles y miles de millones de dólares, o incluso cientos de miles. En realidad, se trata de un sector en el que los inversores en capital riesgo trabajan mano a mano con los fundadores de las empresas. Nunca ha sido una clase de activo que pueda poner a trabajar una porrada de dinero. Digamos que ésa era la idea generalizada. Lo que ha ocurrido es que durante este período de tipos cero ha llegado al sector un montón de dinero nuevo.

Muchos inversores en bolsa llegaron pensando: ya hemos visto que cuando salen a cotizar en bolsa, estas *start-ups* obtienen unos resultados fabulosos, así que invertiremos en la última ronda privada antes de que se produzca la oferta pública inicial. Se fijaban en las cifras y parecía que tenían un arbitraje al alcance de la mano. Así que empezaron a invertir en la última ronda privada. Y entonces se dieron cuenta de otra realidad: espera un momento, gracias a nosotros los tipos que están invirtiendo en la penúltima ronda privada también disfrutan de una buena subida del precio, así que aquí también hay un arbitraje. Empezaron a usar esa lógica, y recorrieron todo el camino hasta llegar al principio, sin tener necesariamente los conocimientos adecuados para valorar las fases iniciales de una *start up*. Ya puedes imaginarte el resultado. El dinero inundó las *start-ups*, y disparó las valoraciones hasta la estratosfera. Pero a medida que los tipos de interés han vuelto a subir, la liquidez ha ido bajando, y esa burbuja acabó estallando. Así que ahora mismo el sector está pasando por un gran proceso de reinicio.

El comportamiento de las *start-ups* se contagió del comportamiento de los mercados de capitales, en el sentido de que muchos fundadores creyeron que siempre tendrían dinero a su disposición, que siempre podrían abrir una nueva ronda de financiación con una valoración aún más elevada. Los árboles daban dinero, y a los fundadores se les fue la mano con el gasto. Creo que los fundadores llegaron a perder de vista la idea de ser rentables en algún momento del futuro; todo giraba alrededor de los ingresos brutos. El único criterio era crecer, sin tener en cuenta si el crecimiento era ineficiente, si era poco rentable. En su defensa hay que decir que los fundadores tenían la sensación de que debían jugar al juego del momento. Y el juego consistía en que si no registrabas el mayor crecimiento de los ingresos brutos, y tu competidor sí, entonces en la próxima ronda él se llevaría todo el dinero y podría quedarse con todo el mercado. Cualquiera podía ver esta dinámica en la batalla entre Uber y Lyft, cuando ambas empresas estaban recibiendo cantidades enormes de dinero para después gastarlo de una forma muy ineficiente. Pero las dos se sentían atrapadas en el dilema del prisionero: siempre que haya un inversor dispuesto a financiar al otro, entonces tienes que jugar al mismo juego. Esa dinámica enseñó a las empresas a ser muy ineficientes.

Ahora que ya no hay tanta disponibilidad de capital, los fundadores y las *start-ups* han tenido que volverse mucho más eficientes. Hemos pasado de una situación en que el único objetivo era crecer a otra muy distinta en que el foco de atención está más equilibrado. Los fundadores tienen que pensar en la eficiencia del crecimiento, tal como se refleja en indicadores como el *burn rate* (ritmo al que se consume la liquidez), los márgenes y la economía unitaria.

Estamos hablando de un gran cambio en el sector, porque esos comportamientos nocivos han ido acumulándose durante casi quince años. Hay un viejo proverbio que dice que el mercado es una escalera mecánica cuando sube y un ascensor cuando baja, y acabamos de subirnos al ascensor que baja. Para muchos fundadores e inversores en capital riesgo ha sido un duro despertar.

C. Entonces, ¿en qué se equivocan los inversores cuando piensan en la tecnología y, más en concreto, en el capital riesgo y el capital de crecimiento? ¿Qué deberían tener presente y que en realidad no son capaces de ver?

D. Difícil pregunta. Estamos en medio de un gran proceso de reinicio, y la gente se está dando cuenta de que hay mucho menos capital disponible que en el pasado. La última década ha sido un período muy poco habitual. Creo que seguiremos avanzando hacia un contexto marcado por un capital mucho más restringido. Y todo el mundo tendrá que adaptar su forma de comportarse de manera acorde.

C. ¿Crees que las valoraciones ya han empezado a corregirse o que aún hay mucho margen por delante?

D. Es una buena pregunta. Diría que esas correcciones de las valoraciones ya han empezado a producirse, pero de una forma muy desigual. En muchas áreas, el ajuste ya ha tenido lugar y ha sido el adecuado. Pero siempre que en el mundo del capital riesgo un área concreta se pone de moda, las valoraciones se vuelven locas. Por ejemplo, aunque estamos muy entusiasmados con la IA, estamos un poco preocupados porque algunas valoraciones son de locos. Empezamos a ver que algunas empresas sin ingresos están valoradas en cientos de millones de dólares. Incluso hemos visto valoraciones de unicornios que aún no tenían ningún ingreso. En las empresas de IA más de moda, estamos volviendo a unos múltiplos de cien veces los ingresos recurrentes anuales (ARR, en inglés). En este sentido, parece que el capital riesgo nunca aprende la lección. O que la olvida cuando un área se pone de moda.

Soy un gran defensor de la IA y creo que creará un montón de oportunidades. El problema es que algunos círculos del capital riesgo aún se ven afectados por cierta manía, por lo que resulta difícil encontrar empresas de IA que sean prometedoras y que al mismo tiempo tengan una valoración razonable. Nosotros buscamos ambas cosas.

T. Conocí a Ray Dalio hace catorce años y nos hicimos amigos. Le pregunté: «¿Cuál es el principio único más importante para invertir y que guía tus pasos?». De hecho, ése es el tema del libro: el Santo Grial de la inversión. En aquel momento, Ray me dijo que era encontrar de ocho a doce inversiones no correlacionadas, porque esa estrategia reduce el riesgo en un 80 por ciento y aumenta los beneficios. Es un principio muy simple. ¿Cuál es para ti el Santo Grial de la inversión?

D. Es interesante. El tipo de inversión que hago es el perfecto opuesto de lo que él hace. Él es un inversor macro, y yo soy el inversor más micro que puedas encontrar. No solo invierto en empresas no cotizadas, sino que invierto en las fases iniciales de esas empresas. Invierto en empresas que acaban de empezar; aunque por simple estadística sabemos que muchas de ellas no van a funcionar. La esperanza es que una o dos funcionen y que nos devuelvan los beneficios necesarios para cubrir todo el fondo, y un poquito más. En mi negocio, siempre vas en búsqueda de esa empresa que cumple la ley de potencias. La ley de potencias dice que la inversión más valiosa de cualquier cartera generará la mayoría de los beneficios de esa cartera. Así que yo diría que es casi lo contrario a la estrategia de Ray.

Yo no recomendaría esta estrategia al inversor medio. Para el inversor medio, no es una buena forma de crear una cartera. Es solo una clase de activos más en lo que sería una cartera equilibrada. Quizás puedes tener cierto porcentaje de la cartera en empresas no cotizadas, y entonces en esa categoría se aplica esta dinámica de la ley de potencias. Siempre andamos en búsqueda de esa empresa de la ley de potencias. Por lo que hemos hablado antes, ya te has dado cuenta de que me involucro mucho en todo lo referente al producto. ¿Cómo se distribuirá el producto? ¿Cómo se comercializará? ¿Cuál es la visión del fundador? ¿Cuáles son las cualidades intangibles que tiene el fundador y que podrían convertir a la empresa en un caso aparte? Es algo muy micro. En el caso de las *start-ups*, lo más importante es ser capaz de encontrar una que esté a punto de entrar en ignición. Ése es el verdadero truco: encontrar algo que esté justo en el punto de inflexión de una curva de crecimiento rápido y acelerado.

Hemos llegado a nuestras propias conclusiones sobre las métricas que de verdad importan para las *start-ups* de software. No solo nos fijamos en los ingresos anuales recurrentes (ARR) y la tasa de crecimiento. Nos fijamos en sus costes de adquisición de clientes. Tenemos varias métricas sobre la eficiencia del capital. Hablamos con los clientes en persona. Tratamos de asegurarnos de que de verdad les encanta el producto, y que se lo recomiendan a otros. Siempre intentamos detectar las señales que indican que la empresa está despegando.

T. Si eres capaz de encontrar el momento justo con esos indicadores, entonces utilizas la experiencia que has acumulado durante décadas para ayudarlas a crecer. Supongo que te parecerá una pregunta un poco tonta, porque en muchos sentidos el mundo ya está pendiente de ti, pero si tuvieras la atención de la humanidad durante cinco minutos, ¿qué te gustaría que la gente supiera?

D. Uno de los temas que comento una y otra vez en mi pódcast es que el mundo que está surgiendo en el presente es multipolar. Es distinto del mundo de 1990, cuando cayó el Muro de Berlín y la Unión Soviética se descompuso. Estados Unidos era la única superpotencia que quedaba. Unos treinta años después, vivimos en un mundo en el que varios países empiezan a ser verdaderas potencias de la innovación en el campo de la tecnología. A finales de los años noventa, cuando llegué a Silicon Valley, solo había un verdadero Silicon Valley, un epicentro tecnológico en el mundo, y fue así durante muchos años. Ahora ya puedes ver que han brotado varios centros tecnológicos en todo el mundo.

Innovar es difícil. Para conseguir grandes avances, muchas veces necesitas a un genio. Pero una vez que se ha producido ese gran descubrimiento, cualquiera puede copiarlo. Ponerse al día es mucho más sencillo que descubrir un territorio inexplorado. Y hay muchos lugares en el mundo que se están poniendo al día con lo que se hace en Estados Unidos. Creo que eso nos obligará a pensar en el mundo de una forma diferente.

Creo firmemente en la excepción estadounidense, pero para mí eso significa que en lugar de imponer nuestros valores al resto del mundo, deberíamos tratar de dar un buen ejemplo. Si hacemos un buen trabajo y creamos un modelo atractivo, otras personas querrán copiarnos. Pero aplicar la mano dura despertará una feroz resistencia en todo el mundo. Si no adaptamos nuestra forma de pensar para aceptar la aparición de otros actores, el resultado será una buena ración de nuevos conflictos.

T. Para poder convertir Craft Ventures en una gran empresa, es necesario algo más que hacer grandes inversiones. Además de obtener una buena rentabilidad, ¿cuál ha sido la principal razón que explica el éxito de tu empresa? Y si es que existe uno, ¿cuál fue el punto de inflexión del negocio, el que os permitió pasar de ser buenos a ser extraordinarios?

D. Para nosotros, la pregunta es: ¿por qué una persona que crea una empresa querría tener a Craft en su tabla de capitalización? Cuando Ray Dalio o Warren Buffett deciden que van a comprar Apple, no necesitan el permiso de la empresa. Solo tienen que ir a la bolsa y comprar las acciones. Apple no sabe, y ni siquiera le importa, si yo tengo una parte de sus acciones. Son agnósticos en esta cuestión. Pero los fundadores sí saben quién está en su tabla de capitalización, y es una cuestión que les importa de verdad. Por lo tanto, tenemos que crear una propuesta de valor para ellos, del mismo modo que ellos tienen que crear una propuesta de valor para sus clientes.

Hemos dedicado mucho tiempo a tratar de encontrar la forma de ayudar a las *start-ups*. Por supuesto, todo empieza con el hecho de que yo también estuve en su pellejo. He creado empresas, y mis socios de Craft también tienen experiencia como fundadores o directores de operaciones; ya saben qué es hacer ese viaje. Como nos especializamos en software como servicio (SaaS), podemos desarrollar y compartir con las *start-ups* nuestra abultada experiencia, así como las buenas prácticas que sean relevantes para los fundadores. Hemos creado una herramienta llamada SaaSGrid, que muestra a los fundadores todas las métricas esenciales que deberían vigilar de cerca en sus empresas; solo tienen que conectar sus fuentes de datos, y los gráficos y los resúmenes aparecen al momento de forma automática. Por último, tenemos nuestro equipo plataforma: socios operativos especialistas en las áreas en que la mayoría de las *start-ups* necesitan conocimientos y experiencia, pero que no se pueden permitir: recursos humanos, relaciones públicas, seguridad de la información, departamento legal, relaciones con el gobierno, cosas así. Siempre que una de nuestras empresas en cartera necesita ayuda, hay un experto con décadas de experiencia que está ahí para ayudarlas. Nos centramos mucho en responder la siguiente pregunta: ¿cómo aportaremos valor a los fundadores?

T. Como has dicho, no eres una persona que lo ve todo desde fuera. Has estado dentro, lo has vivido en primera persona. Eso es algo fantástico.

D. Tratamos de crear la firma de capital riesgo que nos hubiera gustado tener cuando nosotros éramos los fundadores.

C. Con todo esto en mente, ¿hay algo que te habría gustado saber antes de crear la empresa de capital riesgo? ¿Te habría gustado que alguien te hubiera dicho algo en concreto?

D. ¡Ojalá hubiera sabido que las políticas de la Reserva Federal iban a tener un impacto tan fuerte en nuestro mundo! Es posible que en una economía que funcione perfectamente bien no tengas que preocuparte mucho de esas cuestiones. Pero vivimos en una época con grandes distorsiones. La política de la Fed pasó muy rápido de los tipos cero a imponer el ciclo más acelerado de subidas de tipos de toda la historia; de 0 al 5,5 por ciento en solo un año. Nadie puede subestimar los efectos que se derivan de esa medida; no solo ha reducido la disponibilidad de capital y las valoraciones, sino que también ha creado una recesión en el mundo del software. Las compañías tecnológicas están recortando las plantillas, y mientras despiden a sus empleados, compran menos software, porque los programas se suelen vender teniendo en cuenta los equipos en que se instalan. El ciclo se retroalimenta. Creo que ya hemos tocado fondo, y ahora vemos nuevas oportunidades con la IA, pero en el último año, incluso en los dos últimos años, en el mundo del software se ha producido una gran recesión.

C. En la actualidad, una de las grandes preocupaciones de los mercados es que la inflación alta continúe más tiempo. ¿Crees que el proceso de reinicio ha llegado lo bastante lejos como para que la gente vuelva a crear empresas? ¿O crees que aún tendrá más consecuencias perjudiciales?

D. Creo que ahora mismo el mercado tiene la sensación de que la inflación es un problema que ya está bastante resuelto; que a final de año la inflación estará entre el 2,5 y el 3 por ciento, y que hay bastantes probabilidades de que el año que viene haya recortes de tipos. El mercado está empezando a asignar los precios en este escenario, así que si la inflación rebota y no se producen los recortes de tipos, existe un riesgo de que ese nuevo nivel de precios vuelva a bajar. Esta situación se contagiaría a los mercados privados, porque los mercados cotizados son los que nos ofrecen nuestras compensaciones de salida (o *exit comp*, en inglés).

Eso es lo que vimos en 2022. Cuando la Fed subió los tipos de interés, los mercados cotizados cayeron, sobre todo las acciones de crecimiento, y eso se fue filtrando hasta llegar a los mercados privados. Los mercados privados siguen el ejemplo de lo que ocurre en los mercados bursátiles. Pero, ahora mismo, la gente cree que ya hemos tocado fondo y que esos problemas están en vías de solución, aunque la situación no volverá a ser como era antes, durante los embriagadores tiempos de la ZIRP (política de tipos de interés cero).

C. Me encantaría conocer tu opinión sobre las serias consecuencias en el mundo del software a medida que la IA se vuelva más predominante en la comunidad empresarial y provoque una disrupción y la eliminación de organismos y puestos de trabajo, ¿tienes la sensación de que también se reducirá el número de licencias o de usuarios registrados? Debido a la tendencia a largo plazo de la IA, ¿podríamos caer en una espiral? ¿O es algo mucho más cíclico y está ligado a la debilidad de la economía?

T. ¿O simplemente será sustituido por las ventas de los programas basados en IA?

D. Creo que aún estamos bastante lejos de que la IA pueda sustituir del todo los trabajos que realizan los humanos. En la actualidad, la categoría que parece más prometedora son los copilotos. Creo que ésa es la forma correcta de verlo. Un ser humano trabajando con una IA será más productivo que de cualquier otra manera, o hará el trabajo más deprisa o lo hará con mayor calidad. Todo consiste en que los seres humanos puedan multiplicar su rendimiento gracias a unas herramientas que mejoran su productividad. ¿Eso acabará con miles de puestos de trabajo? En esta cuestión soy bastante escéptico. En primer lugar, veremos a muchas empresas de software nuevas creando productos nuevos. Esos productos tienen que venderse; tienen que comercializarse. Así que, como consecuencia inmediata, tendremos una explosión de nuevas empresas para crear las herramientas IA de las que estamos hablando. Eso sería una parte de la historia.

La segunda parte es que los clientes de ese software IA podrán hacer muchas más cosas. Reduce el coste de crear una empresa, que hasta ahora debe asumir el fundador. Tenemos la famosa historia de Mark Zuckerberg, que creó la primera versión de Facebook desde su habitación en la residencia de estudiantes de Harvard. Él podía programar sin ayuda la primera versión. Pero muchos fundadores, o muchas personas a las que les gustaría crear una empresa, no tienen esa capacidad. Pero gracias a las herramientas IA, ahora serán capaces de hacer muchas más cosas por su propia cuenta. Por lo tanto, habrá muchas más personas que podrán empezar a crear muchas más empresas.

La historia de la innovación es que a medida que consigue que los seres humanos sean más productivos, también permite que nuestra especie sea más rica. No deja a la gente sin trabajo. Siempre encontraremos cosas nuevas para hacer. Mientras la gente tenga capacidad de adaptación y esté dispuesta a vivir en un constante proceso de aprendizaje, creo que será beneficioso.

> La historia de la innovación es que a medida que consigue que los seres humanos sean más productivos, también permite que nuestra especie sea más rica. No deja a la gente sin trabajo. Siempre encontraremos cosas nuevas para hacer.

T. Muchas personas tienen una visión desoladora del futuro. Siempre hay grandes retos, por supuesto, pero me preocupa cuando veo a personas jóvenes que hablan de no tener hijos porque creen que el fin del mundo llegará dentro de doce años; lo que no es cierto. Hay muchos desafíos, pero tengo curiosidad: ¿hacia dónde crees que se dirige el mundo?

D. Una de las razones por las que me apasiona estar en el sector tecnológico es que siempre ha ofrecido los mayores avances a la humanidad. Incluso cuando los políticos son cada vez más disfuncionales o divisivos, y muchas partes de nuestra sociedad no funcionan, el progreso tecnológico todavía funciona y ofrece a la gente un futuro mejor.

Lo he visto en el transcurso de mi carrera. Durante las últimas tres décadas, he visto que cada vez más la tecnología representa una parte muy importante de la economía y de nuestra forma de hacer las cosas. Crea productos que mejoran la vida de la gente y la hacen más cómoda, permite curar enfermedades, nos ayuda a obtener la información que necesitamos, el aprendizaje que necesitamos. Lo verdaderamente esencial es que se beneficien tantas personas y que incorpore a tantas personas como sea posible. Todo esto enlaza con lo que decíamos del aprendizaje; es necesario que en vez de como un título para enmarcar, la gente vea el aprendizaje como un proceso continuo durante la vida.

C. Una pregunta que enlaza muy bien con lo que dices y que hemos planteado a todos los entrevistados: cuando buscas a nuevos trabajadores para tu equipo, ¿cuáles son las características clave? ¿Qué los hace destacar?

D. En un inversor, quieres a alguien que sea combativo y que detecte al vuelo las oportunidades. Aunque sea un poco cómica, la expresión que usamos para describir este perfil es un «cerdo trufero», esos cerdos a los que entrenan para que encuentren trufas. No sé cómo lo hacen, pero esos cerdos van por ahí escarbando en la tierra y, de algún modo, desentierran esas trufas tan valiosas. Los buenos inversores son algo así.

17

Michael Rees

Socio fundador de Dyal Capital,
cofundador y copresidente de Blue Owl

Honores: líder del mercado en participaciones SG.

Activos totales gestionados (en agosto de 2023): 150.000 millones de dólares.

Área de especialización: participaciones SG.

Para destacar:

- El mayor inversor en participaciones SG, con una cuota de mercado cercana al 60 por ciento en términos del capital reunido para invertir en esta clase de activos durante los últimos doce años.
- La firma tiene una cuota de mercado cercana al 90 por ciento en las operaciones sobre participaciones SG que han supuesto una inversión superior a los 600 millones de dólares.
- El señor Rees es cofundador y copresidente de Blue Owl, empresa creada en 2021 cuando Dyal Capital se fusionó con Owl Rock Capital, y que hoy gestiona unos 150.000 millones de dólares.

Christopher: Para romper el hielo, cuéntanos la historia de tus orígenes, o sea, ¿cómo has llegado hasta tu posición actual?

Michael: Empecé mi carrera en el sector de los servicios financieros en Lehman Brothers y, por simple coincidencia, fui el cuarto miembro del equipo que se unió al grupo de estrategia. Si ordenabas de mayor a menor el rendimiento de los grandes grupos de Lehman, la renta fija era el líder, seguido de las acciones, la banca de inversión y, por último, la gestión de activos. Así, la primera persona que era contratada por el grupo tenía la oportunidad de escoger el equipo de renta fija. Y el último de la lista se veía más o menos atrapado en una división de gestión de inversiones que había nacido hacía poco y que era como un folio en blanco. E imagino que fui el que se vio metido ahí dentro. Me sentía un poco como si me hubiera tocado la pajita más corta. Era un proyecto que debía construirse por completo con el objetivo de que Lehman creciera con rapidez en el mundo de la gestión de inversiones, para tener una división que se pudiera comparar con las de Goldman Sachs o Merrill Lynch.

En aquella época, los fondos de inversión libre eran el producto de moda en la ciudad. Estábamos en el año 2000, 2001, y la rentabilidad de los fondos que se cerraban en aquel tiempo era muy potente, así que se montaban grandes firmas de fondos de inversión libre. La pregunta era: ¿no deberíamos comprar una? Así que nos sentamos y hablamos del tema; y uno de los motivos por los que decidimos no hacerlo fue que nos dimos cuenta de que ningún fondo que hubiera escapado de Wall Street querría volver y formar parte de una gran empresa. Además, pensábamos que quienes creaban esas firmas eran inversores con un fuerte espíritu emprendedor, y nosotros queríamos que pudieran seguir muy alineados con sus fondos; que nadie los controlara desde el interior de una organización en la que trabajan veinte mil personas. Nos preguntábamos si adquirir el cien por cien de una de esas firmas acabaría con su motivación.

Así que se nos ocurrió una idea bastante disparatada (al menos, para la época): en lugar de adquirir el cien por cien de uno solo, compremos solo el 20 por ciento de algunos de esos fondos de inversión libre. Para mí, el resto ya es historia. En los veintidós años transcurridos desde que nos sentamos e ideamos aquella estrategia, he realizado cerca de noventa transacciones con participaciones minoritarias. ¿Y sabes? Mi vida encaja bastante con esa frase de que cuando eres un martillo, todo te parece un clavo. Con todo lo que veía a diario, con todas las empresas en las que me fijaba, acababa preguntándome: «¿Podríamos comprar el 20 por ciento de esto? Es un buen negocio dirigido por gente muy inteligente, ¿alinearme con ellos sería una buena idea?». Así empezó todo, y desde aquellos comienzos hemos recorrido un camino muy largo.

Con el tiempo, empecé a sentir verdadera pasión por este espacio y quería formar mi propio equipo; Neuberger Berman era un muy buen lugar para hacerlo. Así que después de la bancarrota de Lehman, trasladamos allí el negocio de gestión de inversiones, y empezamos a crear en Neuberger un espacio dedicado a las participaciones minoritarias. Desde su nacimiento, la firma tenía una plataforma multiproducto en la que cada grupo era el responsable de sus inversiones, y cada equipo obtenía los beneficios financieros que provenían del instrumento de éxito que había creado. Fuimos capaces de convencer a los inversores de que era una buena idea invertir en participaciones minoritarias en el espacio alternativo. Aquello marcó el inicio del negocio de Dyal dentro de Neuberger. Y conseguimos que creciera bastante rápido. Ahora tenemos una cuota de mercado cercana al 60 por ciento del capital de inversión captado en el espacio de las participaciones minoritarias. Y si nos fijamos solo en las operaciones más grandes, nuestra cuota de mercado se acerca al 90 por ciento de las transacciones superiores a los 600 millones de dólares. Así que la historia de mis comienzos se remonta al momento en que al llegar a Lehman Brothers, me quedé con la pajita más corta. Y tuve la suerte de que así fuera.

C. Un gran ejemplo de que en lugar de dejar que la vida nos moldee a nosotros, somos capaces de dar forma a nuestra vida, siempre que seamos capaces de aprovechar las oportunidades y salir adelante. Tu carrera ha sido fascinante, y ya se alarga unos quince o veinte años. ¿Quién ha sido la persona más importante en tu vida, aquella que ha condicionado tu éxito, y de qué forma te ha influido?

M. Suena un poco tópico, pero mi padre y mi madre. Trabajo con mi hermano, y así es desde hace veinte años. Tenemos un enfoque muy familiar de lo que hacemos. Pero venimos de Pittsburgh, que básicamente es una ciudad de clase obrera, mi padre era comercial y mi madre enfermera. Desde pequeños nos enseñaron que este mundo va de trabajar mucho. Mirar a la gente a los ojos. Dar un fuerte apretón de manos. En el sector de los servicios financieros y «Wall Street», hay mucha gente con personalidades bastante fuertes, digamos que hay muchos egos. Algo que nos dicen bastante a menudo, y de lo que me siento verdaderamente orgulloso, es que todo el equipo, mi hermano y yo mismo tenemos una forma de abordar el negocio muy humilde, muy afable, muy propia de Pittsburgh. Se basa en crear relaciones de confianza en que nuestra palabra es un vínculo inquebrantable. Somos esa clase de personas con las que quieres asociarte y hacer negocios durante mucho tiempo.

C. Si pensamos en las participaciones minoritarias, lo que también se conoce como participaciones SG, ¿dónde se encuentra ahora la mejor oportunidad para los inversores?

M. Todavía somos unos grandes defensores de los activos privados y de los mercados en un sentido más amplio. Seguimos observando un aumento del capital asignado a los productos alternativos. Detectamos una tendencia creciente y a largo plazo hacia las inversiones en activos privados alternativos (adquisiciones, crecimiento, crédito privado, inmuebles). No siempre seguirá una línea recta, pero si te fijas en las asignaciones destinadas a estas estrategias por parte de los fondos de pensiones, los fondos soberanos y los inversores individuales en todo el mundo, verás un gran crecimiento. Pero imagino que tu pregunta es: ¿dónde es más inteligente invertir y cuál es su cualidad más interesante?

Creemos que existe una tendencia hacia la concentración en los sectores. Es algo que está ocurriendo en casi todos los sectores que hemos estudiado. Tenemos el mercado de las bebidas no alcohólicas, por ejemplo, en el que solo hay dos grandes productores. Con el tiempo, el sector se concentra porque el poder está en escalar. Creo que estamos en medio de una tendencia a largo plazo que beneficiará sobre todo a las empresas más grandes del sector. De 2015 a 2021 se produjo un suave viento de cola que benefició a las empresas más grandes.

Pero 2022 y 2023 ha convertido aquel suave viento de cola en otro mucho más potente. Por eso ahora nos centramos en los actores que han escalado de verdad, y que disfrutan de las ventajas de poder operar en todo el mundo y llegar a inversores de Oriente Próximo, de Asia, quizás también del sector de la venta minorista, y con redes de contactos como las vuestras. Pensamos que el nombre de la marca y la estabilidad son importantes, y creemos que esa clase de inversores prefieren estar en buenas manos, sentirse seguros. Este tipo de cosas suelen beneficiar a los actores consolidados que llevan mucho tiempo construyendo sus empresas, con pilares muy sólidos y una marca reconocible. La frase «el grande se hace más grande y el fuerte se hace más fuerte» resume una idea en la que creemos firmemente desde hace ocho años. Y los últimos dieciocho meses han reforzado aún más esta creencia.

C. ¿Crees que en los próximos tres años el panorama será diferente que el de los próximos diez, o crees que será más o menos el mismo?

M. Los mercados privados se mueven a un ritmo muy lento, casi glacial. Creo que una de las grandes ventajas de los mercados privados es que tienes el tiempo de tu parte, y que puedes sobrevivir a los fuertes altibajos de los mercados de acciones cotizadas y renta fija. Si hablamos de mercados privados, tres años es un abrir y cerrar de ojos. Así que creo que habrá más de lo mismo, una continua concentración en lo más alto, y más crecimiento. De verdad, creo que los próximos diez años serán realmente buenos para los mercados privados. Y no veo ningún indicio claro de que en un período de tres a diez años la situación pueda cambiar demasiado.

C. ¿Qué ha ocurrido en el panorama de las participaciones SG que ya habías previsto, y qué te ha sorprendido?

M. No sé si en los últimos dos años han ocurrido muchas cosas que nos hayan sorprendido. Desde el punto de vista de los fondos, no hemos visto grandes cambios en la rentabilidad de nuestros gestores, ya que tenemos unos activos que nos parecen negocios estables y a largo plazo. A ver, seguro que en el mundillo de la inversión habéis oído hablar mucho de software, y de lo maravilloso que es el software de sistemas de misión crítica, porque cierras unos contratos de tres a cinco años con unos porcentajes de retención de clientes de casi el cien por cien. Es algo muy positivo, y estoy seguro de que el software impulsará la economía. Dicho esto, creo que el capital privado y los mercados privados son aún mejores. Tener una participación en el socio general de una firma de capital privado es un negocio fantástico, ya que se superponen capas y capas de flujos de ingresos, como en el software. Ése es el modelo habitual. Creces a un buen ritmo mientras superpones una capa de un fondo sobre una capa de otro, etcétera.

El software me gusta. Creo que muchos de nuestros socios invierten en software, pero yo siempre me quedaré con el negocio del capital privado y de los mercados privados. Creo que las firmas de capital privado, de alta calidad, de sistemas de misión crítica, están hechas para momentos como el actual. Ya sea la COVID-19 o la crisis bancaria de los últimos tiempos, o simplemente el contexto de alta inflación generalizada o la subida de los tipos de interés que hemos visto en los últimos dos años. Las firmas de capital privado y las estrategias que aplican están hechas para capear la tormenta y ser bastante estables.

C. Durante los últimos ocho años has hablado a muchos inversores de las participaciones SG, sobre todo a medida que Dyal ha ido creciendo de una forma tan espectacular. ¿Cuáles son las principales concepciones erróneas de los inversores sobre este espacio, o qué pasan por alto cuando evalúan las participaciones SG y sus oportunidades?

M. La expresión que más me preocupa, y que creo que nunca podré superar, es la idea de «llenarse los bolsillos». La gente supone que el dinero que invertimos en una participación SG va directo a los bolsillos del grupo propietario. Y al llevar esa lógica un poco más lejos, creen que el dinero termina en un yate o en un coche de lujo. Lo que de verdad ha catapultado al sector de las participaciones SG y ha creado un crecimiento tan potente es que si te fijas en las firmas que trabajan en los mercados privados y, sobre todo, en las que tienen éxito, verás que consumen mucho capital. Así, la mayoría del capital, la gran mayoría del capital que invertimos en las participaciones SG, no tiene nada que ver con la idea de «llenarse los bolsillos». Tiene mucho más que ver con apoyar el crecimiento de esas firmas, que al final son las mejores de su clase. De hecho, una de las cosas que nos habíamos planteado que podía ocurrir, y que al final ha acabado ocurriendo, es que las firmas que quieren cerrar una operación con nosotros son precisamente aquellas que obtienen las mejores rentabilidades. Algunos inversores nos decían: «Vais a caer en una selección adversa. Solo os vendrá a buscar la gente que está nerviosa y que no lo está haciendo bien, y que tratará de venderos algo». Pero lo que hemos visto en la práctica es todo lo contrario. Es que las empresas que lo hacen mejor, las que detectan el potencial y las mejores oportunidades que tienen delante, son aquellas que necesitan el capital de crecimiento. Si no creces, no necesitas capital de crecimiento.

C. Es interesante, porque muchas personas creen que las participaciones SG son una estrategia de salida para esa clase de gente, cuando en realidad es un motor de crecimiento para las firmas; ésa es la motivación principal de estas transacciones.

M. Sí. Todos los inversores saben que una empresa tecnológica que está creciendo y desarrollando su negocio necesita pasar por una ronda A, una ronda B, una ronda C, una ronda D. En eso consiste el mercado del capital riesgo y del capital de crecimiento. Me sorprende que haya sido necesario hacer tanta pedagogía a lo largo de los años para convencer a los inversores de que una empresa dedicada a los mercados privados, un socio general de éxito, es exactamente lo mismo. Necesitan capital para financiar su crecimiento. Y me alegro de haberme convertido para muchas de esas firmas en la ronda C, D y E, porque son realmente buenas.

C. Planteas la conversación en unos términos muy diferentes, porque en un momento dado, todas las empresas que quieren crecer van a consumir capital, y tienen la opción de buscarlo en distintos lugares. Pero si no solo pueden acceder a él, sino que además ese capital es estratégico y puede aportarles valor, estaríamos hablando sin duda del mejor capital de crecimiento al que podrían acceder. Si tuvieras la atención del mundo durante cinco minutos para hablar de cualquier tema que debería despertar su interés, ¿de qué hablarías?

M. Bueno, mientras el sector bancario se encuentra en la situación actual, yo formo parte de esa minoría que piensa que las cosas aún no han terminado, y que quizás ni siquiera hayan empezado de verdad. Sé que desde una perspectiva temporal esto marca un antes y un después, así que dentro un tiempo podremos juzgar si yo tenía razón o no, pero todavía recuerdo muy bien los tiempos en que estaba en Lehman Brothers. Bear Stearns había quebrado seis meses antes y, como bien sabes, la situación que vivimos en 2007 y 2008 se desarrolló a lo largo de un período de doce a dieciocho meses. Hoy solo espero de todo corazón que no ocurra lo mismo que entonces. Pero debido a la situación causada por el rápido incremento de los tipos de interés, la extraordinaria inyección de liquidez que llevó a cabo el gobierno durante la COVID-19 y, sobre todo, debido al desequilibrio entre la financiación y el pasivo que aparece en los balances de muchos bancos de tamaño medio, creo que aún quedan trenes por descarrilar. Ojalá me equivoque, pero si durante cinco minutos pudiera tener la atención del mundo, o al menos la de los responsables políticos, les diría que actúen deprisa, con contundencia y de manera convincente, porque no hay nada peor que una crisis financiera causada por un exceso de confianza.

C. Hubo un gran terremoto inicial que atrajo la atención de todo el mundo. Pero si no se abordan a tiempo, las réplicas también podrían ser muy problemáticas.

Al pensar en el proceso de crecimiento de una gran firma de inversión, en tu opinión, ¿cuál es la principal razón que explica el éxito de Dyal?

M. Cuando me reúno con una empresa que se dedica a los mercados privados o, de hecho, con cualquier otra firma de inversión, hay algo que me fastidia de veras, y es la frase: «Solo voy a centrarme en obtener unos buenos beneficios, y en mi empresa todo lo demás se resolverá solo». Por increíble que parezca, he escuchado esta frase cientos de veces durante los últimos veinte años. Y la frecuencia no disminuye. Creo que no se puede estar más equivocado. Esa forma de pensar ignora todas las cuestiones que permiten crear una buena empresa y que a la empresa le vaya bien. Sin duda, invertir (y hacerlo bien) es fundamental. Pero una empresa de éxito requiere mucho más.

Es imposible tener un porcentaje de bateo del cien por cien. No acertarás siempre. En Dyal y Blue Owl ha sido muy importante centrarnos en todo el negocio. El servicio al cliente y las relaciones con los clientes están en lo más alto de la lista de temas que exigen nuestra atención; tienes que cerciorarte de que no te limitas a aparecer cada pocos años para pedirles dinero, sino estar muy seguro de que estás ayudando a los inversores a resolver sus problemas. Quizás eso se traduzca en un nuevo producto, quizás en un buen consejo sobre algo que ves en todo el sector. Para mí, el rendimiento de la inversión es muy importante. Pero la forma de dirigir el resto del negocio, cómo interaccionas con los clientes, es una parte fundamental del desarrollo y el crecimiento de una empresa de gestión financiera. Todos vimos lo que ocurrió a finales de los años noventa, cuando la mayoría de los fondos de inversión libre no tenían otra actividad que no fuera la parte inversora. Eran generadores de rentabilidad; los informes eran malos, las relaciones con los clientes eran malas, las operaciones no eran buenas. Y con el tiempo aquello causó problemas. En cambio, ahora vemos que muchas de las mejores firmas de los últimos años han decidido convertirse en verdaderas empresas. Han decidido pensar en todos los aspectos del negocio, y en adoptar las prácticas más adecuadas.

C. Cuando piensas en el crecimiento de Dyal, ¿cuándo se produjo el punto de inflexión? Por decirlo así, ¿cuál fue el acontecimiento decisivo?

M. Al principio, decidimos centramos en los fondos de inversión libre de tamaño medio, y los convertimos en el principal objetivo de nuestros dos primeros fondos. Y hoy siguen teniendo un buen rendimiento. Pero cuando pasamos al tercer fondo, decidimos lanzar un fondo mucho más grande, sin centrarnos solo en las firmas medianas dedicadas a los mercados privados, sino incluyendo también a los grandes nombres de referencia, a los mejores de la clase. Cuando sales a la calle para vender el relato, hay algunos inversores que están dispuestos a creérselo, pero hay muchos más que antes de tomar una decisión quieren ver las pruebas. Tener la capacidad para captar el capital destinado a nuestro fondo privado, que incluía inversiones en Vista, EnCap, Starwood y Silver Lake, y salir de entrada con esos socios tan importantes, aquello fue lo que allanó el terreno y nos situó en muy buena posición. Y sin duda para nosotros fue un gran punto de inflexión. Demostró al mercado y a la comunidad inversora que puedes asociarte con firmas de primera calidad, que son las mejores en lo suyo (algo que en su día muchos dudaban), y que tus operaciones pueden convertirse en una inversión de crecimiento con un rendimiento por encima de la media.

C. ¿Qué te hubiera gustado saber antes de crear tu empresa y que nadie te dijo?

M. Imagino que nunca es malo repetirse a uno mismo que las cosas nunca son fáciles. Creo que si alguna vez llegas a un punto en que te parecen fáciles, entonces deberías saber que hay algo que no funciona.

Tienes que mejorar en el juego, mes a mes, fondo a fondo, sea lo que sea. Y tienes que ganarte la confianza de los inversores continuamente. Esa frase debería estar escrita en algún lugar en todos los despachos. El trabajo no se volverá más fácil, pero sí se disfruta más. Y es fantástico contar con un equipo que desde hace mucho tiempo colabora y se lleva bien.

C. Hablando en retrospectiva, si en tu empresa pudieras hacer algo de forma diferente, ¿qué sería? ¿Qué habrías hecho de otra forma? ¿O qué aconsejarías hacer de forma diferente a como tú lo hiciste?

M. Creo que a pesar de que hemos crecido muy deprisa y que en este espacio hemos alcanzado una posición de liderazgo, en realidad hemos crecido de una manera muy metódica. No contratamos a ese trabajador extra hasta que no tuvimos los ingresos suficientes para poder pagarlo. Y cuando pensamos en el tamaño del fondo, escogimos el justo y necesario para ejecutar la estrategia que habíamos pensado. Desde el principio, adoptamos una actitud de cautela respecto al crecimiento. Fuimos capaces, toquemos madera, de situarnos un poco por delante de la competencia. Y seguimos sintiéndonos muy satisfechos de nuestra posición competitiva.

Pero si hablamos del sector de la innovación, lo que se ve y se oye en el mundo de la tecnología y el capital riesgo es que gran parte de los procesos de crecimiento están protagonizados por personas en la veintena que no tienen nada que perder y que van a por ello al mil por ciento, no al cien por cien. En nuestras primeras etapas, quizás nosotros apostamos por esta idea al 110 por ciento, y la desarrollamos de una forma muy metódica y constante. Quién sabe dónde estaríamos hoy si hubiéramos sido más agresivos, ido más rápido y ampliado el abanico de oportunidades.

Creo que en nuestro sector uno de los asuntos más difíciles es encontrar verdadera voluntad de innovación entre el grupo de profesionales que tiene más o menos mi edad, porque ese grupo está mucho más centrado en los inconvenientes, y ahora quizás está saliendo más innovación de los «jóvenes e ignorantes» (sin duda, como lo era yo) que están en la veintena o la primera treintena, y que no tienen nada que perder. Tal vez esa cualidad debería aplaudirse mucho más.

C. En tu opinión, ¿cuál es el principal motivo por el que la mayoría de las firmas de inversión no consiguen escalar?

M. En pocas palabras, en general, hay muy pocas barreras para entrar en el sector de la inversión, algo que también ocurre en la gestión de activos alternativos. No es difícil encontrar a alguien que respalde tu primera operación, o incluso tu primer fondo. Así que, en el sector, la base de la pirámide siempre será muy amplia, con un gran número de nuevos participantes. Sin embargo, el porcentaje de éxito durante los primeros cinco años es muy bajo. Creo que si puedes superar esa marca... y llegar a un punto en que tienes a un grupo básico de inversores de alta calidad, y cuentas con un proceso en el que tienes experiencia y que ya conoces bastante bien, entonces el foso que te separa de los demás empieza a hacerse mucho más ancho y profundo.

En realidad, no nos fijamos en qué ocurre cuando una firma escala ese primer fondo de 100 millones de dólares y llega a los 300 millones. Ésa no es mi especialidad, pero es ahí cuando se hace verdadera limpieza. Creo que es muy poco habitual que una firma de gran envergadura no sepa sobrevivir a un mercado difícil o a un período de vacas flacas, y que al final no sea capaz de llegar a buen puerto. Pero para las firmas más pequeñas, llegar a buen puerto implica quizás diez o quince años. En este sector se separa el grano de la paja muy deprisa; te machaca y te elimina. Pero si eres capaz de superar esa barrera, es un sector bastante estable y generoso una vez que has podido colocar unos cimientos sólidos.

C. En este sentido, es único. Si hablamos de la búsqueda de talento —y parece obvio que a lo largo de los años has contratado a mucha gente, y que Dyal y Blue Owl han crecido de una forma bastante espectacular—, ¿cuáles son los rasgos clave que buscas y que diferencian a los mejores del resto?

M. Creo que difiere muchísimo en función del tipo de empresa y del objetivo central que tenga ese grupo o empresa en particular. La pregunta que trato de responder es: ¿cuál es el objetivo y quién es la mejor persona que encaja en esa organización? Para algunas empresas lo mejor es tener la plantilla llena de graduados de Wharton y Harvard y Yale y Stanford. Pero nosotros, por ejemplo, preferimos una buena combinación de graduados de las conferencias Big 10 y Big East.[88] Simplemente, tenemos un enfoque diferente sobre la contratación y la confección de los equipos. En nuestro caso, hemos descubierto que el éxito de las personas que trabajan en nuestros equipos se explica por su capacidad para crear un marco mental de colaboración y confianza con los inversores y los socios en las participaciones SG. No va de ser el más listo de la clase. Va de ser un buen socio de la persona que se sienta al otro lado de la mesa. Damos por sentado que debes ser inteligente y

88. Universidades concentradas en las regiones Atlántico-Medio, Centro-Noreste y Centro-Noroeste de Estados Unidos. (*N. del t.*)

estar muy motivado, pero para nosotros el pedigrí académico no está detrás del éxito.

> No va de ser el más listo de la clase. Va de ser un buen socio de la persona que se sienta al otro lado de la mesa.

C. La verdad es que es una buena forma de verlo. Se centra sobre todo en la idiosincrasia particular de la empresa, en los caracteres que conviven en dicha empresa, y en las personas que crecerán y se sentirán realizadas mientras trabajan en esa firma en particular.

Tony: Michael, como sabes, estamos escribiendo un libro con un título muy atrevido: *El Santo Grial de la inversión*. Es una frase que Ray Dalio utilizó para explicarme el principio más importante a la hora de invertir. Lo que has construido a lo largo de los años es fascinante, y nos apasiona y enorgullece ser tus socios en el área de las participaciones SG. Cuando piensas en el mundo de la inversión, ¿cuál es el principio más importante, el Santo Grial?

M. En lo que respecta a la inversión privada a través de una firma de capital humano, para mí es algo tan sencillo como asociarte con buena gente, con buenas personas. Sé que puede sonar trivial, y quizás superficial, pero cuando quieres crear una relación de la que no puedes salir, y realmente piensas en la inversión como si fuera un compromiso permanente, no puedes permitirte el lujo de discutir, pelear y divorciarte. Hemos realizado cincuenta y ocho inversiones, y cincuenta y cinco han sido con buenas personas. Tenemos que dedicar el 90 por ciento de nuestro tiempo a lidiar con esas tres operaciones en las que se encuentran, ya sabes, los individuos más problemáticos.

Éste [Santo Grial] no solo tiene que ver con las relaciones que mantenemos con ellos. También implica que cuando ellos hacen operaciones en su propio espacio, deben tratar a la otra parte con la misma amabilidad y voluntad de colaboración que nosotros buscamos. Está claro que nos beneficiamos de las relaciones particulares que hemos construido, pero creemos que esa filosofía también se contagia al resto de sus inversiones subyacentes. Me sorprende haber comprobado que desde el principio, este fenómeno (que el éxito de la operación es consecuencia de la «bondad» del asociado) se ha manifestado con una correlación casi perfecta en el sector de las participaciones SG; pero te aseguro que es la verdad.

T. Todos sabemos que un grupo formado por las personas adecuadas puede coger una empresa terrible y convertirla en algo muy potente. ¿Cómo tomas esas decisiones? ¿Cuáles son los criterios que buscas para saber que tendrás una relación adecuada con una empresa en particular?

M. El proceso de llegar a conocer una organización puede ser largo. Podemos tardar hasta siete u ocho años en conocer una empresa y ayudarla en el proceso. O también puede ser algo tan breve como cuatro o cinco meses. Te haces una idea clara cuando entras en el meollo de la negociación: entonces detectas si la contraparte lo ve como un juego de suma cero y solo intenta ganar tantos puntos como sea posible, o si está dispuesta a ver los problemas desde ambos lados de la mesa. Si un socio se sienta y dice: «Entiendo por qué estas tres cosas son importantes para ti, y me gustaría que tú entendieras por qué estas otras tres son importantes para mí»; bueno, ésa es la clase de diálogo que funciona de verdad, y que presagia cuál será el comportamiento durante los próximos diez o veinte años.

En la mayoría de los casos, una empresa que ha logrado llegar al tamaño y la escala que buscamos tendrá en sus despachos esa clase de capital humano. Aunque muy de vez en cuando, las cosas van demasiado lejos y te das cuenta de que la persona que tienes delante discute por cada céntimo. Para saber de verdad qué aspecto tendrán las cosas dentro de un tiempo, una buena prueba de fuego sería fijarse en las negociaciones sobre los términos y las condiciones de la inversión; es un buen indicador del futuro.

T. Aunque suena simple, creo que ayuda mucho. Si alguien trata de sacar el máximo provecho de cada dólar, ya ves que no actuará pensando a largo plazo con nadie, y menos contigo. Tiene todo el sentido del mundo.

C. Uno de los aspectos verdaderamente interesantes de Dyal es su diversificación. ¿Cómo abordáis la combinación entre capital privado, adquisiciones, crédito privado, activos inmobiliarios, tecnológicas, etcétera?

M. Tenemos la suerte de invertir en un gran sector. Quienes han conseguido llegar al más alto nivel han creado unas empresas realmente buenas. Nuestro objetivo es tratar de asociarnos con las firmas que están muy especializadas en lo que hacen. Que son las mejores en X. En nuestra opinión, la generalización es una especie de apuesta por la mediocridad. No creo que tengamos una idea clara sobre si un directivo de una suministradora de energía es capaz de hacerlo mejor que un directivo del sector tecnológico, pero queremos asociarnos con el mejor de ambos campos. Contar con esa clase de diversificación nos ha ayudado de verdad. La inversión en participaciones SG adolece de la maldición del ganador, en el sentido de que cuanto mejor lo hace una empresa, más rápido se expande, por lo que hay muchas más probabilidades de que necesitará capital de crecimiento.

> La inversión en participaciones SG adolece de la maldición del ganador, en el sentido de que cuanto mejor lo hace una empresa, más rápido se expande, por lo que hay muchas más probabilidades de que necesitará capital de crecimiento.

Tenemos la suerte de no recibir demasiadas llamadas telefónicas de empresas mediocres. Parece que solo recibimos llamadas de las buenas. Por ende, podemos dedicarnos a comprender y decidir quién es realmente especial en su área de operaciones. Hay muy pocos generalistas buenos. Cuando vemos empresas de primera calidad que, desde nuestro punto de vista, tendrán una larga trayectoria, es porque en realidad están haciendo algo diferenciado y especializado. Es algo que resulta evidente en muchos sectores.

T. Tras haber entrevistado para el libro a algunos de los principales actores del sector, que en muchos casos también son socios tuyos, hemos descubierto todo eso que comentas en Vista, por ejemplo. Cualquiera puede ver el grado de especialización [que Robert tiene] en SaaS. Es alucinante. Cuando observas el mundo en que vivimos, ¿cómo crees que el alza de los tipos de interés afecta al capital privado después de cuarenta y cinco años de lentas rebajas? ¿Tiene efectos significativos, y afecta a tus socios?

M. Tony, es gracioso que hayas mencionado el número cuarenta y cinco. Iba a sacarlo en mi respuesta. Hay un puñado de firmas de capital privado que llevan en activo cuarenta o cuarenta y cinco años, que han generado unos beneficios tremendos para sus inversores, que han creado una enorme riqueza para sus propietarios, y lo han hecho en entornos muy distintos, con tipos de interés diferentes. Han operado en los años setenta, ochenta, noventa. Y si hablamos de tipos de interés desde una perspectiva más general, si analizamos todo ese período, aún estamos en mínimos históricos. Ahora, en este caso en concreto, hay muchas inversiones que se hicieron cuando los tipos estaban bajos, y ahora los intereses han subido bastante rápido. Así que esa subida podría ejercer cierta presión en las inversiones más recientes. En cambio, si analizamos los tipos de interés desde una perspectiva más amplia, todavía están en unos valores muy moderados, y aún queda mucho margen de crecimiento.

En general, en función del múltiplo que estés dispuesto a pagar, y de cómo te quieras plantear el valor terminal, todavía es posible ganar dinero con unos tipos de interés en los niveles actuales. Aunque será necesario cambiar el enfoque sobre la creación de valor y, sin duda, es imprescindible que haya un cambio en el paradigma de las valoraciones. Para obtener buenos beneficios no hace falta vivir en una era de dinero gratuito. Sin duda, desde 2009 a 2020 ha sido muy fácil disparar y dar en el blanco, y muchas cosas han salido bien. Creo que en esta próxima fase veremos una diferenciación clara entre las firmas de primera calidad y todas las demás.

Por otro lado, en lo que respecta a los préstamos, poco a poco el crédito privado se está comiendo la cuota de mercado de los bancos. Hay muchas razones por las que es mejor trabajar con un prestamista privado, alguien que comprende las necesidades de tu negocio y que está dispuesto a trabajar contigo en los buenos y en los malos tiempos. Eso no quiere decir que siempre te dará una oportunidad, pero sí que quiere que te vaya bien. Esa flexibilidad que aporta el acreedor privado al sector de las adquisiciones seguirá ganando cuota de mercado. En los últimos diez o veinte años hemos visto a muchas personas de verdadero talento dejar el sector bancario, y muchas han terminado en el mundo de los préstamos directos como gestores de crédito privado. Personalmente, creo que han creado algo mucho más atractivo. En Blue Owl nos sentimos muy orgullosos de tener uno de los vehículos más atractivos que hay ahí fuera. En conjunto, en el sector del crédito privado solo tenemos una cuota de mercado del 9 o el 10 por ciento. Así pues, el crédito privado tiene aún mucho margen de crecimiento, que representa una parte muy significativa de nuestro programa de inversiones.

T. Una última pregunta, llegados a este punto, ¿qué te reporta la mayor satisfacción en la vida? Tengo curiosidad.

M. Bueno, tío... Todo tiene que ver con el equipo, y Christopher ha tenido la suerte de conocer en persona a unos cuantos miembros del equipo de Blue Owl. Y cuando llega la época del año en que se reparten las bonificaciones, me siento muy honrado por las reacciones que recibo de la amplia mayoría del equipo, y que son de agradecimiento por la riqueza financiera que podemos crear todos juntos, pero también cuando la mayoría de ellos me reconocen que vendrían aquí y lo harían gratis. Cuando oyes algo así, que después de todo este tiempo la gente está dispuesta a partirse la espalda, y todo porque les encanta la camaradería, porque les encanta el juego..., bueno, ésa es la mejor sensación que puedes tener como jefe de una empresa. Así que ésa es la razón por la que vengo aquí cada día: para trabajar y colaborar con tipos tan fantásticos como mis compañeros en Blue Owl, como Christopher y el equipo de CAZ y como muchos de nuestros principales asociados.

T. Te haré una pregunta más, porque me la has puesto en bandeja. ¿Cómo creas esa cultura? ¿Todo se reduce al primer principio que utilizas para invertir: encontrar a las personas adecuadas?

M. No tengo una gran respuesta a esa pregunta, pero cuando hago una entrevista, para mí todo gira en torno al test del viejo y obsoleto aeropuerto de Pittsburgh. Consiste en llegar a conocer a la persona con quien pasarás un montón de tiempo, porque no siempre nos dedicaremos a repasar minuciosamente hojas de cálculo. También pasamos un montón de tiempo en coches y aeropuertos, espacios en los que debes sentir que tienes una conexión con la otra persona y que confías en ella. Eso es justo lo que buscamos. Creo que el grupo que hemos formado es verdaderamente especial por la manera en que interactuamos entre nosotros, y por la clase de amistad que hemos desarrollado.

18

Bill Ford

CEO de General Atlantic

Honores: miembro del consejo de relaciones exteriores, del consejo asesor de McKinsey y directivo de la Universidad Rockefeller.

Activos totales gestionados (en agosto de 2023): 77.000 millones de dólares.

Área de especialización: bienes de consumo, servicios financieros, ciencias biológicas, salud.

Para destacar:

- En julio de 2023, GA había invertido más de 55.000 millones de dólares en más 500 empresas en distintas etapas de crecimiento. Gestiona activos por valor de 77.000 millones de dólares, repartidos entre las más de 215 empresas que tiene en cartera, y cada año despliega un capital de entre 8.000 y 9.000 millones de dólares; cerca del 60 por ciento lejos de las fronteras de Estados Unidos.
- Las actividades de GA abarcan 6 sectores diferentes en todo el mundo y 5 grandes áreas geográficas. Cuenta con un equipo de 272 inversores profesionales que trabajan desde 16 sucursales repartidas por todo el planeta.
- En la actualidad, General Atlantic ocupa la novena posición de la PEI 300 (Private Equity International), una lista que incluye a las firmas de capital privado más grandes del mundo, y gracias en gran medida a la gestión del señor Ford.

Tony: Estamos trabajando en un nuevo libro, que será el tercero de una serie. Hemos entrevistado a los mejores inversores del mundo, y está claro que, con el historial que tenéis, vosotros estáis muy cerca de lo más alto. Lo que habéis hecho en General Atlantic es simplemente increíble. Si nos lo permites, nos gustaría romper el hielo pidiéndote que compartas con nosotros algunos datos de la historia de tus orígenes, cómo has llegado a tu posición actual, y del crecimiento y la expansión de General Atlantic a lo largo de estos años, desde que empezaste.

Bill: Gracias, Tony. El próximo será nuestro trigésimo cuarto año. Empezamos en 1980 como una *family office*, y durante los diez primeros años gestionamos sobre todo el capital de un individuo llamado Chuck Feeney, un emprendedor de Nueva Jersey que se había hecho a sí mismo.

T. ¿El mismo Chuck Feeney que ha donado todo su dinero? Lo entrevisté. Es una persona extraordinaria.

B. Es probable que lo hayas entrevistado, Tony, porque está considerado el padre de The Giving Pledge. Warren Buffett y Bill Gates te lo confirmarán, porque Chuck fue quien propuso por primera vez la idea de donar tu fortuna en vida. Era una persona muy dedicada a retornar a la sociedad lo que había ganado, y al final lo convirtió en el trabajo de su vida. Cuando en 1980 empezamos General Atlantic, Chuck ya había acumulado una riqueza considerable, y además tenía una gran entrada de dinero gracias a Duty Free Shoppers. En aquel momento, Chuck contrató a dos personas provenientes de McKinsey —Steve Denning, nuestro fundador, y otro profesional llamado Ed Cohen—. Ellos dos crearon la empresa, y durante diez años tuvieron solo un inversor: Chuck Feeney. Quería generar un patrimonio para sí mismo y para lo que después se convertiría en Atlantic Philanthropies.

Entonces, hacia 1990, Chuck pasó por una situación que le cambió la vida y decidió abandonar la empresa —dejar las operaciones, dejar la dirección— y dedicarse durante el resto de su vida exclusivamente a la filantropía. Decidió destinar todo su dinero a Atlantic Philanthropies y repartirlo. Con esta idea en mente, Chuck animó a General Atlantic a encontrar a otros inversores. Eso ocurría en 1990; yo me uní en 1991.

Así que pusimos en marcha el proceso para convertirnos en una firma más institucionalizada: incorporamos a nuevos clientes. Primero a familias con grandes patrimonios, después a fondos de dotación y fundaciones, y al final llegamos a las instituciones con grandes reservas de capital, como las aseguradoras, los fondos soberanos y los fondos de pensiones. Pero, como he mencionado, el punto de partida fue Chuck, que en 1997 vendió el negocio de Duty Free Shoppers a Louis Vuitton por 3.700 millones de dólares. Entre eso y lo que ganamos para él, acabó donando en su vida 10.000 millones de dólares. Así pues, Chuck vivió según su idea de donar en vida, y ese viaje personal está en la base de nuestro estilo de inversión y de la cultura de la empresa. Sobre todo, a Chuck le importaban dos cosas. Una era la filantropía y, en concreto, multiplicar su capital para poder donar más dinero. La segunda era una convicción sobre los emprendedores. Creía firmemente que los emprendedores cambiarían el mundo para bien. Por lo tanto, la firma se construyó sobre la idea de apoyar a los emprendedores, de ayudarlos y aportar valor a su esfuerzo para crear nuevas empresas, y hacer más obras benéficas.

Todavía seguimos creyendo en esa idea. Como empresa, mientras conservamos la pasión por apoyar a los emprendedores, continuamos centrando nuestros esfuerzos en devolver un beneficio a la sociedad. Invertimos en muchos sectores, en todo el mundo, no solo en tecnología en Estados Unidos; pero lo que impulsa nuestro programa de inversiones es una estrategia llamada «capital de crecimiento», que en esencia consiste en identificar a las empresas que ya han superado la fase del capital riesgo, pero que tienen la necesidad de crecer deprisa. Cuando identificas a las empresas y los emprendedores correctos, y participas en ese crecimiento, puedes generar una rentabilidad excepcional para los inversores.

En más de treinta años, General Atlantic se ha convertido en una empresa global. Estamos en Estados Unidos, Europa, la India, China, el Sureste Asiático y América Latina, y cerca del 60 por ciento de nuestra cartera trabaja lejos de las fronteras de Estados Unidos. Una de las experiencias más extraordinarias que he vivido a título personal ha sido buscar y forjar nuevas relaciones en todo el mundo. Cuando se trataba de ver hacia dónde se dirigía la innovación para después dedicarnos a crear el capital humano y aprovechar la situación, siempre hemos estado por delante de la curva. Ahora somos casi 560 personas en 16 sucursales repartidas en 5 grandes regiones del globo, y que invierten entre 8.000 y 9.000 millones de dólares cada año en capital de crecimiento.

T. ¿Quién ha sido la persona más determinante para que hayas podido tener éxito en la vida? ¿Y qué aprendiste o sacaste de ella que te ha convertido en la persona que eres?

B. Es una gran pregunta, Tony. Steve Denning y Chuck Feeney fueron muy influyentes. Como he mencionado, Steve es el fundador de General Atlantic y la persona que me contrató. Muchos de los valores básicos de nuestra empresa provienen de él, ya que era una persona muy fiel a sus valores. Después de que me convirtiera en el CEO de la empresa, Steve fue elegido presidente del consejo de la Universidad de Stanford y ocupó el cargo durante una década. Fue un gran mentor, y aprendí mucho de él.

Chuck también me ha influido como persona, porque fue un hombre increíble que hizo algo que nadie hacía, ¿verdad? En aquella época, Chuck era uno de los hombres más ricos del mundo. Creó un sector nuevo, el comercio minorista asociado a los viajes, tuvo una empresa ganadora y era un brillante emprendedor. Es algo muy destacable pasar de eso a dejarlo todo y dedicarse por completo a la filantropía a los cincuenta y cinco años y, al final, donar todo su dinero. No te encuentras con muchas personas así. Fue muy influyente.

Mi última gran influencia son todos los emprendedores con los que he trabajado; personas como vosotros. Los emprendedores son las personas más interesantes del mundo. Ven el mundo de forma diferente. Les han dicho cincuenta veces que su idea no funcionará, pero encuentran la forma de seguir adelante. Por su naturaleza, son personas de las que puedes aprender. Pienso en todos los emprendedores con los que he trabajado a lo largo de los años, y me vienen a la mente muchos nombres. Por ejemplo, Larry Fink, Jamie Dimon y James Gorman; pongo a estos tres en la categoría de los mentores y personas a las que admiro profundamente como líderes, y que me han ayudado a crecer y tener éxito.

> Los emprendedores son las personas más interesantes del mundo. Ven el mundo de forma diferente. Les han dicho cincuenta veces que su idea no funcionará, pero encuentran la forma de seguir adelante.

Christopher: En muchos sentidos, es un gran grupo al que estar vinculado. Cambiemos de tema y pasemos a la inversión. Ahora tu empresa se dedica a muchos más sectores que la mayoría, pero todo opera en el capital de crecimiento. En el mundo del capital de crecimiento, en el ciclo económico que estamos viviendo, ¿cuál es la mejor oportunidad que la gente no acaba de detectar o a la que no presta la debida atención?

B. Creo que hay tres grandes temas que definirán el mundo de la inversión en las próximas décadas y que determinarán las oportunidades a las que podremos acceder. La primera es la expansión continua de lo que llamo la economía digital global. Desde hace años, vemos que cada vez más sectores, partes de la economía y áreas geográficas están recibiendo el impacto trascendental de la tecnología. Estamos en medio de la cuarta oleada informática que presencio a lo largo de toda mi carrera. En los años ochenta, cuando empecé, estábamos en la era de los ordenadores centralizados. Vimos la llegada de los ordenadores personales. Ahora estamos en el advenimiento de la inteligencia artificial. Reconfigurará el ecosistema informático, el ecosistema tecnológico, y abrirá muchas posibilidades para invertir.

En lo referente a la inversión, el segundo gran tema son las denominadas ciencias de la vida. Gracias a lo que sabemos del genoma y la biología celular, estamos en la edad de oro de la innovación en biología, en las ciencias de la vida. Debido a su capacidad para potenciar el descubrimiento de nuevos medicamentos, la IA acelera toda esta innovación. Presenciaremos una verdadera aceleración en los tratamientos para las personas. Sabemos que el acceso a la atención médica es un gran problema, sobre todo en los mercados emergentes, pero tenemos que rediseñar los sistemas de salud para crear más eficiencia, más acceso, mejores resultados. Aunque en las ciencias de la vida hay una gran oportunidad de inversión, también se trata de un sector muy grande que necesita disrupción, cambio e innovación. En eso la IA puede desempeñar un papel importante.

El tercer tema es la transición energética. Observo un mundo que usa 110 millones de barriles de petróleo al día, y con el tiempo esa cifra se aumentará hasta llegar a los 180 millones de barriles diarios. Por un lado, en las próximas dos o tres décadas, el carbono no podrá satisfacer las necesidades energéticas de todo el mundo. Y, en segundo lugar, tenemos que ir reduciendo esa cifra desde los 110 [millones de barriles actuales] y usar fuentes de energía más limpia. La innovación e inversión necesaria para hacer algo así será gigantesca. Puede que sea la tecnología climática. Puede que sea la generación de energías verdes. Puede que sea la captura de carbono. Sea lo sea, tenemos que pensar en la idea de transformar la base energética y abandonar el carbono, y lidiar con los problemas medioambientales.

T. Dices que son temas para varias décadas, no para un par de años.

B. Sí, de varias décadas. Temas que pueden tener un crecimiento excepcional, que pueden generar un retorno excepcional de la inversión.

C. Nosotros nos referimos a estas oportunidades como vientos de cola, en contraposición a los vientos en contra o vientos de cara.

B. Queremos tener vientos de cola, y esos vientos de cola crearán las oportunidades para que otros nuevos participantes lleguen al mercado y creen valor. Si tenemos a nuestro propio capital humano centrado en estas cuestiones, deberíamos ser capaces de encontrar buenas oportunidades.

C. ¿Qué ha ocurrido en los últimos dieciocho o veinticuatro meses que haya estado en tus previsiones? ¿Y qué ha ocurrido en este tiempo que no habías previsto?

B. En este contexto, el mayor cambio está relacionado con las relaciones entre China y Estados Unidos. Hemos operado en un mundo en el que la integración de China en la economía global ha sido un viento de cola, y que ha tenido un efecto neto positivo para la economía global. Ahora estamos en un mundo en el que las relaciones entre China y Estados Unidos representarán un mayor desafío, lo que provocará un cambio fundamental en el mundo de la inversión. Tiene implicaciones para el comercio global. Tiene implicaciones para la innovación. Tiene implicaciones para los inversores globales.

C. En relación con esa cuestión, ¿en qué crees que se equivocan los inversores en la actualidad? ¿En dónde no están posicionados correctamente?

B. Creo que muchos inversores están subestimando las innovaciones que llegarán desde la tecnología, las ciencias de la vida y el sector de la salud. Es muy fácil subestimar el alcance de la innovación que está por llegar y la duración de esas tendencias; y creo que las ciencias de la vida y el espacio tecnológico son los mejores ejemplos de esta cuestión. Hace un año, nadie habría tenido ninguna expectativa sobre el fuerte impacto que tendría la IA, y sobre lo rápido que iba a producirse. Creo que estamos subestimando el impacto de esta cuestión en el mundo de la inversión y el conjunto de las oportunidades a las que podremos acceder.

C. Eso me recuerda a un viejo dicho: la gente sobreestima lo que puede hacerse en dos años y subestima lo que puede hacerse en diez.

B. Es una buena síntesis. Otro tema importante es que resulta bastante sencillo cuantificar los trabajos que se perderán por este cambio tecnológico, pero en cambio resulta muy difícil identificar exactamente cuántos se crearán. Creo que estamos en un momento en que muchas personas no comprenden del todo los efectos positivos derivados de estos acontecimientos.

En el lado negativo, como inversores, estamos pasando de un mundo que tenía un exceso de oferta con relación a la demanda, lo que implicaba una inflación baja, y entrando en otro en el que la demanda supera a la oferta. Es posible que tengamos una inflación estructural durante un tiempo o, como mínimo, que nuestra capacidad deflacionaria esté agotada. Creo que en el mundo de la inversión, esta cuestión supone un cambio que nos acompañará durante cierto período, y que los inversores tendrán que recalibrar la situación. En un momento dado, la música deja de sonar y acaba con las dos décadas de dinero fácil que hemos tenido hasta ahora. En la actualidad estamos volviendo a un mundo en el que tenemos un tipo de interés real. Ahora tenemos un tipo de interés nominal relativamente elevado. Tenemos una tasa de descuento real para los futuros flujos de caja que no teníamos antes. Estamos hablando de grandes vientos en contra y grandes cambios que convierten la innovación en un elemento mucho más valioso, porque la innovación es crecimiento, y el crecimiento puede dejar atrás algunos de esos problemas.

T. Está claro que Ray Dalio es un inversor macro; no es el mismo caso. Pero él habla de su Santo Grial: el principio definitivo que usa en el contexto que estás describiendo. Cuando vas a invertir en una empresa, cuando buscas grandes emprendedores, ¿cuál sería tu Santo Grial de la inversión?

B. Quiero volver a lo que acabas de decir, Tony. Somos inversores micro que operamos en un contexto macro. Pensamos en lo grande que es el mercado que la empresa trata de cubrir, y en lo rápido que crecerá. Pero [también] pensamos en cómo se estructura ese mercado, y en si al final queda un margen de beneficios atractivo. Estamos metidos de lleno en la parte micro de esas cuestiones. ¿Y cuál ha sido el Santo Grial? A la hora de la verdad, se reduce a tres cosas. La primera, de la que acabo de hablar, es el mercado. La segunda, ¿es la recompensa lo bastante grande? ¿Estamos ante un modelo de negocio que con el tiempo puede ofrecer un alto nivel de rentabilidad? En algunos casos, tienes la posibilidad de crear una empresa en un gran mercado, pero el modelo de negocio de ese sector solo tiene un margen bruto del 20 por ciento, con unos márgenes de beneficio netos del 1 o el 2 por ciento. Puedes crear la empresa y hacerla crecer, pero nunca podrás generar unos beneficios demasiado importantes. De hecho, para que sepan cuáles son atractivos por su propia naturaleza y cuáles no, ofrecemos a nuestros equipos una formación sobre los modelos de negocio. Y la tercera cuestión es el personal y la gestión. Lo llamamos gestión, pero en realidad estamos hablando de la calidad del emprendedor. ¿Es la clase de líder o persona que puede conseguir que las cosas se hagan, superar las adversidades y atraer a un grupo de leales seguidores para formar un equipo? Cada vez que analizamos una microoportunidad, estudiamos en profundidad cada una de esas tres variables.

T. Has dicho que formáis a la plantilla para que analice los modelos de negocio. Éstos son los atractivos. Y éstos no lo son tanto. Además de, lógicamente, el margen que podéis obtener en ese sector, ¿qué criterios buscáis? Y después, en segundo lugar, lo mismo aplicado al personal. ¿Cómo sabéis que tenéis el liderazgo adecuado, o que el emprendedor es la persona correcta?

B. Analizamos la capacidad para fijar el precio, la intensidad de capital y que los márgenes brutos sean considerables. La intensidad de capital crea un riesgo esencial en la inversión. Si necesitas mucho, diluye la base de capital. Suele ser un coste fijo que no puede gestionarse, así que tenemos especial predilección por las empresas con una baja intensidad de capital. Y el poder de fijar los precios. Si tienes esa capacidad, suele venir acompañada de unos márgenes brutos más grandes y unos márgenes operativos más altos. Lo peor del mundo es meterte en una empresa de productos básicos o materias primas donde no tienes la capacidad de fijar los precios y la intensidad de capital es elevada. Por lo tanto, nos gustan mucho esas dos variables: capacidad para fijar los precios y una baja intensidad de capital, eso acaba generando unos márgenes brutos considerables, grandes barreras de entrada para la competencia y, en última instancia, unos márgenes elevados de beneficio neto.

Después, en cuanto al personal, hacemos muchas cosas. Pedimos a otras empresas evaluaciones formales de la gestión. Invertimos para comprender qué ha convertido a esa empresa en lo que es, qué la motiva para lograr lo quiere conseguir, y qué ha hecho a lo largo de su historia que nos indique que será capaz de superar los desafíos que tiene por delante. Y después siempre hay un aspecto más intrínseco. A lo largo de los años he oído bastante una frase que me parece muy acertada: las mejores personas demuestran ambición en lo que respecta a la empresa, pero no tanta en lo referente a sí mismas.

T. Me encanta esa idea.

B. Dicho esto, nunca debes eliminar el ego de la ecuación; lo necesitas. Pero algunas personas solo se meten ahí por ellas mismas, para ver qué pueden sacar, ya sea riqueza, poder o notoriedad. Otras, en cambio, tienen la ambición de resolver problemas realmente difíciles.

Para mí, eso significa ambición por la empresa, y es el factor que las motiva. No dejarán que muchas barreras se interpongan en su camino para obtener el resultado esperado.

T. Muy simple y muy claro. Esos criterios son fantásticos.

C. Volvamos a tu propia empresa. Crear y desarrollar una gran firma de inversión exige bastante más que hacer buenas inversiones. Así que además de conseguir una buena rentabilidad, ¿cuál ha sido la principal razón que explica el éxito de la empresa? ¿Y cuál fue el verdadero punto de inflexión que os permitió pasar de ser una buena empresa a otra mucho más extraordinaria?

B. Los tres elementos que explican nuestro éxito son la atención al talento, la cultura y el proceso. Al fin y al cabo, necesitamos disponer de una buena plantilla. Si no mantenemos un compromiso absoluto con la idea de que el talento guíe los pasos de la organización, perderemos la partida. Por consiguiente, prestamos una constante atención al talento y al capital humano, e intentamos que profesionalmente la plantilla se desarrolle todo lo que sea posible.

Lo segundo es la cultura. Crear y aplicar una cultura es algo muy difícil, pero perderla es muy sencillo. En consecuencia, es fundamental asumir ese compromiso y tener un personal dispuesto a preservar esa cultura, y no solo hablar de ella, sino vivirla.

Por último, y como ya he mencionado, no se puede crecer sin un proceso. Ya sea el proceso de un comité de inversiones, o el proceso de un comité de gestión de carteras, siempre hay que prestar la debida atención a la implementación de los procesos adecuados que permitan que la organización siga siendo eficaz y capaz de hacer lo que hace.

Un último factor para tener en cuenta es que no puedes reunir talento y crear una cultura sin compartir generosamente la parte económica. Si los profesionales más veteranos se quedan con la mayor parte del dinero, será imposible que atraigan y retengan a la próxima generación de grandes profesionales. Me parece muy sorprendente el gran número de organizaciones que no aplican este principio y que, como resultado, pierden la cultura y el acceso al talento.

Mi antecesor, Steve Denning, siempre estaba a favor de dar más a los demás y quedarse con menos; y gracias a eso pudimos atraer a grandes personas. Personas que querían quedarse; que querían desarrollar aquí su carrera.

C. Fuiste ascendiendo poco a poco en la organización, hasta que al final tomaste las riendas. ¿Qué te hubiera gustado saber, y que nadie te dijo, antes de aceptar el cargo que tienes ahora?

B. Soy bueno con los números y la parte financiera. Creo que también soy bastante bueno con la estrategia. Y me parece que soy bueno cuando tengo que vender y comunicar. Pero, entonces, te das cuenta enseguida de que, en esencia, el éxito se reduce a las personas. Todas las alegrías del trabajo tienen que ver con las personas, y todos sus desafíos también tienen que ver con la gente. Nadie me avisó de manera explícita de esa cuestión, por lo que he tenido que aprenderla mediante la experiencia. Es difícil si eres una persona empática, que se preocupa por los demás. Nunca deberías tener la sensación de que es fácil, porque no lo es.

C. Me parece fascinante ver que hay empresas que escalan y se hacen muy grandes, como ha ocurrido con General Atlantic, mientras que hay otras que no lo consiguen. Con la experiencia que te aporta haber creado una empresa como la vuestra, y además durante un largo período, ¿por qué crees que algunas empresas son capaces de escalar y otras no?

B. Creo que tiene mucho que ver con compartir la parte económica, aunque también hay otros aspectos importantes para tener en cuenta. También tiene que ver con compartir la responsabilidad y la toma de decisiones. Algunos de los mejores profesionales son grandes inversores individuales, pero también quieren controlar el proceso de toma de decisiones. Si creas una empresa sobre ese principio —o sea, un pequeño grupo de personas compuesto por excelentes inversores—, me parece evidente que limitarás tu crecimiento a lo que esos profesionales sean capaces de hacer. Me vienen a la cabeza muchas empresas que gracias al trabajo de un reducido grupo de personas, o incluso de un único individuo, tuvieron una racha espectacular durante diez o veinte años, y que con el tiempo empezaron a apagarse porque no eran capaces de escalar por encima de aquel grupo tan reducido. Quizás pudo deberse a que no compartían la parte económica, aunque también podría explicarse por más razones.

T. Antes has hablado de la incansable búsqueda del talento, algo que enlaza con esta cuestión. Me gustaría profundizar un poco más en lo que comentabas. Cuando piensas en el universo del talento inversor, ¿cuáles serían los rasgos fundamentales que diferencian a los mejores de los demás?

B. Es difícil concretarlo tanto, Tony. Es lo más difícil del mundo, y por eso necesitas tanto tiempo para dejar que la gente crezca y evolucione. Al fin y al cabo, el talento excepcional es fruto de una fantástica combinación de inteligencia analítica e inteligencia emocional. Para tener éxito, una persona debe ser inteligente y estar muy motivada. Pero también debe sentir un poco de inseguridad; si bien el verdadero talento siempre será capaz de gestionar los problemas de ego, y de un modo que permita a esa persona sintetizar toda la información, escuchar con atención y tomar buenas decisiones. Permíteme que lo explique de una forma más práctica. Tenemos a alguien que dice: «Quiero hacer esta inversión porque creo sinceramente que vamos a triplicar el dinero. Estoy convicto [sic], y estoy convicto [sic] por las razones correctas». En cambio, otra persona dejará su ego a un lado, usará el intelecto y llegará a un punto en el que pueda decir: «Tengo la capacidad para reunir toda esta información y todas estas incertidumbres, y todavía tengo la convicción necesaria para presentarla al comité de inversiones». A mí me ha costado mucho descubrir quién acaba llegando a ese punto, pero a medida que pasan los años empiezas a darte cuenta.

T. De hecho, ese ejemplo también refleja lo que buscas en los emprendedores, ¿verdad? Buscas un sistema de valores: ¿todo es yo, yo y yo? ¿O estoy metido en algo más grande que yo? Lo cual encaja con una cultura que se remonta a los tiempos de los fundadores de tu empresa, lo cual es algo precioso. Una última pregunta. Tengo curiosidad, cuando miras a tu alrededor y ves a personas que han entrado en el negocio con un sentimiento de vocación, frente a otras que no parecen tener ese sentimiento, ¿de dónde crees que proviene? Sé que cada persona es un mundo y un caso aparte, pero, en el fondo, ¿eres capaz de ver un patrón?

B. Es difícil, porque siempre hay que tomar decisiones en situaciones de incertidumbre. Nunca tienes toda la información. Si vienes y me dices: «Quiero hacer esto porque quiero ser muy rico y quiero ser un gran ejecutivo que trabaja en el capital privado», tienes muchísimas probabilidades de fracasar de una forma estrepitosa. Si [en cambio] te encanta competir y dices: «Quiero encontrar buenas inversiones, quiero aprender el oficio y ser realmente bueno en mi trabajo». Y si tienes curiosidad intelectual, te motiva conocer gente, aprender cosas nuevas y descubrir nuevos mercados. Si eres esa clase de persona, entonces este negocio es uno de los más divertidos del mundo, porque siempre está cambiando. Nunca es estático, nunca es igual. Involucra a muchas personas, y siempre aprendes algo.

Cuando empecé, el capital privado era un páramo. Nadie sabía qué era. Ni siquiera tenía un nombre. La gente llegaba al sector porque les gustaba invertir, y en nuestro caso en particular porque nos gustaba la creación de empresas y trabajar con emprendedores. Somos un sector valorado en 11 billones de dólares, y me preocupa que llegue gente diciendo que éste es el trabajo de los ganadores. De hecho, cuando tengo que contratar a alguien, esa idea me asusta bastante. Quiero a personas que me digan que quieren entrar porque les encanta. Entonces sé que pueden sentir verdadera pasión por el trabajo y aprender las competencias adecuadas.

19

Tony Florence

Copresidente de NEA

Honores: fundada hace más de cuarenta años, NEA fue una de las primeras empresas de capital riesgo de Silicon Valley, con inversiones destacadas en la fase inicial de Slack, Airbnb y Stripe.

Activos totales gestionados (en agosto de 2023): 25.000 millones de dólares.

Área de especialización: tecnología y salud.

Para destacar:

- Durante la última década, NEA ha duplicado los activos que gestiona, hasta llegar, a fecha 31 de marzo de 2023, a un total de 25.000 millones de dólares.
- Las inversiones de la firma en los sectores tecnológico y sanitario han desembocado en más de 270 OPV y más de 450 fusiones y adquisiciones.
- NEA ha intervenido en el desarrollo de más 100 empresas valoradas en más de 1.000 millones de dólares.
- La cartera de empresas de la firma ha generado un valor total de mercado superior a los 550.000 millones de dólares.

Tony Robbins: Llevas diecisiete años trabajando en NEA, y durante este tiempo has llevado a otro nivel la división dedicada a la tecnología. Has conseguido que algunas empresas hayan crecido mucho y lleguen a cotizar en bolsa, y también has vendido otras. ¿Cómo has llegado a tu posición actual, a ser el «abuelo» de todas las firmas de capital riesgo?

Tony Florence: Bueno, mis orígenes están en Pittsburgh (Pensilvania). Tengo la sensación de que fue allí donde aprendí mucho de lo que hoy está detrás de todo lo que hago. Desarrollé una gran pasión por un par de cosas; una de ellas es, sin lugar a dudas, tener una visión a largo plazo sobre la gente y reconocer que en muchos sentidos las personas pueden cambiar. En realidad, todo se remonta al emprendimiento y a los principios básicos de lo que hacemos aquí. La mayoría de nosotros somos el resultado de la suerte que otras personas han creado para nosotros; y de la suerte que nosotros mismos nos hemos creado con lo que nos han dado.

Cuando llevaba las operaciones relacionadas con el sector tecnológico en Morgan Stanley, otro lugar que ha sido trascendental para mí, tuve la suerte de trabajar con NEA durante mucho tiempo. El origen de todo es que quería trabajar con empresas que acabaran de empezar, y ayudarlas durante un viaje que podía durar una, dos o tres décadas. Además del «efecto red» que tendría todo eso, quería tratar de desempeñar un pequeño papel para que esas personas pudieran hacer realidad sus sueños y visiones. Así que hace mucho tiempo que inicié este viaje, como Christopher y tú; y a partir de ahí, un día viene después de otro.

T. R. Háblanos de empresas como, por ejemplo, Casper o Jet.com, que sé que vendisteis a Walmart. Cuéntanos qué te llamo la atención al principio, cómo analizas esas empresas, cómo decides que quieres invertir en ellas. Me encantaría que nos explicaras algunos de los criterios que sigues.

T. F. Te lo explico, Jet es un gran ejemplo. Todo empezó con un fundador llamado Marc Lore. Allá por 2009, Marc fue mi primera inversión en NEA. Para mí, conocerlo fue como encontrar un tesoro escondido, la parte más divertida y gratificante de lo que hago. Trabajaré con Marc hasta que deje de trabajar para siempre. Ya he estado en tres empresas con Marc; invertí en Diapers.com, donde Marc estaba en el equipo original, y que luego se convertiría en Quidsi. Vendimos aquella empresa a Amazon; y pude ver desde primera fila a un fundador que literalmente crea desde su garaje una empresa para vender pañales. Marc era un padre que se sentía frustrado por tener que ir a la farmacia y descubrir que ya no le quedaban pañales.

Cuando conocí a Marc, y me explicó los motivos por los que había creado esa empresa, sabía que nada lo detendría hasta tener éxito. No le importaban los obstáculos que tuviera delante. Por lo tanto, uno de los atributos fundamentales que buscamos es ese nivel de resistencia y esa obsesión; y ver que no solo están motivados por el dinero o por cualquier otro tipo de reconocimiento. En este caso en concreto, para Marc todo empezó con la frustración de su mujer y con una pasión y una obsesión como cliente. Pero entonces se transformó en: ¿cómo puedo ayudar a todas las madres del país?

Recuerdo que terminé mi primera reunión con Marc, y llamé a mi socio. Le dije: «Tengo mi primera inversión. Sé que vais a odiarla, pero os digo que este tipo va a ganar la partida. Está vendiendo productos por internet con un margen bruto del 10 por ciento, y va a derrotar a Amazon». Seis años después, Jeff Bezos lo llamó por teléfono, y durante un minuto lo amenazaba, y al siguiente trataba de camelárselo para que se uniera a su empresa. Después recibí una llamada de la junta de Walmart, que me decía: «Oye, ¿y por qué no nos la vendes a nosotros?». Y así me di cuenta de que un tipo de Nueva Jersey, que había hecho realidad una idea relacionada con vender pañales desde un garaje, había construido algo que tenía mucha importancia para los dos grandes comercios minoristas del país: Amazon y Walmart.

Aquella pequeña idea fue creciendo hasta tener unas ventas de 500 millones de dólares y cientos de empleados y cientos de miles de clientes, a los que les encantaba la idea de que las madres ya no tuvieran que ir a la tienda y recibieran lo que necesitaban al día siguiente. Aprendí mucho de Marc sobre el poder de crear esa relación de alta frecuencia con el cliente. Si consigues algo así, el resto es fácil. Por cada dos madres que hacían un pedido, una nunca volvía y la otra regresaba veintiséis veces.

Vendimos aquello por 3.500 millones de dólares. La historia tiene muchos detalles, pero Marc fue la figura central y el motivo de todo. Ahora estoy en mi tercera empresa con Marc, que se llama Wonder, y creo que en una década será la más grande de todas las que ha creado.

Si en mi carrera soy capaz de encontrar una de esas empresas, por no hablar de encontrar un par, ahí está la diversión. Creo que una de las mejores cosas de ser inversor, fundador y emprendedor es que tienes que administrar muy bien el riesgo y la oportunidad. En el caso de Marc y de muchos otros fundadores con los que he trabajado, tienen una cierta tendencia a asumir riesgos, pero escuchan lo que dicen los datos, el mercado, la gente y las opiniones de los clientes, y no tienen ningún problema para modificar su forma de pensar y de hacer las cosas.

T. R. Tienes mucha experiencia en el espacio del comercio electrónico. Leí un artículo en el que describías a dos clases de personas: la persona que está ahí para resolver un problema, como Marc, y la persona que en realidad solo ve la posibilidad de optimizar o maximizar. Por poner un ejemplo, ¿en qué categoría encajaría Casper [colchones]? Tengo curiosidad por esa historia como ejemplo. Además, me encantaría saber qué personas han tenido una verdadera influencia en tu vida.

T. F. Creo que Casper es una historia un poco diferente. Por un lado, tenemos una historia de eficiencia, que cobró forma cuando Casper rompió la cadena de distribución y después, en última instancia, acabó con el intermediario. Al fin y al cabo, ése es el poder de internet. Optimizaron la distribución, y después tuvieron suerte gracias a un giro de marketing. Grabaron un vídeo que se hizo viral con una cama metida en una caja; y, por decirlo de algún modo, aquel fenómeno rompió moldes y los ayudó a destacar del resto de los competidores.

De hecho, la suerte desempeñó un papel, aunque también le pusieron un poco de creatividad, un poco de «qué podemos hacer mejor que los demás»; pero en realidad pensé que el modelo de negocio tenía sentido, porque en este país todo el mundo tiene que comprarse un colchón en algún momento. Esa simple compra es un problema, y en cierto modo una experiencia por la que todo el mundo ha tenido que pasar, si bien creo que nadie la calificaría como una experiencia positiva. Así que, como mínimo, teníamos un mercado que todo el mundo podía entender, y una experiencia que a todo el mundo le parecía indiferente o incluso desagradable.

Y así, un par de chavales, literalmente, alguien de la Universidad de Texas y algunos más que fueron sumando al equipo, tuvieron la idea de que podías acabar con toda la cadena de suministro y la cadena de distribución y lograr que el proceso fuera eficiente. Y a la hora de la verdad, fueron capaces de conseguir que en lugar de ver cómo lo transportaban sobre el techo de un coche, alguien entregara (un colchón) en una caja en tu casa. Y crearon una marca en torno a eso. Tenías una empresa basada en internet que utilizó el marketing para construir con eficacia una empresa grande de verdad.

Nosotros solo intentamos ayudar a alumbrar una visión. Con suerte, cuando llegamos ya está un poco materializada, así que solo tenemos que ayudarlos a añadir pequeñas cosas que potencien lo que necesitan para hacer realidad esa visión. Aquellos tipos querían crear algo único, y eso fue lo que hicieron.

T. R. ¿Quién te ha influido más a lo largo de tu vida? ¿Qué aprendiste de esa persona? Quizás en tu vida haya habido más de una, estoy seguro, pero, para ti, ¿quién destacaría sobre los demás?

T. F. Bueno, en esta vida nada pasa sin tu abuela y sin tu madre. Así que, para mí, son ellas dos. Mi madre y mi abuela me criaron, y después mi mujer. Diría que gracias a su apoyo colectivo y a su constancia, me ha ido mucho mejor de lo que esperaba. También he tenido la suerte de contar a lo largo de mi vida con muchos mentores, tanto en NEA como en otras partes. Y los fundadores con los que trabajo son las personas que me inspiran a diario.

Esta mañana estuve hablando con uno, y realmente ha conseguido llenarme de energía, de pasión. Fue como «muy bien, descubriremos la solución del problema». En cierto sentido, en este negocio la rutina cotidiana consiste en recibir una inyección de motivación. En este momento de mi vida, busco un poco de inspiración y encontrar algún pequeño regalo por el camino, no busco nada espectacular. Gracias a mi familia, tengo unos sólidos cimientos, y eso es lo que me centra. En este momento de mi vida, todo lo demás es un poco accesorio.

Christopher: NEA está considerada una firma de capital de riesgo, pero también una firma de capital de crecimiento. Como resulta evidente, ahora mismo tenéis un capital para invertir. En tu opinión, ¿cuáles son las mejores oportunidades?

T. F. No hay ninguna duda de que cuando hemos conseguido rendir al máximo de nuestras posibilidades, en nombre de los socios limitados, hemos hecho bien dos cosas. La primera es que llegamos pronto a la empresa, y podemos ayudarla a lo largo de una o dos décadas. Algunas de nuestras mejores empresas, con capitalizaciones de mercado de 50.000 millones de dólares, no empezaron siendo tan grandes. Empezaron con un cheque de 5 millones (para invertir) y un par de trabajadores. Ahí es cuando realmente podemos participar al máximo en la creación de valor, y por eso hemos organizado la firma para ser capaces de hacer eso en todas las etapas del camino, con la misma pasión sobre el riesgo y la oportunidad que teníamos hace diez años, cuando nos metimos por primera vez. Para NEA, eso significa el compromiso.

Cuando recibo una llamada de teléfono un domingo, incluso si llevo trabajando una década con esa empresa, siento que nada más importa, y me esfuerzo igual que al principio. En la actualidad, tenemos la gran suerte de poder escoger ciertos momentos en la evolución de las empresas; momentos en los que podemos aprovechar al máximo esas ventajas. Así, para esas primeras etapas, vemos oportunidades espectaculares en la IA y en la parte relacionada con el desarrollo de software. Así que estábamos apostando fuerte por hacer inversiones en las etapas iniciales e intermedias en ese espacio. Más adelante, si hablamos de la fase de crecimiento, aún estamos esperando que aparezca esa oportunidad para acelerar de verdad, aunque estamos empezando a ver un valor real en las empresas que ya están desarrollando su fase de crecimiento.

Son empresas que ya están consolidadas, en las que el riesgo ha desaparecido de su modelo de negocio, y que solo necesitan capital para crecer. Hemos pasado por un contexto en que era muy difícil que las empresas más nuevas reunieran capital, y solo ahora empezamos a ver que la dinámica de los precios empieza a ser mucho más favorable.

C. Tuvimos la oportunidad de escucharte en enero cuando acudiste a nuestro evento «Themes», y durante el desayuno nos explicaste qué había pasado en el mundo durante el año 2022. Al echar la vista atrás, desde el período posterior a la COVID-19 hasta la actualidad, ¿qué ha ocurrido recientemente en el mundo del capital riesgo y del capital de crecimiento que no habías previsto? ¿Y qué ha ocurrido que sí habías previsto?

T. F. Lo primero que me viene a la mente es que con el Silicon Valley Bank (SVB) sufrimos una crisis de crédito en el sector tecnológico que nadie había previsto. Por suerte, conseguimos salir adelante y sacamos nuestro capital de SVB antes de que fuera un problema. Pero creo que para nosotros la velocidad con la que una gran empresa cotizada como SVB se hundió y entró en bancarrota fue la mayor sorpresa del año. Parece que es algo que ocurrió hace mucho tiempo. El otro acontecimiento que nos parece interesante es que el mercado se recuperó muy deprisa, y eso también ha sido toda una sorpresa.

Creo que la segunda cuestión es que los mercados cotizados se han recuperado muy deprisa, sobre todo las empresas tecnológicas de alta capitalización. Pensábamos que tendríamos que pasar por un período de malestar mucho más prolongado, y que en lo referente a los tipos de interés tendríamos un entorno mucho más difícil. Pero la economía ha sido un poco más fuerte, y ha estado más animada de lo que habíamos previsto.

C. Esto nos lleva a la siguiente pregunta. ¿En qué se equivocan los inversores cuando ahora se fijan en el capital riesgo y el capital de crecimiento? ¿En qué aspectos no acaban de entender los riesgos o, por el contrario, no acaban de ver las oportunidades que ofrece?

T. F. Bueno, pienso que las crisis crean oportunidades, y por algo hemos tenido varias crisis en los mercados de capitales y de liquidez, así como en los tipos de interés. Por lo tanto, me parece que estamos en uno de esos momentos en los que quieres estar metido en operaciones de secundario y otras cosas muy poco tradicionales. Estamos tratando de hacer todo esto mientras reflexionamos sobre nuestros negocios con las operaciones de secundario, de crédito y en otros espacios. La segunda variable que destacaría es que la innovación no se detiene. Ahora mismo, las personas que crean empresas no están tan preocupadas como creemos nosotros tres por la Reserva Federal o por una posible recesión.

Si hablamos de inversiones en capital riesgo y en fases muy tempranas, hay que diversificar en el tiempo; sobre todo, hay que hacer unas previsiones correctas sobre la duración de la inversión. Hay empresas que se crearon el año pasado, este año, o el año que viene, y entonces, dentro de diez años, echaremos la vista atrás y diremos: «Vaya, fue una época fantástica para invertir en capital riesgo». Creo que lo que ha pasado en nuestro sector es que se ha vuelto un poco más cíclico de lo que debería, porque estamos hablando de activos de larga duración. Levantar una empresa requiere mucho tiempo, y es imposible predecir cuándo aparecerá el próximo Marc Lore con una gran idea que requerirá un desarrollo de ocho años. Pero cuando eso ocurra, el resultado será fantástico para los socios limitados.

Hay que gestionar todas esas cuestiones en este contexto. Hemos cerrado un gran fondo en febrero. Creemos que es un buen momento, el momento adecuado, para ser responsables, pero también para invertir. Y pienso que a veces a los socios limitados les cuesta comprenderlo, porque cuando las cosas dan miedo y en la calle hace mal tiempo, a veces es el mejor momento para tener una mirada a largo plazo.

C. Si alguien te diera un saco de dinero y te dijera: «No quiero recuperarlo hasta dentro de veinte, veinticinco, treinta años», ¿te sentirías entusiasmado ante esa posibilidad? ¿O más bien te daría miedo? Has comentado que estas empresas necesitan mucho tiempo para crecer, pero en el sector en el que operamos lo habitual es encontrarse con una estructura que te obliga a devolver el capital a los socios limitados. Sin embargo, parece que en el mundo del capital riesgo y de crecimiento disponer de un capital permanente sería una solución mucho más adecuada.

T. F. Sin ninguna duda, y creo que, en cierto modo, para muchas firmas de inversión el Santo Grial sería disponer de más capital permanente. Por ese motivo muchas sociedades han empezado a cotizar en los mercados. Siempre estamos buscando ese socio de larga duración. Nosotros tenemos algunos. Aunque no hemos aprovechado al máximo esa circunstancia, porque tenemos estructuras tradicionales. Pero estamos intentando resolver cuál sería el equilibrio más adecuado.

De nuevo, cuando aceptamos un dólar, lo aceptamos con un altísimo nivel de responsabilidad, por lo que siempre hay que tener las expectativas adecuadas. En mi opinión, con el tiempo el sector seguirá madurando. Creo que sentimos lo mismo en relación con el capital riesgo y el capital de crecimiento.

Nuestro fondo tiene una vida de doce años, mucho más de lo habitual en un fondo tradicional. Por regla general, esos fondos duran ocho años, o quizás diez, así que nosotros estamos entre los más longevos, y por los motivos adecuados. Pero la buena noticia es que esa cualidad no nos ha impedido maximizar el valor para los socios limitados.

T. R. Has hablado del Santo Grial. Ése es el título del libro, *El Santo Grial de la inversión*. Ray Dalio es un buen amigo, y durante una entrevista, tratando de profundizar un poco, le pregunté: «¿Cuál es el principio más importante que guía tu proceso de toma de decisiones?». Su respuesta, que él calificó como el «Santo Grial», fue que había que tener entre ocho y doce inversiones no correlacionadas. Tengo curiosidad, en tu opinión, desde tu perspectiva personal, ¿cuál es el Santo Grial de la inversión?

T. F. Bueno, para serte franco, Tony, lo es y no lo es. Cualquiera que trabaje en nuestro sector y que no haya leído todo lo que ha escrito Ray Dalio, o lo que tú has escrito sobre él, se está engañando a sí mismo. Nos sentimos muy afortunados por haber podido leer ese material. Nuestra empresa se creó hace veinticinco años con la visión de llegar a los cien años, y siempre se ha comportado según un par de principios fundamentales. El primero es que siempre se ha dedicado a la tecnología y la salud. Así que, por definición, por la propia naturaleza de esos sectores, tenemos inversiones no correlacionadas. Tenemos una diversificación que seguramente se parece bastante a lo que Ray estaba diciendo. En la estructura de un fondo, y en función de un entorno concreto, también asignamos el capital de forma dinámica, otro de sus grandes principios. Quizás asignamos mucho capital en unas áreas y muy poco en otras, y esa flexibilidad está grabada a fuego en todo lo que hacemos. Además, también diversificamos en el tiempo.

Lo que me gusta de lo que hacemos es que hoy puedo llevar a cabo una inversión, pero cuando decido entrar en esa empresa ya llevo siete u ocho años acumulando decisiones de inversión. Así que he diversificado mucho en el tiempo, y puedo ver qué van aportando los distintos ciclos tecnológicos. Entonces, la idea original, o el producto o la tecnología original en la que invertimos, ¿es todavía relevante en la actualidad? Nos basamos en eso.

Por último, diría que debido a nuestro tamaño, hacemos pequeñas apuestas que están muy poco correlacionadas, y que quizás sean más visionarias, ya que en el momento actual no están orientadas hacia las clásicas redes sociales o el comercio electrónico o la inteligencia artificial, sino que más bien están destinadas hacia empresas de robótica o automatización que no tienen nada que ver con el 95 por ciento de nuestra cartera, pero que si funcionan, serán superespeciales. O quizás aceptamos hacer una pequeña apuesta en el área de las ciencias de la vida, como con el CRISPR. En el pasado, cuando invertimos en la tecnología CRISPR parecía bastante descabellado, pero a la vez iba en contra de todo lo que se había hecho en medicina. Tenemos la capacidad de hacer esos pequeños experimentos, pero en pequeñas inversiones que no arriesgan demasiado capital, sino que proporcionan la diversificación adecuada de la que estás hablando.

T. R. A lo largo de los años, has trabajado con muchos emprendedores. Si tuvieras que destacar uno, dos o tres principios que, en tu opinión, diferencian a los emprendedores de éxito, ¿cuáles son los más importantes?

T. F. Odio repetirme, pero diría que lo primero es que estén obsesionados con lo que hacen. Que se obsesionen con la oportunidad, y que se obsesionen con el riesgo. Ambas cuestiones son importantes. Número dos, que tengan una visión muy clara sobre lo que quieren, que les permita crear su empresa en el mundo real, que les permita contratar a gente en el mundo real. Eso es muy muy importante, y que sean capaces de transmitirlo. Y la tercera es que tengan algo en su interior que sepas que trabaja para ti las veinticuatro horas del día. No solo es la parte de la obsesión, sino la creencia en que todo esto tiene que hacerse realidad; que existen con un propósito concreto.

Cuando ayer hablaba con Marc de su nueva empresa, me dijo literalmente: «Tony, hay millones de personas que necesitan esto»; así que, de verdad, Marc cree en lo más profundo de su ser que lo que está haciendo es muy importante, y que no tiene nada que ver con anotarse un tanto.

T. R. Crear y gestionar una gran firma de inversión requiere mucho más que hacer grandes inversiones o [tener] una gran rentabilidad. ¿Cuál dirías que ha sido el principal motivo del éxito de tu empresa durante estos últimos..., cuántos, cuarenta y cinco años? ¿Y en tu empresa cuál fue el punto de inflexión, el que permitió que realmente alzara el vuelo?

T. F. Creo que, como todo, al final se reduce a que somos una organización de capital humano. Así que todo se explica por la gente, por el equipo. Si te fijas en NEA, la mayoría de la gente que empieza a trabajar aquí acaba jubilándose en la empresa. La mayoría de nuestros socios han estado aquí durante quince, veinte años. Es una cultura muy concreta, basada en el trabajo en equipo, la confianza, la excelencia, e intentamos aplicarla cada día. Estamos obsesionados con este tema. Todo lo que hacemos debe reforzar el trabajo en equipo, la confianza y la excelencia que dan forma a nuestra cultura. Cuando vemos que hay algo que no se alinea con esos principios, lo eliminamos muy deprisa, ya sea una persona o un comportamiento en particular. Para reforzar esos elementos fundamentales de la cultura, tratamos de estructurar nuestra forma de hacer las cosas, nuestra forma de trabajar, nuestra forma de reconocer el mérito, nuestra forma de incentivar al personal.

Lo segundo que diría es que aplicamos la idea del «resultado compartido». Al fin y al cabo, solo representamos una parte muy pequeña de la trayectoria de la empresa y del viaje de su fundador, y tenemos a todo un equipo con nosotros. De media, hay entre ocho y diez personas trabajando con cada una de nuestras empresas, lo que es un factor muy importante. Si hablas con alguno de los fundadores con los que trabajamos, es posible que hablen bien de un socio en concreto, pero lo que queremos de verdad es que hablen bien de NEA. Lo que queremos de verdad es que hablen de que todo el personal de NEA está entusiasmado con lo que hacen, y que los apoyan y les demuestran su entusiasmo. Esa idea de compartir los resultados es fundamental.

Lo último es que tenemos una visión a largo plazo de las relaciones personales. Algunos de los socios limitados llevan con nosotros más de treinta años.

T. R. ¡Vaya!

T. F. Cuando puedes sentarte a una mesa y trabajar con alguien durante una, dos o tres décadas, la verdad, es que es algo de lo que nos sentimos muy orgullosos y cuidamos como un tesoro. También aplicamos esa visión a los fundadores. Esa visión a largo plazo en las relaciones es muy importante.

C. ¿Qué te hubiera gustado saber antes de tomar las riendas de la empresa y nadie te dijo?

T. F. No creo que nadie hubiera podido decírmelo, pero en este momento me siento muy privilegiado, mucho más privilegiado por hacer lo que hago de lo que jamás habría podido imaginar. Trabajo con personas extraordinarias. Es un sector en el que es difícil entrar; cada día se toman muchas decisiones que tienen efectos a largo plazo. Así que lo que más analizamos son las consecuencias a largo plazo de nuestras decisiones. En lo que hacemos, es muy fácil tomar una decisión apresurada. Lo que resulta difícil es tomar esas decisiones en el contexto de lo que podrían significar cuando nosotros ya no estemos aquí.

Nuestra manera de gestionar la firma se basa en unos principios básicos que me gustaría que otras personas tuvieran en cuenta al pensar en nosotros. Todos somos agresivos. Todos somos personalidades tipo A. Todos somos competitivos, pero a veces tienes que ser comedido y reflexivo, en el sentido de que tomas decisiones reales que en el momento pueden parecen insignificantes y muy fáciles de tomar, pero que pueden tener consecuencias a largo plazo. Dedicamos mucho tiempo a esas cuestiones, y [al comienzo de mi carrera] quizás no las tenía tan en cuenta.

C. Creo que todo enlaza con lo que decías antes, que la empresa se creó hace cuarenta y cinco años con un horizonte a cien años vista. Es una forma muy bonita de verlo. Si con la ventaja que concede el paso del tiempo pudieras cambiar algo en tu empresa, ¿qué habrías hecho de manera diferente?

T. F. Tengo unos orígenes muy humildes, en Pittsburgh, y muy conservadores, en Morgan Stanley, por lo que estoy obsesionado con la idea de no perder dinero. Como inversor no quieres perder dinero, ése es el plan. Pero también tienes que asumir riesgos. Si hablamos de nuestra empresa, diría que en algunos momentos del pasado podríamos haber asumido más riesgos. Si echo la vista atrás, a los años 2008 y 2009, me habría gustado asumir en aquel momento un poco más de riesgo, cuando seguramente ya teníamos una posición de fuerza muy similar a la que tenemos ahora. También diría que justo después de la COVID-19, todo ocurrió muy deprisa, pero hubo un momento, un período de seis a doce meses, en que aparecieron una gran cantidad de oportunidades.

En retrospectiva, creo que no hemos cometido demasiados errores, y tampoco nos hemos pillado demasiado los dedos. Pero en esos dos momentos, hubo unas cuantas inversiones que sabía que eran grandes oportunidades, pero al final dije que no era el momento adecuado para pisar el acelerador porque no sabías qué ocurriría. En retrospectiva es muy fácil decir lo que estoy diciendo, pero, sí, me habría gustado aprovechar alguna de esas oportunidades.

C. Tomamos la mejor decisión posible con la información que está a nuestra disposición en ese momento concreto. Habéis creado algo muy poco habitual, una empresa de capital riesgo y capital de crecimiento que funciona desde hace mucho tiempo, y que ha crecido hasta alcanzar un tamaño y una escala enormes. En tu opinión, ¿cuáles serían los motivos por los que la mayoría de las firmas de inversión no son capaces de escalar, o de dar ese paso que las convierta en negocios a largo plazo?

T. F. Es gracioso, porque hace dos semanas tuve una cena en Nueva York con once o doce CEO y directores de fondos cotizados y fondos de inversión libre. Y hablamos un poco sobre ese tema. Creo que todo se reduce a que en lo que respecta a ser un emprendedor financiero, hay una parte psicológica muy importante. Al fin y al cabo, una firma de inversión suele estar dirigida por emprendedores financieros, pero es difícil tenerlos a todos alineados. Tienes distintas personalidades, y las vidas de la gente también cambian. De hecho, nunca perdemos de vista a esas empresas que estaban en una excelente posición, pero que no fueron capaces de sobrevivir, porque queremos recordarnos con humildad que en el año 1996, 1997, 1998 o 1999, la empresa X era la mejor en el sector, y que en la actualidad ya no está en ninguna parte.

¿Y por qué?

Por regla general, el motivo es que los socios no se llevaban bien, no seguían una misma línea, no tenían los mismos objetivos a largo plazo y, a decir verdad, no querían hacer los sacrificios necesarios para escalar. Deberías tener una visión clara de lo que quieres ser dentro de diez, quince o veinte años, y en cambio todas esas empresas vivían más en el presente. Tal como ocurre en el momento de crear una empresa, también debes tener una visión para poder escalar, y tienes que ser capaz de encajar todas las piezas para que funcionen, y estar dispuesto a seguir haciéndolo incluso cuando las cosas no parecen tan evidentes. Muchas firmas de capital riesgo no han querido escalar. Es muy cómodo tener una empresa en la que solo se sientan a la mesa cuatro personas, que además no quieren traer nuevos socios ni sufrir las complicaciones de tomar decisiones y dar explicaciones. Debes estar realmente predispuesto a dar a la empresa y al equipo mucho más de lo que recibirás; ése sería el resumen.

T. R. Tony, cuando piensas en el talento en el sector de la inversión, en tu opinión, ¿cuáles serían los rasgos fundamentales que diferencian del resto a los mejores profesionales? Porque, al final, el crecimiento de la empresa se explica por las personas involucradas, ¿verdad?

T. F. Debes tener un gran equipo inversor, y siempre tienes que estar renovando el banquillo. En nuestro negocio, nos obsesionamos con el rendimiento, así que nos tomamos muy en serio nuestras evaluaciones anuales, y para obligarnos a ir mucho más lejos, siempre queremos estar seguros de que contratamos a profesionales que son incluso mejores que los que ya tenemos. Y creo que hay que compensar todo eso con la voluntad de conceder mucha autonomía a la gente. Siempre tienes que equilibrar esas cuestiones, porque hay que dejar a la gente margen suficiente para que crezca. Como hemos sido una empresa que no ha dejado de crecer, siempre hemos podido ofrecer a la gente oportunidades suficientes. Poder crear esas oportunidades es verdaderamente importante para atraer a los mejores profesionales.

T. R. Entonces, buscas a personas que tengan su propia visión, personas que puedan forjar esas mismas relaciones de confianza, personas capaces de equilibrar el riesgo con las oportunidades, esos conceptos básicos de los que has hablado antes. ¿Es correcto, Tony?

T. F. Sí, desde luego. Y creo que cuando contratas a alguien, quieres contratar a personas que te mejoren a título personal, que mejoren la empresa y aporten algo que sume. Podría ser un currículum o un origen distintos a los del resto. Podría ser una forma de pensar diferente; podría ser un nivel de ambición diferente. Todas esas características son positivas; a título personal, al contratar a alguien tienes que estar dispuesto a asumir un poco más de riesgo. Es un factor muy importante para poder seguir estando al día.

20

Bob Zorich

Cofundador de EnCap Investments

Honores: EnCap es uno de los diez inversores más importantes de Estados Unidos en el sector energético. Zorich es miembro de la Asociación del Petróleo Independiente de Estados Unidos, y también trabaja en los consejos de administración de algunas organizaciones benéficas de Houston, como la WorkFaith Connection y el Hope and Healing Center.

Activos totales gestionados (en agosto de 2023): 40.000 millones de dólares.

Área de especialización: capital de crecimiento para empresas energéticas independientes.

Para destacar:

- Después de ganarse la confianza y el apoyo de más de 350 inversores institucionales de todo el mundo, Zorich y sus socios han captado y gestionado 40.000 millones de dólares en 24 fondos.
- Por su compromiso inquebrantable con el descubrimiento y la formación de nuevos talentos, a lo largo de su historia EnCap ha apoyado a 275 *start-ups* del sector de la energía.
- Además de ser uno de los principales impulsores de la revolución del petróleo de esquisto, los equipos de EnCap han usado su experiencia y especialización para crear un valor de miles de millones de dólares para los inversores.

Christopher: Para empezar, por favor, cuéntanos la historia de tus orígenes, cómo has llegado a tu puesto actual, y danos unas pinceladas sobre la empresa.

Bob: Crecí en el área de la bahía de San Francisco, en la zona que se convertiría en Silicon Valley. Nací y me crie allí. Steve Jobs iba cinco cursos por detrás de mí en el instituto, en el mismo instituto, y Wozniak iba a un curso menos. Mi padre no era ingeniero, pero muchos de los padres de los otros niños sí lo eran. Así que era un entorno competitivo, y aquello fue algo de lo que seguramente acabé beneficiándome. Sea como sea, fui a la Universidad de California, en Santa Bárbara, obtuve una licenciatura en Económicas, y conocí y me casé con mi actual mujer, ya hace cincuenta y un años. Nos trasladamos a Phoenix, donde me saqué el título de máster, en Thunderbird, y después nos fuimos a Dallas, donde en 1974 me uní al departamento de Energía del Republic National Bank de Dallas. Así que, ya lo ves, llevo unos cincuenta años en el negocio. En realidad, no sabía nada del tema de la energía, pero era el departamento del banco más importante en el que podías trabajar. En lugar de participar en los créditos que se firmaban en Nueva York, fuimos líderes en la financiación del sector energético. Una de las primeras cosas que aprendí del mundo del gas y el petróleo es que a las personas que son ajenas al sector les cuesta mucho entender cómo funciona. Es un sector con muchos matices. Los ingenieros pueden asignar un valor a una propiedad, pero si no conoces las conjeturas y suposiciones que han tenido en cuenta para determinar ese valor numérico, no comprenderás la importancia cualitativa del valor asignado.

Ahora avancemos en el tiempo. Me enviaron a Londres e hice algunas cosas con el banco —financiaciones para el mar del Norte— y adquirí cierta confianza en mí mismo y en mi capacidad para competir con personas muy inteligentes. Cuando estuve en Londres, también aprendí que era bastante divertido trabajar para uno mismo, levantarme cada mañana y ponerme a hacer cosas que podían cambiar el aspecto de mi vida. En algunos casos, terrible pero divertido. Aquella experiencia me ayudó a asumir la idea de dejar el banco cuando surgió la oportunidad, a comienzos de los años ochenta. En 1981, uno de mis mejores amigos en Republic y yo dejamos el banco juntos para crear una *start-up* petrolífera.

A comienzos de los ochenta, una época en que los precios no dejaron de bajar, nos dedicamos a esa empresa durante cinco o seis años. Pero nos sirvió mucho para aprender de petróleo y gas; sobre los detalles técnicos y operativos que permiten evaluar el riesgo y el valor. No sé si lo recordaréis, pero en 1986 el mercado del petróleo se hundió y vendimos la empresa. Teníamos cinco paquetes de acciones preferentes, así que aprendimos mucho de capitalización, estructura del capital, riesgo, deuda bancaria y todo lo demás. En aquel momento, ya contaba con casi quince años de experiencia en la inversión y la gestión del riesgo vinculado al petróleo y al gas. Me trasladé a Houston para trabajar con un gestor financiero que manejaba dinero de fondos de pensiones. Tenían un producto de deuda *mezzanine* que estaba relacionado con el gas y el petróleo. Empecé a trabajar con ellos en medio de la crisis. Hacia 1988 empecé a tener la sensación de que estaban demasiado centrados en la deuda cara. Se lo mencioné a mi jefe, y me dijo que querían seguir centrados en el producto *mezzanine*. Aunque agradecido por la oportunidad, el deseo de seguir mis instintos me hizo pensar en dedicarme a otra cosa. Hablamos con mi antiguo socio en el sector de la posibilidad de llevar aquel producto financiero vinculado al gas y al petróleo a la comunidad institucional, y decidimos proponer la idea a otros dos amigos del Republic Bank dedicados al gas y al petróleo, y así fue como nació el concepto de EnCap. Hoy, aquella sociedad ya ha cumplido treinta y cinco años. El concepto básico, Christopher, era usar nuestra experiencia y nuestros contactos para ofrecer a las instituciones un producto de inversión vinculado al gas y al petróleo. Y eso fue lo que hicimos.

C. Es interesante porque, al pensar en EnCap, cualquiera puede ver que sois gente del gas y el petróleo muy muy buena en las finanzas, en vez de gente de las finanzas que cree que será muy buena en el gas y el petróleo. Creo que desde hace tiempo, ésa es la verdadera ventaja competitiva que EnCap incorpora a la ecuación. Retrocedamos un poco en el tiempo, ¿quién ha sido la persona que ha tenido más importancia en tu éxito personal, y qué hizo para influirte de esa manera?

B. A lo largo de mi vida he pensado bastante en esa cuestión. A decir verdad, atribuyo el éxito a mis socios y a nuestro carácter colectivo. Nuestra motivación ha sido trabajar mucho, dar la cara, tratar a los demás como te gustaría que te trataran y hacer lo correcto. Quizás, en última instancia, el mérito debería corresponder a nuestros padres, que son las personas que nos educaron. Además, mi mujer también es una de las principales responsables, por haberme apoyado en todo momento, y durante todo el trabajo que fue necesario para convertir EnCap en un gran éxito. Sin mis socios, yo no habría tenido éxito. Creo que cuando hablamos del carácter, una vez que decides que vas a seguir un cierto camino, quieres trabajar con otras personas que también quieren seguir ese camino. Al pensar en estos últimos treinta y cinco años, solo puedo estar agradecido por que el destino haya decidido unirnos.

C. A partir de 2023 y en los próximos años, ¿cuál es la mejor oportunidad para los inversores que se están fijando en el sector energético?

B. En la actualidad, estamos en este contexto: los políticos del mundo han decidido que hay un modelo climatológico que indica que un exceso de CO_2 en la atmósfera provocará un supercalentamiento del planeta. Digamos que es la tesis resumida. Hay algunos datos que indican que hace 600 millones de años había mucho CO_2 en la atmósfera y que la Tierra tenía temperaturas muy elevadas. Desde luego, en 600 millones de años han pasado muchas cosas. He leído muchos modelos y predicciones, y como los modelos tienen variables limitadas sobre el mundo real, tienden a ignorar ciertas variables que pueden provocar que los resultados reales sean bastante distintos a los que indica el modelo. La econometría y los modelos climáticos son dos buenos ejemplos que ofrecen resultados interesantes pero poco fiables. Por lo tanto, basar las políticas y las decisiones en un modelo imperfecto crea oportunidades en el momento presente. En pocas palabras, no estamos siendo eficientes con los dólares que invertimos y con la energía que producimos como resultado. Si piensas en la energía como si fuera comida y trataras de alimentar al mundo, tendrías que invertir en alimentos muy calóricos para obtener la máxima eficiencia. Tienes que comer muchos gramos de col por un solo gramo de proteína para obtener la misma cantidad de calorías. De modo similar, el petróleo, el gas, el carbón y la nuclear son combustibles de alta densidad, equivalentes a las proteínas. La leña, la solar y la eólica son el equivalente a la col, de baja densidad. La política está dirigiendo el capital hacia respuestas de baja densidad, muy alejadas de las soluciones de alta densidad. El resultado será catastrófico cuando suframos una escasez de energía y no podamos satisfacer la demanda mundial. Esta situación hace que ahora estemos en un momento único, que tendrá como resultado unas oportunidades de inversión de bajo riesgo y alta rentabilidad, que aparecerán cuando los políticos despierten y se den cuenta de la necesidad de usar soluciones de alta densidad energética.

La política está dirigiendo el capital hacia respuestas de baja densidad, muy alejadas de las soluciones de alta densidad. El resultado será catastrófico cuando suframos una escasez de energía y no podamos satisfacer la demanda mundial.

C. Diría que es probable que hoy el 99 por ciento de la gente es incapaz de imaginar a un inversor en el sector energético que no esté metido en la parte relacionada con la exploración, y que por el contrario se centre solo en la parte relacionada con la ingeniería. Como tú decías, en este momento de la historia solo tenemos que encontrar la manera de liberar esa energía. Lo que representa un riesgo-recompensa muy distinto a lo que la gran mayoría de la gente imagina que ocurre con la actual asignación del capital. Cuando piensas en esta catástrofe, en tus propias palabras, causada por invertir menos de lo necesario en los combustibles fósiles e invertir en exceso en las renovables, y al no conseguir que las renovables rindan lo suficiente como para compensar el inevitable descenso de los combustibles fósiles, ¿estamos hablando de un problema a tres años vista? ¿Quizás a diez?

B. Creo que lo que está ocurriendo es muy evidente. No creo que ni siquiera se acerque a lo que podría considerarse un secreto. Pero la influencia de las redes sociales, la prensa tradicional, el pensamiento ilusorio, unos políticos mal informados y demás, todo eso se combina para crear este infortunio en el que ahora estamos metidos. Y me parece algo muy evidente. Que ocurrirá con total seguridad. ¿Cuándo despertará el mundo occidental ante este problema? Ojalá sea en tres años, pero ¿quizás será en diez?

Cada país se verá afectado de forma diferente por esta catástrofe. Los países con recursos energéticos —Estados Unidos, Canadá, Australia, Rusia— estarán mejor preparados; los que carecen de ellos —China, Europa, África— estarán en clara desventaja. Otros problemas no relacionados con la energía también crearán complicaciones, aunque es posible que la energía sea el catalizador de un nuevo escenario económico que cambiará por completo.

Tony: Cuando piensas en los últimos cinco, seis, siete años, el mundo de la energía ha cambiado mucho. Pero, de todo lo que ha ocurrido, ¿qué habías previsto? ¿Y qué ha ocurrido que en realidad no esperabas que ocurriera?

B. Me ha sorprendido el fracaso del experimento europeo y que haya sucedido tan rápido. Me refiero al fracaso de una serie de decisiones tomadas por Europa, como dejar de construir nucleares, confiar en el gas ruso, fabricar molinos de viento o instalar placas solares en el norte de Europa. Viví en el norte de Europa durante tres años y medio; te diría que vi el sol unas tres semanas al año. Ese tipo de iniciativas me han sorprendido mucho. Al mismo tiempo, me parece igual de asombrosa la incapacidad de los políticos del resto del mundo para aprender de esos errores. Ante semejantes decisiones, la mayoría de las personas que trabajan en el sector energético niegan con la cabeza, y creen que todo es muy evidente. Hay un tipo en Misuri que dirige una cooperativa, una cooperativa de energía, y dijo la verdad con todas las letras: no puedes fiarte de las renovables para que te proporcionen la parte correspondiente de la carga base. Porque puede ser que el viento no sople y que sol no brille. Así que si la gente necesita energía, o cualquier otro componente derivado, veinticuatro horas al día, siete días a la semana, no puedes confiar en las renovables. Si tienes una responsabilidad en todo ese proceso, y te han ordenado que primero tienes que usar las renovables, la lógica se invierte. Por desgracia, todo está del revés.

C. Resulta evidente que estás metido en el sector desde hace mucho tiempo. ¿Qué ha ocurrido en el sector que haya confirmado tus previsiones?

B. Bueno, el éxito del petróleo de esquisto era bastante predecible. Vivimos en un mundo muy interesante, porque siempre hay personas dispuestas a decir cosas negativas sobre cualquier tema. Sin embargo, cuando conoces bien tu espacio, puedes confiar en que lo que estás haciendo tiene sentido. Y aunque la industria del petróleo ha recibido una fuerte reprimenda por hacer muchas malas inversiones, en realidad también ha hecho muchas inversiones que, en términos generales, eran muy buenas. Lo que no era nada positivo era la estabilidad de los precios y de la estructura de costes. Pero cuando los precios suben, la estructura de costes también acaba subiendo, y esos cambios se llevan por delante gran parte de los márgenes que habían previsto las empresas que compraron las concesiones.

En nuestro caso particular, intentamos ser muy prudentes con los precios que pagamos por los terrenos, y solo usamos un apalancamiento moderado sobre un flujo de efectivo vinculado a la producción y que siempre esté garantizado. Pero tampoco somos perfectos. El resumen es que en gran medida el sector no ha actuado con falta de responsabilidad, pero cuando se analizan los hechos en retrospectiva, teniendo en cuenta unas variables siempre cambiantes, muchos sectores productivos pueden parecer frágiles de vez en cuando, sobre todo los que recurrieron a la deuda de una forma muy significativa.

C. Cuando en la actualidad hablas con los inversores, con las personas que de verdad observan el sector y contemplan la posibilidad de hacer inversiones, ¿en qué se equivocan cuando piensan en invertir hoy en el sector energético?

B. Para ser franco, hay tan pocos inversores interesados que no creo que se equivoquen en nada. Creo que, por lo que dicen sus comités y juntas directivas, muchas personas no quieren saber nada de los combustibles fósiles. Algunas de esas personas han regresado y han seguido invirtiendo en cosas que tienen sentido. EnCap es uno de los fondos que ofrecen una rentabilidad más elevada en las carteras de nuestros inversores, porque les devolvemos mucho dinero, y ellos lo ven con sus propios ojos. Pero por razones políticas, sus jefes no pueden ir al comité con una inversión en combustibles fósiles. Con el tiempo, creo que esto cambiará.

C. Cambiemos de marcha. Si tuvieras la atención del mundo durante cinco minutos, ¿qué dirías a la gente sobre las consecuencias de no invertir de manera adecuada en las fuentes de energía tradicionales, y hacerlo en las energías verdes o renovables?

B. Creo que mi mensaje tendría que ver con centrarse en las verdades esenciales, y en creer lo que te dice tu propia cabeza sobre una serie de cuestiones fundamentales. Una de esas cuestiones fundamentales es la importancia de la densidad en relación con las soluciones energéticas. La importancia de la energía en relación con la prosperidad humana. Necesitamos políticas de promoción de la energía que sirvan para potenciar el progreso humano, al mismo tiempo que respetan el entorno natural en el que vivimos. Es un problema que concierne a todo el mundo, no solo a Occidente. Hay 7.000 millones de personas que no viven en los países occidentales, que necesitan energía y soluciones para que las cosas funcionen en el mundo como es debido, pero que ahora mismo tienen un acceso limitado al capital.

C. Además de una buena rentabilidad, algo que sin duda habéis conseguido, ¿cuál ha sido el principal factor que explica el éxito de EnCap?

B. Diría que somos adaptables. Creo que, por su cuenta, ninguno de nosotros cuatro hubiera logrado lo que hemos conseguido juntos. Creo que el motivo de nuestro éxito es que somos como una cuerda de cuatro cabos. La capacidad para seguir unidos durante este largo período y no cortar los cabos de los demás ha sido muy beneficiosa para todos nosotros y para el éxito de EnCap.

T. ¿Cuál fue el punto de inflexión que permitió a vuestra empresa dar el salto y pasar de ser un buen negocio a convertirse en algo extraordinario y acelerar de verdad el crecimiento?

B. Bueno, sin una trayectoria histórica no puedes hacerte un hueco en el sector. Así que durante nuestros primeros años, nos forjamos una trayectoria basada en obtener unos beneficios seguros, constantes y sólidos. Ése fue un factor importante. Pero, después, también ha sido importante permanecer centrados en nuestra área de especialización. Los acontecimientos externos, entre los que se incluye la revolución del esquisto y nuestra rápida adaptabilidad a ese nuevo entorno económico y a las nuevas oportunidades, fueron un punto de inflexión fundamental. Otros inversores que entraron en el sector con un proceso de toma de decisiones menos centrado en las cuestiones técnicas han tardado más en adaptarse. Esa cuestión nos permitió tener éxito y crecer de manera sustancial durante ese período.

C. ¿Qué te hubiera gustado saber antes de montar tu empresa, pero nadie te contó?

B. Para serte sincero, nada, porque nos habría robado el placer del descubrimiento. Creo que necesitas ponerte a prueba cometiendo errores, aprendiendo de ellos y aceptándolos. Estoy satisfecho de que nuestra empresa haya querido buscar y aplicar las prácticas más adecuadas a medida que las oportunidades se han ido presentando. Quizás nuestro pasado común en el mundo del crédito haya facilitado mucho el proceso de llegar a acuerdos sobre las decisiones que había que tomar durante todo este tiempo.

C. Creo que a nadie le gusta pasar por lo que hemos tenido que pasar en nuestro viaje de crecimiento, pero cuando en retrospectiva observamos el pasado, muchas veces echamos la vista atrás y pensamos... Me alegro de haber pasado por eso porque me ha hecho más fuerte, más sabio, y me hizo darme cuenta de muchas cosas distintas. Con la ventaja que concede el paso del tiempo, si echas la vista atrás, ¿qué te hubiera gustado hacer de manera diferente?

B. Teniendo en cuenta que el objetivo final era acabar siendo muy potentes, creo que estoy muy contento de cómo nos ha ido. ¿Podríamos haber ganado más dinero haciendo otras cosas? Sin duda. ¿Existía la posibilidad de haber hecho esto o aquello, pero a cambio de haber sacrificado una parte de nuestra vida familiar, o de haber sacrificado la relación entre los socios? Resulta difícil hacer conjeturas. Ya sabes, es bastante difícil cuestionar las decisiones cuando el resultado final es un pastel bien horneado que tiene un sabor delicioso.

C. ¿Por qué crees que la mayoría de las firmas no son capaces de escalar?

B. Vuelvo al tema de la adaptabilidad. Hemos visto a mucha gente que ha tenido serios problemas con el tema del petróleo de esquisto porque la tecnología era más compleja. Pero nuestra firma decidió meterse en el tema porque el riesgo técnico era en realidad más bajo. Como he mencionado antes, creo que tener una empresa basada en una sociedad, en una colaboración, ha ofrecido a EnCap cuatro puntos de vista sobre lo que era mejor y más seguro. Y pienso que eso es algo muy sano. Acabas aprendiendo que nadie tiene un punto de vista que carezca de defectos. O sea, todos teníamos defectos, pero me parece que cuando tienes la posibilidad de considerar más de un único punto de vista, evitas los errores más gordos.

C. Cuando hablas de las personas, resulta evidente que el ser humano es un animal complejo, por lo que la relación entre los socios también es algo complejo. ¿Cuáles serían los rasgos esenciales que diferencian a los mejores profesionales del resto?

B. Lo primero es el ingrediente relacionado con el carácter. Cualquiera puede actuar de una forma diferente, y aun así encajar en el equipo, si, por decirlo de algún modo, tiene carácter, personalidad. Todos dimos la cara, trabajamos mucho, demostramos curiosidad y fuimos capaces de defender nuestro punto de vista dentro de los límites marcados, y así poder proporcionar un retorno sólido y seguro de la inversión. Cada uno tenía sus propias ideas, pero también el objetivo compartido de proponer inversiones serias y seguras a nuestros clientes institucionales.

T. Bob, una vez hablé en una de esas conferencias que organiza J. P. Morgan para un público reducido, de unas 250 personas, que estaba compuesto íntegramente por multimillonarios. Ray Dalio habló antes de que me tocara, y dijo que el Santo Grial de la inversión es encontrar entre ocho y doce inversiones no correlacionadas en las que puedas confiar; y que eso reduce el riesgo en un 80 por ciento. Para él no existe un principio más importante. Y de hecho esa idea constituye la tesis de este libro. Después de décadas invirtiendo en el sector energético, desde tu punto de vista, ¿cuál es el Santo Grial de la inversión?

B. Nosotros, Tony, vemos nuestras inversiones de una forma parecida a como vemos nuestras vidas. Tienes que ser fiel a tus valores para poder ser feliz a largo plazo. Para nosotros, eso significa que debemos reducir el riesgo relacionado con lo que tratamos de conseguir. Si piensas en activos inmobiliarios, piensas en pisos llenos de gente. Que te pagan los alquileres cada mes. Es algo bastante seguro. Si piensas en el gas y el petróleo, el equivalente son los pozos que ya se han perforado y que están produciendo, y que proporcionan un flujo constante de efectivo. Hay incluso ciertos métodos que pueden protegerte contra la gente que deja de pagar el alquiler, como ciertas coberturas que pueden reducir el riesgo. El otro extremo es la exploración. Te presentas en un lugar en el que nunca se ha perforado un pozo. Y siempre que tengas suerte y que hayas usado los mejores estudios científicos disponibles, asumes que tienes unas posibilidades de éxito del 10 por ciento. Nosotros siempre nos hemos alejado de esa clase de cosas. No nos gusta ponernos nerviosos por culpa de esa clase de riesgos. Así que, si quieres llamarlo de ese modo, ése ha sido nuestro Santo Grial. Digamos que consiste en establecer una serie de valores y principios sobre el riesgo y lo que tratas de hacer. Pueden estar relacionados con la producción, la operativa o los precios. Mientras vas observando cómo se desarrollan los acontecimientos, decides dónde te sitúas y dónde no quieres meterte.

T. Uno de vuestros métodos para llevar esa idea a la práctica ha sido asociaros con empresas consolidadas, y después acordar juntos un plan de crecimiento. Por supuesto, conseguir una relación riesgo-recompensa asimétrica es el sueño de cualquiera. Pero vuestra forma de conseguirlo ha sido reducir el riesgo al máximo. Conozco el tema de la exploración. Me quito el sombrero ante las personas que se dedican a ello. Me sentiría bastante incómodo con unas posibilidades del 10 por ciento de éxito en algo.

B. En realidad, nos hemos asociado con equipos de gestión más o menos reducidos, pero experimentados y bien consolidados, que probablemente también se habían formado en empresas muy consolidadas. Siempre hemos intentado asociarnos con equipos muy experimentados que veían el riesgo como nosotros. Y solo hemos invertido nuestro capital de forma muy generosa en aquellas situaciones en las que había muchas posibilidades de que el crecimiento acabara materializándose. Por este motivo nos hemos mantenido en un espacio que se basa en desarrollar conceptos que ya se habían probado.

C. Lo más interesante de lo que Bob explica, Tony, es que encaja con muchos otros conceptos de los que ya hemos hablado. Aunque [EnCap] no sale a la calle y se dedica a los activos inmobiliarios, el crédito, etcétera, en su espacio se aplican las mismas reglas; de ocho a doce activos no correlacionados, que en este caso en particular podrían ser yacimientos diferentes en distintas partes del país. También podría significar perforar a distintos niveles de profundidad. Podría ser la infraestructura, en contraste con la exploración y la producción. No necesariamente todas estas actividades están correlacionadas.

B. La premisa básica sobre la que se creó EnCap es que la inversión en petróleo y gas es difícil. Un buen ejemplo sería llegar a comprender bien la producción del petróleo de esquisto. La idea básica es que tienes grandes áreas geográficas en las que hay mucho petróleo almacenado, y solo con romper la roca ya puedes extraer más gas y más petróleo. Si conoces la dinámica del yacimiento y la historia de la capa geológica, puedes empezar a averiguar qué zonas te darán una cantidad rentable y qué zonas no. Hay varias maneras de minimizar el riesgo y, al mismo tiempo, puedes utilizar una tecnología bastante probada para obtener una buena rentabilidad. Si vas con esta historia a Wall Street, y te presentas como una persona que necesita su dinero, y no como una persona que protegerá su dinero, entonces te topas con un conflicto de intereses. Seguramente, el tipo que tiene el pico de oro gane, mientras el inversor pierde. Cuando esta dinámica se repite bastantes veces, la gente empieza a alejarse del sector, que se gana la reputación de ser de alto riesgo cuando, en realidad, si conoces el sector en profundidad, tienes la capacidad de comprender la diferencia entre el perfil de riesgo de los diferentes activos y oportunidades; y así puedes ayudar a las instituciones que representas, porque mantendrás en la banda baja el perfil de riesgo de la inversión.

T. No hay duda de que a lo largo de las décadas has capeado con éxito los numerosos altibajos que ha vivido el sector. Y también está claro que has tenido que gestionar el riesgo de una forma excepcional para que os haya ido tan bien con una inversión de 40.000 millones de dólares. En tu opinión, ¿cuál es la energía limpia más prometedora? Se ha invertido muchísimo en energías renovables y, sin embargo, no parece que haya ninguna que esté preparada para ocupar un lugar predominante. Por lo que sé, también habéis hecho algunas inversiones en ese sector. ¿Cuál es tu valoración?

B. Nuestros objetivos de inversión en ese espacio se focalizan en las áreas en que hay algo seguro, que ya está demostrado, pero que en términos económicos causará una disrupción. No estamos en el negocio para obtener una tasa de rentabilidad del 3 o el 4 por ciento por las infraestructuras que contratamos. Así que para que se conviertan en nuestro equipo inversor, hemos buscado a verdaderos expertos en el tema de las renovables, que llevan mucho tiempo en el negocio de la energía. Y en su opinión, las baterías son el espacio más disruptivo. En pocas palabras, si puedes instalar una batería en una zona en la que ya existe la infraestructura necesaria, tienes todo lo que necesitas para distribuir la electricidad desde las baterías a la red con una buena relación coste/eficacia. Puedes alimentar las baterías durante los períodos en que los precios son bajos, y distribuir la electricidad de forma muy similar a los depósitos de gas cuando los precios suben. Ahí tienes un ejemplo de cómo pensamos que puedes obtener una buena rentabilidad con una inversión segura en el espacio de las renovables. Parece que nuestro primer fondo dedicado a la transición energética tendrá una elevada tasa de rentabilidad por un período de cuatro años. Con operaciones y equipos de gestión de primera calidad. El segundo fondo estará centrado en temas parecidos, pero incluirá oportunidades diferentes.

La Ley de Reducción de la Inflación no sirve para nada si hablamos de reducir la inflación. Pero sí cambiará el panorama económico. Resulta innegable que las subvenciones condicionarán la actividad inversora. Cuando el volumen de esas subvenciones llegue al mercado, el dinero se gastará en muchos espacios diferentes, y algunos no ofrecerán buenos resultados. Nosotros nos centraremos en áreas con tecnologías y equipos de gestión consolidados y de probada eficacia, en las que la aplicación de esas tecnologías puede llevarse a cabo con un beneficio económico fiable.

21

David Golub

Fundador de Golub Capital

Honores: ha recibido el premio Entidad de Crédito de la Década concedido por la revista *Private Debt Investor*.

Activos totales gestionados (en agosto de 2023): 60.000 millones de dólares.

Área de especialización: crédito privado.

Para destacar:

- La revista *Private Debt Investor* ha incluido a David Golub entre los treinta grandes agentes del cambio que marcan la evolución y el crecimiento de los activos vinculados al crédito privado.
- Golub Capital ha recibido numerosos reconocimientos, entre ellos, en 2023 el premio a la Entidad de Crédito de la Década de la revista *PDI*, además del premio a la Entidad de Crédito del Año en el continente americano durante los años 2015, 2016, 2018, 2021 y 2022.
- El señor Golub ha invertido en más de mil empresas y ha escrito artículos para *The Wall Street Journal*, *The New York Times* y *Bloomberg Businessweek*.
- El señor Golub ha creado el índice «Golub Capital Altman», que se ha convertido en una métrica clave y muy demandada del rendimiento de las empresas medianas del sector privado.

Christopher: ¿Cómo has llegado a tu posición actual, a dirigir una de las firmas de crédito privado más grandes del mundo?

David: Me gusta mucho explicar la historia del origen de Golub Capital. Viajemos atrás en el tiempo e imaginemos la mesa del comedor de la familia Golub. Mi hermano Lawrence tiene once años, y yo nueve. Mi padre y mi madre están hablando de psicoterapia. Otra vez. Para ofrecer un poco de contexto, diré que mis padres eran psicoterapeutas. Imagínate las ganas que teníamos mi hermano y yo de cambiar el tema de conversación. Así que hicimos lo que suelen hacer los niños: elaboramos un plan de negocio para crear una entidad de crédito para medianas empresas.

Vale, es una trola. La única parte que es cierta es que mis padres eran psicoterapeutas. En realidad, la creación de Golub Capital es una historia que habla de la casualidad y la rigidez institucional.

Empecé mi carrera como inversor en capital privado. Mi hermano empezó en la banca de inversión, y después en la inversión en capital privado. A finales de los años noventa, ambos éramos de la misma opinión: el sector del capital privado seguiría creciendo y prosperando. Y ante ese crecimiento vimos una gran oportunidad para crear una empresa de crédito que atendiera a los patrocinadores del capital privado. Lo que ocurrió después tuvo mucho que ver con la suerte. La crisis financiera descolocó a un grupo de entidades de crédito, que habían sido menos cuidadosas que nosotros en lo que respecta a la evaluación de riesgos y la financiación. Y aunque en los años noventa ya confiábamos mucho en la expansión del capital privado, lo cierto es que ha crecido mucho más de lo que nadie había previsto. Así, la historia de los orígenes de Golub Capital se parece mucho a otras historias de los inicios de muchas empresas. Empezó con una buena idea: crear una firma de crédito especializada en empresas que contaran con el apoyo del capital privado. Pero la historia de cómo llegamos a ser tan grandes está tan repleta de sorpresas, coincidencias y golpes de suerte como de la importancia de partir de un buen diseño de base.

Tony: A lo largo de tu vida, ¿quién ha sido la persona que ha tenido más importancia a la hora de dar forma a tu éxito, y de qué manera te ha influido?

D. He tenido a muchos mentores que realmente han sido muy importantes para mí. Mis mentores han sido cruciales en mi desarrollo como directivo y en el éxito de mi empresa. Uno de mis mentores fue Jay Fishman. Jay fue mi primer jefe cuando salí de la escuela de negocios y empecé mi carrera en lo que por entonces era Shearson Lehman

American Express. Más adelante, Jay se convertiría en el presidente y CEO de Travelers. Jay me enseñó muchas cosas, pero la más importante fue cómo ser un buen líder y al mismo tiempo ser amable. Apréndete el nombre de todo el mundo, incluso del personal de mantenimiento del edificio. Deja lo que estés haciendo para ayudar a los empleados que estén pasando por dificultades. Y sé cuidadoso con lo que pides a la gente. Jay tenía un aforismo sobre esto. Decía: «Ten cuidado con lo que pides a tu gente, porque lo harán».

Uno de los trucos de esta vida es aprender de los errores de los demás, además de aprender de los tuyos. Una de las razones por las que creo que los mentores son algo tan valioso es que, en muchos casos, pueden compartir contigo lo que han aprendido de unas decisiones del pasado que les gustaría haber tomado de otra manera.

C. Y a menudo también han visto los errores que han cometido otras personas, ¿verdad? Hay una buena ración de sabiduría colectiva en su red de contactos y en su propio ecosistema, y que han ido desarrollando con el paso del tiempo. Cambiemos de tema un momento y centrémonos en el mundo de la inversión. Hablemos del crédito privado y del mundo en que operas cada día. ¿Cuál es la mejor oportunidad para los inversores que en la actualidad se están fijando en el crédito privado?

D. Para responder a tu pregunta, primero necesito empezar con una declaración de intenciones sobre mi forma de ver la inversión y sobre la filosofía de la empresa al respecto. Algunas personas creen que la inversión es distinta a otra clase de negocios. Creen que los buenos inversores son genios. Piensan en Warren Buffett o Bill Ackman. Creo que esa clase de individuos son muy poco habituales. Creo que las buenas empresas dedicadas a la inversión no dependen de un genio que está escondido en la trastienda. Al contrario, las buenas firmas de inversión son como el resto de las empresas, en el sentido de que tienen unas fuentes de ventaja competitiva muy identificables y convincentes. Así, en nuestro negocio, la clave para tener éxito consiste en disponer de una serie de ventajas competitivas que nos proporcionan la capacidad para generar unos beneficios adicionales y constantes a lo largo del tiempo.

¿A qué clase de ventajas me refiero? Permíteme que te hable de unas cuantas. Primero, creemos firmemente en las relaciones personales. Trabajamos una y otra vez con un mismo grupo, compuesto de unas doscientas firmas de capital privado. Representan una muestra muy pequeña del universo del capital privado, pero cada año representan el 90 por ciento de nuestro negocio. Les gusta trabajar con nosotros —y en repetidas ocasiones— porque les gusta nuestro enfoque y nuestras capacidades. Podemos ayudarlas en un amplio abanico de sus necesidades financieras. Podemos hacer transacciones grandes y pequeñas. Tenemos profundos conocimientos sobre una variedad de sectores diferentes. Podemos contribuir al crecimiento de sus empresas ofreciéndoles más financiación para sus programas de adquisiciones o de inversiones de capital. Podemos añadir valor a sus procesos de diligencia. Buscamos situaciones *win-win*; si hay un traspié, si hay un bache en la carretera, nos dedicamos a trabajar con ellos para encontrar las soluciones, y no tratar de robarles a punta de pistola. Otro ejemplo: podemos ofrecerles soluciones que no encontrarán en muchas otras partes. Somos pioneros en el desarrollo de lo que se conoce como préstamos *unitranche*. Es una forma de financiación empresarial que simplifica mucho más las adquisiciones que la tradicional estructura de capital multicapa, que resulta muy difícil de gestionar.

Son solo algunos ejemplos del singular enfoque que adoptamos cuando nos sentamos a la mesa. Y ese enfoque singular, a su vez, nos convierte en un socio muy atractivo para nuestros clientes.

C. En el último año, debido al cambio de régimen en los tipos de interés, el sector ha cambiado de una forma bastante radical. Cuando la gente piensa en el crédito, lo ven como algo negativo. Solo para que nuestro público pueda darse por enterado, ¿nos explicas por qué la subida de los tipos de interés no supone un verdadero problema, o incluso es algo positivo, para las firmas de crédito privado como Golub?

D. Claro. La subida de los tipos nos ha beneficiado mucho. Nosotros prestamos dinero a un tipo variable; ganamos un margen sobre una base llamada SOFR (siglas en inglés de «tasa de financiación garantizada a un día»). Si en el contexto actual firmamos un préstamo normal, llevará unos intereses equivalentes al SOFR más el 6 por ciento. En la actualidad, el SOFR está al 5 por ciento. Sobre lo que comentabas, Christopher, hace poco más de un año, el SOFR estaba al 1 por ciento. Por lo tanto, el típico préstamo que teníamos hace un año nos pagaba un 7 por ciento, mientras que ese mismo préstamo, al mismo prestatario, hoy nos está devolviendo un 11 por ciento. Es muy positivo para nuestros inversores. La otra cara de la moneda es que los prestatarios tienen que pagar una mayor cantidad en intereses, y eso les supone una presión adicional. Se come su margen de seguridad. Cuando los tipos de interés llegan a un cierto nivel, el resultado deja de ser bueno para los inversores y pasa a ser malo, porque los deudores ya no pueden permitirse pagar unos tipos tan elevados; pero hoy no estamos en esa situación.

C. Creo que muchos inversores, desde los más sofisticados a los menos, no han sido capaces de anticipar que los tipos irían al alza ni cuáles serían las consecuencias del nuevo régimen en las distintas clases de activos. Es uno de los aspectos que nos hizo ser muy muy optimistas con el crédito privado como clase de activo y, sobre todo, con la idea de adquirir participaciones en firmas que están en el mundo del crédito privado, por los beneficios adicionales que obtienen por las subidas de tipos. Como has dicho, la calidad del crédito todavía es importante, así como la capacidad para evitar los incumplimientos y esa clase de situaciones. Si pensamos en lo que puede pasar en los próximos tres o diez años, ¿cuál es tu predicción para el crédito privado como sector y, en concreto, qué impacto podrían tener los tipos de interés durante ese período?

D. Creo que hay un contraste importante entre las previsiones a corto y a medio-largo plazo. Empezaremos con la predicción a corto plazo. Ahora mismo nos encontramos en unos tiempos un poco extraños. Hemos vivido una rápida subida de los tipos de interés. Ahora estamos observando un rápido descenso de la inflación. La economía está un poco revuelta. La valoración de las empresas se ha reducido de una forma bastante significativa. Y como consecuencia de una panoplia de factores, y de la incertidumbre asociada, estamos observando un descenso del número de operaciones. Por culpa de los precios, las firmas de capital privado están teniendo problemas para llegar a acuerdos con los vendedores. Y algunas firmas de capital privado están postergando las ventas porque creen que en el futuro la situación mejorará. Por consiguiente, ahora vemos un entorno favorable para la clase de préstamos que concedemos, pero no se están cerrando tantas operaciones nuevas como nos gustaría; la comida es buena, pero la ración es escasa.

Veamos ahora las cosas a largo plazo. Aunque no puedo decirte exactamente en qué momento se acelerarán las operaciones, creo que está muy claro que es una cuestión de «cuándo», no de «si». Al pensar en lo que podría ocurrir en un período de tres a siete años, creemos que nuestro sector disfrutará de tres grandes vientos de cola. El primer viento de cola es que el ecosistema del capital privado crecerá de una forma muy significativa. Estamos seguros de ello porque, en la actualidad, en el ecosistema del capital privado hay un capital de unos 2 billones de dólares que ya está comprometido, pero que aún no ha podido ser invertido. Y todo ese dinero lleva puesto un temporizador. Las firmas de capital privado tienen que usarlo obligatoriamente en los próximos años, de lo contrario ya no podrán acceder a él. Estoy en este negocio desde hace treinta años. Y sé que cuando se produce una cierta combinación de factores, el capital se utilizará.

> El primer viento de cola es que el ecosistema del capital privado crecerá de una forma muy significativa. Estamos seguros de ello porque, en la actualidad, en el ecosistema del capital privado hay un capital de unos 2 billones de dólares que ya está comprometido, pero que aún no ha podido ser invertido. Y todo ese dinero lleva puesto un temporizador. Las firmas de capital privado tienen que usarlo obligatoriamente en los próximos años, de lo contrario ya no podrán acceder a él.

El segundo factor es que, históricamente, el ecosistema del capital privado ha buscado el dinero para endeudarse tanto en las entidades dedicadas al crédito privado, como Golub Capital, como en los mercados líquidos de crédito. En los últimos años, el mercado del crédito privado ha ido ganando terreno a costa del mercado líquido, y creo que esa tendencia continuará. Hay distintos motivos que lo explican. Una de las razones verdaderamente importantes es que el sector del crédito privado se ha hecho muy grande. Por lo tanto, ahora es capaz de proporcionar soluciones a empresas mucho más grandes que en el pasado. En 2019, era muy poco habitual toparse con una operación de crédito privado por valor de 500 millones de dólares. En 2023, hemos realizado operaciones de crédito privado de 5.000 millones. En consecuencia, el segundo viento de cola es que estamos ganando cuota de mercado.

El tercer viento de cola se está produciendo en el propio sector del crédito privado. Si te fijas en los ganadores y en los perdedores del sector, los ganadores son las firmas más grandes; las que han escalado y tienen la capacidad de ofrecer una amplia variedad de soluciones diferentes, un profundo conocimiento de los distintos sectores económicos y un largo historial de fiabilidad. De nuevo, era algo bastante predecible. Si te ves a ti mismo como el CEO de una de las principales firmas de capital privado, tú también preferirías trabajar con las entidades de crédito más grandes. O sea, este tercer gran viento de cola significa que nosotros, junto con otras dos grandes entidades del sector, ganaremos cuota de mercado.

C. Cuando piensas en lo que ha ocurrido con el ciclo de los tipos de interés, cuando piensas en lo que ha ocurrido en el sector, en su conjunto, ¿qué ha ocurrido que no habías previsto, y qué ha sucedido que sí entraba en tus predicciones?

D. Comenzaré por lo que no me esperaba, aunque quizás debí haberlo previsto. Uno de los patrones más constantes a lo largo de la historia de las finanzas es que los bancos cometen grandes errores. No todos los bancos, y tampoco cada año. *A posteriori*, no debería haberme sorprendido tanto al descubrir que algunos bancos no estaban preparados para la acusada subida de los tipos de interés que hemos visto desde 2022.

Algo que no me sorprende son los excelentes resultados que continuamente obtiene el capital privado. Mi interpretación de este fenómeno es distinta a la que he oído en boca de muchas otras personas. Mi explicación es que el capital privado compite muy bien con las otras dos grandes formas de propiedad empresarial. La primera de esas dos formas son las empresas cotizadas. Cualquiera que haya trabajado como ejecutivo, miembro de la junta o asesor de una empresa cotizada sabe que el modelo está muy cuestionado. La carga asociada a los costes y la normativa es elevada, y si no eres una empresa muy grande, los analistas no te prestarán la debida atención en sus estudios de mercado, no tendrás buena liquidez en tus acciones, y no recibirás una gran valoración. Salvo para las más grandes, el modelo de la empresa cotizada está plagado de defectos.

La segunda forma es la propiedad familiar. Puede ser buena para el emprendedor-fundador, excepto cuando el contexto se pone difícil. Imaginemos que un emprendedor crea una empresa. El emprendedor toma todas las decisiones..., ¡la gobernanza es sencilla! Una generación después, puede que el modelo aún funcione porque el emprendedor solo ha tenido un par de hijos, y ambos están de acuerdo en la forma de gestionar la empresa. Pero a medida que el grupo se hace más grande, quizás ya en la tercera generación, conseguir que los propietarios lleguen a un consenso se vuelve muy difícil. Tienes que abordar la cuestión de la remuneración cuando unos miembros de la familia quieren trabajar en la empresa, pero otros no. Algunos quizás quieran liquidez, pero otros no. Representa todo un desafío.

Por lo tanto, mi explicación del éxito del capital privado es que para muchas empresas, este modelo de propiedad es mucho más adecuado que cotizar en bolsa o la titularidad familiar. Creo que seguiremos observando una expansión del capital privado.

C. Se ha hablado mucho de algunas operaciones de altos vuelos en el mundo del capital privado que con el paso del tiempo han funcionado o no han funcionado. En mi opinión, la cobertura informativa es muy escasa, y sin duda insuficiente, ya que no se habla de los cientos y cientos de historias de éxito en que las empresas han mejorado de una forma espectacular. Así que me parece muy interesante oír esa explicación del éxito del capital privado.

Cuando los inversores tratan de decidir cómo asignar sus activos, ¿cuáles son los principales errores que cometen al fijarse en el crédito privado?

D. Creo que el principal error que cometen los inversores con el crédito privado es que subestiman los incentivos a la mediocridad que ofrecen las grandes empresas de gestión de activos, las que tienen los nombres más conocidos. Es muy difícil aplicar con éxito muchas estrategias de inversión diferentes al mismo tiempo. En vez de fijarse en esas empresas gigantescas, con esos nombres tan reconocibles, recomiendo que se centren en gestores que tengan una ventaja clara, identificable. ¿Quién tiene un historial de éxito en ese nicho? ¿Quién tiene unas ventajas competitivas que le permitirán mantener en el tiempo ese historial de éxitos? En muchos casos, descubrirlo no resulta muy complicado, pero por mi experiencia, lo que veo es que en vez de hacer el trabajo que deberían hacer, los inversores acuden en manada a las marcas más conocidas.

C. Cambiemos de tema, te ofrecemos la oportunidad de que te dirijas al mundo. Si tuvieras la atención del mundo durante unos minutos, ¿qué le dirías?

D. Soy un gran defensor de las entidades benéficas sin ánimo de lucro. Quizás vivamos en un país polarizado desde una óptica política, pero creo que casi todos estamos de acuerdo en que las organizaciones no lucrativas prósperas y eficaces tienen un enorme impacto positivo en la vida estadounidense. Así que mi mensaje, Christopher, es muy simple: involúcrate en una de esas organizaciones en tu propia ciudad. Escoge algo que te despierte verdadera pasión. Puede ser el fomento de la música y las artes, puede ser atender a las personas sin hogar, puede ser luchar contra la adicción a las drogas; hay diferentes opciones. Animo a todo el mundo a encontrar una organización benéfica y a involucrarse en sus actividades. Creo que descubrirán que les cambiará la vida.

T. Has hablado largo y tendido sobre tener un área de especialidad claramente definida; has usado la palabra *ventaja*. ¿Qué otros factores han sido importantes para explicar el éxito de Golub Capital?

D. En el mundo de los negocios, el éxito es complejo, pero te diré que todas las empresas de éxito con las que me he relacionado a lo largo de los años tienen una serie de principios básicos que se reflejan en todo lo que hacen. Nosotros tenemos dos principios básicos. Ya hemos hablado del primero: invertir es difícil, pero no es distinto a cualquier otro tipo de negocio. No puedes depender de un genio escondido en la trastienda. No puedes confiar en un modelo basado en la personalidad del propietario. Tienes que encontrar un conjunto de ventajas competitivas, y tienes que seguir alimentando esas ventajas a medida que pasan los años, para así poder superar a tus competidores. El segundo principio en el que se sustenta nuestra empresa es que las relaciones personales son importantes. Estamos chapados a la antigua. No creemos en el mantra del Wall Street moderno, según el cual todo el mundo es tu contraparte. Creemos que las buenas empresas siempre trabajan con las mismas partes, con los mismos socios, una y otra vez. Trabajan con los mismos proveedores, con los mismos clientes, con los mismos inversores. Y actúan así porque son capaces de desarrollar una proposición de valor atractiva y convincente para cada uno de esos grupos, por lo que todos y cada uno de ellos quiere trabajar con esa misma empresa una y otra vez.

Estos dos principios tienen una enorme influencia. Son la causa de que hayamos podido mantener en el tiempo una misión muy específica: ser los mejores en el ámbito del *sponsored finance* ['financiación patrocinada']. No intentamos ser los mejores en los activos inmobiliarios. No intentamos ser los mejores en la extracción de petróleo. Tratamos de ser los mejores ofreciendo préstamos a empresas que están controladas por firmas de capital privado. Y también tenemos una cultura muy clara que, de nuevo, es inseparable de los dos principios básicos. Nuestra cultura se define con dos palabras: *estándar oro*. Y lo que queremos decir con eso del «estándar oro» es que tratamos a los clientes como nos gustaría que nos trataran a nosotros si estuviéramos al otro lado de la mesa.

C. En Golub Capital has tenido una carrera tan longeva como excepcional. Pero en el camino siempre aprendemos cosas que a veces son menos agradables. ¿Qué te hubiera gustado saber antes de crear la empresa, ese conocimiento que nadie te transmitió y que te hubiera ahorrado algunas de las experiencias menos gratificantes?

D. A decir verdad, es una lista muy extensa. A lo largo de los años hemos cometido infinidad de errores. Algo que he aprendido ha sido a apreciar el valor de la infraestructura de procesos e inversiones. Las partes menos glamurosas de una empresa casi nunca reciben la debida atención. En el mundo del crédito, actuar así es un gran error. Enseguida aprendimos que se trataba de un área en que debíamos centrarnos de verdad, y hoy se ha convertido en uno de nuestros principales puntos fuertes. Pero me habría gustado que alguien me lo hubiera dicho antes de empezar.

C. Parece inevitable que los tira y afloja que se producen entre bastidores sean lo que permite a una empresa prosperar y tener éxito. Si pudieras echar la vista atrás y modificar alguna decisión pasada, ¿qué hubieras hecho de forma diferente en tu empresa?

D. A ver, no quiero chafarte la pregunta, pero me siento muy afortunado. No me arrepiento de demasiadas decisiones. Hay cosas que podríamos haber hecho mejor; estoy seguro de que te podría mencionar diez como mínimo. Pero en realidad no eran tan importantes. Me siento muy afortunado por haber hecho bien las cosas importantes; y muchas de ellas estaban relacionadas con las personas. Tenemos un equipo sensacional.

C. Tu hermano y tú, y el resto del equipo de Golub Capital, habéis sido muy fieles a vuestra área de especialización y a vuestras competencias profesionales. Resulta muy interesante, porque hay una escuela de pensamiento que defiende que la manera de escalar una empresa en el sector de la inversión consiste en tener muchas ofertas diferentes y un montón de verticales de negocio y muchos segmentos distintos. Y hay empresas que han seguido esa línea, y han tenido muchísimo éxito. Pero vosotros habéis decidido tener un área de especialización muy concreta. Muy pocas empresas tan especializadas han sido capaces de escalar. ¿Cuáles son los principales motivos por los que la mayoría de las firmas de inversión no son capaces de escalar de ese modo?

D. Creo que acabas de señalar un tema muy importante. Si piensas en la mayoría de las empresas dedicadas al mundo de la inversión, el problema de escalar es que entonces tienes que dedicarte a tu siguiente «mejor idea». Imaginemos, por ejemplo, que eres un gestor de inversiones que solo trabaja a largo plazo, y que alguien te da 100 millones de dólares. Haces un gran trabajo con ese dinero y entonces, al año siguiente, en lugar de tener 100 millones para invertir, tienes más clientes, y te dan 1.000 millones para hacer tus inversiones. O sea, tienes que pasar de crear una cartera con tus veinte mejores ideas a otra con tus cien mejores ideas. Y creo que es bastante probable que esa idea número cien no sea tan buena como la idea número veinte. Lo que quiero decir con este ejemplo es que la mayoría de las empresas de inversión no son escalables porque, básicamente, su estrategia de inversión no es escalable.

Comparemos eso con lo que ocurre en nuestra empresa. A decir verdad, el crecimiento nos ha colocado en una posición en la que nos hemos convertido en unos socios aún más valiosos para nuestros clientes en las firmas de capital privado. Es justo lo contrario de lo que ocurría en el ejemplo del gestor de inversiones. El crecimiento no reduce los beneficios. El crecimiento amplía nuestras ventajas competitivas, ya que en el sector del capital privado nos permite hacer mucho más por nuestros clientes. Diría que el crecimiento ha ampliado nuestra capacidad para mantener nuestra trayectoria de éxitos, que se ha basado en la obtención a lo largo de los años de unos beneficios por encima de la media.

C. Tu forma de explicarlo es muy interesante, porque lo que ocurre en la mayoría de las firmas es que en nombre del crecimiento, acaban sacrificando la calidad o el nivel de exigencia en el trabajo y la diligencia. Cuando piensas en el universo del talento en el sector de la inversión, en tu opinión, ¿cuáles son los rasgos fundamentales que diferencian a los mejores profesionales del resto?

D. Creo que, si pensamos en el talento en el mundo de la inversión, pueden aplicarse dos modelos diferentes. Está muy claro que hay un grupo de firmas en que las estrellas son imprescindibles; en las que necesitas a Michael Jordan. Pero nosotros no trabajamos así. Para nosotros, el éxito es un trabajo en equipo. Nadie es buenísimo en todo. Todo el mundo es mejor en un entorno colaborativo. Por eso cuando gestionamos la empresa, tanto en lo micro como en lo macro, nos centramos continuamente en asegurarnos de que tenemos la combinación adecuada de personas y que ofrecemos oportunidades de desarrollo a todos nuestros chicos, para que puedan seguir creciendo con los años. Medimos el éxito que tenemos de unas cuantas formas distintas. Podemos medir el éxito con los inversores si observamos nuestros beneficios. Podemos medir el éxito con los patrocinadores del capital privado si deciden repetir y volver a hacer negocios con nosotros. Podemos medir el éxito con nuestros socios financieros si expresan el deseo de seguir trabajando con nosotros. Y podemos medir el éxito con nuestro equipo si analizamos los datos de las encuestas de satisfacción y los porcentajes de retención de personal. En estos tiempos, cuando hemos leído muchos artículos sobre el extraordinario incremento de las bajas voluntarias durante la COVID-19 o, en tiempos más recientes, sobre la renuncia silenciosa, creo que podemos sacar muchas conclusiones sobre una empresa en concreto si estos fenómenos la han afectado mucho. Diría que, si encuentras una empresa con un elevado nivel de compromiso y un bajo nivel de desgaste, seguramente tienes delante a un ganador. Creo que a fin de cuentas, aunque todas las cuestiones estratégicas de las que hemos hablado en el transcurso de nuestra conversación son importantes, si después no tienes al equipo adecuado, todo lo demás da absolutamente igual.

C. Hablamos mucho de empresas y sectores diferentes y las dinámicas del liderazgo. En tu caso, tienes a tu hermano, con quien has trabajado durante todos los años que llevas en el negocio. No conozco a muchos hermanos que hayan levantado una empresa con tanto éxito como los hermanos Golub.

T. Y que, además, estén juntos desde hace tantas décadas. En sí, es todo un arte.

D. A ver, tenemos discusiones muy apasionadas. No todo es una sinfonía de paz y felicidad. Pero una de las mejores cosas de trabajar con mi hermano es que aunque tengamos esas discusiones tan apasionadas, al día siguiente nos levantamos por la mañana y seguimos siendo hermanos, seguimos siendo nuestros mejores amigos y seguimos siendo socios en la empresa.

T. David, el título del libro es *El Santo Grial de la inversión*, que suena incluso un poco excesivo. El motivo es que cuando hice mi primer libro, entrevisté a cincuenta de los mejores inversores del mundo. Cuando hablé con Ray Dalio, me dijo que el Santo Grial de la inversión es encontrar entre ocho y doce inversiones no correlacionadas que te convenzan de verdad. Así que para ayudar al lector a encontrar sus opciones, el libro aborda las distintas oportunidades en el mundo de las inversiones alternativas. Pero desde tu perspectiva, David, ¿cuál es el Santo Grial de la inversión?

D. Mi perspectiva, Tony, es que la inversión no se diferencia de otros negocios. Si le damos un giro a tu pregunta y nos planteamos qué diferencia a una buena empresa, creo que habría un gran consenso en la respuesta. Hablaríamos de ventajas competitivas y de las distintas formas en que la empresa puede levantar un foso de protección a su alrededor, lo que dificulta enormemente que otros puedan competir con ella. Para mí, en nuestro nicho, que es prestar dinero a empresas que están en manos del capital privado, todo se reduce a las ventajas competitivas. Al alimentar esas ventajas competitivas, tenemos la capacidad de seguir generando unos beneficios que constantemente están por encima de la media.

Dicho esto, Ray Dalio es un genio, es alguien capaz de encontrar en cada momento las ideas que resultan más atractivas. No soy ningún genio. Mi empresa no depende de la genialidad para generar año tras año unos buenos beneficios constantes. Lo que nosotros debemos hacer es seguir aprovechando y alimentando esas ventajas competitivas básicas. Diría que eso es el Santo Grial: invertir con gestores que tienen una empresa, y no solo un fondo; gestores que pueden aprovechar una fuente sostenible de ventajas competitivas.

T. Es muy similar a lo que decía Robert [Smith] de Vista. Es la misma idea de saber más del asunto que cualquier otra persona en el sector. Tener ese grado de especialización, tener a unos clientes que vuelven a él una y otra vez. A ambos os ha ido increíblemente bien, y en sectores muy diferentes. Una pregunta rápida. Hace poco estuve con Sheikh Tahnoon, que cuenta con una serie de personas que le hacen de asesores financieros. Una de ellas era un caballero de SoftBank, y le decía que ahora era el momento del crédito privado. Incluso le recomendaba el crédito privado antes que el capital privado. Y le daba un montón de razones. Tengo curiosidad, en tu opinión, ¿por qué ahora es el momento del crédito privado, por qué ahora es incluso más importante que en el pasado? ¿Por qué deberían tenerlo en cuenta los inversores?

D. Tienes que pensar en todo lo que ha cambiado desde julio de 2022, cuando los tipos de interés empezaron a subir. Hemos visto que el crecimiento se ha ralentizado. Para muchas clases de activos diferentes, ambos factores representan importantes vientos en contra. Por ejemplo, para las acciones, porque al mismo tiempo bajan los ingresos netos, tienes unos costes más altos y los múltiplos sufren una mayor presión. En un contexto de tipos de interés al alza, la renta fija tradicional también tiene un rendimiento terrible. Por el contrario, nuestro negocio tiene vientos de cola. El ecosistema del capital privado no deja de crecer. El aumento de los tipos genera mayores beneficios (siempre y cuando controlemos los posibles impagos). Los bancos han salido de nuestro mercado y no van a volver. La escala es una gran fuente de ventaja competitiva. Hay muchos motivos para el optimismo.

Creo que todos estos temas pueden encontrarse en la base del argumento de tu colega. Y creo que tiene razón; siempre que dispongas de los gestores adecuados, ahora mismo hay oportunidades muy poco habituales en el crédito privado. Pero sigo recomendando prudencia. Siempre puedes cometer errores en cualquier clase de activos. Quizás suene como la típica persona que se dedica al negocio del crédito, pero creo que si alguien te dice: «Esta clase de activo es segura»..., ¡vigila la cartera!

22

Barry Sternlicht

Cofundador, presidente y CEO de Starwood Capital

Honores: Starwood fue una de las grandes empresas hoteleras del mundo (antes de fusionar el negocio hotelero con Marriot). También es uno de los grandes propietarios de bloques de pisos de alquiler, uno de los grandes grupos de inversión en activos inmobiliarios (REIT, en inglés) y uno de los grandes propietarios y operadores de casas unifamiliares de alquiler.

Activos totales gestionados (en agosto de 2023): 115.000 millones de dólares.

Área de especialización: bienes inmuebles en todo el mundo; todas las clases de activos inmobiliarios en más de treinta países.

Para destacar:

- Barry Sternlicht es el cofundador, presidente y CEO de Starwood Capital Group, empresa creada en 1991.
- Starwood gestiona en la actualidad activos valorados en 115.000 millones de dólares, y en los últimos treinta años ha invertido más de 240.000 millones en todas las clases de activos inmobiliarios.
- Las inversiones de Starwood son líderes del mercado en vivienda residencial, hoteles, oficinas, locales comerciales y naves industriales.
- La empresa se creó en el peor momento de la crisis de las cajas de ahorro y préstamos de Estados Unidos, y ahora tiene cinco mil empleados en dieciséis sucursales repartidas por todo el mundo.

- El señor Sternlicht forma parte de los consejos de administración de Estée Lauder Companies, Baccarat Crystal, la Robin Hood Foundation, el Teatro Dreamland Community, el Programa Nacional de Defensa del Liderazgo de la Fundación para la Investigación de la Diabetes Juvenil y el Comité de Empresas para las Artes.

Tony: Barry, háblanos un poco de tu trayectoria, cómo pasas de [pedir prestados] 20 millones de dólares a, si no me equivoco, gestionar activos por valor de 115.000 millones de dólares. Menuda trayectoria. Solo para poner en contexto a los lectores, si eres tan amable, cuéntanos tus orígenes.

Barry: Gracias, Tony, por supuesto. Mi madre era profesora y mi padre era ingeniero, y llegaron al país después de la Segunda Guerra Mundial. Durante la guerra, mi padre combatió con los partisanos checos. Así pues, creo que es probable que la característica más distintiva de mi vida y de mi carrera sea que mi peor día fue más agradable que su mejor día, por haber crecido durante una guerra. Siempre me gusta tener eso muy presente. Realmente somos muy afortunados. Mi padre amaba profundamente este país y las oportunidades que pudo ofrecerle, ya que le decían que podía llegar a hacer cualquier cosa si trabajaba mucho y se implicaba a fondo.

Éramos clase media. Vivíamos en una pequeña casa en Long Island, y cuando tenía cinco años nos trasladamos a Connecticut. Mi madre daba clases mientras sus tres hijos íbamos al colegio. Fui al instituto público, una promoción de dos mil alumnos. Y después me dijeron que podría ir a la universidad, siempre que pudiera ir en coche desde casa. Así que fui a Brown porque en realidad no se me daban bien las matemáticas. Para decidir a qué universidad quería ir, solo tuve que encontrar una en la que no tuviera que dar clases de Matemáticas. La gente me conoce por ser un mago de las finanzas, pero el secreto es que no lo soy. Solo sé usar muy bien una calculadora, tengo buena memoria y, como en el instituto era un poco artista, pienso con los dos hemisferios del cerebro. Así que me gradué en algo llamado Ley y Sociedad. A mí me gustaba llamarlo «perdido en la sociedad», porque sabía un poco de muchas cosas, pero no demasiado de nada en concreto. Cuando me gradué, tras salir de la universidad tuve tres trabajos durante dos años, y el último consistió en trabajar en Wall Street como *trader* especializado en arbitraje. Siendo quien era, mi padre me dijo: «¿Quieres pasarte el resto de tu vida mirando una pantallita de color verde?». Así que aunque estaba ganando bastante dinero, decidí que si era capaz de entrar, mejoraría mi formación e iría a una escuela de negocios. Solo presenté dos solicitudes, y conseguí entrar en Harvard, aún no sé muy bien cómo.

Pensaba que cuando descubrieran que no sabía sumar ni restar, duraría cinco minutos. Pero sobreviví, y me fue bastante bien. Siempre he tenido el don de la palabra, ¡y la mitad de la nota era la participación en clase! Conseguí un trabajo en Chicago, en una empresa inmobiliaria llamada JMB, porque recibí una llamada de un amigo que había trabajado allí. Tenía que escoger entre trabajar allí o en Wall Street en Goldman Sachs, que había sido la única oferta que había conseguido. Pero, a decir verdad, me gustaba mucho el diseño. Me gustaba el arte, me gustaba la arquitectura. Me gustaba viajar y relacionarme con la gente. Así que el sector inmobiliario, en general, parecía un buen lugar en el que empezar. JMB me contrató y ascendí bastante rápido en la empresa. Era un tipo bastante creativo.

Había un profesor de finanzas en la HBS (Harvard Business School) que enseñaba financiación empresarial. No me matriculé en su asignatura, pero me dijeron que fuera a su última clase, y eso fue lo que hice. El profesor dijo un par de cosas: «Ten cuidado con lo que pides, porque podrías conseguirlo». Una frase muy interesante en la que no he dejado de pensar a lo largo de toda mi carrera. Y después aseguró: «Encuentra los trenes de mercancías de tu vida y en vez de ponerte delante, súbete a ellos». A decir verdad, no dejo de pensar en esas dos frases. Ya sabes, la suerte llega cuando la preparación se combina con la oportunidad. Uno se crea su propia suerte. Pones la mesa y tienes suerte. Pero creo que para poder tener éxito y jugar la partida, debes tener unas cuantas fichas sobre la mesa.

Decir que no a todo no es una cualidad. Hay que asumir riesgos, y seguro que fracasarás. Creo que los momentos más importantes de los primeros años de mi carrera profesional fueron las peores operaciones que cerré, porque aprendí mucho de ellas. La semana pasada mi hijo se graduó en la HBS, y le dije que la parte más apasionante de invertir y aprender es que, a la hora de la verdad, abordo cada nueva inversión como si fuera idiota. Pienso en todo lo que podría salir mal; me preocupo por todos los posibles inconvenientes, porque las ventajas ya se solucionarán solas. Al invertir, intenta asumir los riesgos adecuados y nunca traiciones tus principios éticos, nunca. Entre otras razones, creo que ése es el motivo por el que Starwood Capital Group ha tenido tanto éxito. Siempre hemos pensado primero en los inversores, y siempre hemos hecho lo correcto, incluso cuando no sabían que estábamos haciendo lo correcto. En nuestros fondos mantenemos la misma estructura de comisiones que en 1991. Los inversores primero recuperan su dinero, con el correspondiente beneficio, y después participamos nosotros. Como decía mi padre: «Si haces lo correcto, siempre podrás sentirte bien cuando te mires al espejo cada mañana».

Así que creo que el momento decisivo en mi carrera se produjo cuando me despidieron, a los treinta y un años. Estaba trabajando en JMB. Era el niño prodigio. Estaba en Chicago. Entonces se produjo la crisis de las cajas de ahorro y préstamos, y me despidieron. Fue un *shock*. Cogí el autobús para poder solicitar la prestación por desempleo. Pero tenía una relación muy estrecha con el hombre que dirigía JMB, que estaba en la lista Forbes 400, mientras que yo solo valía unos 8.000 dólares. Pero éramos buenos amigos. Había estado en su casa, con su mujer y sus hijos. Iba a esquiar con él. Me dio un millón de dólares para crear mi propia empresa. Con otras dos familias, creamos nuestro primer fondo, de 21 millones de dólares. Y ahí es cuando empezó todo. No podíamos permitirnos nada. No teníamos acceso al crédito; no teníamos ni una máquina de fax. Usábamos los despachos de la AMA [Asociación de Marketing Estadounidense] en Chicago. Incluso les pedíamos prestados a sus trabajadores y les suplicábamos que se sentaran en nuestra parte de la oficina para parecer más grandes de lo que éramos en realidad. Ha sido todo un viaje.

Primero compramos unos pocos apartamentos. Se los vendí a Sam Zell, y en dieciocho meses triplicamos el dinero de los inversores. Y entonces mi socio —un amigo de la escuela de negocios— y yo decidimos separarnos y me fui al este. Me tropecé con una empresa cotizada que tenía un aspecto bastante extraño y aproveché su estructura para fusionarla con unos cuantos activos que teníamos en propiedad, y le cambié el nombre por Starwood Lodging. En aquel momento, tenía una capitalización de mercado de 8 millones de dólares y una deuda de 200 millones. Compramos una parte de la deuda, y después la combinamos y tomamos el control de la empresa. A partir de ahí, Starwood empezó a hacer un montón de operaciones. Compramos Westin Hotels por 5.000 millones de dólares. Y después compramos ITT Sheraton por 14.000 millones de dólares. Nuestra empresa valía 7.000 millones y en una puja con Hilton Worldwide estábamos comprando otra que valía 14.000. De repente, en tres años éramos la empresa hotelera más grande de mundo en términos de flujo de caja.

T. Vaya, ¿cómo conseguisteis superarlos con tan poco capital?

B. Siempre tratamos a nuestros accionistas como si fueran nuestros socios. Fidelity poseía un 10 por ciento de la empresa. Conocía a esos tipos en persona. Necesitábamos su apoyo. Hicimos una oferta de compra de acciones por ITT. En aquel momento, nuestras acciones estaban cotizando a unos múltiplos bastante elevados. Y Hilton hizo una oferta en efectivo. Ellos no estaban cotizando a los múltiplos que nosotros exhibíamos porque en aquel momento crecíamos mucho más deprisa. Normalmente, la acción del comprador cae después de una oferta de adquisición, pero el gestor de la cartera del grupo inmobiliario de Fidelity dijo: «La acción de Starwood vale más que el efectivo». Cuando anunciamos la operación, nuestras acciones cotizaban a 53 dólares. Y después de anunciarlo, subieron a 60 dólares. Así que, en realidad, aquella oferta valía más incluso que al principio, en el momento de hacerla, y después le añadimos una cantidad en efectivo. Hilton ofrecía 81 dólares en efectivo por acción. Nosotros ofrecíamos 84 dólares, pero 30 dólares eran en efectivo y el resto en acciones. Los accionistas nos eligieron a nosotros.

T. ¿Y en aquel momento tenías treinta y ocho años?

B. Tenía treinta y ocho. En ocasiones la juventud y la inocencia son sinónimos de estupidez, pero, ya sabes, no lo descubres hasta que te pones ante el público.

Christopher: Pienso en aquella frase de tu profesor, sobre tener cuidado con lo que deseas. Podrías conseguirlo. De repente, tenías 120.000 empleados.

B. Y tenía tres de todo lo demás. Tenía tres directores financieros. Tenía tres asesores de la presidencia. Tenía tres jefes del departamento de informática, y era como pito, pito, gorgorito. Así que decidí pedir ayuda. Busqué a gente capaz de evaluar al equipo, y el camino estuvo lleno de baches. Así que mi trabajo se convirtió en dirigir Starwood Hotels, y estuve al mando durante diez años. Fue la mejor época de mi vida, y también la peor. A ojos de la prensa, era un genio y un idiota. A decir verdad, aquella publicidad no me gustaba nada. Soy una persona sensible. Y la prensa me adoraba. Y también me odiaba.

T. En la conferencia de J. P. Morgan [en Miami], hiciste unos cuantos comentarios realmente interesantes, sobre todo cuando dijiste que el sector hotelero se estaba volviendo loco. Todos lo vemos. Los precios son una locura. Todo el mundo tuvo que encerrarse por la COVID-19. Cuéntanos cuál es tu punto de vista del mercado inmobiliario en la actualidad, y también cómo lo ve tu empresa.

B. Históricamente, el sector inmobiliario es la causa de las grandes recesiones. Ya sabes, 2007, 2008, el sector de la vivienda, los préstamos «ninja», vender créditos con derivados, todo aquello eran residuos tóxicos. Yo no me dedicaba a construir viviendas, pero como sector, en conjunto, tuvimos una responsabilidad decisiva en la práctica destrucción del sistema bancario mundial. Podías pedir prestado el 110 por ciento del precio de compra de un activo, y todo con una agresividad que rayaba la estupidez. Cuando inviertes en activos inmobiliarios, otro de los factores clave es que nunca es buena idea comprar propiedades cuando la deuda es más cara que el rendimiento que obtendrás de dicha propiedad. Nosotros lo llamamos apalancamiento negativo. Si tienes un préstamo al 9 por ciento y pagan una rentabilidad del 6 por ciento por una propiedad, estás en el pozo desde el principio. Así era el mercado en 2007-2008. Desde luego, las cosas no eran así en 2020, ni en 2021; desde 2007-2008, ningún banco ha vuelto a dar crédito de una forma tan agresiva. Podría decirse que han aprendido la lección, y durante un tiempo, todas las clases de activos han tenido un apalancamiento positivo.

Entonces, a finales de 2021, la Reserva Federal dijo, mirad, podemos controlar la inflación y los tipos van a estar «más bajos más tiempo». Como sabéis, durante la COVID-19, el Tesoro imprimió 6 billones de dólares, y no había género en las estanterías. La cadena de suministro se rompió. Todo el mundo corría para ir a la compra, y no solo para comprar la comida que necesitaba, sino también carritos de golf, apartamentos, mesas y sofás. Sin suministros, los precios se volvieron locos, los precios de los coches usados eran absurdos, y la inflación se disparó. Cuando la inflación llegó al mercado inmobiliario, en 2021-2022, en todos nuestros mercados los alquileres y los pisos subieron un 20 por ciento. No he visto nada parecido en cuarenta años. Era una locura. Pero entonces el gobierno entendió lo que pasaba y puso la directa para subir los tipos de interés, el incremento más rápido de la historia. Así que, en pocas palabras, el sector inmobiliario de repente recibió una puñalada por la espalda. Aun así, los fundamentales siguen siendo buenos. Si te fijas en los distintos activos inmobiliarios, el sector de la vivienda está fuerte. En el país, los pisos de alquiler tienen una ocupación del 95 por ciento. Los alquileres siguen subiendo, no un 20 por ciento, pero sí al 4 por ciento en todo el país, es un mercado muy saludable. En condiciones normales, antes de la pandemia, nos sentiríamos satisfechos con un aumento de los alquileres del 4 por ciento. Con las viviendas unifamiliares..., lo cierto es que no se están construyendo muchas viviendas unifamiliares; ahora mismo la gente no puede permitirse una casa nueva porque las hipotecas están muy caras. La oferta existente de pisos de alquiler se está agotando, y no hay nada nuevo que pueda satisfacer la demanda. Si combinamos lo que ocurre con las viviendas unifamiliares y los bloques de pisos de alquiler, la política de Powell creará un déficit de unidades residenciales aún más grande. Así pues, cuando salgamos de esta extraña situación actual en la que estamos metidos, la presión sobre los precios de la vivienda y los alquileres seguirá aumentando.

Y, como sabes, inmediatamente después de que la pandemia empezara a quedar atrás, el mercado hotelero despegó, sobre todo en los centros turísticos. La gente se iba de vacaciones y trabajaba desde cualquier lugar, menos desde la oficina. Ese mercado ha mostrado una gran fortaleza. Tanto en los precios como en las tasas de ocupación. Al principio era como «bueno, los billetes de avión están baratos». Ahora los billetes de avión están muy caros y la gente sigue viajando. Es un auténtico misterio. Me rompo la sesera para entenderlo. No lo entiendo, de verdad, cómo es posible que los precios de las habitaciones sigan siendo tan caros en todo el mundo.

T. ¿Puede ser que todavía circule por la economía una parte del dinero creado durante la pandemia, y que metieron directamente en los bolsillos de la gente? Por lo que yo había entendido, ese dinero se terminaría en octubre de 2023. Pero ¿todavía circula por ahí?

B. Creo que aquellos estadounidenses —aquellos de quienes nos contaban que no tenían 400 dólares de más en su cuenta de ahorro, y que después recibieron varios miles del gobierno—, creo que ya se han quedado sin aquel exceso de ahorro, o que están a punto de quedarse sin él. Y que ahora tiran de sus tarjetas de crédito. La deuda de las tarjetas de crédito ya ha superado el límite de la estratosfera. Detecto un aumento de la morosidad en el Bank of America. Dicen que el nivel está dentro de la normalidad, pero no creo que vaya a quedarse en esa normalidad. Bueno, de momento, la razón por la que todo esto no causa ningún problema es que la gente todavía tiene trabajo. La gente quizás gasta un dinero que no tiene, pero tiene un puesto de trabajo, y se siente segura en su trabajo. Pero si la Reserva Federal consigue lo que quiere, que es que aumente la tasa de desempleo y que se reduzcan los incrementos salariales, podrían pasar muchas cosas.

El gran tema del que hablo muy a menudo con mis clientes es la cuestión de la oficina «virtual» de Estados Unidos.

T. Eso quería saber. Ahora nos quejamos de que trabajamos tres días a la semana en la oficina. [La gente] está dispuesta a ir al trabajo en todo el mundo, menos aquí. Es una locura.

B. Sí, es una locura. En Oriente Próximo todo el mundo está en la oficina. Ayer estaba en un edificio en Dubái, y no podía haber más ajetreo. Era como estar en Manhattan antes de la pandemia. Y en Europa y en Asia, en Tokio en particular, la gente no solo va a la oficina, sino que el número de oficinas vacantes es verdaderamente bajo. En la mayoría de las ciudades de Alemania, la tasa de oficinas vacantes es inferior al 5 por ciento. Compara esa cifra con el 25 por ciento de San Francisco, y una tasa superior al 20 por ciento en Nueva York.

Aquí, en Estados Unidos, tenemos un par de problemas. El primero es que nos encanta trabajar desde Jackson Hole, y trabajaremos desde la playa, y trabajaremos desde donde sea. Esta tendencia ha venido impuesta por las empresas tecnológicas, que son las más grandes del país, y el componente más importante del S&P 500. Cuando hacen algo, todo el mundo lo nota. Pero ahora, Amazon, con su nueva sede central en Virginia, ha pedido a todos sus empleados que vuelvan a la oficina cuatro días a la semana. La semana pasada, Google dijo que quería que la gente volviera a la oficina. Todos los CEO van a despedir primero a la gente que se queda en su casa. Y no van a disimularlo siquiera. Todos los CEO están en la oficina, pero en la oficina no hay nadie que les haga compañía. Cuando empecé mi carrera, cuando el jefe iba a la oficina el sábado, ¿adivinas quién iba a la oficina el sábado? Es probable que estuviera en el ordenador entretenido con algún videojuego, pero quería que el jefe viera que estaba ahí. Es una generación diferente, y creo que su valía se define de una forma diferente.

T. ¿Cómo crees que evolucionará? ¿Estamos hablando de un período de diez años o de un período de dos años antes de que la gente empiece a cambiar su estilo de vida?

B. Si observas lo que ha pasado en las oficinas desde la pandemia, se han alquilado más de 9 millones de metros cuadrados en edificios construidos a partir de 2015, mientras que hay otros 9 millones de metros cuadrados vacíos en los edificios más antiguos. Así que se ha producido un cambio en la demanda. La gente quiere edificios que sean bonitos, y que animen a sus empleados a volver a la oficina. He construido un edificio en Miami, y durante la pandemia lo alquilamos entero. Está alquilado al cien por cien. Y sin intermediarios. Mi equipo se ocupó de gestionar los alquileres. Empezamos con el alquiler a 52 dólares, y los últimos ya estaban en 95 dólares. O sea, en algunas zonas del país, el mercado de las oficinas va realmente bien: Nashville, Tennessee; Austin, Texas; incluso las Atlanta y las Raleigh van bastante bien.

Y después tenemos los derivados de las oficinas. Las ciencias de la vida están viviendo un verdadero auge, como también ocurre con los centros de datos. En realidad, no son oficinas, pero la gente está transformando los edificios de oficinas en centros de datos. Les están dando otro uso. Un poco como ocurre en el sector del comercio minorista, en el que los buenos centros comerciales siguen llenos y son rentables, mientras que los malos han acabado teniendo el mismo final que los mamuts. Veremos que los edificios de oficinas siguen dos caminos diferentes. Los edificios buenos estarán llenos, con inquilinos de calidad. Aunque el mercado de las oficinas va a empezar a sufrir un nuevo ataque. Me refiero a la inteligencia artificial. La IA va a por los trabajadores cualificados, como los abogados y los contables, y también a por las agencias de publicidad. Y será muy interesante ver qué ocurre, porque esas profesiones se cuentan entre los principales clientes de los edificios de oficinas, ¿verdad? ¿Quién volverá a llenar todo ese espacio? ¿De dónde vendrá la demanda? Durante un par de años, los activos inmobiliarios vinculados a las oficinas pasarán un período muy difícil. Aunque, por cierto, la Reserva Federal puede resolver el problema. Bajar los tipos de interés daría a la gente un tiempo para refinanciar y cubrirse. En la actualidad, nadie sabe cuál es el precio correcto de un edificio de oficinas; no puedes obtener financiación. Y si no puedes obtener financiación, te cobrarán algo parecido a un 10 por ciento por ella. Quizás compraste aquel edificio tan bonito esperando una rentabilidad del 6 por ciento. Así que, técnicamente, bueno, no eres solvente.

C. Barry, has hablado de un par de temas que muchos inversores saben que ya están a la vuelta de la esquina. Pero no conocen la magnitud. No saben cómo se arreglarán. No saben cuánto tiempo durarán. Desde tu perspectiva, cuando hoy se fijan en el mercado inmobiliario, ¿en qué se equivocan la mayoría de los inversores?

B. Primero, trato de pensar a largo plazo. Por ejemplo, pienso en qué sectores no se verán afectados por la IA. Y cuando digo que no se verán afectados, me refiero a que la demanda seguirá en el mismo sitio. La forma de seleccionar un hotel o una casa puede cambiar, pero la demanda de viviendas seguirá siendo sólida. Los inversores tienen tendencia a no saber separar el grano de la paja. Y eso es precisamente lo que buscamos. Buscamos el grano que se descarta con la paja. Buscamos edificios de oficinas que sean buenos de verdad, con un buen plantel de inquilinos; y hoy podemos comprarlos a un precio muy por debajo del valor de reposición. Usamos el capital propio para comprar el edificio entero, o casi entero; en este último caso, le cargamos un pequeño préstamo, y dentro de poco los tipos bajarán y lo refinanciaremos. Los inversores saben que en la historia de Estados Unidos, la curva de los tipos de interés nunca ha permanecido invertida eternamente.

No ha ocurrido nunca. Y no ocurrirá nunca. Los tipos a corto plazo bajarán.

T. Los inversores tienen que casarse con las viviendas y salir con los tipos de interés.

B. Exacto. Hay que buscar buenos activos con un mal balance general. Después ya podrás arreglar el balance. O encontrar un vendedor que tenga serios problemas, y lo cierto es que ahora hay muchos vendedores en apuros. Hay muchos peligros, pero no se ven hasta que el préstamo vence. Los préstamos vencen cada mes, así que tenemos por delante un campo de minas que durará años, aunque todo sería más fácil si los tipos de interés bajaran. Ahora mismo, en el mercado hay mucho miedo y ansiedad. Pero [también] hay mucho dinero en efectivo que espera su momento. Así que todo se resolverá.

Algunos de nosotros seremos valientes y compraremos cosas, y la gente pensará que nos hemos vuelto locos, pero sabemos que dentro de un tiempo podrían ser las mejores compras de nuestra vida. Creo que si escoges los mercados adecuados, y prestas la debida atención, los activos inmobiliarios son la aplicación más práctica del sentido común que existe en el mundo. No hay que ser un genio, pero debes ser completamente objetivo. No te enamores de nada. La gente lo entiende mal. Se ponen sentimentales. No prestan atención a los detalles. Y lo que importa es el activo inmobiliario físico.

Sin embargo, sí diría que el mercado inmobiliario es un poco como la bolsa. No sé quién lo dijo, pero los mercados pueden ser irracionales durante más tiempo del que tú y yo podemos seguir siendo solventes. Una frase que también es válida en el mercado inmobiliario. Así que, en ciertos casos, el flujo de dinero supera a los fundamentales. Como si los europeos deciden que les da igual cuál es la rentabilidad de ese edificio en Greensboro, Carolina del Sur, o en Charleston o en Murfreesboro o en Orlando. Lo único que quieren es Nueva York o Washington D. C. Nunca perderán su trabajo por comprar un bonito edificio de oficinas en Park Avenue, en Nueva York. Tuve que aprender a fijarme de verdad en los flujos de capitales, así como en los fundamentales. Y lo mismo puede decirse de cualquier otro activo en el que inviertas, ¿verdad?

T. Una de las razones por las que estamos escribiendo este libro es que en los últimos años, Ray Dalio y yo nos hemos hecho buenos amigos. El día que nos conocimos le hice la siguiente pregunta: ¿cuál es el principio único más importante en el mundo de la inversión? Está claro, él es un *trader* macro, pero ¿cuál es el principio más importante que guía tu proceso de toma de decisiones? Él me miró y dijo: «¿Te refieres a cuál es el Santo Grial de la inversión?». Y entonces añadió que el Santo Grial de la inversión es encontrar entre ocho y doce inversiones o fuentes de beneficios no correlacionadas que te convenzan de verdad, porque esa clase de estrategia reduce el riesgo en un 80 por ciento. Así, uno de los motivos por los que escribimos este libro es presentar a los lectores una serie de inversiones alternativas y explicarles cuál sería el posible resultado para que así puedan escoger esos ocho o doce activos. Tengo curiosidad, en tu sector, ¿cuál es el Santo Grial de la inversión?

B. Buena pregunta, me vienen un par de ideas a la mente. La primera, una vez le hice una pregunta a un amigo al que le va muy bien en el mundo de los fondos de inversión libre, le dije: ¿cuál ha sido tu peor inversión? Y me respondió que vender demasiado pronto a los ganadores. Cuando tienes algo que de verdad está funcionado, agárralo bien. Pero tienes que ser consciente de que cada día que conservas ese activo, es como si lo hubieras comprado de nuevo. La naturaleza humana te hace pensar que si no has vendido un activo, aún no has ganado o perdido el dinero. Vendes los beneficios y conservas las pérdidas con la esperanza de que un día vayan mejor. En la bolsa, es una estrategia terrible; en el mercado inmobiliario, también lo es.

> La naturaleza humana te hace pensar que si no has vendido un activo, aún no has ganado o perdido el dinero. Vendes los beneficios y conservas las pérdidas con la esperanza de que un día vayan mejor. En la bolsa, es una estrategia terrible; en el mercado inmobiliario, también lo es.

Compramos una empresa llamada Intown Suites. Es una empresa hotelera de bajo coste, que te cobra 350 dólares a la semana, no al día. Cada año nos reportaba un flujo de efectivo de unos 200 millones de dólares. Y después del pago de la deuda, nos quedaba un flujo de caja libre de unos 100 millones de dólares. Así que, pienso, ¿por qué motivo querría vender algo así? La oferta no aumenta, no hay competencia. Nadie puede construir nada rentable y cobrar 350 dólares a la semana. Así que la conservamos un par de años más y ganamos unos 500 millones de dólares adicionales. La vendimos el año pasado.

Diría que la segunda gran cuestión de importancia en el mercado inmobiliario es que, en vez de pensar en lo que hay ahora, hay que pensar en lo que podría haber. Y a continuación ser muy objetivo sobre la competitividad. Por ejemplo, ¿con quién estás compitiendo?; ¿cómo se podría mejorar esta propiedad en particular? Como ejemplo voy a usar el caso de Post Properties. Era una buena empresa de pisos en alquiler que tenía la central en Atlanta. Nosotros teníamos un bloque de pisos de alquiler al lado de otro de Post, ambos construidos el mismo año. Por fuera, eran clones exactos. Si te fijabas en su edificio, era precioso. Las vistas eran fantásticas. Tenían una tasa de ocupación que estaba 4 puntos porcentuales por encima de la nuestra, y cobraban 150 dólares más de alquiler por cada vivienda porque los pisos tenían mejor aspecto que los nuestros. Eso es lo que yo llamo sentido común. Durante los diez años que estuve en Starwood Hotels, la única vez que grité a un gerente fue cuando entré en un W en Chicago y las plantas de la entrada principal estaban muertas. Las primeras impresiones son importantes. No puedes incluir las flores muertas en una hoja de cálculo.

Durante el verano que pasé en la escuela de negocios trabajé en una empresa llamada Arvida Davis. Han construido algunos de los mejores resorts turísticos en la zona de Florida: Boca, West Boca, Longboat Key, Sawgrass..., una colección de urbanizaciones diseñadas de forma magistral. Se gastaban en cada casa, creo, 15.000 dólares en concepto de paisajismo, cuando todo el mundo solo se gastaba 5.000 dólares. No es nada muy complicado. Vendían sus casas más deprisa y a precios más elevados, y tenían un retorno de la inversión asombroso. Simplemente se trataba de aplicar el sentido común. El término del que más se abusa en el sector inmobiliario es «por debajo del valor de reposición». Bueno, si tiene veinte o treinta años de antigüedad, tienes un producto que en la actualidad ya no es relevante, ¡no importa cuánto hayas pagado por él! La gente se queda atrapada en esa muletilla que sirve para todo. Yo digo «valor de reposición relevante». Hace un par de días estaba en Arabia Saudí, y dije que, si seguimos metidos en el sector de las oficinas, nuestro objetivo será «actuar como los saudíes». Compraremos ese bonito edificio de oficinas en Park Avenue por el que alguien pagó, ya sabes, 1.200 dólares el pie cuadrado, y lo compraremos a 200 dólares el pie cuadrado, y lo alquilaremos a 20 dólares el pie, netos. Y estará lleno porque me habré convertido en el proveedor más barato. Si puedes comprarlo a un precio realmente bajo, puedes desestabilizar el mercado. Puedes fijar el alquiler con esa ventaja competitiva y llenar el edificio, y nadie podrá igualarte porque no compraron el edificio a 200 dólares el pie cuadrado.

T. Empecé a trabajar con Paul Tudor Jones hace veinticinco años, y una de sus primeras lecciones fue mostrarme unas acciones que subían y subían y subían. Y me preguntó: «¿Tú qué harías?». Respondí: «Bueno, no soy inversor profesional, pero seguiría adelante». Y me dijo: «Eso es precisamente lo que intento enseñar. Casi todo el mundo vendería». Después aseguró que una de las razones por las que Warren Buffett es rico es que odia pagar impuestos. Así que conserva sus inversiones hasta la eternidad. Pero ¿entonces cómo sabes que ha llegado el momento de recoger beneficios? ¿Cuándo vendes? Me interesa saber cuál es tu criterio en este tema. Tienes una inversión ganadora, ¿cuándo vendes?

B. Intentamos vender si la oferta nueva se multiplica de repente en un mercado o en una categoría de activos. Si creemos que se producirá un cambio en los flujos de capital, como que la gente pierda el interés en una cosa y se fije en otra. Cuando gestionas un fondo, creo que tienes que analizar todo lo que tienes, y entonces fijarte en lo siguiente: ¿cuáles son las mejores inversiones, las que puedo quedarme y aprovechar, y cuáles son simplemente una operación más? Y, segundo, los buenos activos siempre encuentran comprador.

Estoy en Dubái, donde hemos abierto un Residencial Baccarat. Lo que se ha vendido primero han sido los áticos. Todos. Siete. Volaron al momento. Un amigo mío tenía un piso en la calle Cincuenta y nueve, en el nuevo edificio de Nueva York, esa increíble torre residencial, preciosa. Compró su apartamento por 95 millones de dólares. Estábamos convencidos de que con él perdería 50 millones. Nunca lo acabó. Lo puso en venta. Llegó un comprador de China y le pagó 200 millones por el apartamento. Solo quería sacar su dinero del país. Los buenos activos siempre encuentran comprador.

El verdadero Santo Grial

Porque donde esté vuestro tesoro, allí estará también vuestro corazón.

MATEO 6:21

Como el corredor de un maratón que por fin cruza la línea de meta, espero que después de haberte empapado de los contenidos del libro tengas un sentimiento de satisfacción y plenitud. Hemos cubierto mucho terreno, y mi deseo personal más profundo es que los conocimientos, las estrategias y las reflexiones incluidas aquí se conviertan en los cimientos que sostengan tu búsqueda de la libertad financiera (como ha sido para mi familia y para mí). Pero hay algo aún más importante; quiero recordarte una verdad fundamental: el saber no es poder; solo es poder en potencia. Todos los días, la acción le gana la partida al saber. Jim Rohn, mi primer mentor, solía decir: «No permitas que el aprendizaje te lleve a una simple acumulación de conocimientos. Te convertirás en un tonto más. ¡Que el aprendizaje te lleve a la acción!».

Entonces, ¿cómo crearás tu cartera Santo Grial? Como Dalio nos enseñó al principio del libro, ¿cuáles serán las ocho o doce estrategias no correlacionadas que tendrás en cuenta para maximizar los beneficios y reducir el riesgo en un 80 por ciento? ¿Qué pasos puedes dar ahora mismo en tu viaje hacia la libertad financiera? Lo que nos lleva a la siguiente pregunta: ¿qué es la libertad financiera para ti?

Cuando entrevisté al desaparecido sir John Templeton, uno de los primeros inversores que acumuló un patrimonio superior a los mil millones de dólares, le pregunté: «¿Cuál es el secreto para hacerse rico?». Me respondió: «Tony, es lo que muestras a los demás». Me reí y le dije: «A ver, muestro muchas cosas. ¿Cuál en concreto?».

Con una gran sonrisa en el rostro, repitió: «¡Gratitud! A ver, Tony, tú y yo hemos conocido a personas que tienen mil millones de dólares, y que viven en un permanente estado de ira y frustración. Son unos auténticos desgraciados. Y tú y yo conocemos a personas que a primera vista no tienen nada, y que se sienten agradecidas por un soplo de vida, por cualquier cosa. Así que, en comparación, son ricas».

En nuestro interior, todos sabemos que el dinero no nos hace ricos. Como sin duda ya has descubierto, los grandes tesoros nunca son financieros. Son esos momentos de gracia en que apreciamos la perfección y la belleza de lo que nos rodea. Son esos momentos en que sentimos algo eterno e invencible en nuestro interior, en lo más profundo del alma. La afectuosa calidez de las relaciones con la familia y los amigos. Las risas. Un trabajo que nos importa. La capacidad para aprender y crecer, para compartir y servir a los demás. Ése es el verdadero Santo Grial.

Para mí (Tony), también es el placer de ayudar a otras personas, para que sean capaces de superar sus límites, y ver cómo se iluminan cuando recuerdan quiénes eran en realidad y lo que son capaces de conseguir. Es el placer de ver que sus vidas se convierten en una celebración, en vez de una batalla. Es la mágica sensación de que, de algún modo, he desempeñado un papel en el despertar de un ser humano único y maravilloso. Es darme cuenta de que todo lo que he vivido no solo me ha servido a mí, sino también a los demás; que incluso el dolor más profundo que he sentido en mi vida ha derivado en algo precioso. De hecho, no puede haber mayor regalo que descubrir que tu vida tiene un significado que trasciende tu propia persona. Ése es el factor que lo cambia todo. Encuentra algo a lo que puedas entregarte, una causa que te apasione y que sea mucho más grande que tú, y ahí encontrarás la riqueza. Nada nos enriquece más que ayudar a los demás.

El segundo consejo que me dio sir John Templeton señalaba la importancia de donar; de coger una parte de lo que tienes —por poco que sea— y dárselo a otras personas que lo necesiten. Templeton me explicó que nunca había conocido a nadie que donara un 10 por ciento de sus ingresos durante más de una década y que al mismo tiempo no se hubiera hecho rico. Y esa donación no tiene que hacerse a una iglesia. Puede ser a una organización benéfica, a una asociación sin ánimo de lucro o a cualquier entidad que ejerza una influencia positiva en el mundo.

Este cambio psicológico, de la escasez a la abundancia, te convierte en una persona verdaderamente rica y te aporta una gloriosa sensación de libertad. Cuando haces ese cambio, enseñas al cerebro a percibir que ahí fuera hay muchas cosas que pueden darse a los demás; cosas que amar y por las que sentirse agradecido. Y recuerda: no solo puedes donar dinero. También puedes ofrecer tiempo, talento, amor, compasión y tu corazón.

Muchas veces escucho a la gente decir que ya donarán cuando sean ricos. Esa idea me parece una patraña. Hace poco, un amigo de la infancia cogió un vuelo. El caballero que estaba sentado a su lado estaba leyendo *La fuerza de la vida*, mi reciente libro sobre el futuro de la medicina regenerativa y de precisión. Entablaron una conversación, y el caballero solo podía decir cosas buenas del libro, además de mencionar que todos los ingresos derivados de su venta estaban destinados a obras benéficas. A pesar de que el libro le estaba gustando mucho, restó importancia a la cuestión de la donación cuando dijo: «Pero él es rico, así que puede permitírselo». Mi amigo sonrió y decidió revelarle que somos amigos desde hace más de cuarenta y cinco años. Le explicó a aquel hombre que he donado dinero desde que era un adolescente sin dinero, y le recordó muchos momentos en que me había visto rebuscar en los bolsillos un billete de cinco o diez dólares para dárselos a un vagabundo, a pesar de que yo tenía menos de cien dólares a mi nombre.

Así que esto es lo que he descubierto: esperar a ser rico para donar es un gran error, porque te estás robando el sentimiento de plenitud que te mereces, y es probable que así nunca llegues a actuar con generosidad. Y si una persona es incapaz de dar un céntimo de dólar, nunca donará cien mil de un millón, o diez millones de cien millones.

Además, quiero darte las gracias por haber comprado este libro, ya que el cien por cien de los beneficios irán destinados a Feeding America. Cuando tenía once años, mi familia solía tener problemas para poner un plato en la mesa, y tuve que acudir a un banco de alimentos. Aquello cambió el curso de mi vida y representó el comienzo de un viaje personal que ha consistido en proporcionar alimentos a personas necesitadas. Ya hemos alcanzado el objetivo de servir más de mil millones de comidas, ¡y ahora estoy trabajando en el desafío de repartir cien mil millones!

Dicho esto, quiero que sepas que en mi oración diaria, pido ser una bendición en la vida de todas aquellas personas a las que conozco. Si conviertes las herramientas y los principios de este libro en una parte de tu propia esencia, serás capaz de recibir —y dar— mucho más de lo que eres capaz de imaginar. Y esa extraordinaria abundancia fluirá desde y hacia ti, te sentirás realmente afortunado; y te convertirás en una bendición en las vidas de los demás. Eso es lo que se siente al poseer la verdadera riqueza.

Te doy las gracias por habernos concedido el privilegio de pasar todo este tiempo contigo. Sé que los titanes a los que hemos entrevistado también se sienten agradecidos por formar parte de tu historia personal. Espero de todo corazón que los contenidos de este libro te sean útiles en tu viaje. Quizás nuestros caminos se crucen algún día, y quizás tenga entonces el privilegio de escuchar la historia de cómo este libro te ha ayudado a acelerar la construcción de la vida que deseas y mereces.

Por favor, vuelve a estas páginas siempre que necesites recordar quién eres en realidad y todo lo que eres capaz de crear. Recuerda que eres mucho más que este preciso instante. Eres mucho más que tu situación económica. Eres mucho que cualquier época difícil que debas afrontar en la vida.

Que Dios te bendiga, ¡y VIVE CON PASIÓN!

¡Continúa el viaje con nosotros! Un libro es una instantánea de un momento en el tiempo, así que te ofrecemos la posibilidad de continuar tu formación y los recursos necesarios en nuestro pódcast, boletín de noticias y muchas cosas más…
<www.TheHolyGrailofInvesting.com>

Agradecimientos

Tony Robbins

Cuando reflexiono sobre las más de cuatro décadas y media que llevo embarcado en mi misión, me doy cuenta de que a lo largo del camino he conocido a muchas personas increíbles. Me gustaría expresar brevemente mi profunda gratitud a todas aquellas que han participado en este proyecto en particular.

Primero a mi familia, por supuesto. Todo empieza y termina con mi mujer, Bonnie Pearl; mi fuente de la sabiduría. Te quiero. Doy gracias por la dicha que respiran nuestro amor y nuestras vidas. A mi queridísima hija, Violet Pearl; el increíble regalo que Dios ha puesto en nuestras vidas de una forma tan inesperada como preciosa. A Mary B., mi mano derecha, mejor amiga y comamá de nuestra pequeña Violet. A mi hijo, Josh, sin el cual este libro no habría sido posible. Sé que has tenido que hacer un trabajo realmente difícil para que este libro cobre vida, y siempre estaré agradecido por que haya sido tan divertido trabajar con mi hijo en un proyecto tan importante.

A mi querido amigo y socio Christopher Zook y a todo el equipo de CAZ Investments. Siempre me sentiré muy agradecido por poder colaborar con vosotros, así como por los conocimientos y las reflexiones que ponéis sobre la mesa, un día sí y otro también. Este libro formará parte de vuestro legado. A Ajay Gupta, mi hermano de otra madre, y mi socio en nuestra *family office* conjunta, Robbins Gupta Holdings. ¡Gracias por tu eterna amistad y lealtad, y por nuestras sesiones de estrategia a altas horas de la madrugada!

Mi agradecimiento, admiración y respeto más profundos a todos los que han compartido su tiempo y el trabajo de toda una vida en nuestras entrevistas. En concreto, a las trece mentes brillantes que han compartido con suma generosidad la sabiduría que han reunido tras décadas de experiencia, y todo en beneficio de nuestros lectores. A Robert F. Smith, Vinod Khosla, Michael Rees, Barry Sternlicht, Michael B. Kim, Bill Ford, Bob Zorich, Ian Charles, David Golub, Wil VanLoh, David Sacks, Tony Florence y Ramzi Musallam.

Un agradecimiento especial a mi querido amigo Ray Dalio, cuya idea sobre el «Santo Grial de la inversión» ha inspirado tanto el título como la misión de este libro.

Gracias de nuevo a todos mis colaboradores en Simon & Schuster, en especial al CEO Jonathan Karp. A Jan Miller, mi increíble agente y querido amigo desde hace más de cuarenta años.

A mi equipo en Robbins Research International; a todo el personal directivo, que ha demostrado su lealtad y su feroz compromiso con la misión encomendada. Doy las gracias a diario por contar con vosotros.

A los chicos de Tony Wins por un diseño visual y una ejecución brillantes.

Mi vida no sería la misma sin la profunda amistad que mantengo con cuatro hombres brillantes. A mis modelos de conducta: Peter Guber, Marc Benioff, Paul Tudor Jones y Steve Wynn.

Por supuesto, la misión de este libro no solo es ayudar a las personas que lo lean. Así pues, mi profundo agradecimiento a todo el personal de la Anthony Robbins Foundation y a nuestros socios estratégicos, y en especial a Claire Babineaux-Fontenot.

¡Y a Dan Nesbit de Feeding America por ayudarnos a coordinar el «Desafío de los mil millones de comidas»!

A la dicha que ha guiado todo el proceso, y a todos los amigos y maestros que he conocido a lo largo de mi vida; demasiados para mencionarlos aquí, algunos famosos y otros anónimos, cuyas reflexiones, estrategias, ejemplos, amor y atenciones conforman los pilares sobre los cuales he tenido el honor de apoyarme. Hoy, mientras continúo con la interminable misión de convertirme en una bendición para todas las personas a quienes he tenido el privilegio de conocer, amar y servir, os doy las gracias a todos.

Christopher Zook

De principio a fin, el proyecto de elaboración de este libro ha sido surrealista. Hace tres décadas empecé a escuchar las sesiones de *coaching* de Tony Robbins cuando el único medio para acceder a ellas era utilizar cintas de casete. Si alguien me hubiera dicho que treinta y tantos años después Tony y yo escribiríamos un libro juntos, no estoy muy seguro de lo que habría dicho. Aunque también sé que Dios tiene una forma maravillosa de unir a las personas en el momento justo. Tony, desde los tiempos en que era un joven que escuchaba tus lecciones hasta el momento actual, cuando soy un inversor fogueado que dirige una empresa con presencia en todo el mundo, no puedo expresar con palabras la influencia que has tenido en mi vida. Siempre me sentiré agradecido por la colaboración y la amistad que hemos desarrollado a lo largo de los años, y estoy deseando descubrir qué nos depara el futuro.

Josh Robbins, este libro no habría sido posible sin el trabajo que has hecho, de principio a fin. Tienes un talento extraordinario y ha sido un placer trabajar contigo. Es un honor poder llamarte «amigo».

Ajay Gupta, te doy las gracias por nuestra amistad y por todo el apoyo que ofreces al equipo, y a mí en particular. Tu carácter alegre me pone cada día una sonrisa en la cara.

Al equipo de CAZ Investments, cada día doy las gracias a Dios por contar con vosotros, y sin todos y cada uno de vosotros esta empresa, nuestra empresa, no estaría donde está hoy. Todos los miembros del equipo han tenido una influencia decisiva en la empresa, y quiero expresar un agradecimiento especial a Matt, Clark, Mark, Steve, Lucia, Isaiah y Heather por todo lo que han hecho para situarnos en el mapa. Hoy no estaríamos donde estamos sin vuestro trabajo hercúleo. Y a Bailey y a Kirk, que han ido mucho más allá del deber para poder mantener bajo control el torbellino de actividad, y que así yo pudiera dedicar el tiempo necesario a este proyecto.

Quiero expresar mi eterno agradecimiento a los inversores de CAZ. Sois las personas que decidisteis apostar por un joven que tenía un sueño. Siempre os estaré agradecido.

A mi madre, Dee; a mi suegra, Winona; a mi hermana, Kimberly; y a todas las personas de mi familia; cada una de vosotras me ha dado la vida de muchas maneras diferentes. Hoy soy el hombre que soy por todo lo que representáis en mi vida.

Quiero expresar mi amor a mi hijo y a mi nuera, Christopher y Cecelia, que siempre están ahí para compartir nuestro entusiasmo y ofrecernos todo su apoyo. Y a Christopher III (Tripp), mi primer nieto, por llenar de luz cada nuevo día. Cuando pienso en por qué soporto el estrés y el trajín diarios, vosotros tres sois los motivos que me vienen a menudo a la cabeza. Sois mi motivación.

Y, en primer lugar, con un amor profundo y duradero, quiero dar las gracias a mi mujer, Lisa. Eres mi mejor amiga, mi amor de juventud y mi animadora número uno. Cuando lo necesito, me pones los puntos sobre las íes; y cuando soy demasiado duro conmigo mismo, tú consigues hacerme reír. Sin contar a Dios, la única razón por la que he podido progresar en la vida es porque tú siempre has creído en mí. No puedo imaginar lo que habría sido mi vida sin ti. Eres el mayor regalo que he recibido.

Acerca de los autores

TONY ROBBINS es un escritor *bestseller*, filántropo, conferencista y *coach* que ha creado un imperio empresarial a partir de su discurso sobre superación personal que ha llegado a millones de personas. Importantes celebridades, como deportistas, artistas, empresarios e incluso presidentes, han acudido a él en busca de asesoramiento.

Es fundador y socio de empresas en distintos sectores, que abarcan desde la tecnología hasta los deportes, pasando por la organización de eventos y el turismo, que obtienen unas ventas anuales combinadas de cinco mil millones de dólares. Además, a través de su fundación ha colaborado con organizaciones de ayuda alimentaria y ha puesto en marcha programas en escuelas, prisiones y diversas ONG.

Accenture lo ha considerado uno de los «cincuenta mayores intelectuales de negocios del mundo», Harvard Business Publishing uno de los «doscientos mejores gurús empresariales» y American Express uno de los «seis líderes empresariales más importantes del mundo» para asesorar a sus clientes emprendedores. En 2018, Paidós publicó *Dinero: domina el juego*, y en 2019, *Inquebrantable*.

CHRISTOPHER ZOOK es doctor por la Universidad de Harvard y socio de Bain & Company. A lo largo de sus más de veinte años en la consultoría, se ha especializado en proyectos para potenciar el crecimiento de las empresas, independientemente de su cartera de productos. Autor del *bestseller Más allá del core business* (2004), Zook también escribe para la prensa de negocios y participa con frecuencia en foros económicos como el Foro Económico Mundial (FEM) de Davos, Suiza.